J. Ryan Stradal

Die Bierkönigin von Minnesota

ROMAN

Aus dem Amerikanischen von
Kathrin Bielfeldt

Diogenes

Titel der 2019 bei Pamela Dorman Books/Viking, New York,
erschienenen Originalausgabe: ›The Lager Queen of Minnesota‹

Diogenes Verlag AG Zürich
www.diogenes.ch
80/21/852/1
ISBN 978 3 257 30059 8

Die Pie-Lady

Edith, 2003

Es war der 5. Juli 2003, und bisher war Edith Magnussons Tag gar nicht so übel verlaufen. Sie hatte gerade einen Erdbeer-Rhabarber-Pie aus dem Ofen geholt, hatte das Fenster geöffnet und war nun auf der Suche nach ihrem Lieblingsgeschirrtuch, als sie auf der weißen Zierleiste des Fensters einen Grashüpfer sitzen sah. Seit sie die Farm ihrer Eltern verlassen hatte, war so ein Anblick etwas Besonderes, und die Vorstellung, dass ein Vogel herabstürzen und ihn sich schnappen konnte, gefiel ihr gar nicht, also griff sie sich einen Holzlöffel und stupste das merkwürdige, friedliche Insekt sacht mit dem Stiel an. Wie gehofft, rettete es sich mit einem Sprung in den Garten. Sie atmete auf. Während Edith den Holzlöffel wusch und wegräumte, fragte sie sich, ob der Grashüpfer endlich einmal gesehen werden und sich nicht immer nur seiner Umgebung anpassen wollte, und fühlte sich prompt schlecht, weil sie ihn dabei gestört hatte. Edith hatte noch nie eine Auszeit von ihrer Umgebung genommen. Aber andererseits hatte sie auch noch nie das Bedürfnis danach verspürt. Hier lief es einigermaßen anständig, und wegen Dingen zu jammern, die sie nicht ändern konnte, lag ihr nicht, besonders in einer Welt, in der Nörgler nicht gerade händeringend gesucht wurden.

Sie hatte in New Stockholm, im Herzen Minnesotas, einen guten Job im Pflegeheim St. Anthony-Waterside, sechs Blocks von ihrem kleinen Dreizimmer-Haus entfernt. Edith hatte ihren Mann, Stanley, der sich momentan in Peterbilt, irgendwo in South Dakota, aufhielt. Sie hatte einen erwachsenen Sohn, Eugene, der gerade als unabhängiger Vertreter bei einer interessanten Firma namens Life Well angefangen hatte, die offenbar hochwertige Haushaltswaren direkt an Privatkunden verkaufte. Zudem hatte sie eine erwachsene Tochter, Colleen, die studiert hatte und trotz ihres Studienabbruchs recht gut klarkam. Colleen hatte einen Handwerker namens Mark geheiratet, ein freundlicher Mann, selbst wenn er nicht in die Kirche ging. Sie zogen Ediths einziges Enkelkind auf, ein intelligentes, aufgewecktes Mädchen, das Diana hieß und inzwischen tatsächlich fast schon ein Teenager war.

Sie wüsste nicht, was ein Mensch sonst im Leben noch brauchen sollte. Sie vermisste die Farm, auf der sie groß geworden war, das schon, vermisste ihre Eltern aus dem einen und ihre Schwester aus einem anderen Grund, doch es hatte keinen Sinn, Menschen oder Dingen aus der Vergangenheit nachzutrauern.

Edith war erst vierundsechzig Jahre alt, doch wenn sie hier und jetzt sterben würde, hätte sie die wichtigsten Gefühle erfahren, die jemand aus Minnesota, Mann oder Frau, am Ende seines Lebens erfahren haben konnte. Sie hatte ihr Bestes gegeben, und sie hatte sich nützlich gemacht. Sie half.

Doch das Leben war noch nicht fertig mit ihr, und über kurz oder lang würde ihr alles, was vor dem 5. Juli 2003 passiert war, wie die Hintergrundmusik im Fahrstuhl vorkommen. Als die Musik verstummte und die Türen sich aufschoben, begegnete ihr als Erstes ihr Chef, ein Mann, den sie mochte und der in diesem Moment den Flur im Pflegeheim hinuntergelaufen kam, lächelte, ihren Namen rief und wie ein Kind mit einer Zeitungsseite wedelte.

Edith arbeitete in der Küche des Pflegeheims als Diätassistentin, seit siebenunddreißig Jahren wusch sie unermüdlich Geschirr ab, teilte Essen aus, deckte den Speisesaal ein und putzte ihn hinterher. Die meisten ihrer Kollegen arbeiteten hart, waren freundlich und bis auf die Knochen erschöpft; die Flure rochen nach gekochten grünen Bohnen und Babypuder, und Brendan Fitzgerald war der beste Chef, den sie je gehabt hatte, und bisher auch am längsten auf seinem Posten. Selbst nach fast zwanzig Jahren hatte er immer noch das gütige Charisma und die ruhige Autorität eines Fernsehmeteorologen. Er war außerdem Kettenraucher und sprach über die Heimbewohner nur als Zimmernummern, doch zumindest war er jedes Mal froh, Edith zu sehen, und so froh wie an jenem Tag hatte Edith ihn zuletzt erlebt, als er im Lotto fünfzig Dollar gewonnen hatte.

Brendans geöltes schwarzes Reagan-Haar schimmerte unter dem fluoreszierenden Licht wie ein glasierter Donut, und sein Bauch wippte über den Khakihosen. Er hielt eine Ausgabe des *Twin City Talker* in der Hand, eine dieser schicken Zeitungen für schicke Stadtmenschen. Edith hatte vor zwanzig Jahren mal eine Ausgabe durchgeblättert, sie für merkwürdig befunden und daher nie mehr gelesen. ES-

SEN SPEZIAL stand in großen Buchstaben auf dem Cover, und Brendan riss sie irgendwo in der Mitte auf.

»Haben Sie davon gehört?«, fragte er.

Edith erkannte eine Liste mit der Überschrift BESTE PIES.

1. *Betty's Pie, Two Harbors*
2. *Key's Café and Bakery, St. Paul*
3. *St. Anthony-Waterside Pflegeheim, New Stockholm*

»Unser Pflegeheim hat den drittbesten Pie Minnesotas«, sagte er und schüttelte zur Betonung die Zeitung.

»Also, das ist ja merkwürdig«, sagte Edith.

»Nein, ist es nicht. Es ist wegen der Enkelin von Nummer 8, die haben Sie doch hier schon gesehen, die mit dem pinkfarbenen Haar«, sagte Brendan und zeigte auf den Namen der Verfasserin. »Das ist sie. Ellen Jones. Gastrokritikerin!«

»Schön. Na, dann gehe ich besser mal wieder in die Küche«, sagte Edith.

»Ich werde es rahmen und in der Lobby aufhängen«, rief Brendan. »Das ist doch was, Edith! Der drittbeste Pie im gesamten Bundesstaat!«

Bereits in ihrem ersten Jahr im Pflegeheim hatte Edith begonnen, ihre eigenen Pies zu backen, nachdem sie festgestellt hatte, dass der Apple Cobbler – ein gekaufter, vorgefertigter Auflauf von einem Vertragslieferanten – ungewöhnlich oft in die Küche zurückkam, teilweise nicht angerührt, manchmal fehlten ein oder zwei Bissen, die sich halb zerkaut irgendwo anders auf dem Teller fanden. Einer der Bewohner, ein wunderbarer alter Muffelkopf namens Donald Gustafson, hatte den Kuchen mit einem Zettel zurückgeschickt, auf dem stand: SCHLUSS DAMIT.

Wenn man sieht, wie ein Mensch vom obersten Tritt einer Leiter fällt, denkt man auch nicht darüber nach, dass man sich die Arme brechen könnte, sondern streckt sie aus. Daran glaubte Edith.

Hätte sie gewusst, dass ihre Entscheidung eines Tages, Jahrzehnte später, alles verändern würde, was sie an ihrem Leben liebte, hätte sie es dennoch gemacht, denn aus der Küche des St. Anthony-Waterside kam der letzte Nachtisch, den seine Bewohner wahrscheinlich je essen würden. Wenn es nach Edith ginge, bekämen diese Menschen mindestens ein- bis zweimal pro Woche das Gefühl und den Geschmack von selbstgebackenem Pie auf der Zunge, oder zumindest den Duft in der Nase, während der Himmel sie von allem Sinnlichen auf dieser Welt entwöhnte. Das war das mindeste, was ein verflixter Mensch tun konnte.

Und wie es sich herausstellte, ging es tatsächlich nach ihr. Mit Hilfe von ein paar Extra-Dollar von Brendan und denen, die vor ihm auf dem Posten waren, als Zuschuss für die Zutaten servierte sie jetzt seit fast vierzig Jahren ihre selbstgebackenen Pies. Die meisten Bewohner fanden sie wohl ziemlich anständig, vielleicht einen Tick zu süß. Nicht, dass sie meckern würden. Edith wandte Brendan den Rücken zu. »Na, dann hoffen wir mal, dass sich die Aufregung bald wieder legt.«

»Lassen Sie uns hoffen, dass sie sich nicht legt! Das ist phantastisch! Sie sollten stolz sein!«

Brendan war noch immer nicht verheiratet und hatte

keine Kinder, und jetzt, als Mann um die sechzig, würde das wohl auch nicht mehr passieren, also lebte er mehr denn je für seinen Job. Was jedoch nur dann ungünstig für Edith war, wenn es ihr Leben komplizierter machte. So wie jetzt.

Natürlich war Edith schon früher in der Zeitung gewesen. Ungefähr alle acht Jahre brachte der *New Stockholm Explainer* einen Artikel über sie, dessen Überschrift in etwa lautete »Pie-Lady serviert immer noch Kuchen«, zusammen mit einem Foto, auf dem sie stets verwirrt und alt aussah. Sie las die Artikel nie und bewahrte sie noch nicht einmal auf. Als am nächsten Tag gegen Mittag das Telefon klingelte, wusste sie, dass es Stanley sein und sie es ihm gegenüber nicht mal erwähnen würde.

Der Mann am anderen Ende der Leitung war jedoch sein Chef, Tom Clyde, und sie entschied, es auch ihm gegenüber nicht zu erwähnen.

»Edith«, sagte Mr. Clyde, »es hat einen Unfall gegeben. Also, zunächst einmal, Ihrem Mann geht es gut, er hat nur eine Gehirnerschütterung.«

Sie wusste, dass es Stanley gutging. Sie waren jetzt fast vierundvierzig Jahre verheiratet, und wenn er nicht mehr am Leben wäre, hätte sie das gespürt. Sie hätten ihn auf den Pluto schicken können, und sie wüsste, ob er es geschafft hätte. Aber ihr war auch klar, dass jederzeit etwas passieren konnte, und das schon bald.

»Was hat er jetzt wieder angestellt, Mr. Clyde?«

»Nun, er hat eine Wagenladung gefrorener Hamburger durch den Haupteingang eines Hardee's in Sioux Falls gefahren. Normalerweise werden sie lieber über den Hintereingang beliefert, wurde mir gesagt.« Mr. Clyde hatte den gleichen trockenen Humor wie sein Cousin, Big Tom.

»Wurde jemand verletzt?«

»Gott sei Dank nicht. Ein paar Mülleimer und Picknicktische hätten wahrscheinlich lieber keine Bekanntschaft mit dem Lkw Ihres Mannes gemacht, aber das war's auch schon.« Mr. Clyde seufzte und klang ein wenig traurig, als er hinzufügte: »Um ehrlich zu sein, das war seine letzte Fuhre, Ma'am. Werden ihn hier vermissen.«

»Nun, dann schicken Sie ihn nach Hause«, sagte sie, verabschiedete sich und legte auf.

Es war Mittagszeit, und draußen kehrten die morgendlichen Schatten wie müde Kinder zu ihren Müttern zurück. Eine Eintagsfliege warf ihren Pergamentkörper gegen das Fliegengitter, glücklich darüber, irgendwo zu sein. Edith stand allein zu Hause in der Küche, schnitt Obst und wartete darauf, dass sich ihr Leben erneut veränderte.

Am folgenden Tag brachte sie Stanley zu Dr. Nebel. Stanley verkündete stolz, er hätte Dr. Nebel in den letzten fünf Jahren nur einmal aufgesucht, so als bekäme er dafür eine Medaille. Nur ein Mal, abgesehen davon, dass sie Mitglieder desselben Elk Clubs waren. Wie sie dort miteinander redeten, wusste man nicht, aber in seiner kleinen, schlichten Praxis nahm Dr. Nebel kein Blatt vor den Mund. *Frühes Stadium* war das Einzige, was er aus reiner Freundlichkeit gesagt haben könnte. Stanley war erst fünfundsechzig, und für solche Sachen ist es immer zu früh, für sie beide. Er war immer stolz darauf gewesen, dass er seinen eigenen

Truck reparieren konnte, er würde seinen CB-Funk-Namen vermissen – »Charlie Brown«, wegen seines kugelrunden Kahlkopfes –, und er würde die lächelnden Gesichter der Menschen vermissen, die er an Orten wie Casper, Pierre und Grand Junction kennengelernt hatte. Edith hatte schon vermutet, dass der Ruhestand für ihren Mann sehr plötzlich kommen würde, doch sie müsste sich nur einen Ruck geben, dann würde es schon gehen.

Stanley wäre von nun an jeden Tag zu Hause, und obwohl seine Rente nicht annähernd so hoch sein würde wie sein Lohn, kämen sie mit ein paar Abstrichen hier und da schon zurecht, sofern es keine Notfälle oder Überraschungen gab. Sie hatten mal neben einem Feuerwehrmann gewohnt, der jeden Abend betete, dass der nächste Tag langweilig wäre, und das konnte sie sehr gut nachvollziehen.

An jenem Abend waren vier Gäste im Speisesaal des St. Anthony-Waterside, ungefähr drei mehr als üblich an einem Wochentag, jedoch kein Grund zur Panik. Nur ihre beiden Pies musste sie in je zehn Stücke teilen.

Clarence Jones aus Nummer 8 hatte Besuch, seine Enkelin Mandy, die jene friedliche Erschöpfung von Lehrern und Krankenschwestern ausstrahlte, und ihr zwei Jahre alter Sohn Zach, Stammgäste. Mit seinen großen Augen und der Pomade im Haar sah der Junge aus wie eine kindliche Version von Ugarte aus *Casablanca*.

»Glückwunsch, dass Sie es auf die Liste des *Talker* geschafft haben«, sagte Mandy, obwohl es ihre eigene kleine Schwester gewesen war, die das geschrieben hatte. »Damit hatte ich nichts zu tun, glauben Sie mir.«

»Zum Glück scheint es niemand groß gelesen zu haben«, erwiderte Edith und wechselte schnell das Thema. »Ist es nicht schön, seinen Urenkel zu sehen?« In Ediths gesamter Familiengeschichte hatte es noch nie ein Urenkelkind gegeben, und für sie waren es kleine Wunder.

»Dieser Junge ist ein Kommunist«, sagte Clarence finster. Er war weniger nett als die meisten anderen Heimbewohner, aber Gott nimmt jeden, wie er ist, wie man so sagt, und Edith gab sich alle Mühe, das auch zu tun. »Dad ist nur sauer, weil er Zach eine Tüte Gummibärchen geschenkt und der sie an alle verteilt hat«, sagte Mandy.

»Diese Vollidioten brauchen sie nicht. Und, wissen Sie, was das andere Problem ist?«, fragte Clarence und starrte jetzt Edith an. »Ihre Kuchenstücke werden immer kleiner. Wenn ich schon weiterlebe, will ich größere Stücke Pie.«

»Ich auch«, sagte Amelia Bruch, die mit neunundneunzig der älteste Mensch des Countys war und immer noch alles aß, mit Ausnahme von Schwein, Weißbrot und Pommes.

»Ich seh mal, was ich tun kann«, sagte Edith und blickte über die glänzenden leeren Dessertteller im Speisesaal.

Am nächsten Tag stellte Edith fest, dass ihre Pie-Zutaten schneller zur Neige gingen als sonst. Sie würde den Mut aufbringen und Brendan erneut um mehr Zutaten bitten müssen, doch nicht, ehe sie das Beste aus dem gemacht hatte, was die Küche noch hergab. Ihre zwölfjährige Enkelin würde am Wochenende aus Hastings kommen, und da gab es andere Dinge vorzubereiten. Es war inzwischen Tradition, dass Diana im August, bevor die Schule wieder losging, eine Woche bei ihren Großeltern verbrachte. Der Unterschied war, dass Stanley jetzt das erste Mal die ganze Zeit zu Hause sein würde.

Von der Küche aus sah sie ihren Mann zur Tür schlurfen und sie mit der stürmischen Begeisterung eines kleinen Kindes an Weihnachten aufreißen.

»Ich dachte, ich hätte einen Wagen gehört«, sagte er und starrte einen Moment lang auf die leere Einfahrt, als könne er damit die Ankunft von Colleens altem blauen Dodge Omni erzwingen.

Als Diana schließlich eintraf, nahm Stanley sie mit auf einen Shirley-Temple-Cocktail in den Elks Club, kaufte ihr Cheddar-Pizza bei The Pizza Man, Sven Larsens neuem Restaurant, und schlug beim Abendessen vor, zum stillgelegten Flussarm in der Nähe des St. Anthony-Waterside zu fahren, wo es vor Mücken nur so wimmelte, um dort die Enten zu füttern, wenn sie nicht schon zu alt dafür wäre. »Nein, ich mag Enten immer noch, Grandpa«, sagte sie, und das fand Edith nett. Als Diana klein gewesen war, spielte sie zufrieden mit einer Pie-Form, die mit alten Schlüsseln und Würfeln gefüllt war; oder stand im Flur vor dem Bild des Farmhauses, aus dessen Fenstern jeweils ein anderes Familienmitglied sah, um sich für alle Namen auszudenken. Doch diese Zeiten waren längst vorüber. Das Highlight dieser Ferien war es, mit Stanley in die Videothek zu gehen. Stanley liebte Science-Fiction und Diana anscheinend gefühlvolle Romanzen, was angesichts der Filmtitel auf den DVD-Rücken für einige exotische Filmabende sorgen würde: *Miss Daisy und ihr Chauffeur* und

Krull. Blade Runner und *Magnolien aus Stahl. Zeit der Zärtlichkeit* und *eXistenZ*. Soweit Edith wusste, schauten sie die Filme hintereinander weg und ertrugen gelassen die Entertainment-Auswahl des anderen.

Um diese Zeit herum hatte ihr liebenswerter, ruhiger Ehemann jedoch schon begonnen, sich zu verändern. Vor dem Zwischenfall im Hardee's war er immer noch er selbst gewesen; ein Blumenstrauß, dem hier und da ein paar Blütenblätter fehlten. Doch nachdem er gezwungen wurde, in Rente zu gehen, schienen ganze Blüten zu fehlen.

Und nun kümmerte er sich den Großteil der Woche um ihr einziges Enkelkind, allein. Natürlich hätte es viel schlimmer laufen können, doch es gab Zwischenfälle. Am Dienstag nahm er einen frischgebackenen Laib Brot aus dem Ofen und verfütterte ihn an die Enten. Später wollte er eine Dose Chili con Carne zubereiten, vergaß jedoch den Topf auf dem Herd, bis der Rauchmelder ansprang. Am Donnerstag ging er mit Diana zu George Schmidt's Gebrauchtwagenhandel, wo er einen alten Cadillac Eldorado anzahlte. Glücklicherweise rief ein Angestellter, der die beiden aus der Kirche kannte, Edith bei der Arbeit an, und sie rannte herüber und ließ die ganze Sache platzen. Trotzdem machte es sie traurig, das Geld, das sie nicht hatten, nicht doch für einen Wagen zu verjubeln, den sie nicht brauchten. Stanley hatte immer davon geträumt, einen Cadillac zu kaufen, aber es hatte für keinen von beiden je auch nur im Rahmen des Möglichen gelegen. Sie konnte ihm keinen Vorwurf machen, denn für ihn hatte es sich bestimmt wie seine letzte Chance angefühlt.

An jenem Abend passierte etwas noch Beängstigenderes. Er nahm Diana nicht nur mit in den Elks Club, wie vereinbart und für in Ordnung befunden, sondern kaufte dort außerdem noch ein Sixpack Bier, ging nach Hause und gab ihr eine Flasche.

Obwohl es Edith mehr als beunruhigte, dass er einer Zwölfjährigen Alkohol angeboten hatte, machte sie die spezielle Marke des Bieres regelrecht wütend. Es war ein Blotz – eine Marke, die sie in ihrem Haus nie mehr auch nur erwähnen wollten. Sie öffnete die restlichen drei Flaschen und kippte sie in die Toilette, nicht ins Spülbecken, damit das klar war. Diana weinte und behauptete, es sei ihre Idee gewesen, doch Edith wusste, dass sie ihren geliebten Opa nur in Schutz nehmen wollte.

Der Elks Club befand sich mitten in der Innenstadt, in einem majestätischen alten Ziegelsteingebäude, und Edith fand schon immer, dass jemand es abreißen solle, damit sie die Aussicht auf den Fluss genießen könnte, während sie bei der Post in der Schlange stand. Leider war das Gebäude denkmalgeschützt, weil es im achtzehnten Jahrhundert die städtische Brauerei gewesen war, als Kleinstädte im Mittleren Westen noch ihre eigenen Brauereien hatten. Solange sie jedoch in New Stockholm lebte, hatte es ein verstaubtes Antiquitätengeschäft namens Bygone But Not Forgotten beherbergt, eine Reihe verschiedener Restaurants – derzeit Sven Larsens besagtes The Pizza Man – und dann den Elks Club, bei dem Nichtmitglieder klingeln mussten, um hereingelassen zu werden.

Die Tür öffnete sich summend und sie stürmte los, bevor sie ihre Meinung noch ändern konnte. Der Elks Club besaß keine Fenster, und so konnte zumindest keiner ihrer Nachbarn draußen vorbeigehen und sich wundern, was zum Teufel sie dort drinnen machte.

Als sie die Bar betrat, drehte sich jeder im Umkreis von fünf Metern zu ihr um und starrte sie an – länger als ein kurzer Seitenblick, aber nicht lang genug für einen Gruß. Der Club war zur Hälfte gefüllt, großteils Männer und nur ein oder zwei Leute, die sie von der Arbeit, der Kirche, vom Einkaufen, von der Post oder irgendeinem anderen Punkt ihres winzigen Lebensradius her kannte. An den Wänden hing beleuchtete Bier-Reklame von Hamm's, Schmidt, Grain Belt, Blatz, Blotz und Schlitz, von denen sie die meisten einmal probiert hatte, und das reichte dann auch. Früher hatte sie gern ab und zu ein Glas Ripple getrunken, doch das wurde nicht mehr produziert, und der Speisekarte hinter der Bar zufolge kostete ein einfaches Glas Weißwein so viel wie ein Pfund Rinderhack, das sie zu Hause für das Abendessen zubereitet hatte, also kein Gedanke daran.

Eine Wolke lauter Männerstimmen hing gleichgültig über diesem netten Song von Otis Redding, *So I guess I'll remain the same,* der aus der Jukebox erklang.

Die Barkeeperin war eine untersetzte Frau mit viel Make-up, und sie schien genau zu wissen, wer Edith war und weshalb sie da war.

»O mein Gott«, sagte die Barkeeperin und legte Edith eine gebräunte, schmuckverzierte Hand auf den Arm. »Stanley hat Ihrer Enkelin ein Bier gegeben, nicht wahr?«

Edith brauchte nur zu nicken.

»Ich verspreche, dass wir ihm keinen Alkohol mehr zum Mitnehmen verkaufen. Ist doch so, oder, Mort?«

»Jep«, sagte Mort von irgendwo.

»Ich danke Ihnen«, erwiderte Edith. Das Lokal roch nach Pizza, aber Edith sah nirgendwo welche.

»Nein, ich danke Ihnen«, sagte die Barkeeperin und drückte Ediths Arm. Diese gefühlsbetonte Frau war offenbar nicht in der Gegend aufgewachsen, oder wenn, dann bei Menschen, die nicht von hier stammten. »Meine Mom liebt Ihre Pies. Wenn ich sie besuche, muss ich immer früh genug gehen, damit sie einen guten Tisch erwischt.«

»Ist ’n echt guter Pie!«, sagte Mort von irgendwo.

Big Tom Clyde grinste sie vom Barhocker aus an. »Stand auch in der Zeitung, oder? Bester Pie des Bundesstaates, hab ich gehört.«

»Drittbester«, korrigierte Edith.

»Nun ja«, meinte die Barkeeperin mit erhobenen Augenbrauen.

»Wie kommen wir an ein Stück von diesem Pie?«, fragte Big Tom. »Wissen Sie, ich hab noch nie darüber nachgedacht, aber, könnten wir was zahlen, um mit unseren Eltern im Speisesaal zu essen?«

Seit diesem unsäglichen Artikel hatten sie jeden Abend bereits vier oder fünf Gäste, und viel mehr konnte Edith nicht stemmen. »Das machen die Leute zwar selten, aber sicher, das geht.«

»Großartig«, sagte die Barkeeperin lächelnd. »Das sagen wir weiter.«

Ende der darauffolgenden Woche musste Brendan sich bereits Klappstühle aus der Kapelle borgen, um an »Edith's Pie-Tagen« alle Gäste unterbringen zu können. Die Leute riefen an, um zu hören, ob sie im Hause sei, und erkundigten sich nach ihrem Dienstplan. Leute, die ihre Angehörigen vorher nie im Pflegeheim besucht hatten, tauchten nun regelmäßig auf und blieben lange. Mindestens drei Mal rief jemand bei der Rezeption an und versuchte, einen Tisch fürs Abendessen zu reservieren. Ein Lkw-Fahrer aus West Fargo, dessen Tante Heimbewohnerin war, rief an, um zu fragen, wo er seinen Sattelzug abstellen könnte. Von da an mussten viele Mitarbeiter, die mit dem Wagen zur Arbeit kamen, am Straßenrand parken.

Keine zwei Wochen, nachdem sie es auf die verflixte Liste des *Twin City Talker* geschafft und gedacht hatte, der Trubel hätte sich längst gelegt, buk Edith in jeder ihrer Schichten vier Pies. Aber es hatte auch wirklich Gutes mit sich gebracht. Das Fünf-Uhr-Abendessen im St. Anthony-Waterside hatte sich von gut beleuchteten, aber stillen fünfunddreißig Minuten in ein ausgelassenes gesellschaftliches Ereignis verwandelt, bei dem Menschen allen Alters noch Stunden, nachdem die Sonne bereits untergegangen und die Küche geschlossen war, an den Tischen saßen. Edith machte sich Sorgen, wie das empfindliche soziale Gefüge des St. Anthonys auf die plötzlichen Veränderungen reagieren würde. Selbst nach fast vierzig Jahren erinnerte es sie an die Highschool. Sie hatte schnell herausgefunden, dass es Cliquen gab und beliebte Leute und dass diejenigen, die in New Stockholm aufgewachsen waren, die Platzhirsche waren und dazu neigten, jene, die von woanders kamen, auszuschließen. Für diese Menschen hatte Edith früher ihre Kinder mitgebracht, damit auch sie mal Besuch bekamen. Es waren mehr, als man meinte. Die Kinder mochten es, denn weder Ediths Eltern noch die von Stanley waren noch am Leben, und so hatten sie plötzlich Dutzende Omas und Opas, die sie munter und unbekümmert mit Süßigkeiten und Aufmerksamkeit verhätschelten. Doch Edith legte Wert darauf, dass die Kinder nicht nur nahmen, sondern auch gaben. »Ich werde euch beiden beibringen, wie man Cribbage spielt«, sagte sie ihnen auf dem Heimweg.

Jetzt, Jahrzehnte später, kamen dutzendweise Verwandte. Ob sie nun mit den Reportern sprach oder nicht – sie tat es nicht –, erschien ihr Name auf einmal in der *Minneapolis Star Tribune*: »Bleibt der beste Pie Minnesotas ein gutgehütetes Geheimnis?«; in der *St. Paul Pioneers*: »Abgelegenes Pflegeheim ein kulinarischer Tipp«; die *Duluth News Tribune*: »Ein Stück Minnesota: Kleinstadtbewohnerin serviert schlichte Pies«; und, sehr zu ihrer Sorge, schon wieder der *Twin City Talker*, der offensichtlich seine vorherige Rangfolge revidiert hatte und nun herumposaunte: »Minnesotas umkämpfteste Tischreservierung: Edith Magnusson bäckt den besten Pie des Bundesstaates und warum Sie keinen abbekommen.«

Eine Reporterin des *Wadena Pioneer Journal* wagte sich am weitesten vor und tat so, als hätte sie Interesse an einem Heimplatz für einen Angehörigen und würde sich gern einmal umsehen. Als sie in die Küche kam, wo Edith zwischen blitzendem Edelstahl und Dampf gerade einen Pie-Deckel vorbereitete, schoss sie ein Foto und fragte dann, ob Edith die Unterseite des Deckels mit Eiweiß bepinselte, damit er knusprig würde.

Edith durchschaute den Trick sofort und sagte: »Euch Leuten sage ich überhaupt nix über irgendwas«, und ein stämmiger Ex-Marine namens Edgar Caquill, der in der Küche als Aushilfe arbeitete, während er seinen Abschluss als Rechtspfleger machte, ließ die Reporterin, ohne auch nur ein Wort zu sagen oder die Frau anzufassen, wissen, dass das Interview nun beendet sei.

»Ich traue den Medien nicht«, sagte Edith zu Edgar. »Sie wollen alle so tun, als sei ich berühmt. Danke für deine Hilfe. Diese Knallköpfe.«

Edgar antwortete nur mit einem Nicken, und sie nickte zurück.

Brendan Fitzgerald jedoch war begeistert. Er kümmerte sich um die Interviews, rahmte die Zeitungsartikel ein und hängte sie im Foyer auf, er erwarb sogar ein rotes Samtband für die Warteschlangen, mit denen er rechnete. Und die bildeten sich in der Tat. Selbst als Brendan jedem Besucher sechs Dollar für ein Stück Pie abknöpfte – in Ediths Augen ein unerhörter Betrag –, wand sich die Schlange freundlicher, hungriger Leute bis vor die Tür.

Edith half dem Personal, all die zusätzlichen Stühle, Tischdecken und Gedecke aufzubauen und wieder abzuräumen, was ihren Arbeitstag noch verlängerte. Trotzdem schien es nie schnell genug zu gehen. Mehr als einmal musste Edith einem Nörgler einen strafenden Blick zuwerfen. Eines Abends fragte ein Jugendlicher in einem Packers-

Trikot laut, wie lange er denn noch auf seinen Pie warten müsste.

Zwei Leute hinter dem Packers-Jungen in der Schlange stand Tom Clyde: »Siehst du die Frau, die die Stühle da aufstellt? Die bäckt hier die Pies! Also, etwas mehr Respekt, bitte! Sie ist ganz alleine, verdammt!«

»Danke«, sagte Edith zu Tom.

»Entschuldigung«, sagte der Packers-Junge und konnte ihr dabei nicht in die Augen sehen.

»Ich sorge dafür, dass du ein Stück bekommst«, sagte Edith. »Wen besuchst du denn?«

Der Junge schien über die Antwort kurz nachdenken zu müssen. »Öhm, Lulu«, sagte er.

Edith schüttelte den Kopf. »Ach, einer von denen bist du.«

Da man jemanden im Pflegeheim kennen musste, um Zutritt zu erhalten, und das St. Anthony-Waterside seit kurzem die meisten Besucher in ganz Minnesota und den vier umliegenden Bundesstaaten hatte, befanden sich bestimmte Heimbewohner nun stets in Gesellschaft von sechs oder sieben sogenannten entfernten Verwandten, alten Freunden oder ehemaligen Nachbarn. Lulu Kochenhofer war die Erste, die aus ihrem Torwächter-Status Profit schlug und wissen ließ, dass sie für lediglich zwei Dollar jeden als Verwandten bezeichnen würde. Ende Oktober brach sie mit 52 Nichten, 49 Neffen und 100 Enkelkindern drei langjährige St.-Anthony-Waterside-Rekorde.

Stanley war geistig immer noch so weit da, dass ihn das alles nicht sonderlich beeindruckte. »Sie scheffeln Geld und beuten dich aus«, sagte er und drehte seine Gabel in einer Schale buttriger Spaghetti.

»Hab ich bemerkt«, erwiderte Edith. Er war schneller gekränkt denn je, was sie irritierte. Sie hatten nicht viel, aber sie kannte sehr wohl Leute, denen es noch schlechter ging. »Ach, übrigens, vergiss nicht, dass du morgen früh einen Termin bei Dr. Nebel hast.«

»Es ist kein Weltuntergang, um etwas zu bitten, das dir zusteht«, sagte er. »Ist ja nicht so, als könnten wir es nicht gebrauchen.«

Stanley hatte aus guten Gründen keinen Zugang mehr zum Scheckbuch, aber vermutlich hatte er recht. Vor zwei Monaten, als Edith per Post den letzten Gehaltsscheck ihres Mannes und seine erste Arztrechnung erhielt, sah sie Schwierigkeiten auf sie zukommen. Aber selbst wenn ihre Ersparnisse langsam weniger würden, waren sie doch genau dafür gedacht gewesen, oder? Und es gab nicht viel, was Edith im Nachhinein anders gemacht hätte. Sie hatten nie ein Haus kaufen können, das stimmte schon, aber ihre Tochter konnte aufs College, selbst, wenn sie es nicht hatte beenden können. Edith bedauerte keinen Familienurlaub und kein Weihnachtsgeschenk. Doch ihr war schon seit einer Weile klar, dass mehr Geld reinkommen musste, damit es noch eine Weile reichte, und dass es an ihr lag, dafür zu sorgen.

»Ich habe schon einen Plan, Stanley«, erklärte sie ihm, und das hatte sie. Sie war sich nur nicht sicher, ob sie ihn durchziehen könnte.

Sie versuchte, nicht darüber zu grübeln, wie anders ihr Leben verlaufen wäre, wenn sie die Hälfte der Farm erhalten hätte, die ihr zugestanden hatte. Sicher, ihr Vater hatte Helen immer lieber gehabt, aber er war ein fairer, vernünftiger Mann gewesen. Helen musste ihn manipuliert haben, damit er sein Testament änderte; eine andere Erklärung gab es nicht. Sie war bei ihm gewesen, als es mit ihm zu Ende ging, hatte es die ganze Zeit so geplant. Alt und krank, wie er war, hatte man ihn sicher leicht reinlegen können.

Genau wie für ihre Nachbarn und Freunde hätten diese zwanzigtausend Dollar für das Leben von Edith und Stanley einen unvorstellbaren Unterschied gemacht. Es war schwer, sich nicht zu fragen, ob Helen es je bereut hatte. Edith würde jedenfalls niemals diejenige sein, die das Schweigen zwischen ihnen brach. Wenn Helen so mit ihrer Schwester umging, dann verdiente sie es nicht, eine zu haben.

Während ihre Schwester nun irgendwo in Saus und Braus lebte, durchforstete Edith am Nachmittag die Lokalzeitung nach den Wörtern *Teilzeit* und *abends* im Kleingedruckten. Sie hoffte, dass ihr noch genug Zeit bliebe, um Stanleys Mahlzeiten zuzubereiten, damit er nicht wieder Dosen-Chili kochen würde und irgendwann das Haus abfackelte.

»Mach dir um mich keine Gedanken«, sagte Stanley. »Ich muss den Herd ja nicht benutzen. Außerdem sollte ich derjenige sein, der das Abendessen zubereitet. Schließlich bin ich den ganzen Tag zu Hause.«

Das war süß von ihm, aber sie wollte nicht, dass er sich irgendetwas Scharfem oder Heißem näherte. Er hatte all die Jahre Vollzeit gearbeitet, damit sie nur halbtags arbeiten konnte, und nun war sie an der Reihe. Sie musste einfach.

Abgesehen von ihren Kindern, waren sie beide alles, was sie hatten.

Sie breitete Stellenanzeigen auf dem abgeschabten grünen Esszimmertisch aus, und einen kurzen Moment lang wünschte sie sich, wieder einen Vater, eine Mutter und eine Schwester zu haben, doch nichts davon wurde gerade angeboten, und das war auch gut so, denn wenn ihre Schwester etwas wie *Es war nicht mein Fehler, bitte sprich wieder mit mir* in die Zeitung gesetzt hätte, wären Edith die Tränen gekommen.

Doch solche Gedanken konnte sie sich gerade nicht leisten. Wichtiger war, dass in dieser Woche noch nicht einmal halbwegs passende Stellen für sie angeboten wurden und sie erst in sieben Tagen wieder auf die Suche gehen konnte, und wenn es nächste Woche keine gab, sie weitere sieben Tage warten musste. Sie tröstete sich kurz damit, dass sparsames Haushalten eines ihrer beiden großen Talente war. Stanley nannte sie eine Zauberin, doch an der Sache war nichts Geheimnisvolles. Geld war für sie wie der Asphalt für einen Motorradfahrer. Je mehr man davon sah, desto weiter kam man, doch ein einziger Fehler konnte einen den Kopf kosten. Diesen Fehler würde sie jetzt nicht machen.

»Brendan, mir ist da etwas aufgefallen«, sagte Edith am Freitagmorgen zu ihrem Boss. Es fiel ihr schwer, ihn direkt anzusehen, doch in diesem kleinen Büro gab es kaum eine Alternative außer dem Kalender von Far Side und einem Foto von Brendan, nur ihm allein, ohne Hemd in einem Boot, vor langer Zeit an einem sonnigen Ort, wie er eine Regenbogenforelle hochhielt. »Wissen Sie, es kommen in letzter Zeit schrecklich viele Leute hierher, nur, um die Pies zu essen.«

Brendan strich sich über das Kinn. »Ja, das kann man wohl laut sagen.«

Ihre Hände waren bereits schweißnass. »Und ich bin die Einzige, die sie bäckt.«

»Ich weiß.« Er lächelte. »Und das finde ich wirklich fabelhaft. Sie leisten unglaublich tolle Arbeit.«

»Ich habe gehört, Sie haben am Dienstag dreihundertfünfzig Dollar eingenommen.«

Er nickte. »Dreihundertvierundfünfzig, um genau zu sein. Und nicht ich, sondern das Pflegeheim. Dank Ihnen. Und das war sogar unser schwächster Abend bisher.«

Sie spürte das Blut in ihrem Kopf entweder hinein- oder hinausrauschen, so genau konnte sie das nicht sagen. Vielleicht sollte sie einfach wieder gehen und darauf vertrauen, dass er schon die richtigen Schlüsse ziehen würde.

Stattdessen packte sie eine Stuhllehne. »Das nenne ich ein unerwartetes Einkommen.«

»Ja, und wir brauchen es, wissen Sie, um im Foyer ein Oberlicht einzubauen. Ich möchte, dass zukünftige Bewohner hereinkommen und sagen, wow, hier bin ich richtig! Momentan wirkt es noch etwas düster. Finden Sie nicht auch?«

»Ich weiß nicht.« Sie ging nicht mehr durchs Foyer, seit dort lauter gerahmte Zeitungsartikel von ihr und ihren Pies hingen. Das machte sie benommen. Um diese Unterhaltung jetzt zügig und zufriedenstellend zu Ende zu bringen, musste sie wohl gröbere Geschütze auffahren. »Wie Sie wissen, ist mein Mann vor einiger Zeit in Rente gegangen, und nun suche ich einen zweiten Job, damit wir finanziell über die Runden kommen.«

»Oh, wow«, sagte Brendan. »Das ist ganz schön viel für jemanden in Ihrem Alter. Zwei Jobs. Besonders, wenn Sie schon für einen den ganzen Tag auf den Beinen sein müssen.«

Genau in diesem Augenblick hätte sie sagen können, dass sie sich auch nach einem vollkommen anderen Job umsehen könnte, doch sie hielt sich zurück. »Oh, es wird nichts Besonderes sein. Alles, was ich brauche, sind ein paar zusätzliche Dollar.«

Sie starrte auf den Cartoon-Kalender. Es war ein Bild von zwei Männern auf Kamelen in der Wüste. Sie konnte die Bildlegende nicht lesen und hatte keine Vorstellung, was es bedeuten könnte. Vielleicht ging es um Einsamkeit und wie schön es war, einen Freund zu haben. Sie hörte das leise Knarren von Brendans Stuhl, als er sich bewegte.

»Hey!«, sagte Brendan. »Wissen Sie was? Nehmen Sie keinen zweiten Job an. Wie wäre es, wenn ich Ihnen einfach fünfzig Cent pro Stunde mehr gebe? Ich weiß nicht, warum ich nicht eher darauf gekommen bin.«

Edith atmete aus. Es war nicht ganz so viel, wie sie brauchte, doch es war eine Gehaltserhöhung, und das war ihr Ziel gewesen. Sie hatte sich heute Morgen vorgenommen, mit mehr als elffünfzig pro Stunde aus diesem Büro zu gehen, und das hatte sie erreicht. Es war die zäheste und langwierigste Gehaltsverhandlung ihres Lebens gewesen. Nun, wo es vorbei war, konnte sie Brendan auch wieder ansehen.

»Danke. Und wenn Sie bitte auch weiterhin die Zutaten auf der Liste einkaufen würden.«

»Darüber wollte ich noch mit Ihnen reden«, sagte er und

sah sich um wie jemand, der im Bus eingeschlafen war, aber seine Haltestelle doch noch nicht verpasst hatte. »Das wird langsam ziemlich aufwendig. Wenn es zum Beispiel keine Haroldson-Äpfel gibt, wäre es viel einfacher und billiger, nur die McIntosh zu nehmen.«

»*Haral*son«, sagte Edith. »Mein Fehler, ich hätte deutlicher machen sollen, wie wichtig sie sind. Wie ich schon sagte, fahre ich dafür zu McBroom Orchards.«

»Ich weiß, und das bedeutet pro Strecke fünfundvierzig Minuten Fahrt. Ich bezweifle, dass viele Leute den Unterschied merken.«

»Nun, nur mit besonders guten Äpfeln bäckt man besonders gute Pies«, sagte Edith. Sie war ein bisschen verärgert oder vielleicht nur frustriert. War ihm das denn nicht klar? »Wir sind nicht durch billige Zutaten in die Zeitung gekommen. Wenn es so ein Aufwand für Sie ist, geben Sie mir eine Gehaltserhöhung von einem Dollar fünfzig, und ich kaufe die Äpfel selbst.« Sie war so erbost, dass sie gar nicht merkte, was sie da gerade gesagt hatte. Sie wusste noch nicht einmal, woher die Summe von einem Dollar fünfzig gekommen war, doch nun war es raus. Sie hatte gerade um das Dreifache an Gehaltserhöhung gebeten, das er ihr angeboten hatte. Sie konnte es noch zurücknehmen, bevor sie ausgelacht wurde. Sie sah, wie er den Mund öffnete, und versuchte, ihm ins Wort zu fallen.

»Tut mir leid –«

Er sah nicht auf und schien sie nicht gehört zu haben. »Nein, ich verstehe, was Sie meinen«, unterbrach er sie und rieb sich das Kinn. Er schien etwas durchzurechnen, gab dann jedoch auf. »Hört sich gut an, denke ich.«

»Wie bitte?«

»Ein Dollar fünfzig ist in Ordnung, wenn es mir die ganze Fahrerei erspart.«

Ja. Er hatte ja gesagt.

Sie lächelte und durfte noch nicht mal sagen, weswegen. Sie fühlte sich wie ein Kind allein in einer Eisdiele. Sie hatte gerade eine Gehaltserhöhung von einem Dollar fünfzig pro Stunde bekommen, nur, um Äpfel zu kaufen. Was Brendan nicht wusste, war, dass sie die McBrooms seit Jahren kannte und sie ihr immer einen Sonderpreis machten. Manchmal tauschten sie sogar ein paar Tüten Äpfel gegen einen von ihren Pies – sofern es kein Apple Pie war. Und manchmal schenkten sie ihr die Äpfel auch einfach.

»Danke« war alles, was sie sagen konnte.

Als sie ihm die Hand entgegenstreckte, versuchte sie, nicht allzu breit zu lächeln.

Was Brendan gesagt hatte, war natürlich nicht ganz falsch. Bei so vielen Besuchern war es schon möglich, dass einige Leute es gar nicht bemerkt hätten, wenn Ediths Apple-Pies keine Haralsons enthielten, oder es ihnen egal war. Bei manchen von ihnen wurde zu Hause vielleicht auch nie gebacken, vom Unterschied zwischen Haralson und McIntosh mal ganz abgesehen. Aber das hieß trotzdem nicht, dass Edith nicht auch für sie ihr Bestes gab. Und viele Leute würden es bemerken, nicht nur die Zeitungsleute, sondern, viel wichtiger, andere Frauen wie sie. Edith hatte immer ihre Lauscher aufgestellt, immer bereit, ihre Entscheidungen zu erklären oder zu verteidigen, wenn Frauen aus Brainerd, Willmar oder St. Cloud glaubten, ihre Rezepte oder

Backmethoden mit Edith teilen zu müssen. Edith würde eher den Mann einer anderen Frau übernehmen als ihr Pie-Rezept, und sie hatte den besten Mann der Welt, na also.

Dann, eines Tages, kam ein Gast, der Ediths Arbeit verstand und wirklich zu würdigen wusste. Sie hieß Amy O'Brien. Sie war ungefähr Mitte vierzig, trug jedoch keinen Ehering und war gebräunt und hübsch, auf diese etwas einschüchternde Art, wie die sogenannten aktiven Mütter schicker Vororte gebräunt und hübsch waren. Doch diese Frau wirkte warmherzig und begeisterungsfähig. Nachdem sie sich vorgestellt hatte, schaute sie Edith in die Augen und sagte, dass dies der beste Pie wäre, den sie je gegessen hätte.

Das war sehr wahrscheinlich, aber dennoch schön zu hören, dachte Edith und erwiderte den Blick. »Danke.«

»Gute Mischung aus Schmalz und Butter für einen knusprigen Teigdeckel«, sagte Amy. »Und der Rhabarber, das ist Macdonald, nicht wahr?«

»Ja, genau«, erwiderte Edith überrascht. »Aber ich benutze manchmal auch Victoria und Canada Red.« Sie hatte seit Jahren nicht das Vergnügen gehabt, mit jemandem über Rhabarbersorten zu sprechen, und ihr ging das Herz auf. »Aber den Macdonald nehme ich für die Pies am liebsten.«

»Ich auch. Mein Vater hatte ihn angebaut, um die Rehe aus dem Garten fernzuhalten. Hat nicht funktioniert. Aber seitdem liebe ich die Sorte. Ich treibe sogar meine Victoria-Pflanzen vor, weil ich es kaum abwarten kann.«

»Ich auch.« Abgesehen von ihrer Mutter und ihr selbst war Amy der erste Mensch, den Edith kennenlernte, der das Wachstum seiner Rhabarberpflanzen im Frühjahr beschleunigte.

»Mein Gott, tut mir leid, jetzt fachsimple ich hier herum«, sagte Amy. »Wie auch immer, ich liebe Ihren Pie. Er ist so herrlich fruchtig.«

Nun, so mögen ihn die Leute, dachte Edith. »Genau so soll er sein.«

»Wissen Sie, ich helfe zurzeit unten in Nicollet Falls in einer Bäckerei aus, und ich kann Ihnen sagen, solche Pies wie diesen hätten wir gern. Ich würde mich riesig freuen, wenn Sie mal runterkämen und wir uns noch ein bisschen unterhalten könnten.«

Diese intelligente, nette und hübsche Frau, mit der sie gerade die beste Unterhaltung seit Jahren geführt hatte, war also eine professionelle Bäckerin, und sie mochte Ediths Pies.

Noch vor einem Jahr hätte Edith das alles abgetan, ohne auch nur einen weiteren Gedanken daran zu verschwenden, doch vor einem Jahr hatte Stanley noch einen Job und brauchte weder einen Arzt noch Untersuchungen oder Medikamente. Vor einem Jahr hätte Edith noch nicht mal die Möglichkeit aus Amys Worten herausgehört, sie hätte gar nicht darauf geachtet. Und dennoch wäre sie überrascht gewesen, weil sie bei ihrer Antwort nicht an ihren Mann dachte, nicht ein bisschen, zumindest noch nicht.

»Wie wäre es nächste Woche?«

»Für Sie habe ich die ganze Woche Zeit.« Amy lächelte. »Schaffen Sie es am Montag um zehn?«

In diesem Augenblick hatte Edith seit Jahrzehnten das erste Mal das Gefühl, Helen zu verstehen. Es machte ihr

Angst, denn während Edith sprach, verstand sie nicht nur, wie ihre Schwester glücklich sein konnte, sondern auch, dass sie womöglich traurig war.

»Ja«, hörte Edith sich selbst sagen.

Eine junge Bierbrauerin

Helen, 1959

Ihr erstes Bier trank Helen Calder im Juli 1959, mit fünfzehn, hinter der Scheune, zusammen mit den Sarrazin-Jungs. Ihr Onkel Moritz und Tante Petunia waren den ganzen Weg von Knife River her zu Besuch gekommen und hatten den Kühlschrank bis obenhin mit Flaschen gefüllt, so dass ein paar weniger gar nicht auffallen würden, hofften die Kinder. Nachdem alle Erwachsenen vorne im Garten waren, begingen Helen, Chesley und Linton ihren Diebstahl.

Gerade, als sich die Kühlschranktür wieder schloss, tauchte Helens schlaksige zwanzigjährige Schwester Edith in der Küche auf und konnte die verdächtigen Ausbuchtungen unter ihren Hemden gar nicht übersehen.

»Da seid ihr ja«, sagte Edith.

»Wir wollten rausgehen und uns die Kühe angucken«, sagte Helen, was letztlich sogar der Wahrheit entsprach. Edith erwiderte nichts und sah Helen mit einem Blick an, unvoreingenommen, als betrachte sie einen Wasserfall, ein Lagerfeuer, etwas Wildes, das sich entsprechend seinen eigenen, schlichten Regeln verhielt, unempfänglich für ihre Meinung oder Kontrolle.

Helen, Chesley und Linton schlichen sich hinaus, jeder mit

einer eiskalten Flasche auf dem Bauch, die Arme beim Gehen gekreuzt, um ihr Diebesgut an Ort und Stelle zu halten. Helen blickte zurück zum Haus, wo Edith hinter der Fliegengittertür stand. Sie sah ihnen zu, als säßen sie in einem Riesenrad, das sich ohne sie in Gang gesetzt hatte. Helen fühlte sich fast schlecht, doch das Problem war, dass Edith nie in Schwierigkeiten geriet und nie etwas tat, das sie für riskant hielt. Ihre Vorstellung von Spaß war, Muffins zu verzieren. Doch vielleicht wartete Edith die ganze Zeit nur auf eine Einladung. Sie wollte gerade ihren Namen rufen als Chesley, der kräftige fünfzehnjährige Sohn von Milchbauern, Helens Hand schnappte und sie, nicht unsanft, weiterzog.

»Edith sagt besser nichts«, mahnte er.

»Wird sie nicht«, sagte Helen, und was ihre Schwester betraf, hatte sie immer recht.

»Wann heiratet sie?«, fragte der Jüngere, der zwölfjährige Linton, der von allen Linty genannt wurde. Die Jungs waren fasziniert und verblüfft über die Hochzeit, da Edith noch bis vor kurzem ihre Babysitterin gewesen war.

»Heute in fünf Wochen«, sagte Helen und rannte vorneweg.

»Gehst du hin?«, fragte Linty. Ihn beschäftigte es besonders, dass eine Frau, die sich immer um ihn gekümmert hatte, nun ihr eigenes Leben begann, und er erwartete von den anderen Unterstützung für seinen Widerstand. »Ich nämlich nicht.«

Helen schaute sich zu dem pummeligen kleinen Jungen in seiner Latzhose um, nur drei Jahre jünger als sein schlanker energischer Bruder Chesley, und doch lagen Welten dazwischen. »Natürlich. Sie ist meine Schwester.«

Chesley sagte: »Ich habe gehört, sie zieht weg von hier.«

»Sie kann tun, was sie will, ist mir egal«, sagte Helen, während sie gemeinsam durchs Gras rannten und Chesley an ihr vorbeilief. Die Wahrheit war, dass es ihr doch etwas ausmachte. Ihre Schwester war freundlich und intelligent, und wenn sie etwas geduldiger gewesen wäre, hätte sie einen besseren Fang gemacht als nur einen Lastwagenfahrer. Stanley Magnusson war ein netter Kerl, sicher, aber er war einfach nur der Erste gewesen, der Edith vor zwei Jahren gefragt hatte, ob sie mit ihm ausgehen wolle, als brauche es nicht mehr für ein ganzes Leben mit ihrer Schwester.

Vor ihnen blieb Chesley im Schatten eines alten Schuppens stehen. Das niedergetrampelte Gras dort zeugte davon, wie begehrt diese Stelle war. Vor ihnen erstreckte sich eine endlose unschuldige Wiese; ihren Eltern, dem Haus, der Straße und dem ganzen Rest der langweiligen Erwachsenenwelt hatten sie den Rücken gekehrt.

»Ich werde auch von hier weggehen, wisst ihr«, informierte sie die Jungs.

»Hm.« Chesley verzog das Gesicht. »Warum?«

Sie blickte hinüber zu Chesley und seinem schüchternen kleinen Bruder, in ihren unförmigen Klamotten und schmutzigen Stiefeln inmitten einer windgepeitschten Farm, die Gebäude ausgeblichen, der Geruch von Mist in der heißen Brise. Sie starrte hinaus auf die Milchkühe der Sarrazins, die am Präriegras einer Weide zupften, so weit und eben, dass der Horizont in der Hitze flirrte.

»Was denkst du denn?«, erwiderte sie und griff nach der Bierflasche unter ihrem Hemd.

Als Chesley die Flasche seines Bruders, dann ihre und

dann seine eigene öffnete und die Kronkorken einsteckte, wirkte er traurig. »Du willst nicht hierbleiben und heiraten, so wie deine Schwester, hm?«

»Na ja, ich will zuerst aufs College«, sagte sie. »Aber vielleicht komme ich wieder.«

»Ich wette, das wirst du«, sagte Chesley und lehnte sich gegen die Scheune, einen Daumen durch die Gürtelschlaufe und die Bierflasche an der Hüfte, als wäre er James Dean, und hier und jetzt war seine Pose nah genug dran. »Diese Stadtjungs werden dich durchkauen und wieder ausspucken.«

Helen war sich sicher, dass er keine Ahnung hatte, was er da redete, sondern nur etwas nachplapperte, was seine Mum zu irgendwem gesagt hatte, doch sie wollte den Augenblick nicht mit einem Streit ruinieren. Als Chesley und Linty ihren ersten Schluck Bier hinunterkippten, gleichmütig, so, wie sie es bei anderen Männern gesehen hatten, starrte Helen auf das Fitger's-Etikett der feuchten Flasche.

Das hier war Bier, das Getränk, nach dem ihr Vater sich am Ende eines heißen Tages sehnte. Das hier war das, von dem ihre Mutter behauptete, es würde Helen leichtsinnig machen, und sie würde davon so enden wie ein paar Mädchen aus dem Ort, die stillschweigend von der Schule genommen wurden. Das war das Zeug, von dem ihr abstinenter schwedischer Großvater behauptete, nur ein Tropfen davon schicke sie direkt in die Hölle. Und wie jeder normale Mensch war sie genau deswegen fasziniert. Jetzt hielt sie endlich eine Flasche dieser geheimnisvollen, magischen Flüssigkeit in den Händen.

Sie erschlug eine Mücke auf ihrem Arm und nahm dann

einen winzigen Schluck, denn sie glaubte an die Hölle. Sie lehnte ihren verschwitzten Kopf gegen die Scheunenwand und spürte, wie das Bier auf ihre Zunge traf.

Boah, dachte sie.

Ihr Körper flatterte vor Angst, die nichts mit den Warnungen ihrer Familie oder mit Chesley zu tun hatte oder mit sonst irgendetwas, das sie kannte oder sich vorstellen konnte. Sie spürte es in ihrem Mund, hinter den Augen, in ihrem Blut und an Stellen, die noch nie jemand berührt hatte. Es war nicht nur, weil sie etwas Verbotenes tat, das vielleicht sogar dazu führte, dass sie schließlich doch mit Chesley herumknutschen würde, wie sie es sich millionenfach vorgestellt hatte, genau wie er, das wusste sie. Sie hatte Angst, weil es sich so gut anfühlte. Sie hatte Angst, weil es keinen Sinn ergab, dass es ihr schmeckte, und obwohl auf dem Etikett »Duluth, Minnesota« stand, war es so umwerfend, es hätte genauso gut von einem anderen Planeten stammen können.

Es erinnerte sie daran, was damals, mit sieben, auf dem Jahrmarkt passiert war. Eine Frau mit schwarzem Cowboyhut führte Tricks mit einem Lasso vor. Sie war wunderschön, ernst, und vertraute ihrem Körper vollkommen. Sie hätte eine Figur aus einem Comic oder eine Göttin sein können. Als die Frau einen Freiwilligen suchte und Helen anlächelte, erstarrte sie und schüttelte den Kopf, und die Frau wählte stattdessen irgendeinen dummen Jungen aus. Doch Helen sah trotzdem zu und hatte wohl einige Minuten dort gestanden, bevor sie bemerkte, dass ihre Eltern und ihre Schwester schon längst ohne sie weitergegangen waren. *Hier bist du also hingerannt,* sagte ihre Mutter, als sie sie gefunden hatten, doch Helen war nirgendwo hingerannt. Sie war dort, wo sie sein wollte. »Greif nach den Sternen, Schätzchen«, sagte die Lasso-Frau, als Helen sich ein letztes Mal zu ihr umdrehte.

Und jetzt hatte sie wieder einen Blick in jene andere Welt geworfen, und die Frage war nicht mehr, ob sie je die Hand ihres magischen Gesandten ergreifen würde, sondern, ob sie ihre eigene ausstrecken und einen von ihnen zu sich heranziehen sollte.

Dann rülpste einer der beiden Jungs, der andere lachte, und sie öffnete die Augen – sie hatte gar nicht bemerkt, dass sie sie überhaupt geschlossen hatte –, und Chesley fragte: Na, wie findest du's? Einen kurzen Moment konnte ihr Verstand kein einziges Wort formulieren, doch dann kam ihr ein Ausdruck in den Sinn, mit dem ihre Lieblingslehrerin Miss McKinley mal ihren Skiurlaub in Lutsen beschrieben hatte: *erquickend*. Sie wollte sich vor den Jungs jedoch keine Blöße geben, also nickte sie nur.

Sie nahm einen größeren Schluck und spürte das kopflastige wärmende Ziehen des Alkohols und machte sich Gedanken darüber, ob sie nun zur Trinkerin würde. Obwohl es zu Hause nie Thema gewesen war, wusste sie, dass es auf beiden Seiten der Familie Alkoholprobleme gab. In diesem Augenblick hätte sie jedoch ein ganzes Sixpack in zwei Minuten leeren können, nur um zu sehen, wohin das führte.

Linty schmeckte das Bier überhaupt nicht, doch er zwang es sich mutig weiter in den Mund, verzog bei jedem Schluck das Gesicht und bemühte sich, es zu genießen. »Es ist spritzig und erfrischend«, sagte er blinzelnd.

»Blödsinn, Linty«, sagte Chesley. Er runzelte die Stirn, als das Bier seine Lippen berührte, und verriet sich damit. Doch er konnte besser verbergen als sein kleiner Bruder, dass es nicht sein Ding war. »Wow, hab meins schon halb ausgetrunken. Trinkst du deins noch, Helen?«

Sie hielt die leere Flasche hoch, Öffnung nach unten. Er nahm sie ihr behutsam aus der Hand, hielt sie gegen die Sonne und drehte sie.

»Boah«, war alles, was er sagte.

»Wow, das Bier hat ihr geschmeckt«, sagte Linty, schüttete sich etwas von seinem auf den sonnengebräunten Arm und verrieb es auf der Haut. »Schaut mal, ist gut gegen Mücken.«

»Ha, damit machst du sie besoffen«, sagte Chesley.

Helen schnappte sich die Flasche des kleineren Jungen. »Hör auf, es zu verschwenden! Wenn du es nicht willst, gib es mir.« Die Worte waren ihr herausgerutscht, noch bevor sie überlegen konnte, ob sie sich wie ein Suffkopp anhörte. »Oder ich teile sie mir mit deinem Bruder.«

»Ich trink sie aus«, sagte Linty, nahm ihr die Flasche wieder ab und hielt sie sich an den Mund. Helen sah zu, wie das kostbare Bier sich an den Lippen des Jungen sammelte und an seinem rosigen Kinn hinunter auf die Latzhose tropfte. Sie schluckte die Wut über diese Verschwendung herunter.

Obwohl sie in zwei Monaten in die zehnte Klasse kam und annahm, dann auch endlich am Wochenende zu Partys eingeladen zu werden, vermutete sie, dass es noch eine Weile dauern würde, bis sie wieder ein Bier bekäme. Sie kannte Familien, die an Feiertagen freizügig den Alkohol mit ihren Kindern teilten, und sie hatte von Jungs gehört, die von ihren Vätern am Abend nach der Jagd, dem Angeln oder harter Arbeit ein Bier angeboten bekamen, doch sie hatte noch nie von einem Mädchen gehört, dem irgendwer ein Bier anbot, außer Jungen, die sie betrunken machen wollten. Kein Wunder, dass die älteren Mädchen so ein verklemmtes Verhältnis dazu hatten.

Chesley könnte ihr aushelfen. Das tat er immer. Nachdem sie die leeren Flaschen bei den Kiefern verbuddelt hatten, legte sie ihm eine Hand auf die Schulter.

»Lass uns noch eine holen. Nur noch eine.«

»Ich will nicht erwischt werden«, sagte er und säuberte seine schmutzigen Hände im Gras.

»Komm schon.« Sie hielt seine Hand und rieb mit dem Daumen über die Knöchel. »Lass uns noch eine holen, jetzt gleich.«

Seine Hand erwiderte den Druck, und er sah ihr ins Gesicht. »Gehst du wirklich aufs College?«

»Nicht, wenn du es nicht willst«, sagte sie, und in diesem Moment hätte das fast gestimmt.

Das Beste und das Schlimmste an Chesley Sarrazin war, dass er in dem Wissen aufwuchs, eines Tages eine Molkerei zu erben. Also zog er auch nie eine andere Zukunft für sich oder für die Frau, die er heiraten würde, in Betracht. Diejenigen, die diese Zielgerichtetheit nicht nachvollziehen konnten, ignorierte er. Und Helen musste zugeben, dass er damit nicht falschlag.

Er nickte und ließ ihre Hand los, als er hinüber zum Haus schaute. »Man könnte uns sehen«, sagte er und ging vorneweg, ohne sich noch mal umzudrehen, als rechnete er fest damit, dass sie ihm folgen würde.

Helen begann, sich in Geduld zu üben. Auf Teenager-Partys gab es meist nur kleine Flaschen Schnaps, Obstbrand, Kirschlikör oder kanadischen Whiskey oder ein ähnlich mieses Gesöff, was nur dazu diente, die anderen abzufüllen. Aus einem solchen Grund Alkohol zu trinken war für Helen dasselbe, wie ein Rind zu schlachten, um den Hund zu füttern, doch diese Teenager waren gelangweilt, hatten nur wenig Besseres zu tun und taten deswegen das, was Generationen vor ihnen schon getan hatten.

Auf Hochzeiten gab es in Minnesota grundsätzlich Bier, und sie fragte sich, ob sie auf der Hochzeit ihrer Schwester an welches rankommen könnte. Dort würde sie sowieso niemand beachten. Sie war zu alt, um Blumen zu streuen – die Aufgabe fiel Stanleys vierjähriger Nichte zu –, und Ediths vier Brautjungfern waren die anderen Mädchen der Starting Five aus ihrer Highschool-Basketballmannschaft. Helen wäre gern extra spät gekommen, damit alle mitbekamen, wie sträflich man sie vernachlässigt hatte, doch das war schwierig, wenn die Eltern einen fuhren.

Die Hochzeit ihrer Schwester war eine ziemlich trostlose Angelegenheit. Der einzige Schmuck in der Kirche waren am Geländer befestigte Kunstblumen. Das Kirchenheft passte auf ein einziges Faltblatt, und zu essen gab es nur Schweinebraten und Salate, die von den Kirchenfreundinnen ihrer Mutter gestiftet worden waren. Alles wirkte so verdammt erschwinglich. Ihre eigene Hochzeit stellte Helen sich völlig anders vor.

»Wo gibt es etwas zu trinken?«, fragte Helen ihren Vater.

Er zeigte auf einen Tisch am hinteren Ende des Kirchenkellers, auf dem eine langweilige weiße Tischdecke lag. »Die Bowle und die Wassergläser sind noch nicht aufgestellt. Du hättest zu Hause noch etwas trinken sollen.«

»Gibt es noch etwas anderes außer Bowle und Wasser?«

»Wieso?«, fragte ihr Vater.

Ihre Mutter stand plötzlich da und zog an Helens Arm. »Deine Schwester möchte dich sehen.«

Gut. Edith würde es wissen.

Ihre Schwester war in einem Büro seitlich des Eingangs versteckt worden, damit Stanley sie nicht vor der Zeremonie sehen würde. Edith sah in ihrem Kleid eigentlich ganz hübsch aus. Zumindest besser als sonst. Für das zweitgrößte Mädchen der Schule war es vermutlich nicht so einfach, ein anständiges Hochzeitskleid zu finden.

»Da bist du ja«, sagte Edith, beugte sich vor und streckte Helen eine weiße Blüte entgegen. »Damit die Leute wissen, dass du zur Familie gehörst.«

»Das können die sich schon denken«, erwiderte Helen, als Edith ihr die Blume am Sommerkleid befestigte. »Oh, und Dad möchte wissen, ob es auch Bier gibt.«

Edith stöhnte. »Jetzt schickt er schon dich, um mich zu nerven. Na ja, dafür ist es eh zu spät.«

»Oh, was ist passiert?«, fragte Helen, bemüht, eher gelangweilt als neugierig zu wirken.

»Stanleys Bruder und seine Frau wären nicht gekommen, wenn es Alkohol gegeben hätte.«

Helen biss sich auf die Zunge. Was für ein miserabler und jämmerlicher Reinfall diese Hochzeit werden würde. Bestimmt war sie ein Kandidat für die mieseste Hochzeit aller Zeiten. Nicht, dass sie das ihrer Schwester gegenüber äußern konnte, doch einen Kommentar konnte sie sich nicht verkneifen.

»Das ist das Dümmste, was ich in meinem ganzen Leben je gehört habe«, sagte Helen. »Wie kann man nur eine Hochzeit ohne Bier feiern? Wie kann man es allen anderen auf der Feier verbieten, nur, weil man es selbst nicht mag?«

»Er ist sein Bruder, und es ist wichtig, dass er dabei ist.« Edith sah Helen aus zusammengekniffenen Augen an wie jemand, der einen Fleck auf einem brandneuen Mantel entdeckt hatte. »Warum interessiert dich das so?«

»Interessiert mich nicht, ich frage für Dad.«

»Du willst dir wieder eins klauen, oder?«

»Nein«, sagte Helen so überzeugend wie möglich.

Ediths Gesicht sah liebevoll aus, fast schon mitleidig. Dann sagte sie: »Du bist nicht alt genug«, und das war's dann.

Die Hochzeit selbst war blöd und dauerte ewig. Ihre Mutter weinte, als die Ehegelübde abgelegt wurden, aber das tun alle Mütter, dabei konnte man die Gelübde nicht mal richtig hören. Helen sah den miesen Bruder, auf dessen Konto der Schwachsinn mit dem Bier ging, und er wirkte mit seinen dicken Brillengläsern und dem runden Kahlkopf wie ein widerlicher Kerl.

Hinterher gingen die ungefähr sechzig Gäste, fast ausnahmslos Verwandte und die meisten davon alt, im Gänsemarsch hinunter in den Keller, aßen den trockenen Schweinebraten und schwatzten, in erster Linie über das Wetter und über Abwesende. Chesley und Linty waren nicht dabei, niemand in Helens Alter war dabei, und zu allem Überfluss wurde ihr die unerfreuliche Aufgabe übertragen, eine Gruppe kleinerer Jungs im Auge zu behalten. Edith hatte noch nie so glücklich ausgesehen, und Helen wusste genau, warum. Sie konnte jetzt endlich von hier abhauen.

Eines Abends, nach dem Homecoming-Footballspiel für die Ehemaligen, draußen auf dem Mathiowetz Field, wo ihre Highschool 28 zu 6 gegen Hinckley verloren hatte und damit besser abschnitt als erwartet, ging Helen gerade mit Chesley und zwei anderen über den Parkplatz, als ihnen ein Typ in einer Collegejacke entgegenkam.

»Hey, Mann«, sagte der Junge zu Chesley. »Gehst du zu Dean Travis' Party?«

Dean Travis war unendlich cool, ein Sportler aus der Oberstufe, der bei seinem Vater lebte, einem Geschäftsreisenden, der an den Wochenenden öfter mal unterwegs war. Unter derart magischen Umständen schmiss Dean seine Partys, auf denen das Bier angeblich in Strömen floss.

»Klar«, sagte Helen.

»Ich weiß nicht«, sagte Chesley. »Kommt auf Toby an. Er fährt.«

Toby Chamberlains Vater war der ortsansässige Ford-Händler, weswegen Toby ein Auto besaß und immer derjenige war, der fuhr und sich obendrein noch den Wünschen der Mehrheit beugte. Das Problem war nur, dass sie heute gemeinsam mit Lucy Koski unterwegs waren, in die Toby dermaßen verknallt war, dass selbst Lucy es merkte.

Toby war ein intelligenter, höflicher und gutaussehender Typ, und es gab nichts, was auf seinen merkwürdigen Frauengeschmack schließen ließ. Im Grunde hatte man bei

Lucy die spaßfreiesten Seiten Ediths in einen Körper von halber Größe, aber zehnfacher Lautstärke gestopft. Weil ihre Mütter Freundinnen waren, kannten sich Helen und Lucy schon seit der Geburt. Die Leute glaubten, sie seien beste Freundinnen, nur weil sie beide niedliche Mädchen waren, die ihr ganzes Leben immer wieder gemeinsam irgendwo auftauchten, doch sie duldeten sich eher, weil die Nähe der anderen sowieso unvermeidlich war. Dieses eher erzwungene Bündnis ging nach beinahe sechzehn Jahren daran zu Bruch, dass Lucy nichts trank, weil es gegen das Gesetz verstieß.

»Warum fahren wir nicht zu mir und spielen Karten?«, fragte Lucy, als alle im Auto saßen.

»Hört sich gut an«, sagte Toby und startete den Wagen.

»Lucy, du musst ja nichts trinken, aber komm doch wenigstens mit. Sei nicht so eine Spaßbremse.«

Lucy drehte sich auf ihrem Sitz um und funkelte Helen böse an. »Das tut nichts zur Sache. Meine Mum würde mich umbringen, wenn sie herausfände, dass ich auch nur eine Minute in diesem Haus war. Und sie würde es sicher auch deiner Mutter erzählen.«

Es stimmte, Dean und sein Vater hatten bei den Spießern in der Gegend nicht den besten Ruf, doch seine Partys waren quasi eine öffentliche Veranstaltung. Es war nicht Deans Schuld gewesen, dass beim letzten Mal eins von den besoffenen Kids vom Dach gesprungen und sich das Bein gebrochen hatte.

»Ist mir egal, wenn ich Ärger kriege«, sagte Helen. »Schieb es einfach auf mich.«

»Manchen von uns macht es aber was aus, okay? Es geht

nicht nur um dich, Helen. Ich wette, Tobys Dad würde auch nicht wollen, dass er auf diese Party geht.«

Toby lachte, als er wendete, die Lichter der Stadt und Dean Travis' Haus hinter sich ließ und auf die ländliche Dunkelheit zusteuerte. »Nope.«

»Toby, dann setz mich doch einfach bei Dean ab. Ich komm schon irgendwie nach Hause«, sagte Helen, doch Toby wurde noch nicht mal langsamer.

»Und wenn dir dann was passiert, ist es meine Schuld«, sagte Toby.

Helen blickte durch das Heckfenster in die Richtung von Dean Travis' wundersamem Haus, das inzwischen schon über vier Kilometer weit weg, im Grunde aber unerreichbar war. Sie warf Chesley einen bösen Blick zu. Er seufzte.

»Eine tolle Hilfe bist du.«

»Toby ist der Fahrer«, sagte er und wandte den Blick ab. »Ich mach's wieder gut.«

»Wir brauchen kein Bier, um heute Abend Spaß zu haben, stimmt's, Toby?«, sagte Lucy und lächelte Helen dann auf eine Art an, wie Leute lächeln, wenn sie eine Fliege totgeschlagen hatten. Diese Menschen waren ihre besten Freunde, aber sie fühlte sich bei ihnen wie das einsamste Mädchen der Welt.

Zwei Tage später wollte sie gerade mit ihren Eltern frühstücken.

»Ich habe fast vergessen, dich zu fragen, Helen«, sagte ihr Vater und faltete die Zeitung. »Was wünschst du dir eigentlich zum Geburtstag?«

»Ein Bier«, sagte Helen. Sie hatte es gar nicht sagen wollen, doch nun war es raus, wie ein Trommelfeuer mitten in einem Violinkonzert.

Ihre Mutter, die gerade Eier verquirlte, hielt inne. »Ich glaube nicht, dass du schon alt genug bist.«

»Aber das ist es, ich will nichts anderes.« Die Worte platzten einfach heraus. »Nur ein Bier, irgendein Bier.«

Die Eltern sahen sich an, und ihre Mutter rührte weiter. Ihr Vater nahm seine Zeitung wieder auf.

»Wenn dir noch was anderes einfällt, lass es uns wissen«, sagte ihre Mutter.

»Werd ich nicht«, sagte Helen.

Drei Tage später kam Helen an ihrem sechzehnten Geburtstag zum Frühstück herunter, und da waren ihre Mutter, die schon wieder Eier rührte, ihr Vater, der die Traueranzeigen der Lokalzeitung las, und eine Flasche, eingewickelt in wiederverwertetes Weihnachtspapier.

»Was?«, sagte Helen.

»Herzlichen Glückwunsch«, sagte ihre Mom, und Helen hätte wissen sollen, dass etwas im Busch war, denn ihre Mutter lächelte.

Helen riss das Papier ab. Es war eine Flasche A&W Root Beer.

»Richtiges Bier kannst du trinken, wenn du alt genug bist«, sagte ihre Mom.

Helen war immer stolz auf ihre Zurückhaltung und Weitsicht gewesen. Sie war kein launischer, emotionaler Gewittersturm wie andere Jungs und Mädchen, die sie kannte. Oft war sie ruhig, gefasst und vielleicht sogar elegant, aber auf eine robuste Art, wie ein selbstgebautes

Vogelhaus oder fellgefütterte Arbeitsstiefel. Vielleicht war es sogar ihr großer Fehler, nicht emotional genug zu sein, doch mit der Zeit konnten sich ihre Gefühle durchaus auftürmen, was möglicherweise dazu führte, dass eine Flasche Root Bier durch ein Küchenfenster flog.

Helen starrte auf den ungewöhnlichen Anblick von zerbrochenem Glas rund um die Küchenspüle, spürte in der morgendlichen Herbstluft eine gewisse Spröde und vernahm den Dieselgeruch eines vorbeifahrenden Lastwagens, der durch das kleine Loch wehte, das sie ihrem Zuhause verpasst hatte.

»Das wollte ich nicht«, sagte Helen, was der Wahrheit entsprach, doch es war auch kein Unfall gewesen.

Ihre Mutter griff in den Spalt zwischen Kühlschrank und Wand und zog einen Besen und ein Kehrblech hervor. »Du kannst es auffegen«, sagte sie beinahe im Flüsterton. »Und dann gehst du auf dein Zimmer und bleibst dort.«

Also tat sie das, blieb dort und lag ihren gesamten Geburtstag über auf dem Bett. Sie ging nicht ans Telefon, als Chesley anrief, aß nicht zu Mittag oder Abend und kam noch nicht mal heraus, als ihre Schwester und Stanley vorbeischauten.

Sie starrte gegen ihre weiße Zimmerdecke und stellte sich vor, woanders zu sein, wo es cool war, in Duluth oder St. Paul. Wo auch immer, aber sie würde definitiv allein leben. Und irgendeinen coolen Job haben. Vielleicht sogar in einer Brauerei arbeiten, selbst wenn sie nur den Boden wischte, aber vielleicht braute sie auch Bier. Jemand in Minnesota musste Bier brauen. Vielleicht machten das sogar eine Menge Leute. Niemand hatte ihr je gesagt, dass sie eine von ihnen sein könnte, doch es hatte auch niemand das Gegenteil behauptet. Vielleicht konnte sie auf dem College etwas darüber herausfinden. Nach allem, was sie gehört hatte, schien man auf dem College auf jeden Fall etwas über Bier zu lernen. Sie schloss die Augen und stellte sich vor, sie würde wieder aufwachen und wie durch Zauberhand achtzehn Jahre alt sein. Sie musste es sich nur fest genug wünschen.

Nach Sonnenuntergang hörte sie wieder Schritte vor ihrer Tür, diesmal die ihres Vaters, das erkannte sie am Knarren und dem langsamen Tempo. Er sagte kein Wort, sondern schob nur einen Zettel unter der Tür durch.

Darauf stand: IN DER GARAGE.

Das Garagentor war wie üblich geschlossen, doch die Seitentür war angelehnt, und das Licht der Arbeitslampe warf lange Schatten.

»Dad?«, sagte sie in die Stille hinein. Dann sah sie es, neben dem zerschlissenen alten grauen Sofa, ein Metalleimer mit vier Bierflaschen darin, um jeden Flaschenhals eine dunkelrote Schleife.

Sie waren wunderschön. Sie nahm sie nacheinander so vorsichtig in die Hand, als wären es Tierbabys. GRAIN BELT stand auf der einen. SCHELL's auf einer anderen. Die letzten beiden hießen COLD SPRING und HAMM's. Auf dem Grund des Eimers lag ein Flaschenöffner. Ihre Hände zitterten. Sie nahm zuerst das Grain Belt und starrte nur auf den schönen, schlichten roten Rhombus auf dem Etikett. Einen Moment lang dachte sie darüber nach, sie überhaupt nicht zu öffnen, sondern sie nur unter ihrem Bett zu verstauen, und sie anzusehen, wann immer sie wollte.

Dann war der Moment vorbei.

Sie erinnerte sich nicht daran, auf dem Sofa in der Garage eingeschlafen zu sein. Als sie aufwachte, lag sie unter einer karierten Decke, ihr war kalt, schwindelig, und sie fühlte sich steif. Der Eimer und die Flaschen waren verschwunden, und stattdessen stand dort ein Krug Wasser mit einem Glas, und auf einer Serviette lag ein Aspirin.

Auf Empfehlung ihrer Lehrerin Miss McKinley bewarb sich Helen nur bei einem College, an der Macalester. Sie fand es aufregend, mitten in St. Paul eine Schule zu besuchen, doch als sie schließlich dort ankam, war es erdrückend. Das einzig Vergleichbare war der Jahrmarkt, und es war buchstäblich genauso verrückt, mit Leuten und Autos überall, die quasi Tag und Nacht Lärm machten. Und nirgendwo schien man den Horizont sehen zu können. Macalester wirkte wie eine Oase mitten in der Anarchie, und sie entschied sofort, dass sie den Campus nur im Notfall verlassen würde.

Als sie ihre Sachen auf einer nackten Matratze in ihrem Studentenzimmer in der Turk Hall auspackte, hörte sie ihrer einschüchternd selbstbewussten Mitbewohnerin zu, Tippi Lindholm aus Wayzata, die vor Stunden angekommen war und ihre Seite des Zimmers bereits exquisit in Cremeweiß, Rosa und Mintgrün eingerichtet hatte. Es ging ausschließlich um die jungen Männer von Interesse im Studentenwohnheim auf der anderen Seite der Grand Avenue.

»Kirk hat die vielversprechendsten Männer«, sagte Tippi gerade, als würde sie es aus einem Hochglanzmagazin vorlesen. Tippi war der schönste Mensch, den Helen je aus der Nähe gesehen hatte, und selbst aus einem Meter Entfernung konnte sie keinen Makel erkennen. Helen fragte sich, wie jemand so Attraktives wie Tippi, die offensichtlich intelligent genug war, um an der Macalester angenommen zu werden, das College im Grunde nur als Heiratsmarkt sah. »Das hört sich gut an. Was ist dein Hauptfach?«

»Keine Ahnung, Soziologie oder so was«, sagte Tippi. »Ist ja nicht so, als würde ich je arbeiten müssen.«

Helen fragte sich, ob diese Einstellung ein Resultat von Tippis Erziehung, ihrer Schönheit oder beidem war.

Helen war recht hübsch, aber mehr auch nicht. Ihr wurde mal gesagt, sie würde sich verhalten wie eine sehr schöne Frau, und sie wusste sofort, dass das nicht dasselbe war, wie sehr schön zu sein. Einer ihrer Highschool-Lehrer meinte sogar, sie würde wie eine Tänzerin gehen und sich durch den Flur bewegen, als wäre es ein langer, wirbelnder Laufsteg. Ihre Mutter bemerkte dazu, Helen hätte ihren Kopf in den Wolken, was, zugegebenermaßen, treffender war. Wenn jemand Helen fragen würde, *Was tust du, um so glücklich auszusehen,* wäre die ehrliche Antwort, *Ich stelle mir vor, ich sei woanders und würde mit jemandem anderen reden als mit dir*. So auch jetzt.

»Das ist ja interessant«, sagte Helen. Tippi nervte sie, und irgendwie fühlte sie sich dadurch besser.

Tippi schien zu merken, dass sie beurteilt wurde. »Also, wenn meine Kinder mal aus dem Haus sind, dann eröffne ich eine kleine Bäckerei oder so was.«

»Wo? In Wayzata?«

»Nein, irgendwo anders. Wie kommen wir überhaupt auf dieses blöde Thema?« Tippi neigte sich kurz zu Helen hinüber, als wolle sie sie in ein Geheimnis einweihen. »Weißt du, was ich von meiner Freundin Stacy erfahren habe? Sie sagt, ihr Bruder sei in der Kirk Hall, mit Pete Lund und Orval Blotz.«

»Orval Blotz, hm«, sagte Helen. Der Name klang, als gehöre er zum Piloten eines Agrarflugzeugs. Sie packte weiter ihre Sachen aus, konnte aber nicht umhin zu bemerken, dass sie, verglichen mit Tippi Lindholm, nur ein Fünftel an Kleidung und Schuhen besaß, und sie waren auch nur ein Fünftel so hübsch. Aber Tippi sah so aus, als hätten sie ungefähr dieselbe Kleidergröße.

»Du hast also noch nie diese Vanillelimo getrunken, Blotz Cream Soda?«, fragte Tippi und blickte sie mit großen Augen an. Vielleicht trug ihre Mitbewohnerin doch eine Nummer größer. »Gibt es das auf dem Land nicht?«

»Doch«, log Helen. »Ich trinke nur nicht so viel Limo«, sagte sie und klopfte auf ihre Taille.

»Na ja, hier in der Gegend kennt man die Marke einfach«, sagte Tippi. »Ist ja nicht so, als käme der Erbe des Pepsi-Vermögens aufs College nach Minnesota.«

»Tja, denk bloß, was wir versäumen, nur weil wir hier studieren«, sagte Helen. Ob es ein Widerspruch war, dass ihre Mitbewohnerin eine Jackie-Kennedy-Frisur und eindeutig teure Klamotten besaß, aber auch zwei ordentliche Reihen kleiner Spielzeugpferde auf ihrem Schreibtisch und mindestens zwei Dutzend Stofftiere auf ihrem Bett aufgebaut hatte? Männer durften allerdings nur bis zum Foyer und nicht weiter, also blieben ihnen Tippis kindliche Seiten erspart.

»Seine Familie hat früher Bier gebraut«, sagte Tippi. »Das würde meiner Mum gar nicht gefallen.«

Helen rutschte ihr bestes Sommerkleid aus der Hand. »Jep, meiner bestimmt auch nicht«, sagte sie, hob das Kleid vom Boden auf und strich es glatt. »Und bis wann hatte diese Blotz-Familie eine Brauerei?«

»Gott, wer weiß. Mein Opa hat es immer getrunken.« Tippi sah Helen auf eine Art an, die Helen das Gefühl gab, beim Ladendiebstahl erwischt worden zu sein. »Soll ich herausfinden, ob er Single ist?«

»Ich hab jemanden«, sagte Helen. »Zu Hause.« Das stimmte; sie und Chesley waren seit dem Sommer vor der zehnten Klasse offiziell ein Paar, und technisch gesehen hatten sie nicht Schluss gemacht, als sie aufs College ging.

»Nein, hast du nicht.« Tippi lächelte. »Du bist jetzt auf dem College.«

»Kein Interesse«, sagte Helen.

»Doch, hast du. Du müsstest mal dein Gesicht sehen. Aber Pete Lund ist sowieso süßer.«

Helens Ehrfurcht vor diesem Mädchen hatte schlagartig ein Ende. Sie war ganz klar durchgeknallt, besaß weder gesunden Menschenverstand noch beruflichen Ehrgeiz, und es gab keinen Grund für Helen, ihr gegenüber zu katzbuckeln.

»Schön für dich, dann nimm Pete Lund.«

»Ich mag es, wenn sie süß sind. Erst wenn ich bis fünfundzwanzig keinen süßen Ehemann habe, gehe ich mit den hässlichen Jungs aus. Wie klingt das?«

»Hey, wenn ich dich nicht heute Nacht im Schlaf umbringe, dann setze ich dich in der Abschlusswoche in Brand«, sagte Helen. »Wie klingt das?«

»Oh mein Gott«, sagte Tippi lachend, als hätte sie die ganze Zeit auf genau diese Worte gewartet. »Ich liebe dich.«

Helen entschied sich für Chemie im Hauptfach. Nicht nur, weil es etwas mit Bierbrauen zu tun hatte, sondern weil es sie wirklich interessierte und sie intelligente Menschen kennenlernen wollte. Und sich durch einen Fortgeschrittenenkurs in Chemie zu schummeln war beinahe unmöglich. Tippi hatte orakelt, dass der Mann ihrer Träume an ihrem ersten Tag in ihrer ersten Vorlesung neben ihr sitzen könnte. Und prompt saß natürlich Orval Blotz da, in der Erstsemester-Vorlesung Allgemeine Chemie.

Tippi hatte recht: Er war überhaupt nicht süß, zumindest nicht auf die übliche Art. Er war pummelig, wurde bereits kahl, und seine Augen standen eng zusammen. Seine Haltung war S-förmig, wie bei jemandem, der zu viel Zeit am Schreibtisch verbringt. Ehrlich gesagt, fehlten dem armen Kerl jegliche physischen Reize, doch er schien intelligent zu sein, und angesichts seiner Familiengeschichte war Helens Faszination ungebrochen. Wenn er in der Vorlesung etwas sagte, war es richtig, und er saß immer weit vorn, jedoch nie ganz vorn – fokussiert, jedoch kein verzweifelter Koste-es-was-es-wolle-Fokus. Helen saß in der ersten Reihe, also konnte sie sich nicht mal eben umdrehen und ihn ansehen, außer wenn hinter ihr jemand eine Frage stellte oder eine Antwort gab. Er hatte ein nettes Lächeln, und sie versuchte ein paarmal, es zu erwidern, doch sie sprach nie mit ihm.

Ihr fiel einfach nichts ein, was sie nicht wie einen dressierten Seehund klingen ließ.

Helen war überzeugt, dass die Frauen sich Orval Blotz zu Füßen werfen mussten. Einige von ihnen wären sicher hübscher, die meisten von ihnen wohlhabender, aber sie würde sich nicht einfach da einreihen. Sie wollte etwas mit an den Tisch bringen, wenn sie endlich zusammen an einem saßen.

In ihrer Freizeit suchte sich Helen in der Bibliothek alle Bücher heraus, die etwas mit Bier zu tun hatten. Sie erfuhr, dass es von Küste zu Küste einst Tausende von Brauereien gab. Sie las so viel sie konnte über die Geschichte des Biers, eine Geschichte, von der sie nicht geahnt hatte, dass sie mit einer Biergöttin begann und über Jahrhunderte in der Hand von Frauen lag. Der Mensch, der zuerst die Verwendung von Hopfen dokumentiert und das Rezept notiert hatte, war eine Frau gewesen, zum Teufel noch mal. Doch als die Bücher schließlich bebildert waren, sah sie viele Leute, die aussahen wie ihr Opa und viele wie Orval Blotz, doch keiner so wie sie.

Und dann hatte Helen die Idee, die ihr Leben verändern sollte.

Am Ende des Herbstsemesters fuhr sie nach Hause. Gleich am ersten Abend wollte Chesley vorbeikommen, und sie war ein wenig nervös, als er mit roten Wangen und der Jagdmütze auf dem Kopf bei ihr klopfte. Sein Geruch war vertraut, doch seine Umarmung fühlte sich fast an wie die eines Fremden. Sie fand ihn ein wenig schmuddelig und bäuerlich im Vergleich mit den Leuten, von denen sie täglich umgeben war. Doch er war immer noch so lieb. Als sie schließlich im alten Pick-up seines Vaters saßen, zog er eine einzelne Flasche Hamm's aus der Jackentasche.

»Ich hab keine Blumen gefunden«, sagte er.

Er kannte sie. Gott, er kannte sie. Und wieder einmal würde er ihr helfen müssen.

»Wollen wir fahren?«, fragte er.

»Lass uns lieber noch mal kurz reingehen, ja?«, sagte sie. »Ich will dir etwas zeigen.«

Während Chesley am Küchentisch saß und brav den Pie und den Tee annahm, den ihre Mutter ihm aufzwang, brachte Helen ein paar Bücher aus der College-Bibliothek herunter. Als ihre Mutter sie endlich allein gelassen hatte, schlug sie eine Seite mit der Liste der Geräte auf, mit denen man zu Hause Bier brauen konnte.

»Ha«, sagte Chesley und wischte sich die Kürbis-Pie-Krümel vom Gesicht. »Das ist illegal.«

»Ich will ein Bier brauen, und ich habe einen Monat, bevor ich zurück aufs College muss«, sagte sie. »Kannst du mir helfen?«

»Wow, du meinst es ernst«, sagte er und kratzte sich am Kopf.

»Absolut«, sagte sie und fühlte Dankbarkeit und Mitleid zugleich. Er zog das Buch zu sich herüber und sah hinein wie jemand, der eine Brille braucht. »Also, okay. Großer Behälter. Filter. Schläuche. Trichter. Thermometer. Wasserkrug. Haben wir alles, kein Problem.«

Er war so gut darin, konkrete, handfeste Probleme zu lösen. Sein ganzes Leben lang würde er an dem einen oder anderen kleinen Projekt tüfteln. Doch plötzlich sah sein eben noch so konzentriertes Gesicht verblüfft aus.

»Was ist das Problem, Chesley?«

»Das Problem sind die Zutaten. Ich weiß nicht, wo zum Teufel man im Dezember Hopfen herbekommt. Null Ahnung. Ich weiß auch nicht, woher man die richtige Sorte Hefe bekommt. Vielleicht bei Barley. Ich kann Ed vom Getreidesilo fragen.«

»Können wir das morgen machen?«, fragte sie, berührte ihn an der Schulter und strich ihm über den Rücken.

»Ich denke schon. Mann, das sieht nach einem Arsch voll Arbeit aus. Und das auch noch zu Weihnachten.«

»Ich weiß«, sagte Helen. »Und ohne dich schaffe ich es nicht.«

Ed vom Getreidesilo war ein alter Freund der Familie Sarrazin und war überraschend begeistert über ein paar Kids aus dem Ort, die versuchten, Bier zu brauen; so sehr, dass er ihnen persönlich dabei half, die Gerste zu vermalzen. Helen brachte das alte Nudelholz ihrer schwedischen Großmutter mit, um das Braumalz zu schroten, nachdem Ed ihnen gezeigt hatte, wie man die Gerste weichte und darrte. Alles, was er dafür wollte, waren ein paar Flaschen von dem, was auch immer sie da brauten.

»Ihr habt keine Zeit, ein helles Lagerbier zu brauen, also macht ein Ale«, erklärte Ed ihnen, und angesichts seines Leibesumfangs und der liebenswerten Offenheit überraschte es Helen nicht, dass er Ahnung von Bier hatte.

»Weißt du, wer hier in der Gegend Hopfen anbauen könnte?«

Ed guckte amüsiert, dass ausgerechnet Chesley diese Frage stellte. »Warum fragst du nicht deinen Onkel Moritz? Ich habe immer noch ein paar Flaschen von seinem Bier im Kühlschrank. Guter Stoff. Aber ein bisschen stark.«

Chesley schüttelte den Kopf. »Moritz braut kein Bier. Moritz tut überhaupt nichts.«

»Du hast es nicht von mir.« Ed lachte und ging wieder zurück an seine Arbeit. »Und erzähl's bloß nicht Petunia.«

Moritz und Petunia lebten tief draußen im Wald, in einem alten, baufälligen Haus, mehrere Kilometer außerhalb von Knife River, nördlich von Duluth. Der Vorgarten war eine tödliche Falle, zugemüllt mit alten Kühlschränken, rostigen Traktorteilen, an denen man sich die Knöchel aufkratzte, und zwei ausgeschlachteten Fords Model T, die seit mindestens zwanzig Jahren keine Straße mehr gesehen hatten. Hätte man eigentlich super darin spielen können, meinte Chesley, bis man dann feststellte, dass sie voller Ungeziefer und Mäusekacke waren.

Moritz musste sie gehört haben, denn er stand im Türrahmen, trotz des Wetters mit nacktem Oberkörper, in der Hand einen Sack Hundefutter, und sah zu, wie der Pick-up über seine unbefestigte verschneite Zufahrt holperte. Als sie ausgestiegen waren, blaffte er sie an, sie sollten reinkommen, und verschwand dann im Haus.

Für die Art, wie Moritz und Petunia lebten, gab es damals noch keinen Begriff. Sie schienen seit Jahrzehnten nichts mehr weggeworfen zu haben. Das Haus roch nach

Staub, Käse, alten Socken und modrigem Teppich, abhängig davon, in welche Richtung Helen sich drehte. Sie folgte Chesley in ein Wohnzimmer, in dem die Stapel an Zeitungen, Zeitschriften und Post höher waren als sie selbst. Auf einem ausgeblichenen roten Sofa war gerade genug Platz für Petunia, eine bleiche Frau mittleren Alters in einem grauen Bademantel, zwischen den Oberschenkeln hielt sie eine braune Flasche ohne Etikett und schaute auf das verschwommene Bild eines stummen Fernsehers. Sie hatten kaum Zeit, dieses Stillleben zu betrachten, bevor sie durch ein Esszimmer, in dem sich unter Bergen von Klamotten sicher irgendwo Tisch und Stühle befanden, in eine schmutzige, warme Küche geführt wurden, in der sich zwei Katzen durch ihre Beine schlängelten. Auf dem Tisch vor einer Sitzecke lag auf einem ausgebreiteten Lappen eine Reihe Gewehrteile. Moritz nahm einen Stapel Zeitungen von einem Klappstuhl, damit Helen sich setzen konnte.

»Nicht anfassen«, befahl er Helen, als er sah, wie ihr Blick über die Waffen glitt. »Die reinige ich gerade.«

Er hatte sich immer noch kein Hemd über seine bleiche, haarige Brust gezogen und trank etwas aus einem Hires-Root-Beer-Humpen, das vermutlich kein Hires Root Beer war, hatte jedoch eindeutig nicht die Absicht, ihnen was anzubieten, sei es nun aus Höflichkeit oder gegen den Durst. »Also, was wollt ihr? Ihr seht ja, ich bin beschäftigt.«

»Wir haben gehört, dass du dein eigenes Bier braust«, sagte Helen. Chesley schien überrascht zu sein, dass sie gleich zum Thema kam.

»Wer hat euch das erzählt? Ed?« Moritz ging ins Esszimmer und kam mit einer braunen Strickweste zurück, die er vor ihren Augen anzog. »Ihr könnt keines haben, ihr seid noch nicht alt genug.«

»Wollen wir auch nicht«, sagte Helen. »Wir brauen unser eigenes Bier und brauchen ein paar Zutaten.«

»Ihr braut euer eigenes?« Moritz lachte. »Is klar.«

»Es ist für ein Schulprojekt«, sagte Chesley. »Helen ist an der Macalester und hat Chemie im Hauptfach.«

Moritz schüttelte den Kopf und musterte sie von oben bis unten. »Hauptfach Chemie, hm. Nun, dann lass mal sehen, was du weißt. Warum würde ein Bier nach Pappe riechen?«

Chesley sah sie nervös an. Helen schluckte. Sie hasste es, falsche Antworten zu geben, und das hier war bestimmt eine Fangfrage. »Das weiß ich noch nicht.«

»Weil es oxidiert ist.« Moritz wirkte ungehalten. »Was, wenn es nach abgebrannten Streichhölzern riecht?«

»Das weiß ich noch nicht.« Das hier war totaler Schwachsinn. Sie ballte die Hände zu Fäusten.

»Schwefeldioxid. Das Bier ist zu jung.« Moritz rieb sich sein unrasiertes Kinn. Er blickte sie an und zuckte mit den Achseln.

»Okay, hören Sie«, sagte Helen und stand auf. »Das ist unfair. Woher soll ich das denn wissen?«

»Dann viel Glück beim nächsten Mal«, sagte er, nahm den Sack Hundefutter, den er zu seinen Füßen abgestellt hatte, und verschwand um die Ecke.

Helen hörte, wie die Tür hinter ihm zuschlug, und blickte zu Chesley hinüber. »Das war's dann wohl«, sagte sie.

»Tut mir leid«, flüsterte er. »Was willst du jetzt machen?«

»Zusehen, dass ich aus diesem Loch hier rauskomme.«

Als sie denselben Weg zurückgingen, den sie gekommen waren, und Helen gerade über ein angebissenes Sandwich stieg, hörte sie eine Frauenstimme sagen: »Hey.«

»Hallo?«, rief Helen und drehte sich zum düsteren Wohnzimmer um, wo Petunia in ihre Richtung starrte, ein Auge weit offen, das andere geschlossen. Im Schein des Fernsehers wirkten die nackten Beine der Frau fleckig und bläulich.

»Entschuldigung, hatten Sie etwas gesagt?«

»Jep. Ich sagte ›Hey‹. Ich habe mitgehört.« Sie machte eine Geste Richtung Küche.

Oh nein, dachte Helen, als sie sah, wie Petunia aufstand. *Zusehen, dass ich aus diesem Loch hier rauskomme …* Ich habe sie in ihrem eigenen Haus beleidigt.

»Jep«, Petunia nickte. »Mir hat gefallen, dass du *noch* nicht gesagt hast. Dass du *noch* nichts darüber wüsstest.« Die Frau sprach mit einer gewissen Autorität, doch Helen fand sie unheimlich, die Vorstellung, wie man so leben konnte und das offensichtlich ganz bewusst. Sie hatte Petunia bisher immer nur flüchtig gesehen, auf der Farm der Sarrazins, wo sie wesentlich präsentabler gewirkt hatte und nicht wie hier, wo ihr zarter Blumenname eher ein trauriger Witz war.

»Danke«, sagte Helen, nur um irgendetwas zu sagen.

Petunia machte ein Gesicht, als würde sie im Restaurant das Trinkgeld im Kopf ausrechnen. »Du scheinst mir jemand zu sein, der zuhören kann. Wirst du mir zuhören?«

»Ja«, sagte Helen und stand da wie angewurzelt. Hatte sie denn eine Wahl? Draußen hörte sie mehrere Hunde bellen, die kurz darauf verstummten.

»Dann komm mit nach unten«, sagte sie und grinste Chesley an. »Er auch, wie's aussieht.«

Verglichen mit dem Rest des Hauses, war der Keller makellos. Er war vollkommen leer, bis auf eine Reihe blitzblanker Edelstahltanks, Paletten mit braunen Flaschen ohne Etikett, einem großen weißen Norge-Kühlschrank, schöner als der, der oben stand, und einem Regal voller Reinigungsutensilien. Selbst der Betonboden sah neu und tadellos sauber aus.

»Die Tanks und das ganze Zeug stammen aus Daddys alter Molkerei«, sagte Petunia. »Hier brauen Moritz und ich unser königliches Stout.«

Helen hatte noch nie jemanden gekannt, der dieses Wort für irgendwas benutzte. Sie warf Chesley einen Seitenblick zu. »Klingt cool«, sagte Chesley.

»Was weißt du denn schon?« Petunia lachte und holte eine Flasche aus dem Kühlschrank.

Helen hörte den Boden über ihnen knarren und fühlte sich unbehaglich. »Wird Moritz sauer sein, dass wir hier unten sind?«

Petunia trank einen Schluck Bier und grinste. »Und wenn, dann sage ich ihm, er soll sich verpissen. Dieses Haus gehört mir. Ich kann ihn rausschmeißen, wann immer es mir passt. Wollt ihr was von dem Stout probieren?«

»Nein danke«, sagte Chesley.

»Na klar«, sagte Helen und trank einen Schluck, ohne zu zögern, dann noch einen. Es war anders als alle Biere, die sie bisher probiert hatte – malzig und bitter –, und sie war nicht sicher, ob es ihr schmeckte. Petunia schien es an

Helens Miene ablesen zu können und schnappte sich die Flasche.

»Ich mochte es«, sagte Helen. »Es war interessant.«

»Komm mir bloß nicht so. Ihr zwei wollt wahrscheinlich ein Lager brauen, nicht wahr?«

»Nein, ein Ale«, sagte Helen.

Auch diese Antwort schien Petunia nicht zufriedenzustellen. »Typisch.«

»Na ja, für den Anfang eignet sich das eben«, sagte Helen.

»Das stimmt.« Petunia sah Helen direkt in die Augen. Ihr Bademantel lockerte sich und hing fast offen. »Ich finde es immer gut, wenn es mehr Menschen wie uns gibt, Leute, die Bier brauen. Vorausgesetzt, du versaust es nicht.«

Helen hatte keine Antwort darauf; bisher war ihr nicht in den Sinn gekommen, wie sie, abgesehen vom Geschlecht, irgendetwas mit Petunia gemeinsam haben könnte. »Werd ich nicht«, sagte sie und versuchte nicht hinzusehen, bis Petunia ihren Bademantel wieder zugebunden hatte.

»Also, ich kann euch etwas obergärige Hefe und Cluster-Hopfen geben«, sagte Petunia. »Und vermutlich auch ein paar Flaschen.«

Helen sah Chesley an, der beinahe schockiert wirkte. Es war genau das, was sie brauchten, und mehr, als sie erwartet hatten. »Wow, danke dir«, sagte er.

»Vielen Dank«, sagte Helen. »Was schulden wir Ihnen dafür?« Es würde nicht billig sein, doch Helen würde schon einen Weg finden. Sie konnte Dinge verkaufen. Ihr Fahrrad. Die Ohrringe, die sie zum achtzehnten Geburtstag bekommen hatte. Egal, was.

»Wie viele Liter fasst euer Braubottich?«

»Zwanzig«, sagte Helen.

»Das sind ungefähr achtundvierzig Flaschen. Gib mir fünfunddreißig. Plus vier mehr für die vier, die ihr vor ein paar Jahren gestohlen habt.«

Edith hatte sie verpetzt, dachte Helen, und ihre Augen brannten.

Noch nie war sie so wütend auf ihre Schwester gewesen wie in diesem Augenblick. Damals, mit fünfzehn, hätte sie jede Strafe in Kauf genommen. Lieber wäre sie von ihrer Mutter erwischt worden statt dieser verspäteten und brutalen Gerechtigkeit.

»Nur eine hätten wir wahrscheinlich gar nicht bemerkt«, sagte Petunia. »Aber ihr wart zu gierig. Also, neununddreißig Flaschen. Dann sind wir quitt. Und das nur, wenn das Bier einigermaßen gut ist.«

Helen biss sich auf die Lippe. Die ohnmächtige Wut auf ihre Schwester hatte sich noch nicht gelegt und ergoss sich nun über Petunia. »Nein«, sagte sie. »Das ist zu viel.«

»Das denke ich nicht. Ich denke, es ist genau die richtige Menge.«

Helen schüttelte den Kopf. »Dreißig. Ich kann Ihnen dreißig geben.«

Chesley berührte Helens Arm und wollte schon protestieren, doch Petunia fuhr ihm über den Mund.

»Neununddreißig«, wiederholte sie. Sie zog ein Gesicht, als sollte Helen es besser wissen. Und wahrscheinlich hatte sie recht. »Dann kommen wir ins Geschäft.«

»Neununddreißig ist in Ordnung, Tante Petunia«, sagte Chesley und streckte ihr die Hand entgegen.

Doch Petunia nahm sie nicht. Sie würdigte Chesley noch nicht mal eines Blickes. Sie starrte nur Helen an. Selbst in ihrem aufgewühlten Zustand war es für Helen etwas Besonderes, diejenige zu sein, deren Meinung zählte. Sie schüttelte Petunias kalte, knochige Hand so kurz wie möglich.

Sie weihten Chesleys Vater Kenny ein, und nach einem halben Tag Zögern überließ er ihnen den Raum mit den Milchtanks, allerdings nur, weil es ein Projekt für Helens Chemieunterricht war, und natürlich unter der Bedingung, dass er ein paar Flaschen im Gegenzug für seine Kooperation und Verschwiegenheit erhielt. Inzwischen hatten sie höchstens noch drei oder vier für sich selbst übrig. Und sie hatte keine Ahnung, ob das Zeug überhaupt etwas taugen würde, dachte sie und sah sich in dem kleinen weißen Raum um, der ihre erste Brauerei werden würde.

Ungefähr dreißig Meter von der Scheune entfernt, hinter der Helen an einem über dreißig Grad heißen Julinachmittag ihr erstes Bier getrunken hatte, brauten sie und Chesley über die Weihnachtsferien ein Ale. Sie hatten genau einen Versuch. Die Ausbeute kam der Schätzung von Petunia ziemlich nahe. Neunundvierzig Flaschen und eine halbe, die Helen an Ort und Stelle in ein Saftglas abfüllte.

Es war Bier, und mit einem wunderschönen milchigbronzenen Farbton obendrein. Die Schaumkrone war ungefähr fünf Zentimeter hoch. Es war leicht bitter; bitterer, als sie gewohnt war, doch im Abgang auch ein wenig süß. Helen hielt das Glas unter die Nase und schnupperte daran, so, wie frischgebackene Eltern wahrscheinlich an ihrem

Neugeborenen schnuppern, voller Unglauben darüber, was für ein zauberhaftes Geschöpf sie erschaffen hatten. *Sie* hatte es erschaffen. Und es schmeckte gut.

Zumindest dachte sie das. Die Leute aus Minnesota, die ihr Leben lang nur mildes Pilsener getrunken hatten, fanden es zu stark.

»Davon brauch ich nur ne halbe Flasche«, sagte Kenny.

»Gut, das Zeug, aber nach einem bin ich blau«, meinte Ed.

»Ich mag es«, erklärte Petunia. »Ich nehme zwei mehr.«

Nach der Flasche, die sie sich am Anfang geteilt hatten, und denen, die sie ihren Helfershelfern schuldeten, blieb ihnen nur noch eine einzige Flasche.

»Trinken wir sie heute Abend?«, flüsterte Chesley ihr zu. Es war der Tag, bevor sie wieder zurück nach St. Paul musste.

»Ich habe meinem Chemieprofessor eine versprochen«, sagte sie.

»Ha«, sagte Chesley, »ich dachte, das sei Quatsch.«

»Nein, der Teil stimmte«, sagte sie, sah ihm dabei aber nicht ins Gesicht.

»Na, dann brauen wir nächsten Sommer wieder eins«, sagte er und hielt ihr die Tür des Pick-ups auf. »Es tut mir nur leid, dass wir an deinem letzten Abend in der Stadt kein Bier haben.«

»Lass uns zum See fahren«, hörte sie sich sagen. Sie hatten sich eigentlich mit einigen Freunden aus der Highschool treffen und Karten spielen wollen, und Helen war selbst überrascht über ihren Vorschlag, dorthin zu fahren, wo sie immer knutschten. Und über den Gedanken, dass sie an diesem Abend nicht nur knutschen wollte.

»Okay«, sagte Chesley, als er den Pick-up anwarf. Im Radio lief wie hellseherisch der Johnny-Cash-Song *Ring of Fire,* und Helen hoffte, dass er endlich bereit für das wäre, was gleich passieren würde. Und sie selbst auch.

Als Teenager hatte Helen immer gedacht, sie würde bis sie verheiratet wäre keinen Sex haben, und als sie sich von dieser Vorstellung verabschiedet hatte, dachte sie, es würde jemand sein, den sie wirklich lieben würde und der sie auch liebte, und nachdem sie sich davon verabschiedet hatte, entschied sie, deswegen Sex zu haben, um zu wissen, wie es sei, aber mit einem Partner, den sie mochte, der lieb und respektvoll war, aber auch wild genug, um interessant zu sein. Nur nicht zu begierig.

Doch nicht mal das war es. Ihr erstes Mal Sex war gefühllos, befremdlich und traurig. Das erste Mal Sex war ein Abschied.

Zurück an der Macalester, im Frühjahrssemester, am ersten Tag der Chemievorlesung, saß sie in derselben Reihe wie Orval Blotz, vier Plätze weiter. Die Bierflasche wartete unter ihrem Bett, eingewickelt in einen alten Kissenbezug, und nicht mal Tippi wusste davon.

Als er sich am Ende der Stunde erhob, warf sie einen Blick zu ihm hinüber und hätte beinahe etwas gesagt, bevor ihr einfiel, dass es blödsinnig wäre, ihn auf eine Flasche Bier einzuladen. Sie war so beschäftigt damit gewesen, das Zeug auf ihr Zimmer zu schmuggeln, dass sie sich noch nicht mal Gedanken darüber gemacht hatte, wo sie es überhaupt gemeinsam trinken könnten. Und sollte sie sich etwa einfach vor ihn hinstellen und sagen: »Hi, ich bin Helen, und ich habe ein Bier gebraut. Wäre toll, wenn du es probieren könntest.« Nie im Leben. Sie würde eine bessere Gelegenheit abpassen, wenn sie irgendwie nützlich für ihn wäre. Der Professor hatte diejenigen, die zusammen im Labor arbeiten sollten, bereits nach dem Alphabet ausgewählt, und obwohl Blotz und Calder nah beieinanderlagen, war es in einem Seminar mit einem Bucher und einem Byron nicht nah genug. Ihre Nachforschungen ergaben, dass er bereits Teil einer Studiengruppe war, zusammen mit einem weiteren Studienanfänger und einem Mädchen namens Avis Upchurch, also fiel diese Option auch weg. Wegen Avis machte sich Helen keine Sorgen, denn sie war dürr, schrill und hatte einen festen Freund im zweiten Studienjahr.

Sie musste nur den richtigen Augenblick abpassen.

Wochen vergingen, bevor sie das erste Mal ein Wort mit ihm wechselte.

Schließlich, an einem Februarmorgen, goss es in Strömen, und er kam atemlos und nass bis auf die Knochen in den Unterricht. Es war offensichtlich, dass er keinen Regenschirm dabeihatte.

Gott sei Dank regnete es immer noch, als die Vorlesung vorbei war. Er lief genau vor ihr, zog seine Jacke fester um die Schultern und atmete einmal tief durch, bevor er nach draußen trat. Als sein rechter Fuß den nassen Gehweg berührte, öffnete sie schweigend ihren Regenschirm über seinem Kopf.

Mindestens zwei volle Sekunden vergingen, bis er sich umdrehte und sie ansah.

Sie runzelte die Stirn. »Wieso hast du keinen Regenschirm dabei?«

»Danke«, sagte er. »Hab ihn wohl vergessen.« Jetzt, wo sie neben ihm stand, erkannte sie an seinem intelligenten, entspannten Gesicht und seinen Augen, dass er ein netter Kerl war, ernst, süß und so unkompliziert wie eine Schale Erbsen.

»Musst du in die Kirk?«, fragte sie.

»Ja, woher weißt du das?«

Ups. »Öhm, du siehst aus wie ein typischer Kirker.«

»Stimmt nicht«, sagte er lachend. »Die sehen alle aus wie Pete Lund.«

Er hatte recht, aber es war Helen egal. »Und, wie gefällt es dir auf der Macalester?«

»Also, abgesehen von Tagen wie diesem ist es ganz in Ordnung. Hab mich nur hier beworben.«

»Ich auch!« Nach einer kurzen Pause fragte sie: »Und warum nur hier?«

»Oh, meine Eltern haben sich hier kennengelernt. Deine auch?«

»Nein, ich bin die Erste aus unserer Familie, die aufs College geht.«

Um Haaresbreite hätte sie sie beide direkt in eine dicke Pfütze auf dem Gehweg gelenkt, folgte ihm jedoch im letzten Moment, als er einen Bogen darum machte und über den matschigen Rasen ging.

»Haben sie dich gezwungen, Chemie als Hauptfach zu nehmen?«

»Nein, hab ich mir ausgesucht.«

»Das ist cool.« Sie war erleichtert, dass er nicht *für ein Mädchen* angefügt hatte. »Willst du Chemikerin werden?«

»Ich will Bier brauen«, sagte sie. So deutlich hatte sie das noch nie zu jemandem gesagt, doch es klang ganz natürlich, als würde man ihr das zutrauen.

»Oh«, sagte Orval, und sie machte sich Sorgen, wieder zu viel gesagt zu haben, also lenkte sie das Gespräch wieder auf ihn.

»Und du?«

»Hör mal, ich hab Kohldampf. Gehen wir zusammen ins Broiler?«

Das St. Clair Broiler lag nicht nur außerhalb des Campus, sondern war einer dieser netten Diner, in den die Eltern einluden, wenn sie zu Besuch kamen. Die paar Mal, die sie sich außerhalb der Turk Hall mit einem Jungen unterhalten hatte, waren nicht mehr als ein Kaffee auf dem Campus gewesen. Selbst wenn das Broiler nicht besonders schick war, war es doch eine Stufe über alldem, einen Schritt hinaus. Es war genau das, worauf sie gewartet hatte.

»Ja.«

»Cool«, sagte er und lächelte, und aus der Nähe war es ein ganz süßes Lächeln, vielleicht ein bisschen zu breit.

Natürlich bekam sie ihren Hamburger und die Fritten kaum runter, obwohl meistens er redete, das war schon mal gut. So über den Tisch hinweg war er allerdings nicht attraktiver als aus drei Reihen Entfernung, und sie konnte sich nur schwer vorstellen, diesen Jungen zu küssen oder gar mit ihm zu schlafen, doch er war aufrichtig und nett, und sie befahl sich, nicht nach Äußerlichkeiten zu urteilen. Nachdem sie lang und breit diskutiert hatten, was ihnen am College gefiel und was nicht und wo sie herkamen, landeten sie bei den Eltern. Sie heuchelte Überraschung, als er die Limonadenfabrik erwähnte.

»Mir haben schon eine Menge Mädchen gesagt, sie würden Cream Soda lieben«, sagte er zwischen zwei Bissen. »Ich hasse Cream Soda. Wenn ich die Firma übernehme, will ich wieder Bier brauen.«

Sie war diese Unterhaltung viele Male im Kopf durchgegangen; wenn sie in der Cafeteria in der Warteschlange stand, unter der Dusche, während sie sich die Haare kämmte oder während der langen Fahrten zum Campus und zurück, und nie hatte sie gewagt, sich vorzustellen, dass er nicht nur eine Leidenschaft mit ihr teilte, sondern auch einen Traum, und darüber hinaus die Mittel hatte, das alles möglich zu machen. Sie erzählte es nie jemandem, denn es war nicht, worauf es ankam, doch diese Tatsache machte ihn unwiderstehlich attraktiv.

»Ja, das solltest du«, sagte sie, vielleicht ein wenig zu entschieden. »Und wann wirst du die Firma übernehmen?«

Er lachte traurig. »Sowie ich meinem Onkel einen Businessplan vorlegen kann, der Blotz wieder profitabel macht.«

»Blotz Cream Soda ist nicht profitabel?«

»Ne. Jeder ist entsetzt, wenn er das hört. Aber es bringt nichts zu lügen, sonst bist du nachher nur enttäuscht.«

Sie nickte, damit er weitersprach.

»Genau genommen, steht uns das Wasser bis zum Hals. Ich habe mir Geld geliehen, um hierherkommen zu können.« Er lächelte sie schwach an. »So, nun weißt du es. Wenn du deine Zeit jetzt nicht mehr damit verschwenden willst, mit mir essen zu gehen, verstehe ich das.«

Sie war tatsächlich überrascht, aber aus anderen Gründen, als er annahm. »Orval, das ist mir egal. Bevor ich hergekommen bin, habe ich noch nie von Blotz Cream Soda gehört.«

Nun wirkte er enttäuscht. »Echt? Wahrscheinlich ist es noch schlimmer, als ich dachte.«

Jetzt war es an ihr, den plötzlich sinkenden Kahn dieser ansonsten vielversprechenden Unterhaltung zu retten. »Aber das, was man zum Bierbrauen braucht, die Geräte, die ganze Ausrüstung, das ist alles noch da? Kann man es noch benutzen?«

»Ja, soweit ich weiß, schon.« Er lehnte sich in der Sitzecke zurück, die Arme in der Luft, wie ein Mann, der gerade beim Poker verloren hatte. »Aber jeder, der in meiner Familie wusste, wie man Bier braut, ist tot. Das ist das Problem.«

»Das ist kein Problem«, sagte sie.

»Das ist ein Problem, wenn ich Brauer werden will. Aber deswegen habe ich ja Chemie gewählt.«

»Ich weiß, wie's geht«, sagte Helen und beugte sich zu ihm hinüber, so dass ihr Schatten über den Tisch fiel. »Ich habe gerade vor ein paar Wochen welches gemacht.«

Sie erwartete, dass er lachte, doch er war nur perplex. Auch das sprach für ihn.

»Was? Ach komm, niemand weiß, wie man Bier braut.«

»Nun, ich schon. Es gibt Bücher, in denen man es nachlesen kann – ich habe ein paar davon in der Bibliothek gefunden. Wenn du Bier brauen willst, solltest du da irgendwann mal reingucken.«

»Okay, also, du hast vielleicht das Prinzip verstanden«, sagte er und schüttelte den Kopf. »Aber um richtiges Bier herzustellen, brauchst du eine große Brauerei mit Kupfertanks, Temperaturkontrolle und einer Abfüllanlage.«

»Nein, braucht man nicht. Du kannst es auch in Molkereitanks machen. Da habe ich meins gebraut.«

»Du hast tatsächlich echtes Bier gebraut?« Die Tatsache schien langsam einzusickern.

»Ja, ein Ale. Es war die einzige Hefe, die ich bekommen konnte. Es ist ein bisschen stark, aber wenn man bedenkt, welche Ausstattung ich hatte, ist es recht anständig.«

Er sah sich um, als befürchtete er, jemand könne sie hören. »Hast du welches?«

»Gut, dass du fragst«, sagte sie lächelnd. »Möchtest du es probieren?«

»Ja, liebend gern.« Er hatte *liebend* gesagt.

»Dann los«, sagte sie und begann, ihre Sachen zusammenzupacken.

»Jetzt warte doch mal«, sagte er. »Du hast ja kaum etwas gegessen.«

»Okay«, sagte sie und ließ sich wieder auf ihren Platz sinken. »Hab's wohl ein bisschen eilig.«

Während sie rasch aß, sah sie den Pärchen zu, die draußen am Fenster vorbeigingen. Ziellos und ohne Eile schlenderten sie den Bürgersteig entlang. Helen dachte kurz darüber nach, wie sich das wohl anfühlte, jeden Tag nichts anderes im Sinn, als die sorglosen Augenblicke in die Länge zu ziehen, und allein bei dem Gedanken lief es ihr kalt den Rücken herunter.

Direkt nach dem Essen rannte sie hoch auf ihr Zimmer und schmuggelte ihr Ale im Rucksack hinunter. »Hab meine

Bücher vergessen«, erklärte sie der Hausmutter, die gar nicht gefragt hatte, sondern sie nur mit trüben Augen ungerührt ansah.

»Sieht nicht so aus, als wären da Bücher drin«, entgegnete die Hausmutter. »Komm her.«

Dank ihrer pragmatischen Eltern hatte Helen gelernt, instinktiv Folge zu leisten, wenn sie zu etwas aufgefordert wurde, doch jetzt kam ihr Respekt zum ersten Mal ins Wanken. Zum ersten Mal stand zu viel auf dem Spiel.

»Geht nicht, bin spät dran!«, rief sie, hob ihren Regenschirm und schoss aus der Tür, wo ihre Sorge über eine mögliche Bestrafung in der feuchten, kalten Luft verflog.

Orval fuhr sie weit vom Campus fort, die ganze Grand Avenue hinunter, bis zur St. Albans Street. Sie war noch nie so weit ins Zentrum von St. Pauls vorgedrungen und zählte nervös die Blocks. Schließlich bog er rechts ab und parkte vor einem weißen Haus, das unbewohnt wirkte.

»Es ist warm«, sagte er, als sie ihm schließlich die saubere braune Flasche gab.

»Ich konnte es ja schlecht im Kühlschrank lagern.«

»Lass es uns eine Weile im Schnee vergraben«, sagte er und öffnete die Wagentür. Ihm zuzusehen, wie er draußen im matschigen Garten von Fremden ihre Flasche Bier mit nassem Schnee einpackte, ließ sie an die Thanksgiving-Feiern zurückdenken, zu denen ihre Onkel Bier und Wein mitbrachten. Sie ließen das Bier draußen, in einer Schneewehe, aus der es die Männer – und nur die Männer – wieder hervorholten, und dieses unkommentierte Privileg weckte in Helen schon als Kind eine wilde Neugier.

Während sie darauf warteten, dass die Flasche abkühlte, erzählten sie sich gegenseitig von ihren ersten Alkoholerfahrungen. Bei Orval war es überraschenderweise noch gar nicht so lang her; sein Vater und sein Onkel waren schon vor seiner Geburt aus dem Brauereigeschäft ausgestiegen und hatten auch kein Bier im Haus, da andere Firmen sie nur an ihre eigenen schmerzlichen Rückschläge erinnerten. Seinen Worten zufolge waren sie glücklich, das viertbeliebteste Cream Soda in ganz Southeastern Minnesota und West Central Wisconsin herzustellen. Sie hatten Generationen von Bierwissen ohne Bedenken hinter sich gelassen.

»Ich habe keine Geschwister, und meine beiden Cousins sind deutlich jünger«, erklärte Orval. »Also war noch nicht mal jemand da, mit dem ich heimlich ein Bier trinken konnte.«

»Und was ist mit Freunden?«, fragte Helen.

»Lassen wir das«, erwiderte Orval und lächelte, als schöbe er einen unangenehmen Gedanken beiseite. »Ich habe einen Freund, Joe Foxworth, aber Joe trinkt nicht.«

»Und wann hast du dann dein erstes Bier getrunken?«

»Ehrlich gesagt, erst letztes Thanksgiving, im Haus meiner Großeltern. Ich sehe sie nur selten, weil sie draußen in Pierre, South Dakota, leben. Doch sie hatten jede Menge Coors im Kühlschrank stehen, und mein Großvater war extra nach Wyoming gefahren, um sie zu kaufen.«

»Du hattest ein Coors? Als dein erstes Bier?« Das war wahrscheinlich das Beeindruckendste, was ein Mann je zu ihr gesagt hatte. Selbst in einem Staat wie Minnesota, in dem sich beinahe alles ums Bier drehte und diverse Brauereien ansässig waren, hatte Coors es zu einer Legende geschafft, einfach, weil man es so selten bekam. Erst vor ein paar Monaten hatte Tippi berichtet, dass Pete Lunds älterer, noch süßerer Bruder Travis ein Sixpack Coors Banquet zu seiner Weihnachtsfeier außerhalb des Campus mitgebracht hatte, und mehreren Augenzeugen zufolge war es innerhalb von dreißig Sekunden ausgetrunken worden. Tippi hatte einen Schluck abbekommen. Sie beschrieb es als göttlich, und sie war katholisch, also sollte das schon etwas heißen.

»Eines kann ich dir sagen«, meinte Orval, »ich benutze das Wort ›überwältigend‹ wirklich nur selten, hört sich einfach zu hochtrabend an. Das ist was für Hochzeitstorten und Speziallackierungen. Aber genau so war das Coors. Ich habe in den Weihnachtsferien noch andere Biere probiert. Keins war so gut. Noch nicht mal annähernd. Alles, was ich will, ist, großartiges Bier zu brauen. Und wenn ich Bier braue, dann wird es genau so sein wie ein Coors, das verspreche ich dir. Es wird das Coors von Minnesota.«

Das war der faszinierendste Lebensplan, den Helen je gehört hatte. Helen hätte ihn dafür beinahe geküsst. Sie hätte am liebsten gesagt, *Ja, lass uns direkt damit anfangen*. Sie wollte sogar sagen, *Zum Teufel, Orval, lass uns das College schmeißen und rausfinden, wie es geht, jetzt sofort.* Doch für den Augenblick war sie zu benommen, um irgendetwas anderes zu tun, als zu lächeln und wie ein Depp zu nicken.

»Und jetzt probieren wir erst mal deins«, sagte er und stieg aus dem Wagen, um die Flasche aus ihrem Schneematsch-Iglu zu bergen.

Sie trank den ersten Schluck, um sicherzugehen, dass es nach den Wochen unter ihrem Studentenbett noch in Ordnung war. Das Wichtigste war, dass die Flasche nie zu warm werden und nie der direkten Sonne ausgesetzt sein durfte, und wahrscheinlich schmeckte ihr Ale in der Tat ein bisschen flach, doch alles in allem war es so, wie sie es in Erinnerung hatte, selbst wenn sie ziemlich sicher war, dass es nicht im Ansatz an ein Coors herankam.

Sie beobachtete jede kleinste Regung in Orvals Gesicht, während er schluckte. »Anders«, sagte er. »Interessant.«

»Es schmeckt dir nicht.« Sie war nicht am Boden zerstört. War sie nicht. Doch selbst wenn sie es wäre, ein winziges bisschen, würde sie es sich nicht anmerken lassen.

»Nun«, sagte er und trank mutig einen weiteren Schluck. »Es ist anders als alle Biere, die ich bisher getrunken habe. Es ist ganz schön stark. Und, ich weiß nicht, irgendwie würzig und bitter.«

»Ich habe nur obergärige Hefe bekommen«, sagte sie. »Und vermutlich habe ich zu viel Hopfen benutzt.«

»Aber es ist echt cool, dass du tatsächlich Bier gebraut hast.« Er gab ihr die Flasche zurück. »Kannst du noch ein besseres brauen?«

Ein besseres. Mist. Er hasste es. Doch sie verstand, warum.

»Mit der richtigen Ausrüstung und den richtigen Zutaten schon«, sagte sie. »Ich könnte noch ein besseres brauen als Coors.«

Dies war der Punkt, an dem Chesley *Ha* gesagt hätte. Orval starrte sie nur an, weder beeindruckt noch eingeschüchtert.

»Wirklich?«, fragte er ernst.

Sie trank in einem Zug, soviel sie konnte, sie wollte es weghaben, konnte das Bier aber nicht auskippen. Sie lehnte den Kopf zurück und trank, und trank und trank, bis die Flasche leer war.

Als Helen in den Osterferien wieder zu Hause war, verkündete sie in einem Raum voller Menschen, sie hätte einen neuen Freund. Chesley war nicht anwesend, wohl aber sein Bruder Linty, ein inzwischen pickliger, kräftiger Teenager, also wusste sie, dass es sich herumsprechen würde. Das war für alle leichter so, besonders für Helen.

Sie würde Chesley nach diesem Tag vielleicht nie mehr wiedersehen, doch zu diesem Zeitpunkt hatte sie sich bereits die Abfüllanlage von Blotz Cream Soda unten in Point Douglas angesehen und sich vorgestellt, wozu diese gigantischen Edelstahltanks und Abfüllstraßen fähig waren. Alles, was sie und Orval brauchten, war eine Menge Geld.

Helen gab sich große Mühe, an diesem Abend mit ihrer Mutter zu sprechen, während sie den Abwasch erledigte. Sie hätte lieber mit ihrem Vater geredet, doch ihre Mutter hatte ihm gesagt, er solle sich wegen seines zu hohen Blutdrucks nach dem Abendessen hinlegen.

»Seit wann hat Dad einen zu hohen Blutdruck?«

»Oh, das hat um die Zeit angefangen, als du gegangen bist. Kein Bier mehr, sagt sein Arzt.«

»Das ist ja traurig. Er liebt Bier.«

»Er trinkt selten welches.«

»Soll ich dir dabei helfen?«, fragte Helen, als sie zusah, wie ihre Mutter die verkrusteten Reste eines Kartoffelauflaufs aus der Schale kratzte. Bevor sie in den letzten Weihnachtsferien nach Hause gekommen war, war ihr nie aufgefallen, wie bleich und rund ihre Mutter war, und jetzt wirkte sie noch bleicher und runder.

»Nein, ich schaffe das schon. Wenn du helfen willst, feg den Boden. Das kannst du gut.«

»Na ja, ich habe immer schon gern den Boden gefegt«, sagte Helen, als sie den alten roten Besen und das Kehrblech aus ihrer Ecke zwischen Kühlschrank und Wand holte.

»Du bist wie dein Onkel Henrik. Du bist nur gut in dem, was du gerne tust«, sagte ihre Mom, was nicht stimmte. Geometrie hatte sie gehasst und trotzdem nur Einsen, nicht, dass ihre Mutter das groß im Kopf behalten hätte. Sie stutzte ihre Erinnerungen sorgsam zurecht, damit sie zu ihren vorgefassten Meinungen passten, und es machte ihren Geist zu einem Bonsai-Baum, von dem sie annahm, es sei ein Wald.

Der einzige erfolgreiche Weg damit umzugehen, war, das Thema zu wechseln. Und Helen ging etwas durch den Kopf; etwas, auf das sie ihre Mutter gar nicht angesprochen hätte, wäre sie nicht so unangenehm zu ihr gewesen.

»Wie lange wollt ihr beide den Hof noch bewirtschaften?«

»Was meinst du damit, wie lange noch?« Ihre Mutter lachte. »Wenn du weißt, wie viel Zeit mir noch bleibt, erzähl's mir nicht, sonst ist es keine Überraschung mehr.«

»Ihr werdet älter und könnt das nicht mehr ewig machen, besonders jetzt, wo Edith und ich nicht mehr da sind.«

»Warum beschäftigt dich das plötzlich?«

»Ihr könntet dieses Land für viel Geld verkaufen und euch bequem zur Ruhe setzen.«

Helens Mutter lachte wieder. »Und warum sollten wir das tun?«

»Nun, zum Beispiel wegen Dads Gesundheit. Wäre es nicht viel einfacher, wenn ihr in der Stadt leben würdet?«

»Vermutlich schon. Aber vielleicht gibt es Dinge, die uns wichtiger sind als ein bequemes Leben.«

»Na ja, gut. Aber was passiert mit der Farm, wenn ihr …«, sagte Helen und drehte ihre Hände nervös im Kreis, unfähig, den Satz zu beenden.

»Ich vermute, dass sie halbe-halbe zwischen dir und deiner Schwester aufgeteilt wird. Außer, dir erscheint das aus irgendeinem Grund unfair.«

Helen schüttete den Inhalt des Kehrblechs in den Mülleimer. »Nein, das ist nicht unfair.«

»Du heckst mit diesem Blotz-Jungen irgendetwas aus, oder?«, sagte ihre Mutter mit der humorlosen Ruhe eines Predigers, der mit der Anzahl der sonntäglichen Kirchgänger unzufrieden war. »Was ist das mit ihm? Außer, dass er der Sohn einer Limonaden-Familie ist? Ist er nett? Ist er gut zu dir?«

»Ja, er ist perfekt.«

»Perfekt«, schnaubte ihre Mutter. »Nun, ich dachte, Chesley Sarrazin wäre einer der aufrichtigsten Männer, die du je finden könntest. Nicht, dass meine Meinung überhaupt etwas zählt.«

»Orval ist sehr freundlich und sehr fleißig. Nachdem wir unseren Abschluss gemacht haben, helfe ich ihm mit seiner Firma.«

»Ist das nicht ein wenig vorschnell von dir?«, sagte ihre Mutter und starrte aus dem Küchenfenster auf die lange Schottereinfahrt. »Wir haben diesen perfekten Burschen ja noch nicht mal kennengelernt.«

»Er kann uns nächstes Wochenende herfahren«, sagte Helen und wartete, ob ihre Mutter schockiert wäre. »Er kann in Ediths Zimmer schlafen.«

Ihre Mutter trocknete gedankenverloren ein Glas ab und stockte einen kleinen Moment. Helen hob einen Stuhl zur Seite, um unter dem Küchentisch zu fegen. »Es sei denn, du und Dad würdet lieber zu uns runterkommen.«

»Bei seinem Gesundheitszustand ist eine solche Fahrt für deinen Vater sehr anstrengend. Aber vermutlich sollten wir ihn uns ansehen, bevor du mit ihm durchbrennst.« Ihre Mutter drehte den Wasserhahn zu und sah wieder aus dem Fenster, während sie sich die Hände abtrocknete. »Als ob unsere Meinung etwas ändern würde.«

Ihr Vater war nicht im Schlafzimmer. Nach zwei panischen Minuten fand sie ihn in der vollgestellten Garage, wo er an einem Rasenmäher herumfummelte.

»Hier bist du! Du solltest dich doch ausruhen.«

»Das hier beruhigt mich«, sagte er. »Wenn ich mich hinlege, fange ich nur an, über all den Mist nachzudenken, den ich noch erledigen muss.«

»Fühlst du dich gut genug, um uns am nächsten Wochenende zu besuchen und Orval kennenzulernen?«

»Klar. Warum nicht?«

»Mum sagt, die Fahrerei sei für dich zu anstrengend.«

»Natürlich sagt sie das. Es ist eines der beiden letzten Dinge, die ich noch gerne tue.« Er lachte. »Du solltest häufiger zu Besuch kommen, sie vermisst dich.«

Helen wusste, dass ihr Vater gerade zugab, dass sie ihm fehlte. Mehr würde sie nicht bekommen.

»Ja, ich weiß.«

»Kommst du gut klar, mit den Noten, meine ich?«

»Bisher alles Einsen.«

Er reichte ihr einen Steckschlüssel. »Du weißt ja, wo der hingehört.«

Sie nickte und ging hinüber zum größten der drei Craftsman-Werkzeugschränke, wo sie ihn ins oberste Regal legte. »Ich werde so oft kommen, wie ich kann.«

»Da wird sie sich bestimmt freuen«, sagte er.

Eine Woche später lernte Orval ihre Eltern kennen, in ihrem Lieblingsrestaurant, dem St. Clair Broiler, an einem Samstagnachmittag, der leider zu warm und klar war, um lange als Gesprächsthema herzuhalten. Als sie Orval unten im Foyer traf, fiel ihr auf, dass er ein weißes Oberhemd mit einem Senffleck auf dem Kragen trug.

»Orval«, sagte sie und befeuchtete ihren Daumen, »hast du in den Spiegel geguckt?«

»Jep«, sagte er. »Ich weiß, dass deine Eltern denken, ich käme aus einer reichen Familie. Ich möchte sie nicht einschüchtern.«

Sie legte ihm die Hände auf die Schultern und küsste ihn.

»Deine Familie ist also im Limonaden-Business?«, fragte Helens Vater, obwohl er es bereits wusste. Ihre Eltern, besonders ihr Vater, wirkten in dieser modernen, städtischen Umgebung immer so bäuerlich und spießig, doch man musste ihnen zugutehalten, dass es ihnen egal war. Sie saßen auf ihrer Seite der Sitznische, als wäre sie irgendwie höher als die ihrer Tochter.

»Schon bald im Bier-Business«, sagte Orval. »Dank Ihrer brillanten Tochter hier.«

Helen sah, wie sich die Miene ihrer Mutter bei den Worten »Bier« und »brillant« im Zusammenhang mit dem Namen ihrer jüngsten Tochter verzog. Nein, noch nicht mal Miss McKinley hatte ihren Eltern gesagt, dass Helen *brillant* sei. Und Bier? Soweit Helen wusste, hatten ihre Eltern nie etwas von ihren angeblichen Chemie-Hausaufgaben in den letzten Weihnachtsferien erfahren. Seit dem Drama an ihrem sechzehnten Geburtstag hatten sie keine Ahnung, in welche Tiefen ihre Tochter vorgedrungen war auf der Suche nach Bier und dem Wissen darum, wie man es herstellt. Als ihre Mutter nachfragte, erzählte Helen die ganze Geschichte, alles, was sie seit ihrem fünfzehnten Lebensjahr getan und gelernt hatte, abgesehen von dem Geburtstagsgeschenk ihres Vaters, um ihn nicht in Schwierigkeiten zu bringen.

Als Helen fertig war, sah sie, wie ihre Mutter Orval ansah und sie beinahe ein Lächeln zustande brachte.

»Wir wussten schon immer, dass sie etwas Besonderes machen würde«, sagte sie dann.

»Es ist nicht zu glauben«, sagte ihr Vater. »Wieso hat Kenny Sarrazin drei Flaschen von deinem Ale bekommen und ich keine einzige?«

»Ich dachte, du würdest es nicht verstehen«, erklärte Helen ihm.

Es sah hinunter auf seinen leeren Teller. »Was Freibier ist, versteh ich schon.«

Hinterher ging Helen mit ihrer Mutter schon hinaus, während die Männer die Rechnung beglichen. Orval wäre viel reizender, als sie ihn sich vorgestellt hatte, sagte ihre Mutter, aber er brauche eindeutig die Hand einer Frau, um ihn einen Tick salonfähiger zu machen.

Als ihr Vater kam, nahm er sie zur Seite und legte ihr eine Hand auf die Schulter. »Du hast ein gutes Herz, Helen. Verlier dich nicht.«

»Werde ich nicht«, versicherte sie ihm. »Du kennst mich.«

»Hoffentlich«, sagte ihr Vater und ging zu seinem Wagen.

»Was willst du jetzt machen?«, fragte Orval, als sie zusahen, wie das alte blaue Auto ihrer Eltern mit all den neueren, glänzenderen Wagen verschmolz. Sie schaute hinterher, wie der Wagen im Verkehr Richtung Norden verschwand, und drehte den Kopf dann nach Süden.

»Lass uns Bier brauen«, sagte sie.

Edith hilft

Edith, 2003

Edith war noch nie zuvor in Nicollet Falls gewesen, einem Vorort von Minneapolis, in dem die obere Mittelschicht lebte, und sie war so aufgeregt, dass sie fast die Ausfahrt verpasste, obwohl sie bereits seit knapp fünf Kilometern mit 80 km / h auf der rechten Spur fuhr. Sie befürchtete, dass man sie anhupen würde, wenn sie erst einmal dort war, und sie längs einparken müsste, doch noch mehr Angst hatte sie davor, dass Tippi's Café schwer zu finden sei und sie sich verfuhr oder zu spät kam oder vermutlich beides.

Doch bei aller Angst hatte sie nicht in Betracht gezogen, dass es ihr gefallen könnte. Und so war sie angenehm überrascht, als käme man in eine Bank, und dort stünde ein Teller mit wirklich guten Keksen. Tippi's Café lag in einer von Bäumen gesäumten Straße mit einem Fahrradweg, inmitten anderer kleiner Läden in Ziegelhäusern, eingeklemmt zwischen Klingerhorn Realty und Carolyn's Organic Kitchen. Die Innenstadt wirkte unwahrscheinlich sauber und perfekt, wie aus einem Film oder aus der Werbung. Auf kleinen Pfützen frühmorgendlichen Regens schwamm Herbstlaub, junge Frauen schoben gemächlich Geschwisterkinderwagen vorüber, und die Autos fuhren langsam, ohne zu hupen. Sie war eine Stunde zu früh, also vertrieb sie sich aus Neugier eine Weile die Zeit vor dem Schaufenster des Immobilienmaklers und sah, dass ein Haus wie ihres hier fast dreimal so teuer war. Sie fragte sich, was die Leute getan hatten, um nicht nur an einen Ort wie diesen zu gelangen, sondern auch dort zu bleiben.

Nachdem sie einmal um den Block gegangen war, entschied sie, den Rest der Zeit im Café zu warten, was sich als eine gute Entscheidung herausstellte. Es war mehr als nur das warme Licht an einem bewölkten Montag – alles an Tippi's Café nahm Edith gefangen und schmeichelte ihren Sinnen. Sie war schon oft in kleinen Bäckereien und Cafés gewesen, doch die Mischung von süßem Gebäck, frischen Brotlaiben, Frauenstimmen, dem Duft von Kaffee und beruhigendem Jazzgesang lullte sie ein. Der holzgetäfelte Raum mit seinen selbstgezimmerten Tischen, auf denen Kerzen standen, die überwältigende Auswahl an Backwaren sollten Menschen wie sie verführen – das wusste sie, und sie war dafür höchst empfänglich.

Die nächste Überraschung war, dass man sie einstellen wollte. Für fünfzehn Dollar die Stunde. Während Amy O'Brien auf eine Antwort wartete, blickte Edith diese hübsche Frau mittleren Alters an, die ihr eine unsichere und verlockende Zukunft anbot, eine Zukunft, derer sie vielleicht nicht würdig war, aber nach der sie sich sehnte und die sie mit Sicherheit verdient hatte, und stellte fest, dass ihr die glaubwürdigen Hinhaltetechniken ausgegangen waren.

Außer einer. Der ganz großen.

»Ich sollte wirklich zuerst mit meinem Mann reden«, sagte sie.

Als sie nach Hause fuhr, starrte Edith auf der Suche nach Orientierungspunkten für ihren zukünftigen Arbeitsweg angestrengt durch die Windschutzscheibe. Durch den immer dichter werdenden Film aus Insekten versuchte sie, Schilder und Geschäfte auszumachen, an denen sie vorbeikam. Die Ausfahrt lag an einem Culver's. Stanley mochte deren Root Beer, fiel ihr ein. Sie könnte ihm eines kaufen und es ihm zu Hause gleich in die Hand drücken, um dann in seine Freude hinein anzukündigen: »Stanley, mir wurde ein Job angeboten.«

Als sie die Haustür öffnete, saß er schlafend in seinem großen grünen Lehnsessel, neben sich auf dem Beistelltisch drei leere Flaschen Grain Belt. Von der Zimmerdecke über dem Plattenspieler seilte sich eine Spinne herab und richtete sich in der abgestandenen Luft häuslich ein, zwei Meter über dem Stottern eines Buddy-Holly-Albums in der Auslaufrille.

Edith schob die Erwähnung von Tippi's Café auf bis nach dem Abendessen, als sie die Reste der Schweinekoteletts mit grünen Bohnen von ihren Tellern schabte.

»Oh, toll«, antwortete Stanley mit dem Rücken zu ihr, während er das Vanilleeis aus dem Gefrierschrank holte. Edith dachte daran, wie unterschiedlich sie in so vielen Dingen waren. Zum Beispiel beim Unkraut im Garten. Für sie war es eine Geißel, ein Fass ohne Boden, das zahllose Arbeitsstunden erforderte. Für ihn war es nicht ihr Problem als Mieter, und außerdem machte es den Garten kostenlos ein bisschen grüner.

Als er sich umdrehte, wirkte er jedoch besorgt. Vielleicht begriff er gerade, was sie gesagt hatte und was es für ihr Leben bedeutete.

»Warte mal. Haben sie unten in Nicollet Falls eine Elks Lodge?«, fragte er.

»Haben sie tatsächlich«, antwortete sie. Sie hatte sich extra erkundigt.

»Wie weit ist es zu Colleen und Mark?«

»Müsste deutlich kürzer sein.« Sie nahm einen Löffel vom Abtropfgestell und aß gemeinsam mit ihm Eis, direkt aus der Packung. »Vielleicht vierzig Minuten.«

»Dann lass uns das machen«, sagte er mit vollem Mund. »Scheiß auf diese Stadt. Die Videothek macht dicht. Die Pizza ist mies. Die Enten sind dumm.« Er gab ihnen immer noch die Schuld an dem Vorfall mit dem frischen Brot, als hätten sie ihn persönlich dazu aufgestachelt.

Einen Moment lang weigerte sich ihr Verstand zu glauben, was ihr Mann sagte. »Du meinst umziehen?«

»Wie sollst du denn sonst dort arbeiten?«

»Ich wollte fahren«, sagte Edith und setzte sich an den Küchentisch.

»Eineinviertel Stunden pro Strecke? Und das ohne Schnee oder Straßenarbeiten.«

»Wir leben seit fast vierzig Jahren hier, wir können doch nicht einfach umziehen.«

»Warum nicht?«, fragte er, und sie dachte im selben Moment daran, dass er derjenige gewesen war, der ihren Lebensunterhalt in ständiger Bewegung verdient hatte. Anders als ihre eigenen Eltern hatten seine Eltern ihre Farm verkauft, als er noch ein Junge war. Bis zu seinem achtzehnten Lebensjahr waren sie siebenmal umgezogen, immer dann, wenn die Arbeit seines Vaters es erforderte. Und wie sie hatte er keine Familie in dieser Stadt. Sie hatten hier Freunde, Bekannte und Erinnerungen, das stimmte schon, aber bei genauer Betrachtung war es nur ein Ort, wo sie vor langer Zeit wegen Stanleys Job gelandet waren.

»Lass mich darüber schlafen«, sagte sie, doch stattdessen lag sie bis Mitternacht hellwach im Bett und lauschte auf die Grillen draußen. Ihr Großvater hatte ihr einmal beigebracht zu zählen, wie häufig sie in fünfzehn Sekunden zirpten – fünfundzwanzigmal –, fünf dazuzuzählen – dreißig –, mit fünf zu multiplizieren und dann durch neun zu teilen. Draußen waren fast siebzehn Grad Celsius. Sie fragte sich, ob sie je wieder irgendwo leben würde, wo sie die Temperatur dadurch feststellen konnte, indem sie den Insekten zuhörte, und schlief ein.

Als es sich herumsprach, dass Edith das St. Anthony-Waterside verlassen würde, brach eine kleine Rebellion aus. Clarence Jones blockierte mit einem der überzähligen Rollstühle den Haupteingang. Amelia Burch und Lulu Kochendorfer bewachten die Notausgänge. Mitarbeiter und Bewohner allen Alters scharten sich um Edith, so schnell es ihre jeweiligen Körper zuließen, und flehten sie an zu bleiben.

»Ist es Ihr Traumjob?«, fragte Brendan Fitzgerald. »Ich würde mich besser fühlen, wenn es so wäre.«

»Das weiß ich noch nicht«, sagte Edith, »aber ich würde es gern herausfinden.«

Es war hart, den Bewohnern und ihren Kollegen Lebewohl zu sagen, und das nicht nur, weil sie ihr etwas bedeuteten. Trotz der heftigen Fluktuation in beiden Gruppen über die Jahre wurde ihr bewusst, dass sie das Pflegeheim ungewollt als kulinarische Adresse bekannt gemacht und damit dazu beigetragen hatte, bei allen Beteiligten einen gewissen Stolz zu wecken. Wenn jemand auf die Frage, wo er lebte oder arbeitete, mit St. Anthony-Waterside antwortete, und die Leute sagten, *Oh, das mit dem Pie,* dann war das etwas Gutes. Es zauberte ein Lächeln auf die Gesichter. Nachdem ihr das einmal gelungen war, hoffte sie, dass sie es wieder tun könnte.

Sie hoffte außerdem, dass das Küchenpersonal die Rezepte, die sie ihnen dagelassen hatte, wirklich verwenden und weder bei den Zutaten noch beim Aufwand sparen würde. Sie hoffte, dass die Menschen immer noch vor dem Abendessen die Eingangshalle fluten würden und nach dem Nachtisch noch lange mit den Bewohnern zusammensäßen. Sie hoffte, dass am bevorstehenden 26. jährlichen St.-Anthony-Waterside-Cribbage-Turnier noch mehr Spieler teilnehmen würden als im letzten Februar, bei dem der Meteorologe von KSTP TV, Dave Dahl, dabei gewesen war und der Anwärter auf den Minnesota Twin, Lew Ford. Zwei reizende junge Musiker namens Tony Noogard und Korby Lenker hatten Edith zu Ehren sogar die Instrumentalversion von *American Pie* gespielt, was die gesamten viereinhalb Stunden des Turniers dauerte. Es würde schwer werden, das zu toppen, aber so war es eben.

Es gab nicht viel Auswahl, wenn man in Nicollet Falls zur Miete wohnen wollte, und noch weniger davon konnten sie sich leisten; während sie die Immobilienangebote durchsah, fühlte sie sich, als solle sie mit einem Zehn-Dollar-Geschenkgutschein ein Mittagessen für vier Personen im Red Lobster bezahlen. Schließlich fanden sie ein Mietshaus am Rande der Stadt, technisch gesehen, vielleicht gar nicht mehr Nicollet Falls, sondern nur noch im Einzugsgebiet der Schule, doch was spielte das schon für eine Rolle. Es war ein vierstöckiges Gebäude aus Ziegelstein und braunem Holz, und der Rasen sah aus, als wäre er kürzlich gemäht worden. Es lag gegenüber einem SuperAmerica, was praktisch war, falls sie mal schnell Milch kaufen musste.

Ihr neues Zuhause war eine Zweizimmerwohnung im dritten Stock, die Küche lag gleich links, wenn man eintrat, und das Wohnzimmer direkt vor einem. Es war wohl die kleinste Wohnung, in der sie je gelebt hatte, doch die Miete war nur hundert Dollar günstiger als die für ein komplettes Haus in New Stockholm. Von ihrem Wohnzimmerfenster konnten sie den Highway sehen, und irgendwie gefiel ihr das, weil sie nachts das Rauschen und Dröhnen der Fahrzeuge hören konnte, Männer und Frauen mit Jobs, wie Stanley ihn mal gehabt hatte, vertraute Geräusche, die ihre Träume untermalten.

»Breaker 1–9, hier spricht Charlie Brown, over«, sagte Stanley einmal im Schlaf.

»Gib Vollgas, Charlie Brown«, antwortete sie flüsternd.

Bei ihrem Einzug tauchte zwar kein Empfangskomitee auf, doch die Nachbarn schienen nett zu sein, und ein junger

Mann machte sich sogar die Mühe, ihnen für fünf Dollar pro Monat sein WLAN-Passwort anzubieten. Auf seinem T-Shirt stand R. E. M., was vermutlich entweder eine Rockband oder eine Automarke war, also versuchte er wohl, ein cooler Typ zu sein oder sich nützlich zu machen, aber das würde man ja noch sehen.

»Tut mir leid«, sagte Edith, »aber mit dem Internet habe ich noch nie etwas anfangen können.«

»Kommen Sie vorbei, wenn Sie Ihre Meinung ändern«, sagte der Mann lächelnd.

Sie fing sofort an zu arbeiten. Morgens um halb fünf musste sie im Café sein.

Man erwartete von ihr, dass sie täglich fünfundzwanzig Pies herstellte, eine unvorstellbare Zahl. Da es ihr erster Tag war, musste sie nur Obst und Teigdeckel vorbereiten. Die Küche war mit einer Teigwalze ausgestattet, von der man behauptete, sie würde ihr Zeit sparen. »Sie müssen nie mehr von Hand Teig ausrollen«, sagte jemand, und Edith bemühte sich, begeistert zu sein. Sie wollte eigentlich nicht mit irgendeiner großen Maschine herumhantieren, die sie noch nie zuvor benutzt hatte, doch wahrscheinlich müsste sie es auf einen Versuch ankommen lassen. Sie wellte den Teig gerne per Hand aus, aber fünfundzwanzig Pies pro Tag waren Irrsinn, und es gab nur eine Person zu ihrer Unterstützung plus eine weitere Person, die andere Aufgaben hatte, aber manchmal aushelfen konnte.

Ihre neuen Kolleginnen und Kollegen waren jünger, ernster und flinker als das Küchenpersonal in New Stockholm, und sie mochte sie alle. Amys stämmige Tochter

Maureen, die aussah wie ein Bücherwurm, arbeitete in der Morgenschicht, gemeinsam mit Edith und drei anderen Leuten, doch Amy war nicht dabei.

»Mom arbeitet nicht frühmorgens«, sagte Maureen, die zusätzlich einen Halbtagsjob in einem Restaurant hatte und ihrer Mutter hier nur einen Gefallen tat. Edith war sich sicher gewesen, dass Amy die Eigentümerin des Tippi's war, weil sie so viel wusste und so entschieden auftrat, doch wie sich herausstellte, war sie eine Beraterin, die Gastronomiebetriebe vor dem Untergang retten sollte, und Teil dieser Aufgabe war es, passendes Personal zu finden.

»Sie hat dich geködert«, sagte Maureen. »Ich hoffe, das stört dich nicht.«

Edith wunderte sich, doch es war nicht mehr zu ändern, also konnte sie genauso gut Pies backen.

»Solange ich zu etwas nütze bin«, sagte Edith. »Und den ersten Pie will ich per Hand ausrollen.«

»Toll«, sagte Maureen und sah sich verstohlen um. »Aber lass das bloß nicht die Chefin sehen. Sie hat Tausende für diese Maschine hingeblättert.«

Als sie an jenem Morgen eine Mischung aus Butter und selbsthergestelltem Schmalz benutzte, bereitete sie denselben Pie-Teig zu wie schon unzählige Male zuvor. Sie stellte sich dabei vor, dass die Arbeitsfläche dieser seltsamen modernen Küche die gleiche stille, breite Platte ihrer Bauernküche war, wo sie zum ersten Mal Lefse, Lebkuchen und Risgrynsgröt nach den Rezepten ihrer Großmutter gebacken hatte.

Eine weitere Merkwürdigkeit war die Chefin, eine hochgewachsene Blondine im Alter von Ediths Tochter namens

Jackie Lund. Jackie trug stets weiße Flatterkleider, geizte mit Lob und trug Make-up, das Edith für leicht übertrieben hielt. Sie konnte überhaupt nicht backen, doch das wurde eigentlich nur deshalb zum Problem, weil Jackie ausschließlich über Listen kommunizierte, und manchmal waren die Listen entweder unklar oder unmöglich umzusetzen.

»Auf der Liste steht, wir sollen vier Apple-Pies backen, doch die Äpfel reichen nur für drei«, erklärte Edith ihr eines Morgens. »Was sollen wir tun? Drei Pies backen oder mehr Äpfel kaufen?«

»Ich weiß nicht«, sagte Jackie und teilte der Person am Telefon mit, sie solle kurz dranbleiben. »Ist das wirklich ein Problem, das Sie nicht selbst lösen können?«

»Doch, also, was sollen wir machen?«

»Was steht auf der Liste?«

»Vier Apple-Pies backen.«

»Nun, wenn es auf der Liste steht.«

»Aber wie sollen wir das anstellen?«

»Wissen Sie, ich habe keine Ahnung, tun Sie einfach, was auf der Liste steht.«

»Aber Sie haben die Liste geschrieben.«

»Und Sie sind die Bäckerin«, sagte sie. »Hören Sie, ich kenne mich in der Küche nicht aus. Meine Mom hat dieses Café eröffnet, möge sie in Frieden ruhen, und ich versuche einfach nur, es weiterzuführen. Sie sind hier, weil Amy O'Brien sagt, Sie würden den besten Pie im ganzen Bundesstaat backen. Also backen Sie Ihre Pies, wie auch immer. Ich will hier niemandem auf die Füße treten, okay?«

»Okay«, sagte Edith, verwirrter als zuvor. Jackie erinnerte sie an Clarence Jones aus dem St. Anthony-Waterside, der verwirrt und störrisch war und bei dem sich dann herausstellte, dass er Borreliose hatte, und vielleicht hatte Jackie das auch. Aber jetzt war nicht der Zeitpunkt, danach zu fragen.

An ihrem dritten Arbeitstag tauchte ihr Sohn Eugene das erste Mal auf. Er hatte seine »Bürokleidung« an, weißes Button-down-Hemd, in die Hose gesteckt, rote Krawatte und gebügelte Khakis, obwohl er noch nie in seinem Leben in einem Büro gearbeitet hatte. Er kam kurzerhand hinter den Tresen, griff sich einen Donut und biss hinein, ohne auch nur zu fragen.

»Geht doch klar, oder?«, fragte er. Immerhin sprach er nicht mit vollem Mund.

»Diesmal schon«, sagte sie und ließ zu, dass er sich noch einen weiteren nahm.

Von Zeit zu Zeit flogen ihr aus dem Nichts Erinnerungsfetzen zu, und an jenem Morgen, als sie ihren erwachsenen Sohn Donuts essen sah, für die sie später würde bezahlen müssen, dachte sie daran zurück, als er sieben Jahre alt war und rote Blecheimer mit den weißen Zierkieseln füllte, die ihr Haus umgaben.

»Eugene«, hatte sie aus dem Fenster gerufen, »was um alles in der Welt tust du da?«

»Die Familie unterstützen«, sagte er, ohne aufzusehen. »Ich verkaufe Steine an Leute, die Steine brauchen.«

Sie bat ihn, das zu wiederholen.

»An all die Häuser, die keine haben«, sagte er und hielt zwei silberne Münzen hoch. »Guck. Ich habe zwanzig

Cent verdient. Die kannst du haben, Mom. Für die Rechnungen.«

Sie schloss die Augen, um nicht zu weinen.

Wenn es etwas gab, das sie sich als Mutter sehnlicher wünschte als alles andere, dann war es, dass ihre Kinder einfach Kinder sein konnten. Sie wollte nicht, dass ihr kleiner Junge wusste, was Rechnungen waren. Sie wollte nie herausposaunen, was Stanley und sie geopfert hatten, damit ihre Kinder bekamen, was sie brauchten. Sie hatte so etwas von vielen Eltern gehört, doch ihre Kinder sollten sich nicht die Sorgen machen müssen, die sie den lieben langen Tag mit sich herumtrug. Aber es war ihr nicht gelungen.

Sie sah Eugene zu, wie er die schweren Eimer hochhob. »Also, ich bin dann mal weg«, sagte er. »Wünsch mir Glück.«

»Viel Glück«, flüsterte sie.

Jetzt konnte sie nicht anders, als zu lächeln, als er sich die Spuren seines kostenlosen Frühstücks vom Mund wischte und einen Vierteldollar in die Kaffeekasse fallen ließ. Sie sah zu, wie er ihre Kollegen mit seinem charmanten Lächeln bezirzte, allen im Tonfall eine Rocksängers vor ausverkaufter Halle dankte und das Café verließ, um seiner täglichen Arbeit nachzugehen, was sich ihrer Vermutung nach nicht sehr davon unterschied, Eimer mit Steinen zu verkaufen, einen Stein nach dem anderen.

»Das ist mein Sohn«, sagte sie zu Maureen.

»Ganz süß«, antwortete Maureen und starrte an Edith vorbei auf die Angebotstheke. »Hey, liegen da vorne Warren G's?«

»Ja, ist aber ein Geschenk der Weisen.«

An diesen Slang, den besonders Maureen den lieben langen Tag benutzte, hatte sich Edith auch erst einmal gewöhnen müssen. Ein bisschen fühlte sie sich wie ein Teenager, was mit über sechzig nicht das Schlechteste war.

Maureen O'Briens Bäckerei-Slang. Unvollständiges Glossar

Neun Donuts: ein Shutout
Zwei Croissants: ein Vollmond
Drei Croissants: eine Ménage-à-trois
Vier Bärentatzen: ein Brauner
Zwei Bärentatzen: ein halber Brauner
Das letzte Stück von irgendwas: das Geschenk der Weisen
Ein Dutzend Donuts: eine FSK-18
Irgendetwas in der unwahrscheinlichen Anzahl 36 oder viel von irgendetwas: ein Wu-Tang
Blaubeermuffin: Chubby Checker
Vollkornmuffin: Warren G *(Regulate)*
Ein Gast, der kein Trinkgeld gibt: ein Libertarier
Ein Gast, der nur die Münzen seines Wechselgeldes als Trinkgeld gibt: ein Bass-Shaker
Jeder, der Ersatz einer Zutat fordert: Ankläger
Jeder, der zwei Zutaten Ersatz fordert: Hauptkläger
Jeder, der für mehr als zwei Zutaten Ersatz fordert: der neue Küchenchef
Und schließlich jeder vegane Kunde: ein Morrissey

»Warum kommen die Morrisseys überhaupt her?«, sagte

Maureen und tat so, als würde sie schluchzen, während sie ein Stück veganes, glutenfreies Stück Blechkuchen in Form eines Pferdes schnitt und eine dramatische Pause machte, nur um auf die Pakete mit Xanthan und Xylit im Regal zu zeigen. »Sieh dir das an. Seitdem hat mein wirklich netter Job einen verdammten dreifachen Wortwert.«

Edith nahm das Xylit. *Versüß dir dein Leben! Phantastischer Zuckerersatzstoff, vollkommen natürlich,* stand auf der Packung, doch Edith fand nichts daran phantastisch. Stattdessen fragte sie sich, wie eine Welt entstehen konnte, in der Menschen, die keinen Zucker wollten, trotzdem Zucker wollten.

»Warum sagen Sie ihnen nicht, dass vegane und glutenfreie Ernährung schlicht bedeutet, keinen Kuchen zu wollen?«

»Ich hab's versucht, das können Sie mir glauben.« Maureen schüttelte den Kopf. »Menschen können ihr Verhalten ändern, aber nicht das, was sie mögen.«

Edith sah Maureen zu – die sich schlicht kleidete, genau wie ihre Mom –, wie sie sich die Locken aus der Stirn strich und auf den veganen, glutenfreien Kuchen starrte, als wäre er eine verletzte Vogelspinne.

»Ich tue mein Bestes, dir zu helfen«, erklärte Maureen dem Kuchen, »aber dann will ich, dass du von hier verschwindest.«

Trotz der hohen Erwartungen, der kurz angebundenen morgendlichen Kundschaft und der unwissenden Chefin war Tippi's Café ein angenehmer Ort zum Arbeiten, was in erster Linie Maureen zu verdanken war. Es roch deutlich besser als im Pflegeheim, und die Qualität der Speisen war um einiges höher. Und wenn in Tippi's Café etwas ausverkauft war, wie Pie oder Donuts, empfahlen ihre Kollegen den Kunden ganz offen die Konkurrenz. Hier schien man noch ganz altmodisch zu fragen »Wie kann ich helfen?«, statt zu sagen »Das ist nicht mein Problem«. Es fühlte sich noch nicht wie ein Zuhause an, doch alles sprach dafür, dass es einmal eins werden könnte.

Noch bevor Edith sich in der Gegend auskannte, kam sie in Nicollet Falls wunderbar zurecht; es fuhren Busse, die Straßen waren sauber, und die Leute räumten den Kot ihrer Hunde weg, weswegen sie bedenkenlos über eine der vielen Wiesen abkürzen konnte. Stanley gefiel der Ort auf Anhieb. Hand in Hand gingen sie hinunter in den großen Park, wo sich der kleine Wasserfall befand, der dem Ort seinen Namen gab, und er setzte sich zu dem beruhigenden Applaus des Wassers auf die Bank und fragte sie, warum sie nicht längst an einem Ort wie diesem gelebt hatten.

»Ich weiß nicht«, musste Edith zugeben. »Vermutlich wussten wir einfach nicht, dass es ihn gibt.«

»Was ist das für ein Haus dort drüben?«, fragte Stanley und zeigte über den Wasserfall, wo ein zauberhaftes Ziegelsteingebäude mit riesigen Fenstern aus dem neunzehnten Jahrhundert unter großen Bäumen am Ufer schlummerte. »Vielleicht bekomme ich dort einen Job.«

»Dort bekommt niemand einen Job«, sagte Edith. Soweit sie wusste, war es Teil einer alten Papierfabrik, die in den 1980ern geschlossen worden war. »Vielleicht sollten sie es einfach abreißen und aufhören, den Leuten vorzumachen, dass damit je wieder etwas los sein wird.«

»Sieht wie ein anständiger Ort zum Arbeiten aus.«

»Ich befürchte, dort wird nie wieder jemand arbeiten, Stanley.«

Stanley schüttelte den Kopf wie ein Richter, der kurz davor ist, jemandem eine milde Strafe zu verweigern. »Nun, wenn die Leute einfach dort anklopfen würden, statt ihnen nur ihre Bewerbung zu mailen, hätten sie mehr Glück.«

Manchmal war sie nicht sicher, ob er überhaupt wusste, wo sie sich befanden, oder ob er sich am Abend daran erinnerte, wo sie tagsüber überall gewesen waren, doch dann setzte er sich mit einer Schale Eiscreme oder einer Flasche Grain Belt in seinen großen grünen Ohrensessel, lauschte der Stimme von John Gordon, der auf CCO ein Spiel der Minnesota Twins ankündigte, und brauchte noch nicht mal zu lächeln, um glücklich zu wirken.

Es war Colleens und Marks Idee gewesen, sich an Ediths und Stanleys Hochzeitstag mit ihnen in Hudson, Wisconsin, zu einem echten deutschen Abendessen in der »Winzer-Stube« zu treffen. Obwohl Stanley erst zweimal in seinem Leben dort gewesen war, bezeichnete er es als sein Lieblingsrestaurant. Stanleys Mutter war in Schwaben geboren worden, und er war mit Spätzle, Schnitzel und Rotkohl aufgewachsen, und Colleen und Edith hatten sich beide gefragt, ob diese Speisen aus der Kindheit bei ihm irgendetwas auslösen würden, alte Erinnerungen wecken würden.

»Nur eine Portion Spätzle mit Bratensauce?«, fragte die Kellnerin, verwirrt über Stanleys Bestellung.

»Ja, das ist alles, was er möchte«, sagte Colleen. Mit

über vierzig war ihre Tochter deutlich schroffer geworden. Vielleicht, weil sie aussah wie Meg Ryan in *Top Gun*, zugänglich und niedlich, schockierte sie die Leute mit ihrer Unverblümtheit. »Wenn er etwas anderes wollte, hätte er es gesagt.«

»Spätzle und Bratensauce«, wiederholte Stanley, als sei es der Titel eines bedeutenden Gedichts.

Edith reichte der Kellnerin ihre Speisekarten. »Bringen Sie ihm eine große Portion davon.«

»Und ein Bier«, sagte er.

»Zwei große Bier«, ergänzte Colleen und lächelte ihren Vater an. Colleen war immer noch sein Liebling, und er war ihrer. Als sie sie so zusammen sah, über Tellern mit den Speisen seiner Kindheit, dachte Edith, dass ihr Mann sich wahrscheinlich schon ewig nicht mehr so sehr wie er selbst gefühlt hatte.

Nachdem ihre Bestellung gekommen war, aß er so lange schweigend, dass sie ihn irgendwann fragte: »Stanley, wie fühlst du dich?«

Er starrte sie an, so verblüfft wie ein Neugeborenes.

»Das hier ist alles, was ich mein Leben lang wollte«, sagte er schließlich und tauchte seinen Löffel in die große Schale, in der nur noch wenige Spätzle in der Soße schwammen. Er hatte eine besondere Leichtigkeit an sich. »Sie haben mich in meiner Jugend immer gezwungen, Fleisch und Gemüse zu essen. Jedes Mal. Dabei wollte ich nur eine Schüssel Spätzle mit Bratensauce. Nur das.«

Wenn dem so war, dann fragte sie sich, warum er es zuvor nie bestellt hatte, die beiden Male, an denen sie dort gewesen waren, oder in irgendeinem anderen deutschen Lokal. Vielleicht konnte er sich an diese Gelegenheiten nicht erinnern. Und vielleicht musste sie seine Freude ausnahmsweise mal nicht mit einer Frage zunichtemachen.

Manchmal, wenn sie in ihrer Pause nach Hause ging, nahm sie ihn hinterher mit ins Café. Er saß dann auf einem Stuhl in einer Ecke, mit seiner Herbstjacke und dem braunen Porkpie-Hut, trank ein Glas Eistee und sah den Frauen in teuren Mänteln und Männern mit Schlips zu, die hereinkamen und sich alle Mühe gaben, die Bestellung eines Kaffees und eines Muffins enorm zu verkomplizieren. Aus irgendeinem Grund führte er eine Statistik darüber, wer Trinkgeld gab, und präsentierte Amy O'Brien seine Erkenntnisse auf der Rückseite einer Serviette. Amy kam ein paarmal rein, um zu sehen, wie es lief, und um mit ihrer Tochter zu schwatzen, doch sie wirkte dann immer wie die Exfrau eines alten Freundes; geistesabwesend, während ihr Mund lächelte. Stanley mochte sie dennoch. Das erkannte Edith daran, dass er immer ihren Namen wusste.

Eines Nachts wachte Edith auf, und Stanley war nicht im Bett, was nicht ungewöhnlich war, weil er seit Jahren mindestens einmal aufstand, um auf die Toilette zu gehen, doch diesmal hörte sie einen Knall, als wäre einer der Küchenstühle umgekippt, und Stanleys Stimme, die *Raus mit dir* rief und dann *Steh auf, du verdammter Dreckskerl!*

Sie schaltete das Licht an, und da stand Stanley, in der Küche, in seinem dünnen weißen T-Shirt und in Unterhose, und bedrohte ihren zu Boden gefallenen Garderobenständer, an dem seine blaue Jacke und sein kleiner brauner Hut hingen. Als sie ihn fragte, was er da tue, blickte er überrascht auf. »Dieser Lump ist hier eingebrochen«, sagte er und deutete auf die Jacke. »Er wollte gerade ins Schlafzimmer zu dir.«

»Das ist der Garderobenständer«, sagte sie und fasste Stanley am Arm. Jacke und Hut hatten auf dem pfirsichfarbenen Holz im Halbdunkel bestimmt wie ein regloser Eindringling auf ihn gewirkt, aber jetzt doch nicht mehr.

»Er wollte gerade zu dir«, wiederholte Stanley, blickte in ihre Richtung und hörte sich an wie jemand, der die Wahrheit sagt. Er hörte sich so sehr wie jemand an, der sich gerade nützlich gemacht hatte, wie schon ewig nicht mehr.

»Danke«, sagte sie schließlich und sah, wie die Anspannung von ihm wich.

Als sie in der kommenden Woche runter nach Hastings fuhren, um Colleen und Mark zu besuchen, fragte Colleen, ob es ihr zu viel würde. Früher am Abend hatte Stanley geglaubt, seine gebackene Kartoffel sei ein Steak – manchmal war er sehr optimistisch, was seine Fehlschläge betraf.

»Was wirst du tun, Mom?«

»Nun, ich werde mehr Kartoffeln kaufen«, sagte Edith und nahm die Teller mit in die Küche.

Colleen lachte nicht. Sie spülte das Bierglas ihres Vaters ab und sah ihre Mutter an. »Kenny Sarrazin hatte dasselbe, weißt du. Und Patty hat ihn letzten November in einem Heim untergebracht.«

»Ja, ich habe den Weihnachtsbrief bekommen«, sagte Edith. Ursprünglich hatte sie bei den Sarrazins immer ihr

Schmalz gekauft, doch da die Familie seit Jahren keines mehr herstellte, hatte Edith sie nicht oft gesehen. Doch dank Pattys übertriebenem Mitteilungsbedürfnis wusste sie, dass ihr Sohn Chesley und seine Frau, die frühere Lucy Koski, die Molkerei verkauft hatten, um Kennys Pflege bezahlen zu können. Das Land und das Haus, auf dem die Familie Sarrazin seit fünf Generationen gelebt hatte, wo Kenny geboren war und sein ganzes Leben verbracht hatte, kam nun für sein winziges Zimmer auf im Pflegeheim in Hopkins.

»Das würdest du Dad nicht antun«, sagte Colleen, als sie die volle weiße Mülltüte aus der silberfarbenen Tonne hob.

Dazu würde es nicht kommen. Das konnte nicht sein. Edith wusste, wie viel selbst ein ländliches Heim ohne Schnickschnack wie das St. Anthony-Waterside kosten konnte. Sie schaffte das. »Ich sage dir Bescheid, wenn es zu viel wird.«

Edith wollte es so lange wie möglich hinauszögern, doch sie wusste, dass eines Tages einer von ihnen oder sie beide bei Colleen einziehen würden. Colleen war die tragende Säule der Familie, diejenige, die sich um sie kümmern würde. Sie hatte zwar weder ausreichend Geld noch Platz dafür, doch sie hatte das Herz.

»Wir sind immer für dich da«, sagte Colleen und zog die letzte Mülltüte aus dem gelben Karton, befestigte sie in der Tonne und warf den Karton hinein. Ja, dachte Edith, vielleicht soll es genau so sein.

Selbst als Stanleys Bewusstsein zu flackern begann, ging sie immer noch jeden Tag, an dem das Wetter es zuließ, mit ihm vom Wasserfall zum Café und zurück. Selbst als sie merkte, wie er langsam verschwand, war sein Körper immer noch da, hielt ihre Hand, und ab und zu blitzten kleine Funken ihres Ehemanns auf. Einige Tage waren besser als andere, und manchmal, wie aus dem Nichts, gab es wundervolle Momente.

Einmal, als sie mit einem halben Braunen und einem FSK-18 am Wasserfall waren, blickte er auf den Fluss, der vom Herbstregen angeschwollen war, und sagte voller Bewunderung: »Er hat seinen eigenen Kopf. Er hat nie zweimal dieselbe Gestalt.«

Da begriff sie ein wenig, wo er sich gerade befand, begriff sogar den Unterschied zwischen Gehirn und Verstand. Wo auch immer sein Gehirn war oder was daraus geworden war, wie sehr sich jede Struktur darin auch immer auflösen mochte, sein Verstand bewegte sich unermüdlich in seinem Exil.

Sie konnte es bereits spüren, es umgab sie, klang aus der Musik, die er liebte, in den Liedern, die er im Halbschlaf vor sich hin sang.

Eines Morgens, im Bett, nachdem Stanley ansonsten fast verstummt war, sang er in einer hohen Kinderstimme *Toyland, toyland, little girl and boy-land, while you dwell within it, you are happy there,* und sie begann mitzusingen, bis die Zeile kam *once you pass its borders,* wo sie aufhörte und ihn allein weitersingen ließ.

Am nächsten Tag, zwei Jahre und einen Monat, nachdem sie nach Nicollet Falls gezogen waren und als sie sich gerade auf dem Rückweg vom Wasserfall befanden, gab sein

Herz auf. Er fiel auf die Wiese, wo er still dalag, als warte er auf einen Kuss.

Das letzte Mal, als sie ihm ins Gesicht blickte, sah er sie nur groß an. Er versuchte nicht zu sprechen. Zwei Jungs auf Fahrrädern, ungefähr im Alter ihrer Enkelin, einer weiß, einer schwarz, kamen herübergerannt, und als sie Stanleys Gesicht sahen, liefen sie, um Hilfe zu holen. Sie wirkten ängstlicher als er. Das war etwas, was sie nie vergessen würde. Stanley schien überhaupt keine Angst zu haben. Sie hielt seine kalte Hand im braunen Frühlingsgras und sagte, dass sie ihn für immer vermissen würde, doch wenn er jetzt gehen müsse, dann sei es okay. Und dann war er fort.

Zunächst weinte sie kaum, doch als sein Leichenwagen kam und es ein Cadillac war, brach alles aus ihr heraus.

Doch nur dieses eine Mal.

Vielleicht war sie ein wenig stolz darauf, und das möglicherweise auch zu Recht, doch das Wort »Resilienz« wäre ihr nie in den Sinn gekommen. Nicht lange, und etwas anderes sollte ihr Herz zu Asche verbrennen, doch Stanleys Verlust, den sie schon so lange hatte kommen sehen, würde ihre Tage nicht verdunkeln. Sie würde es nicht zulassen. Ihre Trauer war ein Wald ohne Pfade, und sie konnte nicht sagen, wie lange sie darin herumirrte, während sie ihrer alltäglichen Wege ging. Ein halbes Jahrhundert lang hatte sie diesen Mann fast jeden Tag gesehen oder mit ihm gesprochen, und so endete sein Leben nicht mit dem Tod; es bahnte sich seinen Weg in Supermarktgänge, an Straßenkreuzungen, in Schlangen bei der Post, wo sie unwillkürlich Gespräche mit ihm führte. Wenn Leute sie fragten, *Wie geht es Ihnen?*, sagte sie eine Weile lang manchmal *Na ja, ich vermisse ihn,* und beließ es dann dabei.

Es war, als würde man sich an Bord eines schlingernden Schiffes bei den Händen halten, und der andere ließ einen plötzlich, ohne Vorwarnung, los. Dieser Augenblick, wenn die Hand plötzlich leer ist und bis man die Reling zu fassen bekommt, konnte Jahre dauern.

Ein oberflächlicher Betrachter mochte annehmen, dass sie überhaupt nicht trauerte. Noch bevor das Traueressen zu Ende war, begann sie, den Aufschnitt portionsweise in Servietten zu wickeln, und bot sie den Gästen an, als sie gingen. Sie wusste nicht, was sie zu Menschen wie Maureen O'Brien sagen sollte, die sie umarmten und sagten, *Es tut mir so leid.* Sie wusste nicht, was sie Leuten wie Linty Sarrazin sagen sollte, der sie umarmte und sagte, *Ich wusste noch nicht einmal, dass er krank war.* Sie wusste nicht, wie sie Lucy Koski Sarrazin danken sollte, die ihr einen Schmortopf mit Rindergulasch mitbrachte. Sie wusste auch nicht, was sie von ihrer Schwester denken sollte, die nicht eingeladen worden war, aber sich auch nicht die Mühe gemacht hatte zu kommen.

Viele Leute sagten ihr, *Lass mich wissen, wenn es etwas gibt, das ich tun kann,* was sehr freundlich war, aber mehr dem eigenen Trost diente. Klar, sie konnte Hilfe gebrauchen, doch gefühlsmäßig war sie gar nicht in der Lage, Aufgaben zu verteilen. Das Letzte, was sie wollte, war, herumzutelefonieren und dann von dem enttäuscht zu sein, was die Leute entweder nicht tun konnten oder wollten.

An Tagen, an denen es ihr an Energie oder Willenskraft mangelte, sollte wie von Zauberhand etwas zu essen auftauchen, ohne dass sie sich fordernd oder hilfsbedürftig fühlte.

Sie gaben ihr für Stanleys Beerdigung eine Woche frei, doch nach vier Tagen erschien sie wieder zur Arbeit. Es hatte keinen Sinn, zu Hause herumzusitzen und die Leerstellen anzustarren. Ihr war mehr danach, Pies zu backen, und bei der Hektik im Tippi's hatte die Traurigkeit kaum eine Chance, die in ruhigen Momenten an ihr nagte.

Über die Jahre wechselten ihre Kollegen häufig, was Edith nicht groß überraschte – die meisten waren noch jung –, und die Stammkunden sorgten für die Stetigkeit, die sie brauchte. Als die Neuigkeiten aus der Immobilienbranche schlechter wurden, bemerkte sie, wie einige von ihnen plötzlich auf die Preise achteten, doch sie war klug genug, nicht nachzufragen. Irgendwann kamen ein paar von ihnen gar nicht mehr, und sie hätte ihnen gern zum Abschied einen Blaubeermuffin geschenkt.

Was ihr nicht auffiel, war, dass die frischen Säfte seit zwei Monaten nicht mehr aufgefüllt und aufwendigere Speisen von der Karte genommen worden waren. Sonst hätte Edith es als den Warnschuss erkannt, der es war, als Maureen O'Brien kündigte, ohne ersetzt zu werden. An einem Freitag, nachdem der morgendliche Ansturm vorüber war, drehte Jackie das Schild an der Tür auf BITTE KOMMEN SIE EIN ANDERES MAL WIEDER und versammelte die Angestellten um sich.

»In drei Wochen werden wir schließen«, sagte sie eher

freudig als traurig. »Einige von Ihnen kannten meine Mutter, und Sie wissen, dass dieses Café ihr großer Lebenstraum war. Ich habe versucht, es am Laufen zu halten, solange ich konnte. Das habe ich wirklich. Niemand anderes hier hat Schuld, nur ich allein. Wirtschaftlich gesprochen, ist der Anteil an Fremdkapital zu hoch, und ich brauche Liquidität. So einfach ist das.«

Edith kannte diese Begriffe nicht und konnte nicht beurteilen, ob es wirklich so einfach war – durch den Tratsch am Arbeitsplatz wusste sie, dass Jackie mehrere Häuser besaß, also hatte sie offensichtlich eine Menge Geld –, doch für sie würde es bestimmt nicht einfach. Sie war fast siebzig und musste sich einen neuen Job suchen, und das in einer Stadt, in der sie sich immer noch fremd fühlte.

»Was wird aus uns?«, fragte jemand, und Edith war froh, dass einer es aussprach.

Jackie presste die Lippen zusammen und nickte. »Ich gebe jedem, der eine braucht, gern eine Empfehlung. Und wenn Sie sich freinehmen möchten, um ein Bewerbungsgespräch zu führen, dann tun Sie das bitte.«

Edith konnte an Jackies Gesicht ablesen, dass sie das für freundliche Worte hielt und glaubte, das würde reichen. Den anschließenden ungehaltenen Fragen und knappen Antworten konnte sie kaum folgen. Sie stand kurz davor, zum ersten Mal seit Jahrzehnten arbeitslos zu sein.

Nach ein paar Minuten stand Jackie auf und klatschte einmal, um dem Ansturm ihrer aufgebrachten und verwirrten Angestellten ein Ende zu bereiten. »Noch was?«

»Ja«, sagte Edith mit gehobener Hand. »Kann mir jemand zeigen, wie man eine Bewerbung schreibt?«

Nachdem sie den Wagen angelassen hatte, wischte sie sich die Augen, doch als sie an jenem Nachmittag nach Hause fuhr, entschied sie, dass es gar nicht so schlimm war, seinen Job zu verlieren. Wie ein verflixter Roboter täglich fünfundzwanzig Pies zu backen, hatte der Sache einen Großteil des Spaßes genommen. Vielleicht war es Zeit für etwas Neues, vielleicht sogar etwas, das nichts mit Backen zu tun hatte. Sie dachte an ihren alten Job in New Stockholm und wie traurig sie damals gewesen war wegzugehen und wie sie ihn jetzt überhaupt nicht vermisste. Vor sechs Monaten hatte sie von einer Freundin dort gehört, dass das St. Anthony-Waterside verkauft und in ein Hospiz umgewandelt worden war, das offensichtlich keinen Bedarf an einer erfahrenen Bäckerin hatte.

Davon abgesehen, war sie hier in Nicollet Falls dichter an Colleen, Mark und Eugene, hatte eine Reihe netter Freunde in ihrem Mietshaus, und es gab mit Sicherheit mehr Chancen, Arbeit zu finden. Selbst für eine Frau in ihrem Alter, die nur Küchenerfahrung besaß. Doch sie würde überall arbeiten, entschied sie an jenem Nachmittag, als sie über den heißen, stinkenden Asphalt des Parkplatzes zu ihrem Haus ging. Sie war sich für keinen Job zu schade.

»Achtung!«, blökte die Stimme eines Kindes, und bevor sie sah, zu wem sie gehörte, traf etwas ihren Fuß. Es war ein Basketball. Sie hatte die Jungs gar nicht bemerkt, die sich am Rande des Parkplatzes einen Basketballkorb aufgebaut hatten, nur ein paar Meter von ihr entfernt. Edith hob den Ball auf und sah sich nach der Stimme um. Ein Junge mit freiem Oberkörper und einer Tätowierung auf dem linken Bizeps, die aussah wie ein Cheeseburger, näherte sich ihr und streckte die Hände danach aus. Sie warf ihn so fest sie konnte in seine Richtung – sie hatte seit den 1970ern keinen Basketball mehr in Händen gehabt –, und er segelte fort, flog über seinen Kopf Richtung Straße, knallte gegen das Brett und fiel durch den Korb.

»OH SCHEISSE!«, brüllte der tätowierte Junge.

Seine Freunde guckten entweder entsetzt oder bewundernd. Sie riefen: »Oma Jordan!« – »Versenkt, Oma!« – »Geiler Wurf!« und noch einen Haufen Zeug, das sie nicht verstand.

Der tätowierte Junge starrte sie an, bat flehend um eine Antwort, eine Erklärung.

Sie erwiderte seinen Blick, nickte einmal und ging ins Haus.

Vielleicht konnte sie alles schaffen.

Im Treppenhaus sah sie Jan Fruechte, eine nette Frau, die am anderen Ende des Flurs wohnte. Sie war Mitte vierzig, hatte eine Tochter im Teenageralter, einen Mann gab es nicht. Edith schaute einen Moment lang zu, wie Jan sich mit fünf Einkaufstüten die nächste Treppe hochschleppte, bevor sie ihr zurief, sie solle stehenbleiben, und darauf bestand, ihr zu helfen.

»Danke«, sagte Jan. »Aber ich schaffe das schon. Ich habe den Kram gekauft, also muss ich ihn auch tragen.«

»Ich gehe sowieso in Ihre Richtung«, sagte Edith. Als sie zwei der Tüten anhob, konnte sie nicht anders, als hineinzugucken. Dosensuppen, Mikrowellen-Essen und gefrorener Nachtisch. Diese Frau hatte keine Zeit zu kochen oder wusste nicht, wie.

»Worum ging es eben bei diesem ganzen Gebrüll?«

»Keine Ahnung«, sagte Edith.

Und sie beschloss, Jan an diesem Nachmittag etwas Warmes zu kochen und es hinüberzubringen.

Während sie die Haustür aufschloss, klingelte drinnen das Telefon, und sie beeilte sich, um abzuheben. Hätte Edith gewusst, was sie hören würde, hätte sie sich Zeit gelassen und die letzten unbeschwerten Sekunden genossen, bevor sich alles änderte.

»Mom?« Es war Eugenes Stimme, und er weinte. »Hat schon jemand mit dir gesprochen?« In diesem Augenblick verdunkelte die Furcht alles um sie herum, doch sie stellte die Frage trotzdem. »Worüber?«

Es dauerte lange, bis ihr klar wurde, dass Gott für die Aufgaben, die vor ihr lagen, einen unerschütterlichen Menschen brauchte und dass dies die Art war, wie sie geschmiedet wurden. Nachdem sie aufgelegt hatte, schluchzte sie, also war sie offensichtlich noch am Leben. Sie stand auf, atmete tief durch, wischte sich das Gesicht mit einem Geschirrtuch und nahm den Hörer ab. Es gab Arbeit zu erledigen und Menschen, die sie brauchten. Sie würde sich nützlich machen.

92,27 $
Diana, 2007

Diana Winter hatte drei Regeln. Sie bestahl nur reiche Leute oder welche aus der Mittelschicht, sie zerstörte oder beschädigte nichts und nahm nie etwas mit, das einem Kind gehörte. Einem reichen Teenager, okay; das wäre ihr ein besonderes Vergnügen, ob sie nun auf dieselbe Schule gingen oder nicht. Das Haus, auf das sie es heute abgesehen hatte, war braun, zweigeschossig, mit einer Dreifachgarage. Keine Schaukel im Garten oder irgendwelche anderen sichtbaren Kindersachen, was bei dieser Größe bedeutete, dass der Nachwuchs entweder schon älter oder bereits ausgezogen war. Perfekt.

Die Seitentür zur Garage war offen – sie fand es immer wieder erstaunlich, wie viele Leute so leichtsinnig waren. Drinnen befanden sich ein Cadillac-SUV mit Salzspuren an den Radkästen, ein schwarzer Audi mit einem Z-förmigen Kratzer auf der Beifahrertür und ein leerer Stellplatz mit einem Ölfleck am Boden, der wahrscheinlich zu einem weiteren Luxusauto gehörte. Hinter den SUV geduckt, erblickte Diana Gläser voller Schrauben und Nägel, die wie Glühbirnen an ihren Deckeln an der Unterseite eines Regals befestigt waren. Eine stark gebrauchte Milwaukee-Kreissäge, das Blatt voller Sägemehl, stand auf einer unordentlichen Werkbank. Diana vermutete, dass das Regal und die Schränke ein Buffet voller Markenwerkzeug waren.

Sie holte tief Luft und machte sich an die Arbeit.

Früher war Diana in gar nichts gut gewesen. Als sie an der Highschool in die elfte Klasse kam, hatte sie es zu bemerkenswerter Durchschnittlichkeit in allen Fächern und allen Lebensbereichen gebracht, von Trigonometrie über Scrabble bis zum Fingerhakeln. Sie las sehr gern, doch nicht die Bücher, die sie lesen sollte; sie ging gern ins Kino, mochte aber die Filme nicht, die anderen gefielen; und sie mochte Jungs, aber die schienen sie meistens nicht zu mögen. Vielleicht wären ihre Noten besser gewesen, wenn sie je ihre Hausaufgaben gemacht hätte, und bei Jungs hätte sie vielleicht Glück gehabt, wenn sie mit denen, die ihr gefielen, mehr als nur ein paar Worte gesprochen hätte. Doch in den Monaten, nachdem ihre Mutter und ihr Vater gestorben waren, hatte sie niemandem wirklich viel zu sagen.

Der Autounfall, bei dem Dianas Eltern umgekommen waren, geschah im letzten Juni. Seitdem hatte sie viel dazugelernt, insbesondere, dass kein Erwachsener und auch fast kein anderer Mensch in ihrem Alter sie verstand, egal, was sie durchgemacht hatten. Neu in der Stadt, ein Teenager, der bei seiner lieben, aber erschöpften Großmutter Edith lebte, hielt sie sich in einem Frequenzbereich auf, in den niemand hineinfand. Sonst hätte sie die Tage nicht überstanden.

Nach einer Weile verwechselten die Leute ihre stille, erhabene Trauer mit protestantischer Arbeitsethik. »Ich hatte schon gesprächigere Angestellte, aber sie macht das super«, hörte Diana ihren Boss im Coffeeshop zu einem Kunden sagen. »Sie erledigt ihren Job und kümmert sich ansonsten um ihre eigenen Angelegenheiten.«

Der einzige andere Mensch, mit dem sie etwas anfangen konnte, war ausgerechnet Clarissa Johnson. Sie war ihre Cousine zweiten Grades väterlicherseits, weshalb Diana sie von früher kannte, jedoch nicht besonders gut, ein etwas älteres Mädchen, das sie über die Jahre bei Hochzeiten und Beerdigungen gesehen hatte. Der Rest ihrer Familie nahm an, jetzt, wo sie in derselben Stadt lebten, seien sie Freundinnen, was tatsächlich stimmte, jedoch nicht auf die Art, die man erwarten oder sich erhoffen würde.

Clarissa war in der 12. Klasse und behauptete, sie würde allein leben, und irgendwie stimmte das auch. Ihre Eltern waren nicht tot, noch nicht mal geschieden, sie waren nur reiche, gestresste Angestellte mit Alkoholproblemen, die einander betrogen und ihre Tochter weitgehend ignorierten, doch Clarissa war klug genug, sich nur selten bei Diana darüber zu beschweren. Es hinterließ dennoch Spuren, die mehr als der übliche Leichtsinn waren – über dreihundert Ladendiebstähle, bei denen sie nur zweimal erwischt worden war, brüstete sich Clarissa gern –, doch Diana brauchte genau diese Sorte Freundin. Sie erklärte Diana kein einziges Mal, wie sie sich zu verhalten oder zu reagieren hätte, riet ihr kein einziges Mal, sie solle neue Freundschaften schließen oder zu einem bestimmten Heiligen beten oder zu einer Beratung gehen oder, Gott behüte, lächeln. Sie ließ sie einfach trauern. Und selbst wenn es nur deshalb war, weil sie zu sehr mit sich beschäftigt war oder vollkommen am Arsch, gelang das sonst fast niemandem. Sie konnten gemeinsam Zeit verbringen wie zwei leere Boote, die an einem Pier vertäut lagen, und das war wunderbar.

Clarissas Freundschaft machte es Diana deutlich leichter, in Nicollet Falls klarzukommen. Der schicke Vorort war für seine baumgesäumten Straßen und die konservative Steuerpolitik bekannt. Die Highschool hatte unzählige sportliche und akademische Bundeswettbewerbe gewonnen, doch Dianas erster Tag war weniger schrecklich, als sie befürchtet hatte. Dass sie ein reiches, notorisch böses Mädchen kannte, umgab sie wie ein Schutzschild. Kids tippten an ihren Kopfhörer und fragten sie, was sie gerade höre, und wenn sie sagte »Dessa«, nickten sie und sagten, *Cool, von denen hab ich schon gehört,* was ganz offensichtlich nicht stimmte. Und diesen Respekt verdankte sie Clarissa.

Sie verdankte Clarissa alles, einschließlich dessen, was sie an diesem Morgen gerade tat. Auf die Idee kamen sie während einer Party im riesigen Haus von Clarissas damaligem Freund Brody Slager. Die Nicollet Falls Papermakers hatten gerade bei einem Footballspiel eine andere Highschool um Längen geschlagen, was zu erwarten gewesen war, aber dennoch gefeiert wurde. Clarissa war gut drauf, denn bei ihrer Ankunft war immer noch Bier im Kühlschrank.

»Gott sei Dank«, sagte sie, öffnete eine Dose Blotz und warf Diana eine zu. »Der frühe Vogel. Sonst ist der ganze geile Scheiß schon weg.«

»Danke«, sagte Diana, obwohl sie Bier nicht sonderlich mochte und diese Marke schon gar nicht. »Haben die nichts anderes da?«

Clarissa reagierte nicht. Sie starrte an Diana vorbei und runzelte die Stirn. »Schau mal da drüben. Das ist eine Fünfhundert-Dollar-Kettensäge.«

»Echt?«, fragte Diana und drehte sich zur Werkbank um. Auf dem Sägeblatt stand *Husqvarna,* eine Marke, von der sie noch nie gehört hatte. »Sieht aus, als wäre sie noch nie benutzt worden.«

»Stimmt«, sagte Clarissa. »Hat mir Brody erzählt. Sein Vater ist Steueranwalt, der hat von solchen Dingern gar keine Ahnung. Sie haben ihm eine Kettensäge zum Geburtstag geschenkt, er hat eine paar Selfies gemacht, und nun liegt sie da rum.«

Diana zuckte die Achseln. »Ziemliche Verschwendung.«

»Was würdest du mit fünfhundert Dollar machen?«

»Was weiß ich«, sagte Diana. Die Vorstellung, fünfhundert Dollar zu besitzen, war irre. Dafür musste sie mindestens drei Wochen im Coffeeshop arbeiten. Was würde sie mit so viel Geld machen? »Da fallen mir tausend Sachen ein. Meiner Großmutter helfen, ein paar Rechnungen zu bezahlen, vermute ich.«

»Das ist nett«, sagte Clarissa. »Du bist ein richtig netter Mensch.«

Diana zuckte die Achseln und nippte an ihrem Blotz, das immer noch so scheußlich schmeckte wie das erste Mal. Ihr Opa hatte ihr aus Versehen eins ausgegeben, denn eigentlich war alles mit dem Namen Blotz in Dianas Familie tabu. Sie fragte sich, wie lange sie sich an der einen Dose festhalten müsste, bevor sie hier abhauen konnte. »Was würdest du tun?«

»Ich muss noch vor dem College bei meinen Eltern ausziehen. Auch wenn du's nicht hören willst, aber es wird langsam unerträglich.«

»Wenn du Geld brauchst, könnte ich dir vielleicht ein paar Schichten im Coffeeshop besorgen. Siebenfünfundzwanzig die Stunde.«

»Alter, die Frau, die das Parks leitet, ist eine Freundin meiner Mutter.« Clarissa nannte sie die ganze Zeit *Alter*, aber das war ihr egal. »Wenn ich einen Job wollte, könnte ich dort jederzeit für elffünfzig arbeiten. Aber dafür hab ich keine Zeit, nicht mit der Zeitung und dem Musical.«

»Stimmt, hatte ich vergessen.« Clarissa mochte ihr Rebellen-Image kultivieren, dennoch nahm sie die Schule ernst und hatte ständig irgendwelche AGs auf dem Stundenplan. Schwer zu sagen, ob sie damit ihre Collegebewerbung aufmotzen wollte oder ob sie sich wirklich für Journalismus und Theater interessierte. Vielleicht war es auch einfach eine Ausrede, um nach der Schule nicht nach Hause zu müssen. Den Part der Ado Annie in *Oklahoma* auswendig zu lernen, konnte nicht so zeitaufwendig sein, aber Diana stritt sich nicht gern mit ihrer Cousine.

Clarissa starrte wieder die orangefarbene Kettensäge an. »Weißt du, wie viele Häuser es in der Stadt gibt, in denen sie so ein Zeug noch nicht mal vermissen würden? Diese ganzen Partys, auf die ich gehe, Keller, Garagen, bis zur Decke voll mit Krempel. Es würde dir das Herz brechen, Di.« Clarissa klang aufgeregt, als hätte sie entweder Angst davor, was sie gerade sagte, oder Angst, dabei erwischt zu werden. »Niemand würde je ein Mädchen wie dich verdächtigen. Das ist perfekt.«

»Wie mich? Um was zu tun?«

Clarissas glänzende Augen erloschen, als Brody ihren Namen rief. »Später«, murmelte sie und rief als Antwort seinen Namen. Diana versteifte sich, als sie die Jungs zu ihnen herunterpoltern hörte. Normalerweise schenkten sie ihr keine Beachtung, ein glücklicher Umstand, wenn man bedachte, wie widerlich diese Typen Frauen gegenüber waren. Manchmal war es gut, unsichtbar zu sein.

Drei Monate später dachte Diana gar nicht mehr groß drüber nach, wenn sie auf ihrem kilometerlangen Weg zur Highschool manchmal einen orangefarbenen Arbeitshelm und eine Sicherheitsweste über ihrer Jacke trug. Obwohl es erst morgens halb sechs war und ihre Großmutter noch im Wohnzimmer auf dem Klappbett schlief, zog Diana die Sachen immer erst zwei Blocks von zu Hause entfernt an. Die Leute glaubten wahrscheinlich, dass sie in den dunklen Morgenstunden gesehen werden wollte, und da lagen sie richtig. Das hatte sie von Clarissa gelernt, allerdings vor dem Hintergrund, irgendwo hineinzugehen, wo man nicht hingehörte. Sie hatte auch gelernt, sich gelangweilt und mit Selbstvertrauen zu bewegen, zielgerichtet und trotzdem so, als wäre es der letzte Ort, an dem sie sein wollte. Deshalb trottete sie heute eine fremde Einfahrt hoch, betrat das Haus müde durch die Garagentür, in voller Sicht des nachbarlichen Küchenfensters, ohne augenscheinlichen Alarm auszulösen.

An jenem Morgen im Januar waren draußen minus siebzehn Grad, und als sie die Ziegelsteinstufen vor Clarissas riesigem Haus erreichte, fühlten ihre Füße sich bereits taub an. Clarissas Mutter Andrea – laut der Werbung an einer Busstation vor dem Arby's die am härtesten arbeitende Immobilienmaklerin von Nicollet Falls – trug bereits Make-up und Hosenanzug, saß in der Küche, rauchte eine Zigarette und starrte auf ihren Laptop, als Diana klopfte.

»Du kennst ja den Weg«, sagte Andrea ohne ein Lächeln. Sie aß Hühnereiweiß und Naturjoghurt, ein Frühstück, das Diana erst in diesem Haus kennengelernt hatte und inzwischen mit Erfolg assoziierte.

»Danke«, sagte Diana, schloss die Tür und putzte sich die Schuhe auf der Matte ab.

»Wie geht's deiner Oma?«, fragte Andrea.

»Hält sich wacker«, erwiderte Diana, überrascht, mit dieser Frau eine Unterhaltung zu führen. »Wie läuft die Arbeit?«

»Wir haben's immer noch drauf«, sagte Andrea. »Es ist anstrengend, aber wir haben's drauf.«

Alles, was Diana über die Wirtschaft und die Immobilienbranche gehört hatte, war düster, aber was wusste sie schon? Andrea hatte es vielleicht auf die schwarze Liste ihrer Tochter geschafft, doch außerdem war sie selbstbewusst, attraktiv, lebte in einem schönen Haus und leaste einen schicken weißen Mercedes (kauf niemals ein Auto, hatte Andrea sie mal gewarnt), also musste sie irgendwas richtig machen. Und trotz all dieser netten Sachen wirkte sie nicht eingebildet. Diana fragte sich, ob sie wohl früher auch jeden Cent hatte zweimal umdrehen müssen. Vielleicht würde Andrea irgendwann spüren, dass sie etwas verband, und Diana beruhigen, dass sie das schon schaffen würde. *Mir ging's genauso wie dir, und ich weiß, dass du klarkommen wirst.*

Clarissa kam in die Küche, noch immer in T-Shirt und Shorts, in denen sie geschlafen hatte.

»Wieso redest du mit ihr?«, sagte sie zu Diana und drehte sich zu den Stufen um. »Los, komm.«

Diana folgte ihr in das dunkle Schlafzimmer, wo Clarissa die herumliegenden Klamotten aus dem Weg kickte und die Rucksäcke auf ihr ungemachtes Himmelbett warf.

»Und, wie lief's heute?«, fragte Clarissa, zog die Reißverschlüsse auf und legte Weste und den Helm beiseite, die Diana oben hineingestopft hatte. »Makita Bohrmaschine. Bandschleifer von Porter-Cable. Snap-On impact Steckschlüsselgarnitur. Snap-On impact Ratsche. Und eine Bosch-Laser-Wasserwaage. Verdammt, Alter«, sagte Clarissa, »diesmal hast du es echt gerissen. Echt.«

Diana lächelte. Sie konnte nicht anders. »Glaubst du, dass es ungefähr vierhundert sind?«

»Ja, möglicherweise. Hast du alles mitgenommen?« Das fragte sie immer.

»So ziemlich. Sonst hatten sie nur noch eine Milwaukee-Kreissäge, die ziemlich alt aussah.«

»Alter! Das sind fünfzig Dollar weniger für uns.«

»Sie lag draußen. Das andere Zeug war alles weggepackt in Schränken. Es wird wahrscheinlich eine Weile dauern, bis sie bemerken, dass etwas fehlt. Diese Säge, das hätten sie schon heute Abend bemerkt.«

»Gut. Aber nimm sie das nächste Mal trotzdem mit.«

Sie hatte leicht reden. Sie war auch nicht diejenige, die Knast riskierte. Obwohl es Clarissas Idee gewesen war und sie die Umschlagstelle für Dianas Diebesgut war – Diana hatte zu Hause kein Internet –, konnte man sie schlimmstenfalls wegen Besitz von Diebesgut drankriegen.

»Wie schnell kannst du das Zeug verkaufen?«

»Warum? Brauchst du wieder einen Vorschuss?«

Diana nickte. »Ja, hundertdreißig Mäuse.«

Clarissa zog einige Banknoten aus einem Loch im Bauch eines Plüsch-Einhorns, das sie im Schrank versteckt hielt. »Hier, Alter«, flüsterte sie.

Diana machte es keinen Spaß, eine Diebin zu sein, aber andererseits kannte sie niemanden, außer vielleicht Andrea, der Spaß an seinem Job hatte. Und anders als bei jedem anderen Zweitjob konnte sie noch genauso viel im Coffeeshop arbeiten. Sie brauchte nur hin und wieder morgens eine halbe Stunde Zeit. Insgesamt hatten sie in weniger als drei Monaten zweitausendneunhundert Dollar gemacht. Geld, das ihr Leben verändern konnte.

Als sie den Raum betrat, in dem Mr. Ardens Chemieunterricht stattfand, waren ihre Wangen immer noch von der Kälte gerötet. Was das Verhältnis zwischen Schülern und Lehrern anging, war es wie in den meisten ihrer Fächer, keiner erwartete viel vom anderen. Es gab einen beliebten Spieler des Schulhockey-Teams, der rechtschaffen bemüht war, ein Division-I-Sportstipendium zu bekommen, doch er war eher die Ausnahme. In diesem Raum bedeutete Dianas mittelmäßige B-Note, dass sie durchkam, ohne irgendwem aufzufallen. Ihr Problem waren die Hausaufgaben. Wenn sie nicht in der Schule während der Studienzeit oder in einem anderen Fach dazu kam, schaffte sie es einfach nicht. Es gab zu viele andere Dinge, um die sie sich kümmern musste. Der Wagen ihrer Großmutter war zum Beispiel gerade liegengeblieben und abgeschleppt worden. Jetzt mussten sie achtzig Dollar für das Abschleppen und fünfzig Dollar für jeden Tag zahlen, an dem der Wagen auf dem Abschlepphof stand. Noch vor ein paar Monaten wäre er bei dieser Summe unwiederbringlich verloren gewesen. Jetzt konnte Diana ihn zurückholen, und das würde sie, verdammt noch mal, auch tun.

Es waren immer noch zwei Minuten vor dem ersten Klingeln, und Diana saß an ihrem Tisch und versuchte, eine Ableitung für den Geometrieunterricht am Nachmittag fertigzustellen. Deshalb bekam sie erst beim dritten oder vierten Mal mit, dass Mr. Arden ihren Namen rief.

»Miss Winter«, sagte Mr. Arden frustriert. »Sie sollen ins Büro des Direktors kommen.«

Niemand schenkte dem groß Beachtung.

»Haben die gesagt, weswegen?«, fragte Diana.

»Da wissen Sie wahrscheinlich mehr als ich«, sagte Mr. Arden, wandte sich ab und signalisierte, dass das Gespräch beendet war.

Natürlich hatte Diana nie etwas in der Schule gestohlen oder wissentlich einen Mitarbeiter der Schule beklaut. Aber vielleicht hatte Mr. Arden erraten, was sie tat; vielleicht hatte er Gerüchte über eine Reihe Garagendiebstähle in Nicollet Falls gehört und in seinem Unterricht Ausschau nach Verdächtigen gehalten.

Der Weg zum Büro des Direktors dauerte nur eine Minute; nicht genug Zeit, um sich ein idiotensicheres Alibi auszudenken, schon gar nicht, wenn jemand ihr zu Clarissa und dann weiter zur Schule gefolgt war. Heute, am Tag ihrer fettesten Beute der letzten zwei Wochen, war alles vorbei.

»Oh, Miss Winter!«, sagte Schuldirektor Londard Shultz, als er Diana mit einem etwas zu festen Handschlag begrüßte. Er sah aus wie die klassische Autoritätsperson einer öffentlichen Einrichtung; sein heller Glatzkopf glänzte unter der abgehängten Decke, sein gelbes Oberhemd spannte über dem Bauch, seine Krawatte enthielt sehr viel Braun, doch in seinen Augen lag eine ehrliche Güte. Jedes Jahr rasierte sich irgendwer den Schädel und ging zu Halloween als Londard Shultz, und der alte Direktor lachte darüber und posierte sogar für Selfies. Falls sie von der Schule fliegen oder man sie den Cops übergeben würde, hätte es keinen netteren Typen geben können, um ihr das mitzuteilen.

»Ganz schön kalt heute, hm?«, sagte Mr. Shultz. Sie standen draußen vor seinem Büro, wo jeder, alle Sekretärinnen und Büroangestellten, sie hören konnten.

»Stimmt«, sagte Diana. Der Small Talk machte sie so nervös, dass sie sich am liebsten mit einer Bleistiftspitze in die Hand gestochen hätte, doch sie gab sich alle Mühe, ruhig und gelangweilt zu wirken.

Londard Shultz lächelte. »Irgendwelche Probleme?«

»Bisher nicht«, sagte Diana.

Mr. Shultz blickte sie amüsiert an. »Nun, wir haben nichts von dir gehört und fragen uns, ob du den Brief und die E-Mails bekommen hast.«

»Nein, welchen Brief?« Diana lehnte sich in Richtung

des Wasserspenders, um eine Dame aus der Verwaltung zum Kopierer durchzulassen.

»Oh, wow, dann werde ich es dir jetzt einfach erzählen. Du hast die volle Punktzahl beim PSAT erzielt.«

»Oh«, sagte Diana.

»Du qualifizierst dich damit für ein National-Merit-Stipendium.« Der Direktor lachte. »Das sind doch mal Neuigkeiten, oder?«

Sie war sich nicht sicher. Möglicherweise hatte sie schon mal irgendwo von National-Merit-Stipendien gehört. Dem Tonfall des Direktors zufolge schien es eine gute Sache zu sein. Und das war's?

»Deshalb bin ich hier?«, fragte sie.

»Nein, du bist wegen schweren Diebstahls festgenommen«, sagte er.

Sie musste so erschrocken ausgesehen haben, wie sie sich fühlte, denn er lachte laut los.

»Oh, ich habe dich nur veräppelt«, sagte er. »Weißt du, ich bin nicht sicher, ob es in meinen zwanzig Jahren jemals jemanden gab, der beim PSAT die volle Punktzahl erreicht hat.«

»Corinna Francis!«, rief eine der Sekretärinnen.

»Ja, natürlich, Corinna.« Mr. Shultz nickte. »Ich bin ihrem Dad erst kürzlich bei Byerlys begegnet. Ich glaube, sie ist jetzt in Prag, mit einem Fulbright. Gar nicht so übel, oder? Also, vergib mir, du bist die Zweite mit der perfekten PSAT-Punktzahl.«

»Oh«, sagte Diana, deren Körper immer noch vor Adrenalin zitterte. Sie konnte sich kaum daran erinnern, den PSAT gemacht zu haben.

»Wie fühlst du dich? Du musst doch aufgeregt sein!«, sagte der Direktor. Das nette Lächeln und die offene Haltung des Mannes ließen Diana an einen Verkäufer denken, einen der schlimmsten Sorte, die vollkommen überflüssige Sachen anpriesen wie Schokoladen-Adventskalender oder Lippenpeeling oder einen 8-in-1-Reiniger von LifeWell.

»Um ehrlich zu sein«, sagte Diana, »bin ich erleichtert.«

»Kein Wunder, so hart, wie du dafür gearbeitet haben musst. Und weißt du was? Es wird auch ein formelles Mittagessen im Country Club geben, für dich und deinen Vormund. Nur für die Schüler, die zu den ersten drei Prozent gehören.«

»Ja, okay«, sagte Diana. Noch eine Sache mehr, um die sie sich Sorgen machen musste. »Gibt es Geld dafür?«

»Nein, nicht direkt, aber es sollte helfen, ein Stipendium zu bekommen.«

»Was, wenn ich gar nicht aufs College gehen will?«

Der Direktor sah Diana an, als hätte sie gerade vorgeschlagen, das Eishockeyfeld gegen eine Lenin-Statue zu tauschen.

»Warum?«, fragte der Direktor und suchte nach einer diplomatischen Antwort. »Willst du zum Militär gehen?« Die Armee war in Nicollet Falls die einzig akzeptable Alternative zum College und für ein paar Leute auch die bessere Wahl.

»Nein. Ich will einfach nicht aufs College gehen.«

Der Direktor, der sich vorgebeugt hatte, trat einen halben Schritt zurück. »Nun, dann bitte ich dich inständig, nochmals darüber nachzudenken«, sagte er und warf einen Blick Richtung Flur. »Bist du schon bei Mrs. Burl in der

Berufsberatung gewesen? Sie weiß alles über Stipendien und Förderungen. Lass uns doch gleich einen Termin für dich vereinbaren.«

Diana hoffte, dass die anderen mit irgendwelchen Versuchen beschäftigt waren oder etwas ausarbeiten würden, wenn sie zurückkehrte. Stattdessen hielt Mr. Arden einen Vortrag über Elektronenpaarbindungen, als Diana den Raum betrat, und anstatt weiterzureden, verstummte er und starrte sie an.

»Was hat so lange gedauert?«, fragte Mr. Arden vor versammelter Mannschaft. Er schien dafür zu leben, Schüler bloßzustellen.

»Direktor Shultz wollte mir nur sagen, dass ich ein National-Merit-Stipendiat bin, oder so was«, sagte Diana, und als Mr. Arden sie verwirrt ansah, hielt sie ihm den Brief hin, den Mr. Shultz ihr gegeben hatte.

Mr. Arden nahm ihn mit hochgezogenen Augenbrauen entgegen. »Lass mal sehen«, murmelte er und las ihn durch. »Oh. Hier steht, du hast die volle Punktzahl. Das ist unglaublich.«

»Vermutlich«, sagte Diana beim Setzen. Was hatte sie schon davon? »Tut mir leid, dass ich Sie unterbrochen habe.«

»Du bist also sicher unter den Finalisten.« Mr. Arden ging zu Diana und gab ihr den Brief zurück. »In manchen Jahren hatten wir gar keinen National-Merit-Finalisten an der Schule«, sagte er laut vor der ganzen Klasse. »Man muss außergewöhnlich klug sein, um zu den Finalisten zu gehören. Außergewöhnlich klug.«

Ihre Mitschüler starrten sie an. Manche von ihnen hatten sie das ganze Jahr über noch keines Blickes gewürdigt. Als Mr. Arden wieder zu seinem Unterrichtsstoff zurückkehrte, blickte Diana an ihm vorbei auf das Periodensystem an der Wand, blickte auf diese Buchstaben, die für die Zutaten des Universums standen, starrte auf die Nummer vier, Beryllium. Sie hatte nicht die geringste Ahnung, was es war, und es war das vierte Element, also musste es wichtig sein, aber weil sie nichts darüber wusste, konnte sie kein Genie sein, und dieser Gedanke war irgendwie beruhigend.

Als der Unterricht zu Ende war, begegnete sie Trent Amundsons Blick. Er sagte: »Hey, Glückwunsch.« Sie musste lächeln, denn er war ein sehr beliebter Mitschüler.

Als Trent und alle anderen hinausgingen, rief Mr. Arden Diana zu sich an den Schreibtisch.

»Wirst du in diesem Unterricht ausreichend gefordert?«, fragte Mr. Arden.

»Ja, schon«, sagte Diana. »Er ist anspruchsvoll.«

»Das bezweifle ich«, sagte Mr. Arden. »Ich glaube, ich habe deine intellektuelle Neugier ernsthaft unterschätzt. Ich wollte mich bei dir entschuldigen, und lass mich bitte wissen, wenn ich die Stunden interessanter für dich gestalten kann.«

»Ich weiß nicht, wie ich in diesem Test so gut abschneiden konnte. Ich bin eigentlich gar nicht so intelligent«, sagte Diana und zeigte auf das Periodensystem. »Ich meine, ich weiß noch nicht einmal, was Beryllium ist.«

»Fakten auswendig zu lernen, ist kein Zeichen von Intelligenz«, sagte Mr. Arden. »Du weißt, dass es Dinge gibt, die du nicht weißt, und willst es herausfinden. Das bedeutet, intelligent zu sein, und nicht das Talent, etwas hochzuwürgen.«

Diese Unterhaltung wurde immer schlimmer. Sie warf einen Blick Richtung Flur, wo immer mehr Schüler zur nächsten Unterrichtsstunde eilten.

»Ich vermute, du musst los«, sagte Mr. Arden. »Komm ruhig früher, wenn du anspruchsvollere Aufgaben haben möchtest als das, was ich dir im regulären Unterricht geben darf.«

Diana wollte nicht, dass der Unterricht eine größere Herausforderung war. Wenn das bedeutete, intelligent zu sein, war das eindeutig überbewertet.

Beim Mittagessen saß Clarissa bereits an einem Tisch in der dunkelsten Ecke der Cafeteria. Dianas Großmutter hatte die strategische Entscheidung getroffen, nur so viel zu verdienen, dass sie sich für das SNAP-Programm qualifizierte, was bedeutete, dass Diana in der Schule ein kostenloses Mittagessen erhielt. In der Cafeteria zu Mittag zu essen war nicht besonders cool – die meisten coolen oder reichen Kids aßen außerhalb des Campus –, aber ein paar Sachen waren hier gar nicht so übel wie zum Beispiel das Hähnchen-Sandwich.

Clarissa hatte nur wegen eines Typen vor kurzem begonnen, auf dem Campus zu essen. Ishaq Ahmed war ein überaus eifriger Schüler, dessen Immigranten-Eltern ihm davon abgeraten hatten, mit Mädchen auszugehen. Sie hatten ihm zudem ausdrücklich verboten, mit Clarissa Johnson zu reden, seit sie und Brody Slager es in die Zeitung geschafft hatten, weil sie einen Eishobel vom Hockeyfeld geklaut hatten und damit in ein Hardee's Drive-in gefahren waren. Ishaq hatte ihr vor einem Monat erklärt, dass seine Eltern sie für einen schlechten Einfluss hielten. Er sagte, wenn er eines der Dinge getan hätte, die sie getan hatte, hätte er auf der Straße erschossen werden können, was er generell nicht für ausgeschlossen hielt. Daraufhin hatte Clarissa ihn geküsst.

Er war ein netter Kerl, wenn auch ein wenig laut.

»Hi, da ist ja das Supergenie!«, rief Ishaq quer durch die Cafeteria, als er Diana kommen sah. Es hatte sich also herumgesprochen. Sie setzte sich mit ihrem Tablett neben ihre Cousine, und alle schienen sie anzustarren.

»Ich habe nur einmal bei einem Test gut abgeschnitten«, sagte Diana und schaute zu Boden. Diese ganze Aufmerksamkeit würde nur Probleme bereiten.

»Ausgeschlossen«, sagte Ishaq. »Man erreicht nicht aus Versehen die volle Punktzahl. Ich habe achtzig Stunden für den Test gelernt und habe nur eine Empfehlung bekommen.«

»Achtzig Stunden?« Clarissa grinste. »Fauler Sack.«

»Ich weiß, aber es war ja auch nur der PSAT«, sagte Ishaq. »Für den SAT lerne ich, seit mein Vater neun ist.«

Clarissa lachte über den Witz ihres neuen Freundes, doch Diana lächelte nur. »Wie hast du abgeschnitten, Clarissa?«

»Gut genug.« Clarissa wartete immer noch auf Antwort von den teuren Liberal Arts Colleges an der Ostküste, doch sie schien sich keine Sorgen zu machen. Sie würde immer gut genug sein.

»Und auf welches College wirst du gehen?«, fragte Ishaq Diana. »Kommst du mit mir aufs Northwestern? Oder gehst du mit deiner Cousine an die Ostküste?«

»Darüber habe ich noch nicht nachgedacht«, sagte Diana.

»Du hast ja Zeit«, sagte er, und vielleicht war es nett von ihm, das anzunehmen.

Nach der Schule ging Diana die zwei Meilen zu dem Abschlepphof am Rande der Stadt. Hinter dem Zaun lief ein magerer Hund auf und ab und hechelte sie an, als sie sich dem extrabreiten Trailer näherte, auf dessen Tür B RO stand, und sie fragte sich, wie lange das Ü schon fehlte und ob es aus Witz abgerissen worden war.

Im Wohnwagen saß ein dicker, einsamer Mann in einem Kurt-Busch-Sweatshirt an einem Schreibtisch vor einer Wand voller nummerierter Haken. Er hatte den Körper eines kräftigen Ochsen, dessen beste Zeit schon zwanzig Jahre zurücklag; sie hätte wetten können, dass er Kisten mit verstaubten Hanteln in seiner Garage hatte. Auf einem Stapel Visitenkarten stand der Name Brad Bartt. Er sah Diana an wie der Hausmeister der Highschool am Ende des letzten Schultages.

»Ich bin wegen des 1996er Toyota Cressida hier«, sagte Diana.

Brad Bartt stöhnte, als hätte Diana Ediths Wagen absichtlich abschleppen lassen, nur um ihn zu ärgern.

»Führerschein, Papiere, Versicherungsschein.«

»Die letzten beiden Sachen sind im Wagen, im Handschuhfach.«

»Hast du das Geld dabei?«

»Ja«, sagte Diana und öffnete das Portemonnaie. »Das sind also das Abschleppen plus den einen Tag, den er hier stand, ja?«

Bartt ging ein paar schmuddelige Papiere auf seinem

Schreibtisch durch. »Hier steht, wir haben ihn gestern um halb sieben morgens abgeholt. Dann sind das zwei Tage. Der zweite Tag hat heute Morgen um halb sieben angefangen. Also bekomme ich insgesamt hundertachtzig Dollar.«

»Ich habe hundertsechsundvierzig Dollar«, sagte Diana.

»Hör zu, ich habe keinen Bock mehr auf Leute wie dich, die denken, wir wären hier auf einem Basar. Ich weiß nicht, was du gemacht hast, dass dein Wagen abgeschleppt worden ist, aber du hast es dir selbst eingebrockt. Und das kostet hundertachtzig Dollar.«

»Es ist der Wagen meiner Großmutter. Sie braucht ihn für ihre Arbeit –«

»Schreib deine Beschwerden alle auf den Scheck. Und wir nehmen nur Schecks von ortsansässigen Banken.«

Diana fragte sich, was dieser Kerl Schlimmes getan hatte. War er unehrenhaft aus der Polizei entlassen worden, weil er auf eine Gruppe unbewaffneter Zivilisten geschossen hatte; oder hatte er jemandem am Black Friday wegen eines DVD-Rekorders das Genick gebrochen und brauchte nun einen Arbeitsplatz, wo man ihm das nicht zum Vorwurf machte, hier, inmitten des Eigentums anderer Menschen?

Brad Bartt schaute wieder auf seine Papiere. »Und wenn es nicht deine Karre ist, brauchst du auch noch eine notariell beglaubigte Vollmacht des registrierten Eigentümers. Plus sechs Dollar Bearbeitungsgebühr.«

Während sie vom Abschlepphof zum Arbeiten ging, wusste Diana, dass sie am nächsten Tag früh aufstehen musste, um die Garage eines weiteren reichen Menschen auszuräumen.

Außerdem musste sie wohl den Computer im Coffeeshop benutzen, um eine Vollmacht zu schreiben und auszudrucken, ihre Großmutter dazu bewegen, sie zu unterschreiben, und herausfinden, wo sie sie notariell beglaubigen lassen konnte, dann alles zurück zum Abschlepphof bringen und eine Werkstatt anrufen, damit sie einen Abschleppwagen schickten, um den Wagen zu holen, und auch das zu bezahlen sowie die Reparatur. Wer hatte da Zeit für Hausaufgaben? Irgendwie würde sie schon durchkommen. Sie bekäme ihren Abschluss.

Davon abgesehen, war es eine Erleichterung, so beschäftigt zu sein. Wie sie seit letztem Sommer wusste, fing sie manchmal aus heiterem Himmel an zu weinen, wenn sie nicht abgelenkt war, und es war tausendmal besser, abgelenkt zu sein als traurig.

An jenem Abend hatte Diana die Spätschicht in Gretchen's Café, einem gemütlichen kleinen Laden in Nicollet Falls. Seit neuestem durfte sie den Laden nach Feierabend allein abschließen, und aus Respekt nutzte sie dieses Vertrauen nur ganz wenig aus. Am Ende ihrer Schicht verpackte sie die zwei Tage alten, nicht verkauften Muffins, Riegel und Cupcakes in einzelne Tüten. Als sie nach Hause kam, verteilte sie die Leckereien vor den Wohnungstüren von Familien, die sie vom Sehen kannte.

Plötzlich wurde die Tür von Nummer 212 aufgerissen, als hätte der Typ auf jemanden gewartet. Sein Gesichtsausdruck machte jedoch deutlich, dass es nicht Diana war. Seine Haut war milchig-weiß, und seine Wohnung schien kaum Möbel zu haben.

»Verdammt«, sagte er, schlang die Arme um seine Brust und blickte zu beiden Seiten den Flur hinunter.

»Hi«, sagte Diana und hielt ihm ihre geöffnete Tasche hin. »Möchtest du einen Bagel?«

»Hast du im Treppenhaus einen großen Typen in einer grauen Jacke gesehen?«

»Nein, tut mir leid.«

Der bleiche Typ blickte in die Tasche. »Ja, vielleicht nehme ich einen für später«, sagte er, griff sich eine Tüte und schloss die Tür.

Diana wusste, dass ein paar der Erwachsenen und älteren Jugendlichen in ihrem Haus drogenabhängig waren, aber das war ihr egal. Es war ziemlich offensichtlich, dass es in den Wohnungen nicht viele Väter gab, oder wenn, dann keine Mutter. Sie konnte nur vermuten, dass einige ihre Partner verlassen hatten, die entweder ein Drogenproblem hatten oder keinen Beitrag zum Einkommen leisteten, und hier lebten nun die Zurückgelassenen. Doch essen musste jeder.

Obwohl sie bei Gretchen's etwas gegessen hatte, hatte Diana Kohldampf, als sie nach Hause kam. Ihre Großmutter arbeitete Teilzeit bei Kohl's und zwei- bis dreimal pro Woche bei Arby's und brachte dann etwas zum Abendessen mit. Doch seit das Getriebe ihres Wagens den Geist aufgegeben hatte, nahm sie den Bus, und weil sie über eine Meile von der nächsten Busstation entfernt lebten, war das Essen kalt, wenn sie zu Hause ankam.

Diana war in keinem großen Haus aufgewachsen, und Neid war ihr meistens fremd, aber jetzt, wo sie sich mit ihrer Großmutter die kleine Zweizimmerwohnung teilte, kam ihr das Dreizimmerhaus damals in Hastings vor wie eine Villa an der Summit Avenue. Ihre Großmutter schlief auf der Klappcouch im Wohnzimmer und hatte darauf bestanden, dass Diana das andere Zimmer bekam, was unglaublich großzügig war, und jedes Mal, wenn Diana die Tür zu ihrem kleinen Reich öffnete, hatte sie das Gefühl, es sich verdienen zu müssen. Nachdem sie letzten Sommer die Post durchgegangen war und die vielen überfälligen Rechnungen ihrer Großmutter gesehen hatte, hatte sie den Job im Coffeeshop angenommen in der Hoffnung, es würde helfen.

Doch natürlich akzeptierte Edith diese Hilfe nur, wenn Diana die Rechnungen einfach selbst beglich. Ihre Großmutter hätte Diana niemals gebeten, ›ihren Teil beizutragen‹, aber Edith sprach auch nicht über wichtige Dinge. Selbst wenn ihnen etwas in die Hände fiel, das ihrer Mom gehört hatte, und sie in diesem seltenen schimmernden Moment ihren grausamen Verlust eingestehen könnten – ein Verlust, der diese ganze ungewöhnliche Situation erst geschaffen hatte –, würde Edith in sich hineinlachen und das Thema wechseln. Sie hätte in ihrem Leben zu viel gelitten, sagte sie. Jetzt sollte es einfach schön sein. Wenn Diana mit ansah, wie ihre Großmutter nach der Arbeit müde die Tür aufschob, Einkaufstüten in den schmerzenden bleichen Händen, konnte sie kaum anderer Meinung sein.

»Wie war dein Tag?«, fragte ihre Großmutter außer Atem. Das Gebäude hatte keinen Fahrstuhl, und die Treppen gaben ihr nach einem langen Arbeitstag den Rest.

»Okay«, sagte Diana. »Das Übliche.«

»Das ist gut«, sagte Edith und hängte ihre lavendelfarbene bauschige Jacke in den Schrank. Es war eine hübsche Jacke, besonders für eine aus dem Fundbüro. Wie jemand eine so schöne, warme Jacke, ohne irgendwelche Risse oder Flecken, verlieren konnte, war für sie unbegreiflich. Edith nannte es ein kleines Wunder.

Diana halbierte ihre Burger, damit sie in der Mikrowelle schneller heiß wurden, und stellte fest, dass sie immer noch ein wenig warm waren. »Hat der Bus heute eine Abkürzung genommen?«

»Nein, Betsy Nielsen hat mich gefahren.« Betsy arbeitete schon ihr ganzes Leben in der Gastronomie und war die einzige andere Angestellte bei Arby's, die ungefähr in Ediths Alter war.

»Nett von ihr«, sagte Diana und legte die durchgeschnittenen Burger auf Pappteller der Marke LifeWell, mit einem weiteren Pappteller obenauf, um sie warm zu halten. Es gab tonnenweise Haushaltsprodukte von LifeWell bei ihnen, weil ihr Onkel Eugene es nie schaffte, irgendeine Downline aufzubauen, und dann auf einem Haufen Krempel sitzenblieb, die er niemand anderem verkaufen konnte als seiner Mom.

»Habe ich dir das Richtige mitgebracht?«, fragte Edith. »Ich weiß, du magst Hähnchen.«

Sie hatte quasi das Gleiche zu Mittag gegessen, fiel ihr auf, als sie die lauwarme Mayo und den Salat roch. »Ja, danke«, sagte sie und nickte.

Edith nahm die Fernbedienung und schaltete die Lokalnachrichten ein.

»Heute ist mir übrigens was Interessantes passiert«,

sagte Diana und zögerte dann, doch es war zu spät. »Ich habe beim PSAT die volle Punktzahl erreicht.«

»Das hört sich gut an«, sagte Edith. »Was ist das?«

»Hat was mit dem College zu tun.«

»Ich glaube, da war vor einer Weile mal was in der Post. Ich hatte Angst, es wäre eine dieser Betrügereien.«

»Nein, Oma, das ist kein Betrug«, sagte Diana und nahm ihr Sandwich aus der Mikrowelle.

»Gibt es einen Geldpreis?«

Immerhin hätte sie jetzt eine Ausrede, sollte ihr Bargeld je entdeckt werden, doch sie entschied, diese Karte noch nicht zu spielen. »Weiß ich nicht genau. Auf jeden Fall gibt es ein Mittagessen im Country Club. Und ich darf jemanden mitbringen, wenn du magst.«

»Oh, ich mag schicke Mittagessen«, sagte Edith und lächelte. »Aber ich muss arbeiten, kannst du auch allein gehen?«

»Ja, vermutlich.« Diana holte ein gefaltetes Blatt Papier aus ihrer Gesäßtasche und legte es auf den Küchentresen. »Könntest du das hier unterschreiben, damit ich morgen deinen Wagen vom Abschlepphof holen kann?«

»Oh, ich fühle mich schlecht, dass du dein schwer verdientes Geld dafür ausgibst.«

In Augenblicken wie diesem hätte sie Edith beinahe erzählt, was sie tat. Beinahe hätte sie ihr von den neunhundert Dollar erzählt, die sie gespart hatte, was beinahe genug war, um den Wagen mit einem gebrauchten Ersatzteil zu reparieren – zumindest laut Brett Victor vom Victor Machine Shop. Dann würde Edith sie allerdings zwingen, das Geld zurückzugeben oder alle Dinge zu ersetzen, die sie genommen hatte, und sie wusste, dass der Coffeeshop sie feuern würde, und das wäre das Ende von allem.

Die drei Mal, die Diana in der Garage von jemandem erwischt worden war, hatte sie sich bei dem erschrockenen Hausbesitzer entschuldigt und dann gefragt, wo der Stromzähler sei. Am Morgen, nachdem sie ihr PSAT-Ergebnis erhalten hatte, erschreckte sie eine Frau so sehr, dass diese hinfiel.

»Alles in Ordnung bei Ihnen?«, fragte Diana und ging um den wartenden Lexus herum. Die Frau trug eine schicke weiße Jacke mit einer fellgefütterten Kapuze, und ihr Sturz hatte braune Flecken auf dem Rücken und an den Ärmeln hinterlassen, doch das war ihr noch nicht aufgefallen. »Ich habe nur nach Ihrem Stromzähler gesucht.«

»O mein Gott«, sagte die Frau, »warum haben Sie nicht geklopft?«

»Habe ich«, sagte Diana, wie immer, wenn sie erwischt wurde. »Aber vielleicht haben Sie mich wegen des Wagens nicht gehört.«

»Nein, ich habe Sie nicht klopfen gehört, weil Sie nicht geklopft haben«, sagte die Frau. Als sie aufgestanden war, musterte sie Diana, als wolle sie sich ihr Gesicht, ihre Kleidung und ihren Körperbau einprägen.

Diana wusste, dass sie die Sache sofort beenden musste.

»Der Stromzähler ist auf der anderen Seite des Hauses, unter dem Schlafzimmerfenster.«

»Danke, Ma'am«, sagte Diana, drehte ihr den Rücken zu, ging gemessenen Schrittes zur Seitentür und gab ihr Bestes, um wie eine gelangweilte, erschöpfte junge Frau auszusehen und nicht wie ein wild erschrockenes Mädchen. »Und 'tschuldigung noch mal.«

»Meine Jacke!«, rief die Frau, als sich die Tür schloss.

Nachdem sie abgefahren war, versuchte Diana es noch mal an der Seitentür, und zu ihrer Überraschung war sie unverschlossen. Vielleicht war die Frau noch ganz benommen von dem Schreck oder wegen der Flecken auf ihrer Jacke mit den Gedanken woanders. Außer vollen Aschenbechern und Popov-Wodkaflaschen gab es in der Garage allerdings nur noch ein leeres Aquarium, ein altes Tandemfahrrad mit platten Reifen und einen Craftsman-Bohrer mit leerem Akku, und Diana hatte fast ein schlechtes Gewissen, ihn mitzunehmen. Sie würde aufhören, wenn der Wagen ihrer Großmutter repariert war, entschied sie. Damit musste Clarissa leben, schließlich hatte sie fast fünfzehnhundert Dollar mit diesem Deal verdient. Wenn dann noch alle vergaßen, dass Diana ein Genie war, könnten sie wieder zur Normalität zurückkehren.

Aus irgendeinem Grund wollte die Schule von ihren drei Top-PSAT-Kandidaten Fotos machen, also traf Diana um acht Uhr morgens am Treffpunkt ein, der Vitrine mit den Pokalen. Der einzige andere, der pünktlich war, war Paul Jeffrey, den sie nur vom Sehen kannte. Um auf der Nicollet Park High zu wissen, wer Paul war, musste man ihn auch nicht persönlich kennen. Er bekam seit Jahren in allen Fächern nur Bestnoten und war einer der drei schwarzen Schüler des Elfer-Jahrgangs. Und er war das jüngste Kind der Stadträtin Lisa Jeffrey und ihres Mannes Bert, dem der Dairy-Queen-Laden gehörte.

Paul lehnte an der Wand und las ein Taschenbuch, was ihm vollends den Eindruck eines beängstigend intelligenten Menschen verlieh. Sie hatte keine Ahnung, was sie zu ihm sagen konnte, ohne sich vollkommen hirnverbrannt anzuhören. Vielleicht sagte sie einfach gar nichts.

»Hey«, sagte er. »Ich bin Paul.«

»Ich bin Diana«, sagte sie. »Sieht aus, als wären wir die Einzigen, die pünktlich sind.«

Er lächelte.

Wie sie es hasste! Wenn sie schon mal von sich aus mit jemandem redete, durfte der andere gern auch den Mund aufmachen. Doch nun, wo sie einmal angefangen hatte, konnte sie nicht mehr aufhören, vermutlich, weil das weniger merkwürdig war, als überhaupt nichts zu sagen. »Was liest du da?«

Er hielt *Jesus' Son* von Denis Johnson hoch.

Schon wieder nonverbal. Aber was für ein süßes Lächeln. Und er kleidete sich gut. Oberhemd. Polierte Schuhe. Wer trug denn auf einer öffentlichen Schule bitte Schuhe, die man polieren musste? Er übertrieb es etwas, aber in seinem Fall funktionierte es.

»Oh, ich liebe Denis Johnson«, sagte Diana unvermittelt. »Seine Sätze sind erstaunlich.« Himmel, sie sollte wirklich die Klappe halten. Davon abgesehen, hatte sie mit Ausnahme ihrer Lehrer noch nie mit jemandem über »Sätze« gesprochen, und sie fühlte sich dabei, als würde sie von einer Brücke springen. Er musste viel mehr gelesen haben als sie und fand ihren Kommentar bestenfalls amüsant.

»Ja. Er hat die Stimme eines Dichters.« Er packte das Buch in seine Tasche, und sie erhaschte einen Blick auf zwei weitere Bücher von Edward P. Jones und Joan Didion.

Vermutlich sollte sie das Thema wechseln, bevor das Ausmaß ihrer Unwissenheit deutlich wurde. »Warum wollen die überhaupt unser Foto?«

»Für die Wand neben dem Haupteingang, wenn man hereinkommt«, sagte Paul. »Wo sie jedes Jahr die Bilder der drei Besten aufhängen.«

»Ach ja, die Wand«, sagte Diana.

»Und falls dir das Bild nicht gefällt, sie machen nächstes Jahr ein neues, wenn du unter den Finalisten bist.«

Mannomann, Schüler mit guten Ergebnissen wurden wirklich viel fotografiert. »Und wer ist der dritte Schüler?«

»Nate Ryan«, sagte er mit gerunzelter Stirn.

»Oh.« Sie hatte von ihm gehört, kannte ihn aber nicht. »Was läuft bei dem denn?«

»Er hat die Vorbereitungskurse für die Kaplan und Princeton gemacht, nur um das hier zu bekommen. Und hat von uns dreien wohl am schlechtesten abgeschnitten.«

»Witzig«, sagte sie.

»Und du, hast du Princeton oder Kaplan gemacht? Bei mir war's die Khan Academy.«

»Nichts davon. Ich weiß noch nicht mal mehr, dass ich den Test überhaupt geschrieben habe.«

»Dann hast du's aber drauf!«

Natürlich nahm er an, sie sei nur bescheiden. In Wahrheit erinnerte sie sich wirklich nicht mehr daran. »Genau genommen, ist das wahrscheinlich alles ein großer Irrtum. Außerdem will ich sowieso nicht aufs College.«

»Du willst nicht aufs College?« Paul fragte nicht so entsetzt wie der Direktor, eher wie jemand, der eine Sechsjährige Brokkoli statt Pizza essen sieht.

Genau in diesem Augenblick kamen ein großer Typ mit einer Kamera um den Hals und ein dünner bebrillter Junge in einem Harvard-Sweatshirt auf sie zu.

»Oh, hier seid ihr«, sagte der Kamera-Typ. »Ihr seid bei der Vitrine mit den Football-Pokalen. Wir haben bei der Vitrine mit den Hockey-Pokalen auf euch gewartet.«

»Ich wusste, dass ihr das nicht rafft«, sagte Nate Ryan.

Nach der Schule hatte Diana einen Notar ausfindig gemacht, war zu Fuß hingegangen, hatte den Notar davon überzeugt, die Vollmacht abzustempeln, war wieder zum Abschlepphof gegangen, hatte den mageren Wachhund gestreichelt und diesmal in der Schlange hinter zwei Frauen gestanden, die wie Diana versuchten, an Brad Bartts nicht vorhandene Gutmütigkeit zu appellieren.

»Sie verstehen das nicht«, sagte eine der Frauen immer wieder. Sie trug eine pinkfarbene Jacke, die ihr zu kurz war, und schien Mexikanerin oder vielleicht Salvadorianerin zu sein.

»Ich *verstehe,* dass Sie dieser Firma zweihundertachtzig Dollar schulden«, sagte der Mann. Diana rechnete nach; der Wagen war seit vier Tagen auf dem Hof. »Was *Sie* nicht verstehen, ist, dass Sie Ihre Karre erst wiederbekommen, wenn Sie mich bezahlen. Nächster! Nächster!«

Die Frauen schoben sich an Diana vorbei und knallten die Tür des Wohnwagens so heftig zu, dass sie wieder aufsprang.

»Würde es dir etwas ausmachen, die Tür zu schließen?«, fragte der Mann.

»Natürlich nicht«, sagte Diana idiotisch und tat wie befohlen.

»So, was ist mit dir, hast du das Geld, oder was?«

Es kostete Diana einiges an Überwindung, es diesem Bastard zu geben.

Als sie hinterher zur Arbeit ging, begann es zu schneien, und Diana musste daran zurückdenken, wie begeistert sie früher beim Anblick dieses Zeugs gewesen war. Für ein Kind mit nur wenigen Spielsachen war Schnee vielseitig, unerschöpflich und immer wieder neu; er war wie das Lego, das sie nie bekam, und er entschädigte sie für vieles. Nicht, dass sie andere Kinder nicht beneidet oder sich ab und zu selbst bemitleidet hätte. Sie hatte Menschen gekannt, die weitaus ärmer gewesen waren als sie, Menschen, die ohne Strom lebten und das Wasser für die Badewanne auf dem Herd erhitzten. So weit war es bei ihnen nie gekommen, doch es war in spürbarer Entfernung gewesen, direkt hinter der nächsten Überraschung.

Sie zählte die verbleibenden Blocks bis zur Wärme des Coffeeshops. Ohne die vier Minuten, die sie jeden Morgen in der Dusche hatte, war dort der wärmste Ort ihres Tages mit immerhin neunzehn Grad Celsius, was besser war als die fünfzehn Grad, die Edith bei ihnen zu Hause erzwang. Ihre Eltern hätten ihr gesagt, sie solle sich einfach noch etwas anziehen, wenn ihr so verflixt kalt sei, und sie hatte es damals gehasst. Sie fragte sich, wie viele Menschen auf der Erde genau in diesem Augenblick irgendwo allein auf einem nicht geräumten Bürgersteig herumliefen und wie sie jemanden vermissten.

Da die Kunden wegen des Wetters zu Hause blieben,

suchte Diana nach etwas zum Lesen, um sich die Zeit zu vertreiben. Die Eigentümer, Ann und Will, hatten die Regale an der Wand gegenüber der Kasse in Doppelreihen mit Resten ihrer Büchersammlung gefüllt, ein weiterer Vorteil dieses Jobs. Allein in den letzten sechs Monaten entdeckte sie hier Alice Munro, Louise Erdrich, Faith Sullivan und Denis Johnson. Diesmal fand sie ein Buch von Joan Didion mit dem Titel *Stunde der Bestie*.

Sie hatte gerade eine Geschichte über einen reichen Anwalt in Kalifornien gelesen, der damit davongekommen war, seine Frau umgebracht zu haben, während seine deutlich ärmere Geliebte inhaftiert wurde, weil sie ihren Ehemann umgebracht hatte, und sie fragte sich, ob Paul die Geschichte kannte, als er durch die Tür trat.

Er schüttelte die Schneeflocken von seiner Kapuze und lächelte über den abscheulichen Seventies-Stil des Cafés, die Lavalampen und den Plattenspieler mit der höflichen Bewunderung eines Touristen in einer unbedeutenden Stadt.

»Nett hier«, sagte er in dem Wissen, dass er der einzige Kunde war und Diana die einzige sichtbare Angestellte. »Coole Eames-Repliken«, meinte er und zeigte auf die hässlichen Stühle.

»Danke«, sagte sie und schrieb das Wort *Eames* auf die Rückseite eines alten Kassenzettels, um es später nachzusehen.

Er sah immer noch so gut aus.

»Tut mir leid, dass ich spät bin«, sagte er lächelnd. »Da draußen kommt ganz schön was runter.«

Als Diana nach dem Fototermin erwähnt hatte, wo sie

arbeitete, und er sagte, dass er vorbeikommen würde, hatte sie eigentlich gar nicht damit gerechnet, besonders nicht an einem solchen Tag. Doch natürlich war Paul ein aufrichtiger Mensch, der immer tat, was er gesagt hatte. Nun, wo er da war, holte sie ihre Unsicherheit ihm gegenüber wieder ein.

»Verdammt kalt hier drinnen«, sagte er. »Frierst du nicht?«

»Geht schon«, sagte sie und schaute sich nach einer Beschäftigung um.

»Was hast du gerade gelesen?«, fragte er und beantwortete seine Frage selbst, indem er das Buch aufnahm und lächelte. »O ja, unsere Lehrerin hat uns das letzte Woche aufgegeben. Hab noch nicht angefangen. Hast du Pat Tilden in Englisch?«

»Nein«, musste Diana zugeben. Pat Tilden unterrichtete nur die Leistungskurse. »Ich habe von mir aus damit angefangen«, sagte sie. Dann fiel ihr ein, dass sie hier bei der Arbeit war und eigentlich etwas verkaufen oder zumindest eine gute Gastgeberin sein sollte. »Kann ich dir etwas bringen?«, fragte sie.

Pauls Augen überflogen die Angebotstafel. »Habt ihr chinesischen Tee?«

»Lass mal sehen. Wir haben Oolong.«

»Gut«, sagte er und steckte seine Hände in die Taschen, als er zu den Plastikkisten mit den Schallplatten hinüberging. »Roberta Flack«, sagte er und hielt ihr Album *First Take* hoch. »Richtig alt. Meine Mutter liiiiebt die hier.«

»Ja, meine auch«, sagte Diana. »Als ich klein war, hat sie mir immer ›*The first time ever I saw your face*‹ vorgesungen.«

»Cool. Singt sie immer noch für dich?«

»Nein.« Sie holte tief Luft. Doch sie war es inzwischen fast gewohnt, es auszusprechen. »Meine Eltern sind letztes Jahr bei einem Verkehrsunfall ums Leben gekommen.«

Paul stand still da und sah ihr in die Augen. »Das tut mir leid«, sagte er.

»Ist schon okay«, antwortete Diana. Dann schwiegen sie eine Weile, denn wie geht es nach einem solchen Satz weiter? Diana wusste es immer noch nicht. »Wie auch immer«, sagte sie, »meine Mutter hatte eine schöne Stimme.« Sie schob den dampfenden Keramikbecher mit dem Teebeutel über den Tresen in seine Richtung. »Kostet nichts«, sagte sie.

»Danke.« Er steckte einen Fünfdollarschein in die Kaffeekasse und hielt damit offiziell den Trinkgeldrekord.

Sie ging nach vorne und drehte das Schild an der Tür von OFFEN auf GESCHLOSSEN. »Du kannst so lange hierbleiben, bis du deinen Tee ausgetrunken hast, ich muss nur anfangen aufzuräumen«, sagte sie.

Als sie sich umdrehte, stand er direkt vor ihr.

»Hey, was du heute Morgen gesagt hast, geht mir irgendwie nicht aus dem Kopf. Warum will jemand mit der vollen Punktzahl beim PSAT nicht aufs College gehen?«

»Dafür gibt's viele Gründe«, sagte sie und wischte langsam den Tresen ab. »Ich möchte zum Beispiel keine Schulden machen.«

»Ich weiß, dass das College teuer ist, doch kaum jemand zahlt je den vollen Preis. Du kannst Fördergelder beantragen.«

»Aber ich glaube kaum, dass sie auch für meine Großmutter reichen. Ich weiß nicht, wie lange sie überhaupt noch arbeiten kann.«

»Du könntest Stipendien bekommen.«

»Vermutlich nicht bei meinen Noten.«

Paul blieb unbeirrt. »Weißt du, wenn du aufs College gehst, einen Abschluss machst und einen guten Job findest, dann könntest du deiner Familie wirklich helfen.«

Obwohl sie auf dieselbe Schule gingen, hätten diese reichen Kids genauso gut von einem anderen Stern sein können. Die meiste Zeit ließ sie sie in dem Glauben, sie lebten in derselben Welt, weil sie sich dann besser fühlten. Außerdem sollte niemand Mitleid mit ihr haben oder ihr Almosen geben, das brachte jede Beziehung aus dem Gleichgewicht.

Sie begann, die Vitrine mit den Backwaren zu leeren, nahm die verschmähten Cupcakes und Muffins heraus und packte sie einzeln in Tüten. »Ich kann nicht warten, bis ich einen Abschluss habe. Du hast ja keine Ahnung, was ich jetzt schon alles tun muss, nur damit meine Großmutter und ich klarkommen.«

»Das stimmt. Erzählst du es mir?«

»Nein, eigentlich nicht. Du würdest es nicht verstehen.«

»Warum nicht?«

»Ich möchte nicht weiter darüber reden«, sagte sie. Seine geduldige Neugier war nicht unangenehm, aber Diana war es nicht gewohnt, so lange über dieses Thema zu sprechen. »Tut mir leid.«

»Okay«, sagte er und trat einen Schritt zurück. »Tut mir auch leid.«

Sie kehrte ihm den Rücken zu, drehte den Wasserhahn

voll auf und wusch die schmutzigen Becher und Teller, um sich zu beruhigen.

»Weißt du, ich habe keine Ahnung, wie ich in diesem Test so gut abschneiden konnte oder ob ich es noch mal schaffen könnte. Doch das ändert nichts. Weder für mich noch für meine Großmutter. Gar nichts.«

Durch das Rauschen des Wassers bekam sie nicht mit, wie die Musik einsetzte, doch nachdem sie den Hahn abgedreht hatte, hörte sie, das Paul Roberta Flack aufgelegt hatte. Die ersten Takte von *The First Time Ever I Saw Your Face* erklangen.

Sie sah sich gerade rechtzeitig um, als er die Kapuze aufsetzte, die Tür aufschob und im Schnee verschwand.

Ein Teil von ihr wollte hinterherrennen und ihm alles erzählen, ihn mit den traurigen Details ihres Lebens belasten, nur um zu sehen, ob er damit klarkam.

Doch stattdessen lehnte sie sich gegen den Tresen und lauschte.

Diana hatte keine Erinnerung daran, wie ihre Mutter ihr vorgesungen hatte. Trotzdem wusste sie, dass ihre Mutter in diesem Moment glücklich gewesen sein musste, und in ihren Armen, beim Klang ihrer wunderschönen Stimme, hatte sie sich bestimmt so sicher gefühlt, als könne ihr nie ein Leid geschehen.

Sie feuerte den nassen Schwamm durch den Raum, um den Plattenspieler zum Schweigen zu bringen.

Am nächsten Tag kam Paul vor der Cafeteria auf sie zu.

»Hey«, sagte er. »Hast du Lust, mit ins Chipotle zu kommen? Wir wollen gerade losgehen.«

»Ich bin eigentlich mit jemandem zum Mittagessen verabredet«, sagte sie.

»Oh, mit wem? Einem Typen?«

»Nein, nur mit einer Freundin, Clarissa.«

»Clarissa Johnson?«, sagte Paul und lachte. »Oh, verdammt. Na, dann verschieben wir es wohl auf ein anderes Mal.«

Für Diana war es beinahe schon selbstverständlich, dass Clarissa dermaßen respekteinflößend war. Doch jemand wie Clarissa fühlte sich auch selten verlassen oder allein. Diana warf einen Blick in die Cafeteria und sah sie mit Ishaq in einer Ecke sitzen, Clarissa lachte gerade. »Ach, sie hat schon nichts dagegen.«

Pauls beste Freunde aus den Leistungskursen, Astra und James, von denen man munkelte, sie wären das intelligenteste Pärchen der Schule, warteten auf dem Parkplatz. Sie sahen Paul und Diana entgegen, und Diana hatte genug Zeit, um Astras verwirrten Gesichtsausdruck zu betrachten. Abgesehen von ihren ochsenblutroten Docs war Astra komplett in Schwarz gekleidet.

»Das hier ist Diana, von der ich euch erzählt habe«, sagte Paul.

»Volle Punktzahl im PSAT«, sagte Astra. »Schau einer an.«

Diana war Astra an den meisten Tagen irgendwo in den Fluren über den Weg gelaufen, hatte sie jedoch kein einziges Mal lächeln sehen. Selbst jetzt, zusammen mit ihren besten Freunden, strahlte sie ein klares *Ich steh absolut über den Dingen* aus. Diana war fasziniert von ihr und hatte auch ein wenig Angst, also zuckte sie als Antwort nur mit den Schultern.

»Astra, sei nett«, sagte Paul.

»Ich *war* nett«, sagte Astra und zog ihr iPhone heraus. Bevor sie hergezogen war, war Diana in ihrem Leben nur einem Teenager begegnet, der ein iPhone besaß. In Nicollet Falls waren sie keine große Sache.

»Hi«, sagte James und schüttelte ihr die Hand. Verglichen mit Astra war er so einschüchternd wie ein Welpe. Seine Hornbrille saß schief auf der Nase, und unter seiner offenen North-Face-Jacke sah sie ein altes Red-Owl-T-Shirt. »Schön, dich endlich kennenzulernen.«

Astra tippte immer noch etwas in ihr Smartphone. »Tut mir leid, dass ich unhöflich bin, Leute.«

Paul runzelte die Stirn und seufzte. »Ich weiß gar nicht, ob ich überhaupt ein neues Handy haben will«, sagte er und wandte sich an Diana. »Hast du eins?«

Klar, sie hatte ein altes rotes Klapphandy von Samsung, ein Weihnachtsgeschenk ihres Dads, das zu Hause in der Schublade lag und darauf wartete, dass sie sich wieder einen Anschluss leisten konnte. »Ich hab eins, aber es ist gerade kaputt.«

»Jeder hat eins.« Paul schüttelte den Kopf und setzte sich in Bewegung. »Vielleicht sollte ich mir dann auch eins wünschen.«

Sie folgte ihm über den lauten, wuseligen Studentenparkplatz, wo sie noch nie zuvor gewesen war, und fühlte sich, als würde sie uneingeladen auf einer Party erscheinen.

Paul hatte ein tolles Auto, einen schwarzen Audi A4, und

obwohl er etwas zerbeult war – die hintere Stoßstange sah aus, als hätte sie diverse junge Fahranfänger aushalten müssen –, waren die Sitze aus Leder und beheizbar. Als sie die Beifahrertür öffnete, sah sie einen langen Z-förmigen Kratzer.

»Was hast du?«, fragte Paul und folgte dann ihrem Blick. »Oh, der stammt von meinem Bruder Tim. Er kann ums Verrecken nicht rückwärts einparken.«

Diana war noch nie zuvor im Chipotle gewesen und hielt es im Vergleich zu dem, was man bekam, für recht teuer. Paul versuchte, sie einzuladen, doch sie lehnte freundlich ab und erinnerte ihn daran, dass sie einen Job hatte, und das war das einzige Mal, dass sich ihr Gespräch dem Thema ihrer letzten Unterhaltung näherte.

Diana war nicht sicher, worüber die drei reden würden, und war überrascht, dass sich die Gesprächsthemen nicht groß unterschieden. Sie meckerten über Lehrer und lästerten über Kids, die sie nicht mochten. Sie fragten Diana nach den Grundkursen und bekundeten ihr Mitleid, als wären die Kurse eine Art Vorhölle. Dann holte einer von ihnen das Buch heraus, das sie gerade lasen, und ihre Herzen öffneten sich. Sie liebten Bücher genauso aufrichtig und leidenschaftlich wie Diana. Sie hatten Meinungen, Argumente, Gegenargumente, und sie bettelten die Lehrer an, gewisse Autoren auf die Leselisten zu setzen. Und sie sahen genauso gern Filme wie Diana, und alle waren schockiert, dass Diana dank ihres Großvaters Stanley quasi jeden Science-Fiction-Film der letzten fünfunddreißig Jahre gesehen hatte. Dieses Spezialwissen schien für Paul und James von ungeheurer Bedeutung zu sein, und es fühlte sich gut an, irgendwo dazuzugehören und mit so vielen Worten gesagt zu bekommen, *Du magst die gleichen Dinge wie wir, Diana, deswegen mögen wir dich.*

Nur James und Diana aßen ihre Burritos auf, Astra und Paul warfen je die Hälfte in den Müll.

»Nehmt ihr das nicht für später mit nach Hause?«, fragte Diana.

»Es ist Verschwendung, ich weiß«, sagte Paul, »aber ich will keinen stinkenden Burrito für den Rest des Tages in meinem Spind liegen haben.«

Als sich ihre Wege zurück an der Schule trennten, bekam Diana mit, wie Astra hinter ihr mit Paul redete, und verlangsamte ihren Schritt.

»War das jetzt eine einmalige Angelegenheit?«, fragte Astra ihn mit gesenkter Stimme.

»Kommt auf sie an«, sagte Paul. »Sie ist eine von uns.«

»Cool«, sagte Astra zu ihrer Überraschung.

Diana war sich nicht sicher, ob es für ihre Ohren bestimmt gewesen war oder nicht, doch ihr kamen die Tränen. Ihr ganzes Leben lang hatte sie Freunde gehabt, aber nie war sie *eine von uns* gewesen, sondern ein drittes Rad am Wagen, ein zusätzliches Mitglied, mehr toleriert als eingeschlossen. Sie fühlte sich noch nicht ganz wohl in dieser Gesellschaft, doch sie mochte die drei, ziemlich sicher. Und aus irgendeinem Grund mochten sie Diana Winter auch.

»Morgen, selbe Uhrzeit?«, rief Paul ihr hinterher.

»Klar«, sagte sie. Sie fragte nicht, ob sie in der Cafeteria aßen.

»Cool. Magst du das Five Guys?«

»War ich noch nie.«

»Wow.« Paul wirkte schockiert, als hätte sie ihm gerade gesagt, sie hätte noch nie *Star Wars* gesehen. »Dann musst du auf jeden Fall mitkommen.«

Auf dem Nachhauseweg am Nachmittag begann sie abzuwägen. Wenn sie nicht mitging, könnte sie eine Summe sparen, die der Hälfte ihrer monatlichen Benzinrechnung entsprach, anstatt sie für Mittagessen auszugeben, das sie normalerweise kostenlos bekam. Oder sie könnte neue Freunde finde, intelligente, reiche Freunde, die ziemlich nett zu sein schienen. Das könnte sie tun.

Drei Tage vor dem PSAT-Mittagessen wachte Diana auf und war überzeugt, dass ihnen ein Fehler unterlaufen war. Sie war sich hundertprozentig sicher, dass die Schule sie anrufen und sagen würde, die Ergebnisse seien vertauscht worden und dass ein anderer Schüler die volle Punktzahl im PSAT erreicht hatte. Es war gar keine so üble Vorstellung, wieder mittelmäßig zu sein, ungezwungen und anonym. Andererseits waren Paul, Astra und James anders als alle, mit denen sie bisher befreundet gewesen war. Sie waren interessant. Sie aßen merkwürdige Sachen, wie Baba Ghanoush und Pad Thai. Sie mochten sogar dieselben Schriftsteller wie Diana und machten sie mit neuen bekannt, wie James Baldwin, Donald Barthelme und Toni Morrison. Sie waren sich einig, dass der erste Satz aus Toni Morrisons *Paradies* der faszinierendste Romananfang war, den sie je gelesen hatten. Nur manchmal wurde es merkwürdig, wie zum Beispiel letzten Freitag, als Nate Ryan dabei war. Die Schüler der Leistungskurse sollten hypothetisch das US-Haushaltsbudget ausgleichen und bis Montag zu einem einstimmigen Beschluss kommen – etwas, das die Schule in einer Million Jahre nicht von einem Grundkurs verlangen würde –, und Nate kam mit zum Mittagessen, weil sie immer noch debattierten.

Nachdem sie sich in Pauls Wagen gequetscht hatten, hielt Paul ihm ein Blatt Papier entgegen. »Schau dir mal an, wie viele Einnahmen wir generieren könnten, wenn wir die Erbschaftssteuer ab einer Million Dollar wiedereinführen würden. Ich habe eine Schätzung vorgenommen. Schau's dir an.«

»Ich bin mit einer Erbschaftssteuer ab fünf Millionen einverstanden«, sagte Nate. »Wir könnten stattdessen das SNAP streichen. Die Hälfte der Leute nutzen es sowieso nur aus.«

»Okay, gut«, sagte James. »Für mich ist das in Ordnung, wenn es für alle anderen auch okay ist.«

Sie warfen sich kurze Blicke zu, erschöpft davon, eine geschlagene Stunde lang mit diesem Kerl herumgestritten zu haben, und sagten »Okay«. Diana war entsetzt, dass keiner von ihnen auch nur versuchte, dagegen zu argumentieren. Natürlich konnte James nicht wissen, dass sie vom SNAP unterstützt wurde, doch Paul hätte es vermuten können, und es gab ihr einen Stich, dass er nichts sagte.

»Großartig«, sagte Nate und schrieb etwas in sein Notizbuch. »Es stellt sich sowieso die Frage, wer das eigentlich bekommt.«

In einem anderen Universum, in einer anderen Zeit, hätte sie gesagt: »Ich zum Beispiel, ihr Arschlöcher!« Sie hätte ihnen erklärt, dass nur ein winziger Teil der SNAP-Empfänger das Programm ausnutzen würde. Dass man sich darüber streiten könnte, ob ihre Familie es nicht sogar auch tat. Dennoch würden sie ohne SNAP nur schwer klarkommen. Aber in diesem Universum, in dieser Zeit, sagte sie nichts.

Sie wollte Paul irgendwann einladen, nur Paul, doch nach diesem Zwischenfall entschied sie, noch zu warten.

Es war das erste Mal seit dem Tod ihrer Eltern, dass sie abends ins Bett ging und an einen Jungen dachte, an Pauls Gesicht auf dem Bild an der Wand neben ihrem eigenen. Es fühlte sich gut an, an ihn zu denken und sich vorzustellen, alle möglichen Dinge mit ihm zu tun, und prompt bekam sie deswegen Schuldgefühle. Sie konnte doch nicht einfach an einen Jungen denken, sondern sollte traurig wegen ihrer Eltern sein. Und war es doch auch. Und was für eine Beziehung sollte das bei ihrem emotionalen Gepäck schon werden? Vielleicht mochte Paul sie gar nicht so sehr wie sie ihn. Es war vermutlich alles sinnlos. Doch all diese begründeten und unbegründeten Zweifel hielten sie genauso wenig davon ab, an ihn zu denken, wie sie selbst den Schnee davon abhalten konnte zu fallen.

Am nächsten Morgen stand Diana in der Küche, aß billige Rice Cereals aus der Schachtel und dachte an Paul und fragte sich, ob er auch Rice Crisps zum Frühstück aß oder Rice Krispies oder Eiweiß und Joghurt oder ob man bei ihm billige Rice Crisps kaufte und sie in eine Rice-Krispies-Dose schüttete. Sie stellte die Frühstücksflocken in den Schrank, in dasselbe Fach wie das Salz – damit in einem Fach zwei Dinge standen, weil das besser aussah –, als es leise an der Wohnungstür klopfte. So leise, dass Diana die Tür öffnete, ohne vorher durch den Spion zu schauen.

Es war Jan Fruechte, eine Nachbarin vom selben Flur, die als Kellnerin bei Perkins arbeitete. Sie war eine derjenigen, die Diana immer zuwinkten und grüßten, egal, wie weit sie auf dem Parkplatz oder Korridor von ihnen entfernt war. Sie war alleinerziehende Mutter einer zickigen Fünfzehnjährigen namens Tricia, die nicht nur wegen Diebstahls bei Target Hausverbot hatte, sondern auch beinahe im See ertrunken war. Ihre Mutter hatte sie mit einer Mund-zu-Mund-Beatmung gerettet, und die ganze Sache war das große Ereignis des Sommers, das Tricia Fruechte von einem normalen, unscheinbaren Mädchen zu dem »Mädchen, das fast ertrunken wäre« machte.

»Es war das zweite Mal, dass ich ihr das Leben geschenkt habe«, wurde Jan in der Zeitung zitiert, und Tricia kleidete und gab sich seitdem, als widerstrebe ihr jeder Atemzug.

»Oh, hi«, sagte Jan. Sie trug eine Plastiktüte, aus der ein Computer-Netzkabel herausguckte. »Ich bin froh, dass du aufgemacht hast. Ich wollte dir nur für all die Muffins und Cupcakes danken.«

»Kein Problem«, sagte Diana, denn es war keins. »Möchten Sie hereinkommen?«

»Ich wollte dich etwas fragen«, sagte Jan und hielt ihr die geöffnete Tüte hin. Diana schaute hinein und sah einen schwarzen Acer-Laptop. »Brauchst du einen Computer fürs College? Ich habe bei einer Verlosung auf der Arbeit einen gewonnen, und wenn du keinen hast, könntest du ihn für neunzig Dollar haben.«

»Oh«, sagte Diana. Sie hatte noch nie im Leben einen Computer besessen.

»Er ist so gut wie neu, hat Internet und alles. Ein guter Preis ist das mindeste, was wir tun können, um dir zu danken.«

»Ich weiß nicht, ob ich neunzig Dollar zusammenbekomme«, sagte Diana.

»Dann siebzig«, sagte sie, und Diana wusste, dass Jan das Geld dringend brauchte, und fragte sich, ob das mit der Verlosung überhaupt der Wahrheit entsprach.

Weniger als eine Minute später besaß sie einen Computer, und er wurde sofort zu ihrem wertvollsten Besitz.

Alle im Haus bekamen ihren Internetzugang von einem Typen namens Rolf Peterson, der jeden Monat sein WLAN-Passwort änderte, den Leuten dafür fünf Dollar abknöpfte und sich ansonsten bedeckt hielt. Wahrscheinlich nahm er deutlich mehr ein, als er bezahlen musste, aber dennoch war es eine Dienstleistung, eine, ohne die Diana die meiste Zeit auskommen musste, sofern sie nicht in der Schule war.

Sie ging zu Rolf Peterson, gab ihm fünf Dollar und stellte fest, dass sie Clarissas Hilfe nun gar nicht mehr brauchte. Wenn sie schon mit der Klauerei weitermachen musste, könnte sie selbst ins Geschäft einsteigen.

»Es ist ein Zeichen des Herrn«, hatte ihre Oma gesagt, und während viele Dinge für Edith Zeichen des Herrn waren, war Diana ehrlich erleichtert, dass ihre Großmutter sie nicht zwang, Jan den Computer zurückzubringen. »Vielleicht ist das Gottes Art zu sagen, dass du am Online-Unterricht teilnehmen kannst, wenn du aufs College möchtest.«

Obwohl Diana an Gott glaubte, teilte sie Ediths Glauben an einen persönlichen Gott, der sich in alles einmischte, nicht. Die Vorzüge eines Online-Fernstudiums schienen ihr jedoch nicht das rechte Thema, diese Frage zu diskutieren. »Ich hatte einfach nur Glück, dass Jan an mich gedacht hat«, sagte sie stattdessen.

»Du hattest kein Glück«, sagte Edith. »Spieler haben Glück. Du bist gesegnet.«

Das Telefon klingelte; es war Brett Victor, der Kfz-Mechaniker. Er war so freundlich gewesen, Ediths Wagen kostenlos auf seinem Parkplatz stehen zu lassen, bis Diana die Reparatur bezahlen konnte, doch sie hatte ewig auf seinen Anruf warten müssen. Bei diesem Wetter brauchte ihre Großmutter viel zu viel Zeit, um zur Arbeit zu fahren, und sie war schon zweimal zu spät gekommen. Die Vorstellung, dass sie jeden Tag über eine Meile nur zum Bus laufen musste und im Schneesturm vereiste Highways überquerte, obwohl sie eigentlich ein Auto besaß, war Diana zuwider. Sie ließe sich beim Überqueren der Straße Zeit, hatte Edith gesagt, und manchmal sprang die Ampel schon auf Rot, bevor sie drüben war. Würde sie ausrutschen und hinfallen oder von einem ungeduldigen Pendler angefahren und verletzt werden, würde sie ihre beiden Jobs verlieren, und darüber hinaus hätten sie Arztrechnungen am Hals, die sie ruinieren würden.

Brett Victor teilte Diana mit, dass zusätzlich zum Getriebe die Riemen und Schläuche hinüber waren und dass er seinen Kostenvoranschlag auf 1300 Dollar erhöhen müsste.

»Es hat eigentlich gar keinen Sinn, noch so viel Geld in diesen Wagen zu stecken«, sagte Brett. »Ich kenne einen

Typen, der seinen Eagle Talon für dreihundert Mäuse verkauft. Er hat hier und da ein paar Roststellen, und das Radio ist im Eimer, aber er läuft wie am Schnürchen.«

»Ich denk drüber nach«, sagte Diana. Edith liebte ihren Toyota, das erste Auto, das sie sich von ihrem eigenen Geld gekauft hatte, und Diana wollte es reparieren lassen, nicht ersetzen.

»Wer war das?«, fragte Edith, nachdem Diana aufgelegt hatte.

»Wir reparieren dein Auto, Oma.«

»Das ist schön«, sagte Edith, und für einen Moment wirkte sie ganz entspannt.

An diesem Tag kam Clarissa vor Schulbeginn zu Dianas Spind, allein.

»Hi, lange nicht gesehen«, sagte sie.

»Ich weiß, ich hab mal ’ne Pause von unserem Gemeinschaftsprojekt eingelegt«, sagte Diana.

»Cool.« Clarissa nickte.

Diana war überrascht, dass ihre Cousine es so gut aufzunehmen schien.

»Ist sowieso gerade ’ne schräge Zeit. Meine Eltern lassen sich nun schließlich doch scheiden.«

»Das tut mir leid«, sagte Diana und meinte es auch so.

»Muss es nicht, ist seit Jahren überfällig«, sagte Clarissa und setzte eine Sonnenbrille auf. Weinte sie etwa? In der Schule? Diana hatte keine Ahnung, was sie tun sollte. Sie hatte niemanden mehr getröstet, seit ihre Eltern gestorben waren, und wusste gar nicht, ob sie es noch konnte.

Sie sah, wie Clarissa tief durchatmete.

»Kann ich dich in den Arm nehmen?«, fragte Diana.

»Alter, doch nicht hier«, sagte Clarissa und nickte. »Aber, jo.«

Sie gingen ein paar Minuten bis zum Zaun am Ende des Schulgeländes. Ein paar Jungs aus der Zehnten waren schon da und kifften, doch wundersamerweise ließen sie die Mädchen kommentarlos vorbeigehen.

Sobald Diana ihre Cousine berührte, fing sie an zu schluchzen, richtig an zu schluchzen. Diana begriff überhaupt nicht, wieso – dieses Mädchen hasste ihre Eltern –, aber im Grunde war es auch egal.

Clarissa nahm die Sonnenbrille ab und wischte sich über das Gesicht. »Warum weinst *du* denn?«, fragte sie Diana.

»Was?«, fragte Diana. Sie weinte? Sie berührte ihre Wangen, und tatsächlich. Zum ersten Mal seit Monaten weinte sie.

»Ach, ich Idiot«, sagte Clarissa. »Nicht zu glauben, dass ich es vergessen habe.«

Diana setzte sich auf den Boden und versuchte, sich zu beruhigen. »Ich auch nicht«, sagte sie.

Clarissa warf einen Blick hinüber zu den Jungs. »Soll ich rübergehen, sie vermöbeln und ihr Gras klauen?«

Diana lachte ein bisschen, schüttelte dann den Kopf und fing an zu weinen.

»Alter.« Clarissa setzte sich neben Diana. »Das müssen wir echt öfter machen.«

Auf ihrem Weg zurück zur Schule, lange nach dem ersten Klingeln, vereinbarten sie, mit ihrem »Garagen-Ding« aufzuhören, und Clarissa schien erleichtert zu sein. Es stellte sich heraus, dass sie das Geld, was sie eigentlich sparen wollte, um auszuziehen, für Klamotten ausgegeben hatte, und nun verkauften ihre Eltern das Haus, und in knapp einem halben Jahr ging sie aufs College, also hatte es für sie gar keinen rechten Sinn mehr.

»Es war deine Idee«, sagte Diana.

»Ja, aber du bist diejenige, die das Geld wirklich braucht.«

Das stimmte, besonders jetzt, wo sie jeden Tag mittags in einem Restaurant aß, doch sie schämte sich, das zuzugeben.

»Na ja, Edith und ich sind vorher ja auch klargekommen«, sagte Diana. »Wenn es keine Notfälle gibt, kommen wir schon irgendwie über die Runden.«

»Das meinte ich eigentlich gar nicht«, sagte Clarissa. »Ich mag deine neuen Freunde. Das sind echt ein paar Nerds. James wird bestimmt der nächste Bill Gates, glaub's mir. Die werden alle berühmt, wenn sie hier raus sind. Und dieser Paul Jeffrey ist heiß.«

»Ja, sie sind nett«, sagte Diana.

»Aber zwei von ihnen wohnen in meiner Straße. Demnächst in meiner alten Straße. Geld ist denen total egal. Ich hoffe, sie laden dich ein.«

»Das will ich nicht.«

»Versteh ich, glaub mir«, sagte Clarissa und hielt die schwere Schultür auf. »Aber ich dachte, du wärst so schlau.«

Am Morgen des PSAT-Lunches rechnete Diana alle ihre Quittungen vom Chipotle, dem Five Guys, Culver's und Pizza Ranch zusammen. Aus sentimentalen Gründen hatte sie sie aufbewahrt, so, wie andere Kids Konzertkarten aufbewahren. 92,27 Dollar. Das war unglaublich viel Geld. Dafür hätte sie ohne weiteres ein Paar schicke Schuhe bekommen, die zu ihrem Outfit für die Ehrenfeier gepasst hätten. Sie hatte ihr bestes Mossimo-Kleid angezogen, das ihre Mutter ihr bei Target gekauft hatte – und das ihr glücklicherweise noch passte –, doch dann wurde ihr schlagartig bewusst, wie alt und hässlich ihre Pumps aussahen. Sie waren außerdem eng und irre unbequem beim Gehen, sogar noch mehr als sonst. Es war so lange her gewesen, seit sie einigermaßen ordentliche Schuhe tragen musste, dass sie ein neues Paar noch nicht mal in Betracht gezogen hatte. Jetzt, eine Stunde vor der Veranstaltung, war dafür keine Zeit mehr. Edith hatte ihr Versprechen gehalten und ihr die Autoschlüssel dagelassen. Seit sie ihren Führerschein hatte, war Diana erst zweimal gefahren, und nach allem, was sie getan hatte, um diesen Wagen reparieren zu lassen, wollte sie kein unnötiges Risiko eingehen. Sie hätte Paul anrufen und ihn bitten können, dass er sie abholte, doch sie war immer noch nicht bereit, ihm zu offenbaren, wo sie wohnte. Davon abgesehen, lag der Country Club nur zwei Meilen entfernt. Sie konnte ohne weiteres laufen. Sie warf die Pumps in ihre Tasche und zog Turnschuhe an.

Obwohl die Gehwege hier und da noch von Schnee bedeckt waren, war es ein schöner Spaziergang, über den Highway und eine Nebenfahrbahn, einer alten State Route folgend in die Gegend, wo die größeren Häuser standen, vorbei an der Highschool und über gewundene Straßen und an großen Gärten entlang. Als sie sich dem Country Club näherte, gab es plötzlich keinen Gehweg mehr und sie spürte, wie der schmutzige Matsch in ihre Turnschuhe schwappte, bis zu den Zehen.

Als sie an einem riesigen Ziegelsteinhaus vorbeikam, sah sie einen kleinen, sauber rasierten Mann mittleren Alters in einem hübschen Pullover, der vor seiner offenen Garage stand und versuchte, den Griff des Garagentors zu erreichen, das kurz außerhalb seiner Reichweite hängengeblieben war.

Diana bog zögerlich von der Straße ab, lief über den Rasen vor dem Haus auf seine saubere Betoneinfahrt, in der ein glänzend schwarzer Audi stand.

»Lassen Sie mich helfen«, sagte sie, ging an ihm vorbei und warf einen Blick in die offene Garage: teure Fahrräder und Angeln, auf einem Regal an der Rückwand sah sie eine Laser-Wasserwaage von Bosch und darunter eine Skil-Säge. All das brächte locker vier- bis fünfhundert Dollar.

Sie zog mit einem festen Ruck am Tor, und es ratterte energisch nach unten.

»Hey, danke«, sagte der Mann und lächelte Diana an. Ihr fiel ein, dass sie gut angezogen war und den alten Schmuck ihrer Mutter trug. Vermutlich sah sie wohlhabender aus, als es tatsächlich der Fall war. Es schien ihn überhaupt nicht nervös zu machen, dass sich jemand Fremdes auf seinem Grundstück befand.

»Die verdammte Automatiktür ist einfach hängengeblieben«, sagte er, als ob sie das nicht schon selbst bemerkt hätte, und streckte seine Hand aus. »Danke für die Hilfe. Ich bin Frank Schabert.«

»Ich bin Diana Winter«, sagte sie und ließ seine Hand zuerst los.

»Nun, Diana, lass mich wissen, wenn ich irgendetwas für dich tun kann«, sagte Frank Schabert und lächelte. »Junge Menschen wie du sind eine aussterbende Art.«

Special Light
Helen, 1965

Eine halbe Stunde nach dem letzten Abschlussexamen ihres Oberstufenjahres lag Helen auf dem Bett und hatte gerade entschieden, erst am nächsten Tag zu packen, wenn ihr Vater sie abholen würde, als sie zum Telefon gerufen wurde. Es war Edith, und sie schluchzte. Sie sagte, dass ihre Mutter an diesem Morgen an einem Herzinfarkt gestorben und Stanley bereits auf dem Weg sei, Helen abzuholen und sie nach Hause zu fahren.

Das war unmöglich. Ihre Mutter hatte in den letzten zehn Jahren noch nicht mal einen Schnupfen gehabt. Für solchen Kram hatte sie keine Zeit. Außerdem war sie viel zu selbstgerecht, fromm und neugierig, um zu sterben. Sie würde so lange leben, wie sie wollte, und sie vermutlich alle überleben, das schien zumindest der Plan gewesen zu sein.

Helen stand unter Schock und konnte nicht weinen, doch Edith weinte für sie beide und berichtete stammelnd, dass Mom einen Herzinfarkt hatte, während sie einen Pie aus dem Ofen holte. Wenn das nächste Krankenhaus nicht so weit entfernt gewesen wäre, hätte sie es überleben können.

Nachdem Edith endlich so weit war, ganze Sätze ohne Schluchzen zustande zu bringen, bat sie: »Könntest du beim Gottesdienst bitte über Mom reden? Ich möchte nicht die Einzige sein. Ich weiß, dass ihr beide nicht immer gut miteinander ausgekommen seid, doch es würde mir sehr viel bedeuten.«

Das war eine Untertreibung. Seit Helen sprechen konnte, waren sie und ihre Mutter nicht mehr miteinander ausgekommen. An diesem Punkt ging ihre Beziehung zu Bruch. Helens früheste Erinnerung war die an ihre Mutter, wie sie ihr den Hintern mit einem Holzlöffel versohlte und brüllte, sie solle still sein, wenn Erwachsene sich unterhielten.

»Ich weiß nicht«, sagte Helen. »Ich werde darüber nachdenken.«

Als Helen neun Jahre alt war, nahm sie sich vor, ihren ersten Pie zu backen. Die Kirche veranstaltete einen Mittsommer-Kuchenverkauf, um Spenden zu sammeln, und es gab Preise – die ideale Gelegenheit, ihre Fähigkeiten zu testen. Gleich frühmorgens ging sie in den sumpfigen Wald am Rande ihres Grundstücks, in dem sich die besten Blaubeersträucher versteckten, die sonst nur die Rehe kannten. Sie brachte nur die reifsten Beeren mit nach Hause und machte sich dann ans Werk, einen Pie zu backen, der die Leute von den Socken hauen würde.

Sie würde ihre eigene Kruste machen, genauso, wie sie es bei Edith bereits unzählige Male gesehen hatte, und dachte darüber nach, wie sie die Methode ihrer Schwester verbessern konnte, wenn sie die sommerlichen Temperaturen in der Küche mit in Betracht zog. Sie legte gerade das Nudelholz und eine Schale in den Kühlschrank, als ihre Mutter hinter ihr auftauchte.

»Geh raus, und hilf deinem Vater«, sagte sie.

»Ich kann gerade nicht, ich backe einen Pie«, sagte Helen und schloss die Kühlschranktür.

»Das sehe ich«, sagte ihre Mutter und nickte. »Das macht Edith.«

»Ja, aber ich glaube, ich kann es besser als sie.«

»Ich weiß, dass du das könntest. Aber dann wird es zu einem Wettbewerb, und sie hätte keine Freude mehr daran. Also, raus mit dir.«

Weil nichts davon irgendeinen Sinn ergab, machte Helen weiter, holte sich einen Messbecher und ging zum Kühlschrank. »Aber ich habe doch schon angefangen.«

»Manchmal wünsche ich mir, dass ich nicht mit einer Tochter gesegnet wäre, die in allem gut ist«, sagte ihre Mutter und hielt die Kühlschranktür zu. »Bitte, lass Edith diese eine Sache.« Dann berührte sie Helens Schulter, was sie normalerweise nur tat, wenn Helen in Schwierigkeiten steckte. Doch das schien es diesmal nicht zu sein. Der Tonfall ihrer Mutter war milder, doch was nun passierte, war für Helen schlimmer als eine Strafe.

»Sie wird es immer noch gut können«, entgegnete Helen. »Es ist doch nur ein Pie.«

Ihre Mutter ging zur Hintertür und riss sie auf. »Geh jetzt raus«, sagte sie in einem Ton, bei dem Helen in den Garten rannte, um ihn nie wieder hören zu müssen.

Einen Tag später kam Edith gutgelaunt von der Wohltätigkeitsveranstaltung der Kirche mit einer roten Schleife für ihren Blaubeer-Pie zurück.

»Nun schau sich einer das an«, sagte ihr Vater zu Edith,

die lächelte. »Wir haben eine prämierte Bäckerin in der Familie.«

»Pass auf, dass dir das nicht zu Kopf steigt«, sagte ihre Mutter. »Je stärker man einen Ballon aufpustet, desto schneller platzt er.«

»Also, ich freue mich, wenn eine Calder eine Schleife gewinnt«, sagte ihr Vater zu Edith. »Dein Großvater Pete hat immer Schleifen für seine Säue gewonnen.«

Helen wäre beinahe herausgerutscht, dass sie die *blaue* Schleife hätte gewinnen können, wenn sie hätte teilnehmen dürfen, doch Edith war schneller.

»Ohne Helen hätte ich es nicht geschafft«, sagte Edith. »Sie hat die Blaubeeren gepflückt und die ganze Vorbereitung gemacht.« Edith holte eine Schere aus der Küchenschublade und begann, die Schleife durchzuschneiden.

Das ist grotesk, dachte Helen. »Edie!«, brüllte sie, »du ruinierst sie doch!«

»Hier, bitte«, sagte Edith und reichte ihrer Schwester die Hälfte des Preises.

So schräg und langweilig ihre Schwester auch sein konnte, so freundlich und rücksichtsvoll war sie auch. Doch Helen wusste, dass es ihr nie in den Sinn gekommen wäre, eine Schere zu nehmen und eine Schleife zu zerschneiden, die sie gewonnen hatte. Ihre Augen und Hände zitterten vor Scham, weil es bewies, wie egoistisch sie war, und dann sah sie ihre Mutter grinsen.

»Wenn du gewonnen hättest, hättest du das nicht getan, nicht wahr?«, sagte sie.

»Nein«, sagte Helen und hob dann den Kopf. »Aber so bin ich eben.«

»Und darum bleibst du der Küche fern.« Ihre Mutter nickte.

Genau da wusste Helen, dass ihre Ambitionen unter demselben Dach einen Todfeind haben würden. Sie würde ihrer Mutter nie mehr ihre innersten Wünsche anvertrauen können und würde die wenigen Male bedauern, in denen sie so dumm war, es doch zu tun.

Nun war ihre Mutter von ihnen gegangen, und es fiel ihr rein gar nichts über sie ein, das einer Beerdigung angemessen war.

Wenn man sie nicht kannte, war es nicht schwer, über ihre Mutter zu reden. Außerhalb der Familie hielt man sie für eine reizende, einfache evangelische Frau, die nie trank, nie fluchte und nie mehr wollte, als sie hatte. Ihre Bekannten nannten sie eine Heilige, und es entsprach ganz ihrer Mutter, wenige Freunde und viele Bekannte zu haben.

Auf der Trauerfeier bezauberte Edith die Gemeinde mit zuckersüßen Erinnerungen und ein paar Tränen. Damals hatte Helen weder vom einen noch vom anderen etwas im Angebot. Sie hielt eine kurze Rede darüber, wie ihre Mutter sie zu der gemacht hatte, die sie war, und kein Wort davon war eine Lüge.

Nachdem ihre Mutter gestorben war, hatte Edith eingewilligt, mit ihrem Mann Stanley und den Kindern zurück auf die Farm zu kommen und ihrem Dad auszuhelfen, doch schon innerhalb eines Jahres war sie damit überfordert, für einen trauernden Elternteil, einen Ehemann und zwei kleine Kinder zu sorgen, während sie sich nebenbei um den Einsatz der Hilfsarbeiter kümmerte und die Farm und den Haushalt am Laufen hielt. Ihre Mutter hatte Edith nie darauf vorbereitet, draußen auf dem Land zu arbeiten, auf dem sie groß geworden war. Außer in der Saison, in der die Maisrispen herausgebrochen wurden, waren die Felder für Edith lediglich hübsch anzusehen, während sie wusch, kochte und das Haus putzte. Und obwohl sich Stanley für einen Stadtjungen recht gut mit Motoren auskannte, hatten weder er noch Edith Ahnung, wie man mit einem schwächelnden Landwirtschaftsbetrieb umging, der Mais, Alfalfa, Gerste und Rinder produzierte, oder, noch undurchdringlicher, einem alten Farmer mit gebrochenem Herzen. Trotzdem hätte Helen angenommen, dass die gewissenhafte und bodenständige Edith bis zuletzt bei ihrem unleidlichen, orientierungslosen Vater bleiben würde.

»Hellie, ich muss dir etwas erzählen«, sagte Edith eines Tages am Telefon. In ihrer Stimme lag das Zögern eines höflichen Kindes, das sich nicht traut, um ein Eis zu bitten. »Stanley hat einen Freund in New Stockholm, der ihm gerade einen Job als Lkw-Fahrer angeboten hat.«

»Cool«, sagte Helen. Es ergab jedoch nicht viel Sinn. New Stockholm war mindestens zwei Stunden von der Farm entfernt. »Was willst du tun, die Farm verkaufen und Dad mitnehmen?« Wenn Edith das plante, wäre Helen schockiert gewesen, denn es wäre eigentlich eine gute Idee.

»Was? O Himmel, nein. Wir werden die Farm niemals verkaufen. Und Dad wird sie auch niemals verlassen. Und das meine ich wortwörtlich. Er will noch nicht mal mehr nach Pine City, da sei ihm zu viel Verkehr.«

»Gut, und was willst du mir dann damit sagen?«

»Nun, ich sage nur, dass Stanley ein guter Job in einem Ort mit guten Schulen angeboten wurde. Aber Dad geht es nicht so gut, weißt du. Keine Ahnung, ob es immer noch diese Sommergrippe ist, oder was sonst.«

Ihr Vater ließ es nicht zu, dass ihn jemand zum Arzt brachte, doch wenn man ihn ansah, schien mit ihm etwas ernsthaft nicht zu stimmen. Es war außerdem klar, dass der alte Mann jeden Mittag Corned Beef aus der Dose essen würde, vielleicht einmal im Jahr Wäsche waschen und in den Garten pinkeln würde, nur um die Toilette nicht putzen zu müssen, wenn Edith nicht da wäre. Ihr Vater hatte zwar immer hart gearbeitet, aber in dem großen Haus gab es viele Aufgaben, die er wahrscheinlich noch nie erledigt hatte.

»Möchtest du, dass ich für eine Weile hochkomme?«

»O nein, das kannst du doch nicht machen. Dein Abschluss steht bevor, und dann die Hochzeit und die Hochzeitsreise, und dann musst du dich irgendwo niederlassen.«

»Bitte, was kann ich tun, um zu helfen?«, fragte Helen, doch sie kannte die Antwort bereits.

»Oh, nichts«, sagte Edith. »Du musst mir Bescheid sagen, wie ich dir bei deiner Hochzeit helfen kann.«

»Nein, Edie, ist schon in Ordnung.«

»Oh, bleib kurz dran. Ich suche schnell die Nummer der Frau heraus, die sich um unsere Blumen gekümmert hat.«

Helen konnte sich nicht daran entsinnen, ob es auf Ediths Hochzeit überhaupt Blumen gegeben hatte. Sie wusste nur noch, was gefehlt hatte. »Okay, klar«, sagte Helen, denn ihre Schwester würde durchdrehen, wenn sie nicht das Gefühl hatte, helfen zu können.

Um ehrlich zu sein, waren Helen Blumen scheißegal, genau wie die Band, der Fotograf oder sogar das Essen, doch sie hatte schlaflose Nächte wegen des Bieres, das serviert werden würde. Orval wollte sein Lieblingsbier, doch sie war dagegen, weil sie Coors inzwischen probiert hatte. Sie sagte es nur ungern, aber nach all dem Gewese war sie hinterher enttäuscht gewesen.

Nachdem sie über vier Dutzend Lager probiert hatte, entschied sie, für ihre Hochzeit ihr eigenes, ein wenig stärkeres Bier zu brauen. Auf dem Fest sorgte es dann für eine angenehme Ablenkung, was auch notwendig war, denn Helens Vater sah furchtbar aus. Er hielt beim Abendessen eine traurige, unzusammenhängende Rede, schlief bei der Predigt ein und schaffte kaum den Vater-Tochter-Tanz, obwohl es ein Lied von seiner Lieblingsband war, den Andrew Sisters.

Am letzten Abend ihrer Hochzeitsreise in Lutsen befanden sich Helen und Orval in der Lodge, wo Orval ihr über ein paar Gläsern kaltem Schmidt gestand, dass sie immer noch weitere fünfunddreißigtausend Dollar brauchten, um die Blotz Brewery wieder in Betrieb nehmen zu können. Er hasste es, sie zu fragen, aber – kannte sie vielleicht jemanden? Seit sie den Businessplan fertiggestellt hatten, war er proaktiver gewesen, als sie gehofft hatte, und hatte sich um Darlehen gekümmert und ununterbrochen Geld von Verwandten aufgetrieben. Auf einem Wettbewerbsmarkt eine Brauerei zu eröffnen war schwerer, als sie gedacht hatten, und in einer Garage konnten sie auch nicht anfangen. Es war kein Rock'n'Roll, sondern Bier, und Bier war ein großes Geschäft.

Und sie mussten besser sein als das Gesöff, das sie gerade tranken; der an den Lippen klebende, penetrante Geschmack dieses Schmidt-Bieres erinnerte sie an eine mit Kohlensäure versetzte Handtasche oder den Geschmack eines vergeigten Cheerleader-Vortanzens.

Orval starrte auf sein Glas. »Weißt du, was wir machen könnten? Um in den Markt einzusteigen? Wir könnten preiswerter sein. Zumindest zu Anfang. Fünf Cent pro Dose.«

»Und wir können ein besseres brauen als dieses Zeug«, sagte Helen. »Was ist damit nur?«

»Vermutlich Oxidation«, sagte Orval. »Vielleicht ein defektes Abfüllsystem. Oder schlechte Lagerung.«

»Ja, aber da ist doch noch irgendwas drin.«

Der Barkeeper starrte sie an. »Mais«, sagte er, als wäre das offensichtlich. »Sie tun Mais in die Maische.«

»Ich weiß, wo wir Geld herbekommen«, sagte Helen.

In jenem September, zwei Monate, nachdem Helen ihrer Schwester Edith geholfen hatte, für New Stockholm zu packen, und nun diejenige war, die sich um ihren Vater kümmerte, setzte sie sich mit ihm an den Küchentisch und schenkte ein Glas Bier aus ihrer letzten Charge hellem Lager ein, ein neues Rezept aus untergäriger Hefe, Hopfen, Gerstenmalz und Mais von einem Feld draußen vor dem Fenster.

»Das ist es, worüber wir geredet haben, Dad«, erklärte sie ihm und sah zu, wie sein dürrer Arm das Glas an sein aschfahles Gesicht hob. Das hier war der Kerl, der einst fünf Dollar beim Heuballen-Werfen gewonnen hatte, ein

Kerl, der seine Töchter beide auf einmal hoch in die Luft heben konnte und sie gefragt hatte, ob sie Kanada sehen konnten, und sie glaubten wirklich, dass sie es konnten.

»Oh«, sagte er und nahm einen Schluck.

»Was denkst du?«

Sie hatte keine Ahnung, was er sagen würde. Ihr Vater hatte auch so schon ein ziemlich hartes Leben gehabt, ohne zu ahnen, dass die Farm, die sich seit über hundert Jahren im Besitz der Calders befand, vielleicht noch zu seinen Lebzeiten verkauft werden würde. Er hatte immer angenommen, in dem einzigen Haus zu sterben, in dem er je gelebt hatte, ein Haus, das groß genug für zwölf Personen war, und er fragte sich ganz offen, ob ihr Versagen, es zu füllen, eines Tages der Grund für ihr Versagen sein würde, es zu behalten.

Ihre Familie hätte eigentlich deutlich größer sein sollen, wie andere Familien, die sie kannten, doch Moms Bauch war zimperlich und tötete alle Jungs, die Hälfte der Mädchen und ein paar Unentschiedene. Seine Erben waren zwei Mädchen, von denen keine Bäuerin werden wollte oder einen Mann geheiratet hätte, der das wollte. Und nun bat ihn eine dieser Töchter, ihr allein alles zu hinterlassen, jeden einzelnen Cent. Nicht aus Boshaftigkeit oder Wut der anderen gegenüber, sondern einfach, weil die eine einen Plan hatte und die andere nicht. Eine würde etwas aus diesem Erbe machen, die andere hätte in fünfzig Jahren nichts vorzuweisen.

Helen würde Edith anrufen und es ihr sagen. Es würde nicht leicht für Edith werden zu hören, dass die Farm verkauft werden und sie nichts von dem Geld sehen würde, doch es wäre auch nicht leicht für Helen, es ihr zu sagen. Helen könnte sie später auszahlen, sobald sie es sich leisten konnte. Das würde sie ihr versprechen, ganz bestimmt. Es war wirklich herzzerreißend, doch es gab einfach keinen anderen Weg, wie sie sonst ihre Brauerei eröffnen konnten. Auf dieser Farm gab es genug von Wert, um die Familie Calder auch weiterhin zu ernähren, und sie würden auch weiterhin hier produzieren, doch nur, wenn sich alles in Helens Besitz befand. Sie hätte es so nicht ausgedrückt, doch das war es, was ihr Vater schlussfolgerte.

Edith würde ihre Hälfte sowieso nur vergeuden, entschied ihr Vater, einen Monat, nachdem Helen und Orval eingezogen waren. Helen würde etwas erschaffen, und sie würde mitarbeiten, nicht nur nehmen und ausgeben. Für ihn bedeutete das, dass sein Erbe und seine Familie nicht nur eine Chance hatten zu überleben, sondern auch die Chance zu wachsen. Eine Chance, reich zu werden – etwas, das ihm selbst nie geglückt war. Er musste nur das Bier probieren, das sie brauten, um sicherzugehen, dass es ihm schmeckte, und das wollte er sofort, nachdem es fertig war, und zwar heute.

»Was zum Teufel?«, sagte ihr Dad und setzte das Glas ab. »Das ist es?«

Helen holte tief Luft.

Sie hatte sich an seinen neuen Tonfall gewöhnt; im selben Maß, wie sein Körper abbaute, verschrumpelte und verkam seine Seele, als wäre sie ein ungepflückter Apfel. Er war jetzt häufig wütend, und sie verstand, warum. Dieser Mann, der härter gearbeitet hatte als alle, die sie kannte, und das jeden Tag seines Lebens – denn Kühe machen keine Ferien, und

Schädlinge, Bohrkäfer und Erdraupen auch nicht –, war nicht dafür geschaffen herumzusitzen, und das brachte ihn um, mehr alles andere in seinem Blut. Es hatte nichts mit ihr zu tun.

»Ja, das ist es, Dad.« Sie holte tief Luft. »Das ist das Bier, das wir zum beliebtesten in Minnesota gebrauten Bier machen werden. Beliebter als Shell's und Hamm's und Grain Belt zusammen.«

»Es schmeckt im Grunde wie alle anderen.«

»Findest du?« Helen lächelte. »Wirklich?«

»Ja, ich schmecke da keinen verdammten Unterschied«, sagte er und nahm einen weiteren Schluck. »Ich dachte, euer großer Plan war, besseres Bier zu brauen.«

»Das werden wir«, sagte sie. »Doch erst mal werden wir ein preiswerteres Bier brauen. Um uns zu etablieren. Fünf Cent billiger die Dose.«

»Billiger? Dann werden die Leute denken, dass es minderwertiges Zeug ist. Bier ist kein Benzin.« Er erhob sich und schob das Bierglas in Helens Richtung. »Sag Orval, wenn er billiges Bier machen will, wozu braucht er dann das ganze Geld?«

»Er hat es nicht gebraut, Dad«, sagte sie. »Ich war das.«

Er grinste mit nur einer Seite des Mundes, als käme ihm gerade ein obszöner Witz in den Sinn. »Hm. Ich habe immer gedacht, *dein* Bier würde besser«, sagte ihr Vater.

Sie bemerkte, dass an der Fensterbank die Farbe abblätterte. Noch eine Sache, zu der sie nicht käme. »Es war das erste Mal, dass ich mit Mais gearbeitet habe.«

Ihr Vater seufzte. »Nun, mit meinem Mais solltest du keine Probleme haben. Woher hattest du die Gerste?«

»Das war auch deine. Und du hast recht, sie war nicht ideal.«

»Was zum Teufel stimmt mit meiner Gerste nicht?«

»Es ist zweizeilige Svansota, und ich bevorzuge sechszeilige Gerste.« Helen genoss es, die Verwirrung auf seinem Gesicht zu sehen. »Diastatisch aktivere Malze, mehr Beta-Amylasen, besser für amerikanisches Lagerbier.«

Er sah sie an, als wäre sie eine sowjetische Tageszeitung. »Ich versteh kein Wort.«

»Es bedeutet mehr Nahrung für die Hefe, um den Alkohol herzustellen.«

»Woher weißt du das überhaupt?« Jetzt klang er irgendwie amüsiert.

Sie war klug genug, um nicht »aus Büchern« zu sagen. »Übung.« Sie blickte auf sein leeres Glas. »Nächstes Mal mache ich es besser und nehme weniger Hopfen.«

Er starrte aus dem Küchenfenster gen Westen, auf sein hohes Gras und die trockenen Felder, die Sonne in den Augen. »Werd nicht zu abgedreht.«

Am kommenden Tag trank er noch eine Flasche ihres Lagers und rief hinterher stillschweigend den Anwalt der Familie an.

Aus Herbst wurde Winter, und sie und Orval fütterten, badeten und kleideten weiter ihren Vater, gewöhnten sich an seine gelegentliche Inkontinenz, brachten ihn zu Bett und halfen ihm aufzustehen. Helen war da für ihn in den sechs hilflosesten Monaten seines Lebens – abgesehen von den ersten sechs –, und die ganze Zeit kämpfte er dagegen an wie ein riesiges, knöchernes und wütendes Baby. Doch es gab auch friedliche Momente wie einen Abend im April, an dem es warm genug war, um ein Bier zu trinken und von der Veranda aus den Sonnenuntergang anzusehen. Er war niemand, der *Ich liebe dich* sagen würde, doch an jenem Abend, als er an seinem Bier nippte und *Danke, Helen* flüsterte, war es das, was Helen verstand.

Er starb zweiundzwanzig Minuten nach zwei am letzten Montag im April 1967, während er in seinem Sessel im Wohnzimmer saß und durch die bleigefassten Scheiben des Panoramafensters auf die verlassenen Felder schaute. Helen war bei ihm, doch als sie auf die leere Hülle seines Körpers blickte, wurde ihr bewusst, dass sie seinen Tod schon lange, bevor er eintrat, betrauert hatte. Er ließ diese Haut und diese Knochen früh zurück, weil er wusste, was kommen würde, glaubte Helen damals, und sie sollte recht behalten.

Wenn die Ärzte oder eine Medizin ihn gezwungen hätten, länger zu leben, er hätte es gehasst, denn er konnte weder Filialgeschäfte, Banker noch Arzneimittel ausstehen. Er behauptete, er habe 1948 eine Stunde lang versucht, wie ein Banker zu denken, und meinte, er sei dem Selbstmord nie so nah gewesen. Für ihn war eine Farm keine Stecknadel auf einer Landkarte oder ein Punkt in einer Lieferkette. In manchen Jahren lief es einfach scheiße, und Bankern gefiel es nicht, wenn es scheiße lief, doch sie machten sich nie die Mühe nachzuvollziehen, warum es so kam oder einfach so kommen musste. Wenn er mehr Geduld mit Menschen gehabt hätte, die keine Geduld besaßen, wäre er vielleicht als reicher Mann gestorben, doch stattdessen starb er als ein Mensch mit Prinzipien, einer der Letzten, die Helen kannte.

Also kam bei allem, was er besaß, am Ende nicht viel rum; die meisten Maschinen waren geleast oder nicht komplett abbezahlt, und während der Großteil der Fahrzeuge, der Ernte und des Viehs mehr oder weniger die Schulden tilgte, erhielten sie zumindest Geld aus dem Verkauf des Landes, und das beste Angebot kam von einem Mann namens Carl Lead, 200 Dollar pro Morgen, für 200 Morgen Land. Sie hatten Glück, dass der Ururgroßvater, Georg Jacob Calder, der seine Familie Richtung Norden führte, sich ausgerechnet hier das Bein brach, sagte der Anwalt. Eine Farm der gleichen Größe, etwas weiter oben in Pine County, war in jenem Jahr für die Hälfte verkauft worden.

Damals fühlte Helen sich schlecht, weil sie nicht mal ein paar Cent vom Verkauf der Farm übrig hatte, um sie Edith zu geben. Eine Brauerei zu eröffnen, war irrsinnig teuer, und Ediths Mann, der Lkw-Fahrer, schien seine Familie ganz gut versorgen zu können – es war ja nicht so, als würden sie hungern. Helen wappnete sich für das Gespräch mit ihrer Schwester. Vermutlich würde Edith eine Woche lang ein wenig beleidigt sein, dann darüber hinwegkommen, nach vorne blicken und nie wieder darüber reden, so, wie Edith es bei allem machte, das sie verletzte oder verwirrte. Möglicherweise wäre Edith auch gar nicht verärgert. Möglicherweise würde Edith es sogar gutheißen.

»Ich möchte wirklich, wirklich, dass Edith glücklich ist«, erklärte sie Orval an jenem Abend im Bett. »Aber ich weiß, dass wir es anders nicht schaffen werden.«

»Sie wird es verstehen, oder?«, fragte Orval und drehte sich auf die Seite.

»Ich denke, schon«, sagte Helen und starrte gegen die Popcorn-Decke, während Orval zu schnarchen begann. Schlaflos starrte sie die Decke an, bis er aufhörte und bis er wieder anfing zu schnarchen.

Am nächsten Morgen rief Helen bei Edith zu Hause an und ließ es einmal klingeln, bevor sie wieder auflegte und entschied, stattdessen einen Brief zu schreiben. Wenn sie eine Schleife geerbt hätte, dann hätte sie sie, ohne zu zögern, in zwei Hälften geschnitten, dachte sie, doch das hier war keine Schleife, dies war die einzige Chance, die Helen je haben würde, ihren Traum zu verwirklichen. Sie schrieb, dass es das war, was ihr Vater gewollt hatte, und auch, dass Edith ihr Erbe irgendwann bekommen würde, wenn sie etwas Geduld hätte. Es sei ein brutaler Wirtschaftszweig, den sie knacken wolle, und magere Jahre würden sie erwarten. *Für eine ganze Weile, vielleicht mehrere Jahre,* schrieb Helen, *wirst du die Reiche sein, Edith.*

Als Helen rein gar nichts von Edith hörte, überraschte sie das nicht. Doch aus einer Woche wurde ein Monat, ein halbes und dann ein ganzes Jahr. Irgendwann dort, in den arbeitsreichsten, anstrengendsten Jahren von Helens Leben, wurde ihr klar, dass Edith nicht mehr mit ihr redete. Anfänglich dachte sie noch, sie könne mit einem Sixpack Bier vorbeifahren, doch selbst damals schien es falsch zu sein, den ersten Schritt zu machen. Edith sei eindeutig sauer und müsse das verarbeiten, sagte Orval, gib ihr einfach Zeit.

Irgendwann war das alles so lange her, dass die Stille zu etwas wurde, das Helen lieber nicht stören wollte. Vergebung musste angeboten und nicht eingefordert werden, und Edith würde ihr bestimmt vergeben, davon war Helen überzeugt. Eine Weile glaubte sie, dass es nun jeden Tag passieren musste, doch irgendwann verschwand dieser Glaube unter dem Dutzend anderer Probleme, die Helen nicht allein bewältigen konnte.

Helen und Orval hatten es nicht wissen können, weil es ihnen niemand hätte sagen können, doch wie sich herausstellte, war der Babyboom seit der Prohibition der denkbar schlechteste Zeitpunkt, um eine Brauerei zu eröffnen.

Gestandene Unternehmen wie Fitger's und Hauenstein, die das Gesundschrumpfen der Nachkriegszeit überlebt hatten, verschwanden nun in einem großen Gemenge. Wettbewerber und Konzerne schluckten große Namen wie Hamm's, Blatz und Schmidt, und Helen und Orval fanden schnell heraus, dass sie ausreichend groß waren, um im Visier der Ankäufer zu sein. Jedes Jahr wurde ihnen von diesen Idioten Geld angeboten, doch sie hatten nicht ihr letztes Hemd in die Brauerei gesteckt, nur um noch einmal von vorne anzufangen oder, schlimmer, für irgendeinen aalglatten Deppen zu arbeiten, der lieber golfen ging.

Sie wussten, dass ihr Vorhaben, in einer extremen Wettbewerbssituation ein erschwingliches Lager zu brauen, sie nicht über Nacht in eine Villa katapultieren würde. Aber sie hätten trotzdem nicht gedacht, dass sie irgendwann in ihre eigene Brauerei ziehen müssten. Wenigstens standen die zugigen alten Gebäude im malerischen Point Douglas, dem Ort, an dem der sprudelnde St. Croix River sich den erbarmungslosen Windungen des Mississippi ergab. Orval gefiel es, weil er aus seinem Büro Wisconsin sehen konnte. Und nun konnte Wisconsin auch ihn sehen, wie er sich mit freiem Oberkörper die Zähne putzte und sich in der Morgensonne am Sack kratzte.

Eines Morgens saßen sie mit Schals und Mützen auf dem Boden und frühstückten wieder einmal Haferflocken und wässrigen Orangensaft aus Konzentrat. An diese Details erinnerte sich Helen noch heute, wie das schmierige orangefarbene Zeug aus dem Plastikcontainer in einen Wasserkrug platschte, an die teigige Farbe und den mehligen Geschmack von Haferflocken mit Wasser.

Sie bekam keinen Bissen mehr runter und ließ den Löffel in die Schale fallen. »Das ist es«, sagte sie.

»Das ist was?«, fragte Orval mit vollem Mund.

»Das ist es«, wiederholte sie. »Heute probiere ich etwas richtig Dämliches aus.«

In jenem Jahr gab es im ganzen Land nur noch 110 Brauereien, Tendenz fallend. Aufgrund der Konsolidierung des Wettbewerbs und der damals fehlenden Anreize für etwas Neues oder für Innovationen waren die Aussichten der Blotz Brewery hoffnungslos bitter. Nur wenige Monate vor dem Zusammenbruch ihres Geschäfts fiel Helen der Rat ihres Vaters wieder ein, *Werd nicht zu abgedreht,* und sie entschied, einen Schritt weiter zu gehen. Sie machte ihr Bier noch schlechter.

Obwohl Helen es sich nicht leisten konnte, auswärts zu essen, hatte sie dennoch die kulinarischen Trends im Auge, und es war nicht zu übersehen, dass in den 1970ern das, was die Leute »Naturkost« nannten, einen riesigen Aufschwung hatte. Nachdem ihrer Generation eingetrichtert worden war, sie würden mit Chemie besser leben, dachten die Leute nun auf einmal darüber nach, was sie zu sich nahmen.

Natürlich wollten viele von ihnen ihre Ess- und Trinkgewohnheiten eigentlich gar nicht ändern. Deswegen war Helen fasziniert von einem neuen Produkt, das Miller unter dem Namen Lite vermarktete. So ziemlich jeder war davon überzeugt, dass es ein Flop werden würde und niemand weniger Geschmack und Alkohol in Kauf nehmen würde, nur um weniger Kalorien zu trinken. Nach den Worten ihres Mannes scherten sich die Leute, die Bier tranken, einen Scheiß um Kalorien. Es war auch nicht hilfreich, dass die Geschichte des »Light Beer« in Amerika einem Trauerspiel glich – da brauchte man bloß Meister Brau, Lithia, Old Export, August Wagner oder Rheingold zu fragen. Deswegen stand Miller allein auf diesem Gipfel. Doch die Zeit war auf eine Art und Weise reif dafür, wie sie es in den 1960ern nicht gewesen war, und Blotz war für eine Brauerei in einer hervorragenden Lage: Sie würden in Kürze sowieso alles verlieren.

Helen fand heraus, dass ein Lager light zu den Bieren gehörte, die am schwierigsten zu brauen waren. Es ist ein Drahtseilakt aus Chemie, Können und Präzision, und es gab den einen richtigen Weg und jede Menge Möglichkeiten zu scheitern. Allein das Läutern und die Sterilisation waren eine Kunst für sich. Außerdem hatte sie keine Ahnung, was genau Miller für sein Lite verwendete, doch sie nahm an, dass sie sich selbst ein brauchbares Rezept zusammenstellen könnte. Ausschlaggebend war vermutlich ein zusätzliches Alpha-Amylase-Enzym, um mehr von der restlichen Stärke in fermentierbaren Zucker zu verwandeln. Jeder mit einem Bachelor in Chemie, der auf einer Farm gelernt hatte, was Arbeit bedeutete, und genug Ahnung vom Brauen hatte, hätte das herausfinden können. Was bedeutete, dass sie sofort anfangen musste.

»Kannst du nicht einfach Wasser hinzufügen?«, fragte Orval, nachdem sie ihm ihr neu entwickeltes Rezept gezeigt hatte.

Sie hoffte, er machte nur Witze. »Komm runter mit mir, Orval, und hilf mir, unsere verdammte Firma zu retten.«

Sie arbeiteten bis ein Uhr nachts, maischten zunächst stundenlang das Pilsener-Malz, um die fermentierbarste, leichteste Würze überhaupt zu bekommen. Sie hatten seit Jahren nicht mehr so zusammengearbeitet. Sie krempelten die Ärmel hoch und machten sich gemeinsam dreckig, und Orval sagte ihr, dass sie mit ihrer Schutzbrille sexy aussähe, und sie sagte ihm, sie würde ihn gern nur in Handschuhen und Schutzhelm sehen und sonst nichts.

Helen hatte nie viel von dem gehalten, was andere Leute Liebe nannten. Seit der Pubertät hatte sie zugesehen, wie andere Menschen ihre Herzen, Hirne und andere empfindliche Organe blindlings und mit grundlosem Eifer der Liebe zum Fraß vorwarfen. Sie hatte gesehen, wie ihre damalige Mitbewohnerin Tippi zuließ, dass die Liebe ihren Appetit, ihre Noten und den Spaß am Leben ruinierte. Helen hatte Tippi wiederholt ermahnt, dass man seinen Alltag nicht danach beurteilen dürfe, wie viel Potential für folgenschwere zwischenmenschliche Romanzen er hätte. Liebe war nur der Nährboden für grenzenloses Drama und alle möglichen Irrtümer, hatte sie zynisch erklärt. Doch wie die meisten Zyniker wünschte sie sich, widerlegt zu werden. Und nun verliebte sie sich nach acht Jahren Ehe Hals über Kopf in ihren Mann. Helen hoffte, dass sich das nicht gemein anhörte. Natürlich hatte sie Orval seit langem in vielerlei Hinsicht geliebt, doch am meisten liebte Helen die Gewissheit, bei dieser Sache nicht allein zu sein. Sosehr sie auch glaubte, dass sie im Zweifelsfall alles allein schaffen würde, so sehr wünschte sie sich mit jeder Faser, es nie zu müssen. Orval war mehr als der Wert einer Biermarke und von ein paar Immobilien, mehr als ein liebenswerter Typ, der ihr die Türen in die Männerwelt des Brauens öffnen konnte. Er wollte, was sie wollte, und als er ihr jetzt dabei half, ihre gemeinsamen Träume zu verwirklichen, spürte sie schließlich die Art von Liebe, über die alle im Radio sangen.

Nach dem Läutern waren sie noch drei Stunden auf, schwitzend vor blinder Hoffnung und im konzentrierten Rausch wie Zocker an einem Black-Jack-Tisch. Während des Kochens, nachdem er eine winzige Portion Hopfen in die Sudpfanne geworfen hatte, ging Orval schließlich ins Bett. Sie blieb wach, um die Würze auf zehn Grad Celsius abzukühlen und die Hefe zuzusetzen, kroch dann nackt ins Bett, weckte ihren Mann und hielt ihn wach, solange sie wollte.

Nach insgesamt neunundzwanzig Tagen Gärung und Reife

und der gründlichsten Filtration, die sie je durchgeführt hatten, schenkte Helen Orval ein Glas von etwas ein, das aussah wie die Urinprobe eines gesunden Menschen, aber irgendwie nach Bier roch.

Ihr Mann war in seinem Büro und betrachtete versonnen das bunte Herbstlaub Wisconsins, als er den ersten Schluck Light Beer seines Lebens trank.

»Wie findest du es?«

Er starrte mit hochgezogenen Augenbrauen in das Glas. »Es schmeckt mehr nach Bier, als ich dachte.«

»Ich weiß. Schräg, hmm?«

Er stürzte den Rest in einem Zug herunter. »Also, das ging leicht«, sagte er. »Wie hoch ist der Alkoholgehalt?«

»Drei-komma-drei«, sagte sie. »Könnte noch geringer sein, aber ist schon weit unten.«

»Himmel«, sagte Orval. »Manche Leute werden mindestens drei davon trinken müssen, um irgendetwas zu merken.«

»Da hast du verdammt recht«, sagte Helen.

Nicht weit von der Brauerei entfernt gab es ein Restaurant namens The Point, klein, familiär, aber das Essen war von beachtlicher Qualität, und es gab eine Bar. Helen liebte es, weil aus den Zapfhähnen mehr Blotz Premium Lager floss als in allen anderen Bars der Welt. Das Verkaufsargument des Barkeepers war ganz klar, dass es »direkt die Straße runter gebraut wird, einfach der Nase nach«. Von den fünf Bieren, die gezapft wurden, war es außerdem das preiswerteste und hatte unter den Säufern eine loyale Fangemeinde, die, wenn überhaupt, dem Barkeeper die 25 Cent Differenz als Trinkgeld überließen.

Im Herbst 1975, als die Wirtschaft hinkte wie ein lahmes Pony, zwei Frauen versuchten, den Präsidenten zu ermorden, und das Land von der Inflation gebeutelt wurde, machten sich viele Menschen Sorgen um ihr Geld. Bier-Coupons waren in Minnesota noch nicht illegal, und ihretwegen liefen die Verkäufe von Blotz einen Hauch besser. Vielleicht hätte Blotz das Jahr tatsächlich überlebt, nur weil durch die Coupons die Verkaufszahlen ihres Premium Lagers – bis dahin Aushängeschild der Firma – besser wurden. Die Welt würde es nie erfahren.

An jenem Sonntag berief Helen eine Versammlung ihrer neu gegründeten, hauseigenen Werbeabteilung ein, die außer ihr noch zwei Mitarbeiter hatte. Der eine war ihr intelligenter, elegant gekleideter, gutaussehender Finanzmanager Joe Foxworth, der andere war Orval. Sie saßen im The Point in einer Ecke der dunklen Holzbar, wo sie in Ruhe gelassen wurden. Auf dem Bildschirm im Hintergrund lief ein Spiel der Minnesota Vikings, die die Cleveland Browns fertigmachten, und fast jeder im Raum hatte deswegen gute Laune. Helen hatte gute Laune, weil Joe Foxworth sie zu einem Surf & Turf eingeladen hatte. Er kam wie Orval aus reichem Hause, nur war er so klug gewesen, nicht alles in die Eröffnung einer Brauerei zu stecken.

»Okay«, sagte Joe Foxworth. »Es ist ein mildes Bier, richtig? Wie wär's dann mit: Blotz ist das Mildeste.«

»Nein.« Helen zog die Stirn kraus. »Hört sich an wie Zigarettenwerbung.« Als Highschool-Kumpel von Orval war Joe nicht nur dabei, weil er sich um die Finanzen kümmerte, sondern auch, weil er ein wenig Erfahrung in

Verkauf und Marketing hatte, bevor er Wirtschaftsprüfer wurde. Er behauptete, er würde gern Slogans und Werbeanzeigen entwickeln, also erwartete Helen von ihm, dass er lieferte.

»Dann richten wir das Augenmerk auf ein willkürliches Detail, wie zum Beispiel die Tatsache, dass man es in einer Einkaufstüte mit nach Hause nimmt. Blotz: Ist eingetütet.«

»Nein«, sagte Helen. »Für ein normales Blotz ist das in Ordnung. Aber das neue Bier ist tatsächlich was anderes.«

»Ich weiß, es ist *light*. Also ist es ein Diät-Bier.«

»Gab's schon, hat nicht funktioniert.«

»Was bedeutet ein Light Beer denn sonst für den durchschnittlichen Biertrinker?«

Sie machte sich langsam Gedanken, ob Joe es im Leben zu einfach gehabt hatte, um echten Einfallsreichtum zu entwickeln.

»Es bedeutet, du kannst viel davon trinken, ohne besoffen zu werden.«

Orval schien nur ins Leere zu starren.

»Konnten wir Ihr Interesse nicht wecken?«, fragte Helen.

»Eins ist keins«, sagte Orval, »trink Blotz.«

»Was?«, fragte sie.

»Blotz – denn eins ist keins.«

»Das gefällt mir«, sagte Joe, bevor sie antworten konnte.

Als dieser Spruch in Helens Bewusstsein ankam wie ein Zeppelin, der auf einer Kidneybohne landet, spürte sie eigentlich gar nichts. Sie *sah* etwas. Sie sah ihn auf Werbetafeln. In Werbespots. Anzeigenwerbung. Bushaltestellen. T-Shirts. Baseballkappen. Über Jahre. Und Jahre.

»Orval, mein Feuer, mein Engel«, sagte Helen und nahm seine Hände in ihre. »Weißt du, was das bedeutet?«

»Was?«

»Es bedeutet, dass wir das hier für den Rest unseres Lebens tun könnten.«

Am 30. November 1975 brachte Blotz seine erste Charge Blotz Special Light auf den Markt. Heute würde man es einen »Soft Release« nennen, damals nannte man es einfach nur »ohne großes Tamtam«. Die ungeschlagenen Vikings spielten an jenem Nachmittag in Washington D. C. und lagen vor dem letzten Spielzug innerhalb der regulären Spielzeit einen Punkt zurück, führten dann einen ihrer typischen Versuche durch, ein Field Goal zu erzielen, was von der Defense gehalten wurde und ihnen eine Niederlage bescherte. Die Chance auf eine perfekte Saison war im Eimer, und die Fans tranken, wie immer nach einer knappen Niederlage, an jenem Tag mehr als üblich. Das perfekte Getränk dafür wartete auf sie, und sein Slogan nahm ihnen die letzten Hemmungen.

Helen und Orval kauften mit einem kleinen Kredit Werbezeit und produzierten Spots für die Lokalsender, und selbst wenn es die Hälfte des Budgets auffressen würde, war Orval davon überzeugt, dass sie einen Star als Sprecher bräuchten. An dieser Stelle bewährte sich Joe Foxworth.

»Hey, ich kenne da einen Typen«, berichtete er Helen eines Nachmittags und eilte auf sie zu, als sie gerade von der Toilette kam. »Der Mitbewohner meines Bruders auf dem Augustana war im Trainingscamp bei den Vikings. Er heißt Rud Herzog. Er sagt, er macht's.«

Helen hörte nicht richtig zu und war daher beeindruckt. »Du hast einen Freund bei den Vikings?«

»Nun, er hat es nicht ins Team geschafft. Aber bis in die Endauswahl.«

»Oh. Dann ist er also gar nicht in der Mannschaft.«

»Nein, aber er ist ein Hüne. Er sieht immer noch aus wie ein Footballspieler.«

»Aber er ist keiner. Und niemand hat je von ihm gehört.«

»Nein«, sagte er. »Aber vertrau mir.«

Joe drehte auf eigene Kosten einen Spot mit Rud Herzog, von dem Helen und Orval nichts wussten, bis sie ihn bei Joe zu Hause auf seinem Filmprojektor sahen.

»Sitzt ihr bequem?«, fragte er, was Helen absurd fand. Inzwischen kam ihr alles wie eine Wellnessoase vor, das bequemer war als ein Klappstuhl, und Joe besaß einen luxuriös eingerichteten Keller mit Kamin, terrakottafarbenem Flauschteppich, schicken Ledermöbeln, einem Couchtisch aus Kalktuff und einer richtigen Bar, mit kalten Harvey Wallbanger für die Gäste.

Joe schaltete das Licht aus, und das Bild eines riesigen, bärtigen Mannes in einem unspezifischen Footballtrikot erschien auf der Leinwand.

»Hi, ich bin Rud Herzog«, sagte der Mann. »Ihr erinnert euch wahrscheinlich nicht an mich und meine Karriere bei den Minnesota Vikings. Mein ganzes Leben habe ich davon geträumt, für sie zu spielen, und letztes Jahr hatte ich meine Chance. Ich habe jahrelang trainiert und mich vorbereitet bis zu diesem Probespiel letzten Herbst. Und ich habe es vergeigt. Das war echt deprimierend. Wir haben vermutlich alle solche Tage. Nachdem ich mir das mit der Mannschaft abschminken konnte, war mir nach richtig viel Bier. Gott sei Dank hatte meine Stammkneipe Blotz Special Light. Bei dem angenehmen Geschmack und den wenigen Kalorien kann man ein ganzes Fass davon trinken. Man trinkt bis zum Morgen und hat keine Sorgen. Blotz: Eins ist keins.«

»Es ist irgendwie traurig«, sagte Helen. »Ich weiß nicht.«

»Mir gefällt's«, sagte Orval. »Er spricht gerade eine Menge Leute an.«

Joe nickte. »Ich hoffe echt, dass er das tut.«

Helen lehnte den Werbespot bis zuletzt ab, wurde jedoch mit zwei zu eins überstimmt, und nach ein paar kleinen Änderungen ging er bei den lokalen Fernsehstationen auf Sendung. Wie sich herausstellte, war es eines der wenigen Male, in denen sie sich irrte, doch zumindest gab sie es zu.

»Euch ist klar, dass Blotz Special Light überhaupt noch nicht existierte, als Rud Herzog aus dem Team geworfen wurde«, erklärte sie den Männern.

»Das kümmert keinen«, sagte Joe.

Orval legte den Arm um seine Frau. »Liebling, du siehst wieder nur das Negative. Sei doch froh, dass wir Rud Herzog so preiswert bekommen haben.«

Das stimmte allerdings. Er war für die jährliche Summe von hundert Dollar und zwanzig Kisten Bier damit einverstanden, das Gesicht der Kampagne zu sein – seine Idee. Doch natürlich konnte damals niemand ahnen, was dann passierte.

In den kommenden Monaten erschienen das Gesicht von Rud Herzog und der Slogan »Blotz: Eins ist keins« auf

Werbetafeln, in Bushaltestellen und im Fernsehen, und das nicht nur in Minnesota. Ein deprimierter Anti-Star, der für ein merkwürdiges neues Bier warb, machte die Leute neugierig, die im Kielwasser der Watergate-Affäre nach emotionaler Ehrlichkeit suchten, und schon bald berichteten Journalisten über die Werbekampagne, als seien es Nachrichten. Nachdem Rud Herzog Gast in der *Tonight Show* war, wo er unglaublich gut ankam, entschied er, in Kalifornien zu bleiben. Am Ende erfreute er sich einer erfolgreichen Karriere als Schauspieler, mit seiner berühmtesten Rolle als unbestechlicher Linebacker Pup Jodorowsky in *The Longest Sunday*. Trotzdem blieb er weitere fünfzehn Jahre das Gesicht von Blotz, ohne auch nur einmal die Vertragskonditionen ändern zu wollen.

Das Brillante an einem unaufdringlichen, quasi geschmacklosen Bier, das man locker runterkippen konnte, war damals, dass wenige Leute Blotz Special Light so sehr verabscheuten, dass sie es keinesfalls wieder trinken würden. Fairerweise muss man sagen, dass viele es mehrmals probierten, weil sie vergessen hatten, wie es eigentlich schmeckte. Klar, es würde immer die Anspruchsvollen geben, die nach zwei Bier einen in der Krone haben wollten oder denken, ein Bier müsse ein starkes, ausgeprägtes Aroma haben, aber das war die Meinung einer exzentrischen Minderheit. Der Trend war immer noch, *eine Menge* Bier zu trinken, und Blotz war ganz vorn dabei.

Ende 1976 war Blotz Special Light in Minnesota das am zweitbesten verkaufte, in Minnesota gebraute Bier. Helen,

Orval und Joe feierten es mit einem Essen im Schuhmacher's, unten in New Prague, dem ersten teuren Abendessen auf weißen Tischdecken seit sieben Jahren. Es war ein umwerfend schönes, gemütliches Hotel und Restaurant, in einer kleinen Stadt, umgeben von endlosen Feldern. Helen hatte ein Foto von Schumacher's gebratener Ente auf tschechische Art an der Wand ihres Büros hängen und weinte an dem Abend, als sie tatsächlich einen Bissen davon in den Mund nahm.

»Es ist so gut, ich kann es noch nicht mal genießen«, sagte Helen.

»Lass uns jedes Jahr herkommen, in dem wir Gewinn machen«, erklärte Orval, was zu dem Zeitpunkt ein verdammt kühner Spruch war.

Fünf schwindelerregende Jahre später war Blotz Light Special in Minnesota das am meisten verkaufte Bier überhaupt. Diesen Erfolg feierten Helen, Orval und Joe eines Abends im Dezember 1981, indem sie das ganze Schumacher's für sich und ihre Mitarbeiter mieteten. An diesem Abend bestellte Helen für alle Ente auf tschechische Art. »Esst und trinkt, soviel ihr wollt«, sagte sie ihnen unter Jubel und Applaus. »Blotz bezahlt.«

Nach dem Abendessen, als alle Flaschen Dom Perignon geöffnet worden waren, zog Helens Lieblingsmitarbeiterin Agatha Johnson aus der Qualitätskontrolle ihre hochhackigen Schuhe aus, stellte sich auf einen Stuhl und wollte einen Trinkspruch ausbringen. Agatha hatte an der Macalester auch Chemie im Hauptfach, wo sie sich 1979, am Tag ihres Abschlusses, in einer Bar kennengelernt hatten. Die Tatsache, dass sie einen Abschluss in Chemie hatte und alleinerziehende Mutter mit einem Teilzeitjob war, sagte Helen über Agathas Arbeitsmoral alles, was sie wissen musste. Sie war Ojibwe, und außer ihr gab es bei Blotz nur noch einen weiteren amerikanischen Ureinwohner. Als jemand, der sich jeden Tag in seiner eigenen Firma demographisch in der Unterzahl wähnte, reagierte Helen in diesem Punkt empfindlich.

»Lass mich wissen, wenn du Freunde oder Verwandte hast, die gern hier arbeiten würden«, sagte Helen zu Agatha ein paar Monate, nachdem sie bei Blotz angefangen hatte.

»Wenn es Jobs mit echten Aufstiegschancen gibt«, entgegnete Agatha, »dann empfehle ich gern einige gute Leute.«

Agatha war im Normalfall pragmatisch und ernst, und sie an diesem Tag so ausgelassen und fröhlich zu sehen, war etwas Besonderes.

»Komm hier hoch, Helen«, rief Agatha mit erhobenem Champagnerglas. »Ohne sie gäbe es diese Firma nicht. Sie ist unser Hirn und unsere Seele. Lassen wir sie wissen, was sie uns bedeutet.«

»Wohl kaum«, sagte Helen, als ihre Mitarbeiter applaudierten, doch sie wusste, dass es stimmte.

Wenn sie auf Momente wie diesen zurückblickte, fragte sich Helen oft, ob sie damals die Öffentlichkeit hätte suchen sollen. Niemand auf der Managementebene war in den Medien so charismatisch und versiert wie Joe Foxworth, und alles an Publicity und Presse, was Joe nicht aufsaugte, ging verständlicherweise an Orval, denn er war der vermeintliche Braumeister und Hauptanteilseigner einer Brauerei mit seinem Familiennamen. Wie alle Wirtschaftszweige wurde auch dieser von Männern dominiert und war eindeutig sexistisch, doch alle Arschlöcher, die dachten, Helen wäre die Sekretärin und nicht die Geschäftsführerin und Betriebsleiterin, wurden unmittelbar korrigiert, höchstpersönlich.

Helen legte außerdem großen Wert darauf, Frauen für jeden verdammten Brauereijob anzustellen, für den sie sich qualifizierten, von der Produktion über die Buchhaltung bis zur Fahrerin eines ihrer großen roten Kenworth-Trucks, und sie bemühte sich außerdem, sie innerhalb der Firma zu fördern. Wenn Helen auf ein paar Zeitschriftencovern gelandet wäre, hätte es vielleicht mehr Frauen in Brauereien gegeben, und schon viel eher welche, die Brauereien leiteten. Wer weiß.

Später an jenem Abend, als sie wieder zu Hause waren, ließ Helen sich auf ihr weißes Ledersofa fallen, strich mit den nackten Füßen über den weißen Flauschteppich und betrachtete den Mond, der durch das Oberlicht schien, während Orval ihr ein Glas Pétrus einschenkte. Sie berührte eine Fernbedienung und schaltete das Licht in ihrer Vitrine mit den Auszeichnungen an. Wahrscheinlich war es für den einen oder anderen schwer zu glauben, aber Blotz Light Special hatte diverse Trophäen, Plaketten und Schleifen gewonnen. Allein bei der Vorstellung einer Trophäen-Vitrine im Wohnzimmer hätte ihre Mutter die Fassung verloren, also machte Helen ihr leuchtender und unanfechtbarer Anblick jeden Tag irrwitzig glücklich.

Orval stellte ihr Weinglas auf dem Couchtisch aus versteinertem Holz ab und ging zur maßgefertigten Wendeltreppe. »Ich hole uns ein paar Brezeln.«

»Warum stellen wir keine Brezeln her?«, fragte sie, nur halb im Spaß.

»Brezeln herstellen?« Er lachte. »Was meinst du damit?«

»Jep«, sagte sie. »Wir müssen expandieren und diversifizieren. Joe ist da meiner Meinung.«

»Also, der Herstellungsprozess von Brezeln ist etwas vollkommen anderes als das, was wir machen. Brauereien backen keine Brezeln.«

»Und wer stellt Brezeln her, die dir schmecken? Old Dutch? Warum kaufen wir den Laden nicht?«

Er lachte wieder. »Nein. Wir bleiben dabei, Brezeln von Old Dutch zu kaufen. Tüte für Tüte. Brauchst du noch etwas aus der Küche?«

»Nein«, sagte sie. »Ich habe alles, was ich brauche.«

Während ihr Mann nach oben verschwand, lag sie auf der Couch, holte tief Luft und glaubte es fast selbst. Dann traf sie mit ihrem Ellenbogen das Weinglas, und eine violette Wolke ergoss sich über ihren makellosen weißen Teppich.

Wenn sie wirklich die gewesen wäre, für die sie sich hielt, hätte sie gelacht. Doch dieser Mensch war sie noch nicht, und in Momenten wie diesem fragte sie sich, ob sie es je sein würde.

Indian Pale Ale

Diana, 2008

Diana war noch nie im Nicollet Falls Country Club gewesen, und obwohl sie keinen anderen Country Club kannte, fand sie es surreal. Das »Clubhaus«, in dem die Leute sich entspannten, nachdem sie draußen Sport getrieben hatten, wirkte extravagant und peinlich sauber, mit gerahmter Kunst an den Wänden, makellosen marineblauen Teppichböden und indirekter Beleuchtung. Außerdem gab es auf den Toiletten keine Papierhandtücher, sondern welche aus Frottee und einen Weidenkorb, in den man sie warf, nachdem man sie nur einmal benutzt hatte. Das musste sie ihrer Großmutter erzählen. Sie fühlte sich etwas verloren, weil sie nicht gewusst hatte, dass Orte wie diese existierten, und noch dazu so nahe an ihrem eigenen Zuhause.

In regelmäßigen Abständen standen überall Mitarbeiter des Country Clubs, weshalb sie nicht weiter auf Entdeckungsreise ging und stattdessen den Schildern folgte, frisch aus dem Laserdrucker, die sie und die anderen in einen verschwenderischen, hell erleuchteten, weißen und cremefarbenen Speisesaal leiteten, der aussah, als fände dort eine Hochzeit statt. Unwillkürlich musste sie an das letzte Mal denken, an dem sie in einem Restaurant mit weißen

Tischdecken gegessen hatte. Sie wollte nicht, dass die Erinnerung daran sie ausgerechnet jetzt packte, doch es war schon geschehen. Es war im Vescio's in Dinkytown gewesen, beim letzten Geburtstag, den ihre Mom je gefeiert hatte, vor etwas über einem Jahr.

Die anderen sechs Schüler waren bereits dort. Londard Shultz sagte, dass er jedes Jahr alle Elftklässler einladen würde, die in Minnesota unter die ersten drei Prozent gekommen waren, weil er das für »offen, aber doch besonders« hielt. Diese Gruppe beinhaltete auch Astra und James, die beide mit ihren Eltern da waren.

»Hey«, sagte Paul. »Hübsches Kleid.«

In seiner Jeans, dem schwarzen Blazer und der locker sitzenden Krawatte schien er den Anlass nicht überaus ernst zu nehmen. Vielleicht wollte er auch nur zeigen, dass seine Mom ihm nicht länger Klamotten aussuchte. Doch es gefiel ihr; abgesehen von der Krawatte, kam er letztendlich jeden Tag so in die Schule.

»Du siehst auch nicht übel aus«, gab sie zurück. »Die Krawatte verleiht dir etwas Geheimnisvolles.«

»Danke. Ich wollte einen auf FBI-Agent machen, undercover bei einem Lyrik-Workshop.«

»Ne. Du siehst aus wie ein Anwalt, der Schlagzeuger vertritt.«

Er lachte, was nett von ihm war. »Na, du siehst jedenfalls phantastisch aus«, sagte er.

Es war süß von ihm, dass er das sagte, aber es stimmte nicht. Sie fühlte sich verschwitzt und unpassend gekleidet, und im Vergleich zu den teuer frisierten Müttern und anderen anwesenden Frauen sah ihr Haar aus wie ein Vogelnest.

Paul lächelte. »Wo ist deine Großmutter? Ich würde sie gern kennenlernen.«

»Sie musste arbeiten.«

»Du bist ganz allein hier?«

Sie nickte.

Er schaute sich im Saal um.

»Dann setzen wir uns alle zusammen, nur wir«, sagte er und ging mit ihr hinüber zu einem der vorderen Tische, wo er seinen Blazer über die gepolsterten weißen Sitze zweier Stühle legte. »Ich sage Astra und James Bescheid.«

»Sitzen die nicht lieber bei ihren Eltern?«

»Himmel, nein«, sagte Paul und verzog das Gesicht.

Erst als sie sich setzte, wurde ihr bewusst, was Paul getan hatte. Er hatte die Abwesenheit ihrer Eltern überspielt und sie vor den wohlmeinenden Fragen und der daraus folgenden peinlichen Situation gerettet. Wenn sie vorher noch nicht in ihn verknallt gewesen war – und vielleicht war sie das irgendwie –, dann hatte sie jetzt gar keine andere Wahl mehr, und das machte sie wütend. Was für eine miese Nummer von ihm, so wahnsinnig freundlich zu sein und sie dazu zu zwingen, ihn noch mehr zu mögen, obwohl er wusste – ER WUSSTE –, dass sie noch nicht dazu bereit war. Himmel, sie könnte ihn umbringen.

Nachdem alle saßen, warf sie einen Blick über die Schulter auf die anderen Schüler, drei hübsche, aber schüchterne Strebermädchen, die bei ihren Eltern saßen. Nate Ryan war auch da, an einem Tisch mit dem Bürgermeister und dem Schulinspektor, und kroch allen in den Arsch.

»Ist es für eure Eltern okay, dass ihr hier sitzt?«

»Ich bitte dich.« Astra runzelte die Stirn. »Das ist ihnen sogar lieber.«

Paul warf Astra einen merkwürdigen konspirativen Blick zu. Sie nickte und erhob sich. »Ich gehe mir mal die Hände waschen«, sagte sie und gab James einen Klaps auf die Schulter. »James?«

James beäugte seine beiden sitzenden Freunde. »Sie waschen sich auch nicht die Hände.«

»Na los, komm«, sagte sie und zog an seiner gestreiften Krawatte, damit er sich erhob.

»Von mir aus«, sagte James, und nachdem sie gegangen waren, rückte Paul seinen Stuhl ein wenig näher an Dianas heran und beugte sich zu ihrem Ohr.

»Gehst du zum Abschlussball?«, fragte Paul. Was für eine Chuzpe, sie das jetzt und hier zu fragen.

»Ich weiß nicht«, sagte Diana. »Scheint ein ziemlicher Akt zu sein.«

»Nein, es macht echt Spaß. Was, wenn du jemanden hättest, mit dem du hingehen könntest?«

Ihr stieg das Blut in den Kopf, aber nicht so sehr, um sämtliche Vernunft zu ertränken. Das war alles zu viel. Ein paar dieser köstlichen Wochen der Ungewissheit hätte sie schon ausgehalten, tagträumend und jede seiner noch so winzigen Bemerkungen auf der Suche nach Hinweisen analysierend. Und wenn er sie tatsächlich fragte, dann wollte sie, dass er es geradeheraus tat, statt alle Möglichkeiten offenzulassen. Diese Blöße müsste er sich schon geben.

»Ha, und wer soll das sein?«, sagte Diana. »Mit wem gehst du denn hin?«

Paul sah sie an. »Momentan bin ich noch unentschieden.«

Himmel, dieser Kerl brachte sie zur Weißglut. »Gibt es jemanden, mit dem du gern hingehen würdest?«

»Ich weiß nicht. Wäre der Abschlussball etwas, auf das du Lust hättest?«

»Ich weiß nicht, fragst du mich gerade? Fragst du mich gerade, ob ich mit dir zum Abschlussball gehe?«

»Ja, ich glaub, schon.«

»Dann frag.«

»Würdest du mit mir zum Abschlussball gehen?«

Sie konnte nicht anders. »Okay«, platzte sie heraus.

»Okay, was?« Er zappelte förmlich vor ihren Augen.

»Ja«, sagte Diana und fing an zu lachen. Verdammt, die Worte platzten nur so aus ihr heraus. »Gott, ja. Ja.«

Paul nickte und zeigte auf die andere Seite des Raumes.

James grinste, als er an den Tisch zurückkehrte. »Bist du dabei?«, fragte er.

»Jep«, sagte Diana. Sie war plötzlich irre nervös, aber sie war glücklich, richtig glücklich, und es fühlte sich nervenaufreibend und dämlich an.

»Mann, hat das gedauert«, sagte Astra, als sie sich setzte und dabei tatsächlich lächelte.

»Astra, was ist mit deinem Gesicht passiert?«, musste Diana einfach fragen. »Dein Mund ist so komisch verzogen.«

»Halt die Klappe«, sagte Astra und musste sich regelrecht zwingen, mürrisch dreinzublicken. »Der Abschlussball ist eigentlich scheiße, weißt du.«

James zuckte die Achseln. »Mit euch beiden macht es sicher mehr Spaß.«

Sie und Paul waren ›euch beide‹. Sie hatten sich noch nicht mal geküsst.

»Wie viel kostet der Abschlussball überhaupt?«, fragte Diana in die Runde.

Am nächsten Tag, am späten Abend, stand Onkel Eugene atemlos vor ihrer Wohnungstür.

Eugene hatte in einer Bar in Uptown einen Kerl aus Moldawien namens Mihail kennengelernt, und Mihail hatte ihm 800 Dollar für eine Fahrt zur moldawischen Botschaft in D.C. angeboten, bar bei Ankunft. Das einzige Problem war, dass Eugenes Wagen neue Reifen und neue Bremsen brauchte – und Ediths Wagen kam gerade frisch aus der Werkstatt.

Edith ließ ihrem Sohn natürlich seinen Willen, egal, wie erbittert Diana protestierte, dass Ediths Wagen für Edith war und nicht für einen Moldawier mit Visaproblemen. Als Edith die Schlüssel übergab, betrachtete Diana die Rockports ihres Onkels, die zerknitterte Hose und das hineingestopfte Hemd und fragte sich, ob Eugene heute noch irgendjemand anderen angehauen hatte.

»Wenn man die Möglichkeit hat, schnell und einfach Geld zu verdienen, muss man sie nutzen«, sagte Eugene lächelnd, als er die Wohnung verließ. »Vielleicht lernst du das ja irgendwann.«

Dianas Einschätzung nach war Eugenes Streben nach schnell verdientem Geld die Familie bisher teuer zu stehen gekommen. Kaum einer, der sich in Reichweite des ambitionierten Explosionsradius ihres Onkels befand, konnte die unzähligen Netzwerk-Marketing-Ideen vergessen. Den abgebrochenen Versuch, eine Massagelizenz zu erwerben. Die Teilnahme an Pharmastudien. Die garantiert narrensichere Idee mit der Haustierfotografie. Die recht kurze Zeit als nüchterner Taxifahrer. Ein zweimonatiges Intervall in einem Spirituosenladen kam das einzige Mal an das heran, was andere Leute eine regelmäßige Arbeit nannten.

Die kostspieligen Fehlstarts waren für Edith nie eine Warnung, dass die Träume ihres ältesten Kindes eine fragwürdige Kombination aus mangelnder Vorausschau und halbherziger Ausführung waren. »Nach dem Gesetz des Durchschnittswertes muss es bei ihm früher oder später klappen«, sagte Edith.

Und in der Tat braucht jeder Eugene eine Edith – jemanden, der vorurteilsfrei das finanzielle Sicherheitsnetz und die emotionale Bestätigung bot, die jeden logisch denkenden und objektiven Menschen auf Dauer fertigmachen würde. Diana konnte es jedenfalls nicht.

Vierundzwanzig Stunden später rief Eugene aus Cleveland an und sagte, der Wagen hätte einen Totalschaden und ob Diana ihm bitte Geld für ein Busticket überweisen könnte.

Diana gab sich größte Mühe, nicht zu explodieren. Sie dachte an die langen, kalten Wanderungen zum Abschleppplatz und den öligen Geruch der fremden Garagen, doch sie sagte nicht ein Wort. Sie konnte nicht.

»Weißt du, was ich alles gemacht habe, um die Reparatur dieses Wagens zu bezahlen?«

»Du bekommst doch bestimmt Geld von der Versicherung, oder?«, sagte Eugene.

Diana war sich da nicht so sicher. »Das weiß ich nicht.«

»Glaub mir, wir wollten dem Sattelschlepper nicht hinten reinfahren. Mihails Sandale ist beim Bremsen aufgegangen. Ich habe mir das Handgelenk verstaucht und habe ein Schleudertrauma.«

»Und wie geht es Mihail?«

»Oh, ihm geht's gut. Er hat jemanden getroffen, der ihn den Rest der Strecke mitnimmt.«

Manchmal fragte sich Diana, wie es wohl wäre, mit den Mihails dieser Welt verwandt zu sein und nicht mit den Eugenes. Würde sie dann derselbe Mensch sein?

Nachdem sie aufgelegt hatte, rief Diana Brett Victor an und fragte, ob der Eagle Talon für 300 Dollar immer noch zu haben war.

»Hast eine Erleuchtung gehabt, he?«

»Jep, hell wie die Lampe für die Motorkontrolle«, sagte Diana. Wenn es nur so einfach wäre. »Glaubst du, der Typ würde sich mit zweihundert zufriedengeben?«

»Nein. Vielleicht zweihundertsiebzig.«

Sie besaß vierundachtzig Mäuse, und in Gedanken hatte sie es bereits für so viele Dinge ausgegeben. Doch ihre Oma brauchte ein Auto.

Etwas an Frank Schabert ließ Diana annehmen, dass er Frühaufsteher war, also befand sich Diana bereits um Viertel vor fünf auf dem Weg zu seinem Haus. Die Seitentür der Garage war abgeschlossen, doch sie wusste, wie sie hineinkam. Leise hob sie die kaputte Garagentür so weit an, dass sie sich hindurchzwängen konnte, und ließ sie dann sanft hinter sich zufallen.

Sie hatte zwei Rucksäcke mitgebracht, und die brauchte sie auch. Frank Schabert besaß einen Lowrance LCX-16CI Echolot-Fischfinder, einen Milwaukee Lithiumionen-Akku und einen IQV Akku-Schlagbohrschrauber, zusätzlich zu der Skil-Säge, die sie auf ihrem Weg zum Country Club gesehen hatte. Die Qualität von Franks Zeug war atemberaubend. Es wäre ihr Rettungsanker. Diana schätzte den Gesamtwert auf vielleicht tausendfünfhundert Dollar, und sie war in weniger als zehn Minuten wieder draußen.

Diana warf einen Blick zurück zu Frank Schaberts Haus. In einem der Schlafzimmer brannte Licht; das war ihr vorher nicht aufgefallen. Jemand war wach oder war aufgewacht.

Nur vorsichtshalber bog sie in die gewundenen Straßen des Wohnviertels ab, wo sie zickzack lief. Nach zwei Blocks schaute sie über die Schulter und meinte, einen silbernen Audi zu sehen.

Ihr Zuhause war zu weit entfernt, also machte sie sich auf den Weg zu Clarissa. Wenn sie bloß ein funktionierendes Handy gehabt hätte, um Clarissa zu texten.

Sie kürzte durch einen Vorgarten ab, um zu Clarissas Haus zu gelangen, ohne von der Straße aus gesehen zu werden. Inzwischen wären die ersten Leute bereits wach, und obwohl sie sich normalerweise in ihrer Weste und dem Helm unsichtbar fühlte, kam sie sich nun wie auf dem Präsentierteller vor; als wäre es das erste Mal, dass sie etwas Falsches tat, das erste Mal, dass sie Grund hatte, wegzulaufen und sich zu verstecken.

Aus der Ferne sah sie das rote ZU-VERKAUFEN-Schild, das leicht schräg im Schnee in Clarissas Vorgarten stand.

Diana klopfte laut an die hintere Terrassentür. Eine Minute verging, doch niemand öffnete.

Diana hämmerte wieder gegen die Tür, diesmal noch fester. Nichts.

Sie hockte sich hin, warf einen Blick auf die Straße und rannte dann zur Haustür. Sie klingelte und klopfte gleichzeitig.

Drinnen war nicht ein Laut zu vernehmen. Nichts rührte sich, bis sie die Spiegelung eines silbernen Audis in der Glasscheibe der Eingangstür erblickte. Der Wagen drehte, fuhr die Einfahrt zu Clarissas Haus hoch, und als er zum Stehen kam, wurde das Seitenfenster des Fahrers heruntergelassen.

»Komm her«, sagte Frank Schabert.

Was sollte sie bloß tun? Sie klingelte und klingelte immer wieder bei Clarissa.

»Komm her, oder ich erhebe Anklage.«

Diana spürte, wie ihr die Luft wegblieb. Sie hatte in ihrem ganzen Leben noch nie in Schwierigkeiten gesteckt, und ihr Körper wusste nicht, wie er damit umgehen sollte. Sie setzte die Rucksäcke ab und ging einen Schritt auf Frank Schaberts Wagen zu.

»Nein, bring mir mein Werkzeug.« Der Kofferraum öffnete sich. »Schmeiß es hinten rein, schließ den Kofferraum, und steig in den Wagen.«

Diana tat wie befohlen und setzte sich dann in das sauberste Auto, das sie je gesehen hatte. Die Belüftungsschlitze waren rund und silbrig, und das Radio-Display schimmerte im Rot eines Weckers. Es war, als befände man sich in einer Raumkapsel. Nur hätte sie dort nicht so viel Angst gehabt.

Als er rückwärts aus der Einfahrt setzte, zeigte Frank auf Clarissas Haus. »Sieht aus, als hätte dich dein Kumpel im Regen stehenlassen.« Diana starrte auf das stille Haus und fragte sich, ob das stimmte.

»Bringen Sie mich zur Polizei?«, fragte Diana. Sie versuchte, sich so die Augen abzuwischen, als wäre dort etwas anderes als Tränen. Ihre Hände zitterten, und sie drückte sie auf die Oberschenkel, um sie ruhig zu halten.

Franks Gesicht und Stimme waren nicht unfreundlich. »Nein. Zu meinem Haus, um die Sachen zurückzubringen. Du hast Glück, dass ich dich geschnappt habe. Wenn dein Kumpel dich reingelassen hätte, wäre ich einfach zu deinem Schulleiter gegangen und hätte dafür gesorgt, dass du von der Schule fliegst, Diana Winter.«

Diana ächzte. Das wäre ihr Ende gewesen.

Soweit sie wusste, hatte Clarissa noch mindestens eins von Jeffrey Berts Werkzeugen, und selbst wenn Paul und seine Freunde sie nicht fallenließen, obwohl sie eine Diebin war, würde Paul vielleicht nie mehr mit ihr sprechen, weil sie seine Familie beklaut hatte. Geld ermöglichte es den Leuten, ihre Fehler zu überleben, und Menschen wie sie waren dann am Arsch. Niemand würde nach dieser Sache wieder etwas mit ihr zu tun haben wollen. Alles, was sie in den letzten Monaten gewonnen hatte, würde verschwinden, alles, bis auf die Quittungen.

»Ich dachte, du wärst ein anständiges Mädchen«, sagte Frank. »Warst du nicht letzte Woche auf dem Weg zu einer Auszeichnung? Das habe ich in der verdammten Zeitung gelesen. Erst hilfst du mir mit meinem Garagentor, und dann beklaust du mich? Ich will wissen, wieso.

Habe ich mich dir gegenüber wie ein Arschloch benommen?«

»Nein, Sie waren, genau genommen, sehr nett.«

»Was zum Teufel sollte das dann, mein Werkzeug zu klauen?«

Diana holte tief Luft. »Dafür gibt es viele Gründe.«

Frank hielt an einem Stoppschild und nutzte die Gelegenheit, Diana böse anzusehen. Er schien es zu genießen, dass Diana es nicht schaffte, ihm ins Gesicht zu schauen. »Nenn mir einen. Na los.«

Ihre Fingerspitzen lagen kurz unter dem Türgriff. Sie konnte daran ziehen und auf die Straße stürmen. Wenn sie mehr Mumm hätte, wäre sie davongestürmt und zwischen den Häusern verschwunden. »In letzter Zeit deshalb, damit meine Großmutter ihr Auto reparieren konnte. Davor habe ich ihr geholfen, die Miete zu bezahlen, die Stromrechnung, Gas, Telefon, Kfz-Steuer, Autoversicherung.«

»Wie haben deine Großmutter und du das sonst bezahlt?«

»Manchmal gar nicht.«

»Hast du keinen Job? Du bist doch mehr als alt genug.«

»Doch. In Gretchen's Café.«

»Klingt doch gut. Sind Will und Ann nett zu dir?«

»Ja. Sie bezahlen mich schwarz. Das hilft.«

»Warum? Damit du trotzdem Unterstützung bekommst? Trickst ihr den Staat aus?«

»Nein.« Diana hatte es immer gehasst, wenn Leute das über ihre Familie gesagt hatten. Die Chefs, die ihren Dad zum Unternehmer gemacht hatten, statt ihn fest anzustellen, die tricksten den Staat aus. Die Arschlöcher, die ihre

Eltern dazu überredeten, eine zweite Hypothek und noch einen HELOC-Kredit aufzunehmen, hatten das System ausgetrickst. Die Arbeitgeber, die Edith nie für so viele Stunden anstellten, dass ihr Sozialleistungen zustanden, tricksten das System aus. Aber wenn man die Leute fragt, waren es immer Menschen wie ihre Großmutter, die das System ausnutzten. Eine alte Frau, die jeden Tag ihres Lebens hart gearbeitet hat und sich immer noch abmühte, um klarzukommen, ist ein bösartiges Vakuum für ihre Steuergelder und ein Schandfleck in ihrem Leben als freie Amerikaner. »Wir versuchen nur zu leben.«

»Und dazu musst du stehlen.«

»Um die Miete und Rechnungen zu bezahlen und drei Mahlzeiten am Tag zu essen, ja. Ja, tue ich. Aber meine Großmutter weiß nichts davon.«

»Das ist vermutlich auch besser so. Du lebst also nur mit deiner Großmutter zusammen? Keine Eltern?«

Diana schüttelte den Kopf.

»Aber du hast gesagt, dass sie arbeitet.«

»Ja, bei Arby's und Kohl's.«

»Zwei Jobs. Davon kann man doch ganz anständig leben, oder?«

Sie fuhren an einem Wegweiser für den Golfplatz vorbei und näherten sich Franks Straße. »Ich verstehe schon, dass es für Sie beruhigend ist, sich das einzureden.«

»Weißt du, ich habe noch nie jemanden kennengelernt, der mich bestohlen hat. Und wie sich das anhört, möchtest du so eine Art selbsternannter Robin Hood sein.«

»Will ich nicht. Ich bin nicht stolz darauf. Wenn es etwas anderes gäbe, was ich tun könnte, würde ich es machen.«

»Nun, der größte Teil der Leute stiehlt nicht, um zurechtzukommen. Viele Menschen arbeiten sich aus dem Nichts hoch.«

»Ich glaube nicht, dass sich eine Menge Leute tatsächlich aus dem Nichts hocharbeiten. Leute wie Sie glauben das gern. Aber es stimmt einfach nicht.«

Frank brachte den Wagen in seiner Einfahrt zum Stehen. »Jetzt schaffst du erst mal meine Sachen zurück in die Garage. Du weißt ja, wie man reinkommt.«

»Also werden Sie keine Anklage erheben?«

»Du schaust zu viel Fernsehen«, sagte Frank mit gerunzelter Stirn. »Ich kann keine Anklage erheben, weil ich kein Staatsanwalt bin. Ich könnte bei der Polizei Anzeige erstatten, und von denen wirst du dann vermutlich festgenommen und hast einen Prozess am Hals. Aber ich kenne mich mit dem Jugendrecht in diesem Bundesstaat nicht aus. Du bist noch keine achtzehn, oder? Und hast keine Vorstrafen?«

»Sind Sie Anwalt oder so was?«

»Nein, nur mit einer verheiratet. Mir gehört eine Brauerei. Die Heartlander Brewery. Schon mal gehört?«

Sie hatte in ihrem Leben vielleicht drei verschiedene Sorten Bier getrunken. Heartlander gehörte nicht dazu.

Frank zog die Stirn kraus. »Sechstälteste Brauerei Minnesotas, die noch in Betrieb ist.«

Diana schüttelte den Kopf.

Frank sah empört aus. »Bring einfach meinen Kram zurück.«

Während sie von Frank Schaberts Haus zur Schule ging, drehten sich ihre Gedanken nur um eine Sache, einen Satz, wieder und wieder. Frank hätte fast dafür gesorgt, dass sie von der Schule flog. Clarissa hätte sie nur hineinlassen müssen, dann wäre ihr Leben vorbei gewesen. Doch sie wünschte sich immer noch, dass Clarissa die verdammte Tür geöffnet hätte.

Eine halbe Meile vor der Schule kam Diana an der Pizza Ranch vorbei, wo sie kürzlich zu Mittag gegessen hatten. Das Restaurant war noch dunkel und würde erst in ein paar Stunden öffnen. Sie warf die Weste und den Helm dahinter in den Müll.

Diana überraschte es nicht, dass Clarissa bei ihrem Spind auf sie wartete. Doch ins Gesicht sehen konnte und wollte sie ihr nicht.

»Alter!«, sagte Clarissa, als wäre alles in Ordnung.

Dianas zitternder Körper brannte vor Wut. Sie konzentrierte sich so sehr darauf, ihren Spind zu öffnen, dass sie sich tatsächlich nicht mehr an die Zahlenkombination erinnern konnte. »Wo zum Teufel hast du heute Morgen gesteckt?«

»Es ist alles so beschissen.«

»Das musst ausgerechnet du sagen.« Diana konnte sie immer noch nicht ansehen. »Warum hast du heute Morgen die Tür nicht aufgemacht?«

»Was? Alter, mein Dad hat meine Mum und mich gestern ausgesperrt. Er hat alle Schlösser ausgetauscht.«

»Oh«, sagte Diana. »Und wo warst du dann?«

»Wir mussten uns gestern Abend ein Zimmer in den Embassy Suites in St. Paul nehmen.«

Die Embassy Suites hörten sich wie ein ziemlich schicker Ort an, wenn's einem dreckig ging, und es war noch nicht mal annähernd das Gleiche, wie fast ins Gefängnis geworfen zu werden. »Könnte schlimmer sein«, sagte Diana.

Clarissa starrte nur ins Leere. Ihr Körper und ihr Gesicht schienen radioaktiv zu sein. »Er hat mich nicht mal reingelassen, um meinen Kram zu holen, weil meine Mom bei mir war.«

»Jep, das ist scheiße.«

»Danke für dein Mitgefühl.« Clarissa schüttelte den Kopf. »Und warum zum Henker bist du so angepisst?«

»Ich wurde erwischt.«

»Wie, erwischt?« Clarissa lachte fast. »Bei was erwischt?«

»Ich wurde geschnappt. Mit Werkzeug.«

»Was?«

Diana nickte.

»Alter, ich dachte, du würdest diesen Scheiß gar nicht mehr machen.«

»Ich weiß«, flüsterte Diana. »Es sollte auch nur noch dieses eine Mal sein.«

»Wessen Haus?«

»Ich weiß nicht. Spielt das eine Rolle?«

»Und du wolltest mir nichts davon erzählen?«

»Doch, wollte ich. Ich bin heute Morgen zu dir nach Hause gegangen, aber du warst nicht da.«

»Tut mir leid.« Clarissa lachte ein wenig in sich hinein. »Na ja, ich hoffe, du hast meinen Dad aufgeweckt.«

»Ich weiß nicht, sah so aus, als wäre er nicht da.«

»Hm, interessant«, sagte Clarissa. »Als sie dich gefasst haben, haben sie da Anklage erhoben?«

»Mann, Anklage kann nur ein Staatsanwalt erheben.«

»Keine Ahnung, Alter, ich guck kein Fernsehen.« Clarissa warf einen Blick den Flur hinunter. »Was passiert jetzt mit dir?«

»Ich weiß nicht. Er hat etwas von Anzeige gesagt.«

Clarissa seufzte. »Alter. Du bist minderjährig, die können dir gar nichts. Aber hast du irgendwas von mir gesagt?«

»Natürlich nicht.« Diana holte tief Luft. War ja klar, dass sie das fragen würde. Andererseits hätte Diana es vermutlich auch getan. »Das würde ich nie machen.«

»Danke«, sagte Clarissa.

»Kein Ding.«

Clarissa lehnte sich an den Spind neben Dianas. »Ich will nur, dass das alles endlich vorbei ist. Ich will morgen aufwachen und fünfundzwanzig sein und mein Leben vollkommen unter Kontrolle haben.« Sie schwieg kurz und guckte finster, während sie darauf wartete, dass eine adrette Schülerin vorbeiging, die sie nicht ausstehen konnte, und wandte sich dann wieder an Diana. »Wo gehst du heute Mittag essen?«

»So weit war ich noch nicht.«

»Dann lass uns in der Cafeteria treffen. Ich muss dir noch ein paar Sachen erzählen.«

Sie fragte sich, was sie Paul und ihren neuen Freunden sagen sollte, doch sie hoffte, sie würden es verstehen.

»Gut. Ich bin sowieso gerade knapp bei Kasse.«

»Wow. Nur, weil du knapp bei Kasse bist, hm?«

Das war nicht so gemeint gewesen, doch Diana hatte nicht den Nerv, sich zu entschuldigen. »Ich muss jetzt in den Unterricht«, murmelte sie und tauchte in die Menge ab, die auf den Fluren langsam dichter wurde.

Beim Mittagessen war Clarissa deutlich besserer Laune. Als Diana sich näherte, sah es aus, als würden Ishaq und sie sich kaputtlachen.

»Was ist so witzig?«, fragte Diana, stellte ihr Tablett ab und sah, dass es nur Clarissa war, die sich totlachte, während Ishaq etwas angepisst wirkte.

»Nichts«, sagte Clarissa und wischte sich die Augen. »Hey, was machst du am Abschlussball-Wochenende? Hast du Lust, mit uns ins Mystic Lake zu kommen?«

Manchmal vergaß Diana, dass Clarissa alt genug war, um in Kasinos zu gehen. Sie schien allerdings auch nicht oft dort zu sein oder Diana dann nicht unbedingt dabeihaben zu wollen. Davon abgesehen, jagten Diana diese Läden eine Scheißangst ein. Bei der Vorstellung, einen Dollar in eine Maschine zu stecken, nur um ihn für immer zu verlieren, bekam sie einen halben Herzinfarkt.

»Geht ihr nicht zum Abschlussball?«

»Scheiße, nein. Der Ball ist doch kacke, Alter. Komm mit uns zu den Spielautomaten.«

Diana blickte abwesend auf ihr flaches gelbes Stück Schul-Pizza und suchte nach einer diplomatischen Antwort. Sie wollte ihre Cousine nicht dafür verurteilen, was sie unter Vergnügen verstand. »Ich bin sowieso nicht alt genug, um ins Mystic Lake zu kommen.«

»Doch, bist du. Benutz einen meiner falschen Ausweise.«

»Ich sehe nicht aus wie du.«

»Ich sehe selbst nicht aus wie auf meinen Ausweisen. Das kümmert keinen.« Sie gab Ishaq einen Rippenstoß. »Sie soll doch mitkommen, oder?«

»Ich mag kein Glücksspiel«, sagte er und tupfte die

Oberfläche seiner Pizza mit einer Papierserviette ab, um das glänzende Fett aufzusaugen. »Ich muss fürs College sparen wie jeder andere normale Mensch.«

»Gott! Mit niemandem hat man mehr richtig Spaß.«

»Hey.« Diana versuchte, mit ihrer Cousine Augenkontakt herzustellen. »Ich dachte, du wolltest mit mir über etwas Ernstes reden.«

»Das hier ist ernst«, sagte Clarissa und fing dann an zu lachen. Da begriff Diana, dass sie vollkommen high war.

»Lass uns später reden«, sagte sie und nahm ihr Tablett. Diana hatte nicht die Kraft, sich ernsthaft mit jemandem auseinanderzusetzen, der die Realität mit aller Macht ausblenden wollte.

»Alter! Wo gehst du hin?«, rief Clarissa ihr hinterher.

Hoffentlich machte es sie nicht zu einem schlechten Menschen, wenn sie sich nicht mit jemand so Zugedröhntem abgeben wollte. Aber sie fühlte sich dann so allein, dass sie ebenso gut für sich sein konnte.

Als sie an diesem Abend von ihrer Schicht im Coffeeshop kam, wollte sie eigentlich nur noch ins Bett und diesen Tag unter der Decke ersticken, selbst wenn sie nicht schlafen konnte. In der Eingangshalle bei den Briefkästen sah sie Marvin Roen, den ältesten Mann im Haus, der wegen der vielen Pflanzen auf seiner Terrasse von allen Marvin Gardens genannt wurde. Er tat so, als mache er sich nützlich, und wischte den Schnee auf, den die Leute hereintrugen, obwohl es gar nicht seine Aufgabe war. Der Kerl war außerdem dafür bekannt, einem das Ohr abzukauen, und Diana war erleichtert, als sie erfolgreich an ihm vorbei war.

»Hey, Diana«, rief Marvin. »Ein Mann hat heute nach dir gefragt.«

Diana blieb stehen. »Was? Wie hat er ausgesehen?«

»Wie ein FBI-Agent. Aber mach dir keine Sorgen. Ich habe ihm gesagt, dass du ein liebes Mädel bist. Was immer es gewesen sei, du warst es nicht.«

Eine Stunde später, während Diana den schleimigen Inhalt einer Dose LifeWell Iowa-Style Chili in eine Pfanne laufen ließ, klopfte jemand an der Tür. Drei laute Schläge. Das war ernst gemeint. Die Person hieb wieder dreimal gegen die Tür, etwas lauter.

Diana atmete einmal tief durch, bevor sie öffnete.

»Darf ich reinkommen?«, fragte Frank. Er trug ein weißes Oberhemd, einen kupferfarbenen Blazer, gebügelte Jeans und glänzende Lederschuhe. So stellte sich Marvin Gardens also einen FBI-Agenten vor. Es stimmte schon, Leute, die so aussahen und sich so kleideten wie Frank, waren in Dianas Haus ein schlechtes Omen. Ihn hereinzulassen, war so beängstigend, als ließe sie einen Bären herein.

»So, hier wohnt ihr also«, sagte Frank und schaute sich um. »Du und deine Großmutter?« Diana fragte sich, was er wohl von der Couch hielt, die als Bett hergerichtet war, oder von den Flecken auf dem Teppich oder der Pappschale, die auf ihr stinkendes Dosenchili wartete. Sie fragte sich, ob er diese Dinge überhaupt bemerkte.

»Ich habe mit meiner Frau über dich gesprochen«, sagte er. »Sie will an dir ein Exempel statuieren. Nur, damit du es weißt.« Vor dem Teppich blieb er stehen. »Schuhe aus?«, fragte er.

»Sie können sie anlassen«, sagte Diana.

»Schicker Laptop«, sagte Frank und zeigte auf den Acer, der auf dem Küchentresen stand. »So einen habe ich gerade fürs Büro gekauft. Um die Macs zu ersetzen, die gestohlen wurden.«

»Ich habe ihn erst vor kurzem für siebzig Dollar gekauft.«

»Wow. Das ist so gut wie gestohlen. Sofern du ihn nicht wirklich gestohlen hast.«

»Ich weiß, dass ich Sie bestohlen habe«, sagte Diana. »Aber ich habe Sie kein einziges Mal angelogen.«

Frank nickte. »Vermutlich nicht.«

»Kann ich Ihnen etwas zu trinken anbieten?«, fragte Diana und bekam plötzlich Angst, dass er um etwas wie »Whiskey« bitten würde und dann sauer wäre, wenn sie keinen hätten.

»Nein danke«, sagte Frank. »Eine Frage. Du hast einen Job, oder? Im Coffeeshop, wo du nicht viel verdienst?«

»Ja. Aber sie sind sehr nett zu mir.«

»Ich weiß. Ich habe mit den Inhabern gesprochen. Für sie bist du die beste Highschool-Angestellte, die sie je hatten.« Frank lachte. »Ich habe einen ganzen Tag damit zugebracht, mich über dich zu erkundigen, und jeder, den ich gefragt habe, hat gesagt, du seist das netteste, intelligenteste und rücksichtsvollste Mädchen, das sie kennen würden. *Was, das klauende kleine Stück Scheiße?*, habe ich gedacht. Doch niemand hat etwas Schlechtes über dich gesagt. Selbst der alte Kumpel mit all den Blumen nicht.«

»Sie haben mit Marvin gesprochen?«

»Ja, ungefähr vierzig Minuten. Faszinierender Kerl.

Wusstest du, dass er im Zweiten Weltkrieg Sanitäter war? Er war bei der Schlacht am Kasserinpass dabei. Es ist unglaublich, dass er immer noch am Leben ist.«

Diana wusste von alldem nichts. Doch andererseits hatte sie auch nie gefragt, das hatte keiner.

»Ich entschuldige mich für das, was ich getan habe«, sagte Diana schließlich. »Was kann ich tun, um es wiedergutzumachen?«

»Okay. Ich werde dir sagen, was du tun kannst, Diana. Meine Frau denkt, ich sei verrückt. Aber du wirst es abarbeiten. Wir brauchen für unser neues Firmengebäude einen Hausmeister. Und wir brauchen außerdem für ein paar Tage einen Sicherheitsdienst, bis ein besseres Alarmsystem installiert ist.«

Das hörte sich wie die dämlichste Idee an, von der Diana je gehört hatte. Ein paar Sekunden lang konnte sie diesen Typen nur anstarren und ihn fragen, wieso.

»Tja, du musst wiedergutmachen, was du falsch gemacht hast. Und ich brauche jemanden, der putzt und auf meine Brauerei aufpasst. Wenn du es nicht vergeigst, können wir uns weiter unterhalten. Das ist mein Angebot an dich. Unter der Bedingung, dass du nie mehr jemanden bestiehlst.«

In Dianas Kopf herrschte völlige Leere. Ihre Ungläubigkeit schien ihr die Knochen im Leib aufzulösen. Sie musste sich am Küchentresen festhalten, um stehen zu bleiben. Nur der beißende Gestank des kalten Chilis in der Pfanne hinter ihr katapultierte sie wieder in die Gegenwart. Doch selbst dann brachte sie nur heraus, dass sie nicht wusste, wie man ein Sicherheitsdienst sei.

»Kann nicht so schwer sein. Mit Rumstehen ist allerdings

nichts, es gibt jede Menge Bierfässer zu reinigen. Wenn du das ordentlich machst, gebe ich dir nach zwei Wochen neunfünfzig die Stunde.«

»Was ist mit meinem Job bei Gretchen's?«, fragte Diana.

»Das hängt von dir ab. Rede mit ihnen, und versuche, etwas auszuhandeln, wenn du willst.«

»Ich weiß nicht«, sagte Diana. Im Coffeeshop verdiente sie weniger als das Mindesteinkommen, doch es gab Trinkgeld, und man bezahlte sie bar auf die Hand. Vielleicht könnte sie beides machen.

»Willst du damit sagen, dass dir das nicht ansteht?«, fragte Frank, »nach dem, was du getan hast?«

Vielleicht hätte es für die meisten Leute nicht sonderlich reizvoll geklungen, doch selbst in ihrer Situation war Diana klar, dass hier gerade ein Bus kam, der vielleicht nur alle zehn Jahre einmal kam, der direkt vor ihrer Nase am Straßenrand hielt und wartete.

Frank Schaberts Heartlander Brewery sah nicht so aus, wie sie sich eine Brauerei vorgestellt hätte. Sie lag am Stadtrand in einem Industriegebiet, neben einer Firma für Aktenvernichtung und gegenüber einer Autosattlerei, und war fast unmöglich zu finden, wenn man nicht danach suchte. Es gab nur vier Angestellte in Vollzeit: Frank, seine Frau Anna, eine Anwältin mit ernstem Gesicht, die sich auch um Buchhaltung und Finanzen kümmerte, seinen hippen Braumeister Mo Akbar und den stillen, tätowierten und knurrig aussehenden Matt Duncan, der das Graphikdesign machte und sich um die sozialen Medien und die Internetseite kümmerte und ansonsten gemeinsam mit Mo die Drecksarbeit erledigte.

Es war neun Uhr abends und Dianas dritter Tag in ihrem neuen Job; sie war nach einer Schicht im Coffeeshop gerade in der Brauerei angekommen, und nur Mo war noch da. Sein schwarzes Haar hing ihm ins Gesicht, und er packte Paletten mit Flaschen aus. Der gewölbeartige Raum war voller Kisten und Getränkekästen, und an der Rückwand brummte ein riesiger Koh-I-Noor-Industriekühlschrank. Selbst nach Feierabend wirkte Mo wie der Bürgermeister dieses unglamourösen Ortes. Er blieb lange, legte Musik auf – heute war es etwas, von dem Diana noch nie gehört hatte, eine wundervolle melancholische Platte von The Coctails – und tat, was immer getan werden musste.

Draußen hielt ein fremder Wagen, und Mo drehte die Musik leiser. Sie erwarteten niemanden. »Ich frage mich, ob das unser Dieb ist«, sagte Mo.

Noch bevor sie die Milchglastür öffnete, erkannte Diana Clarissas Umrisse. Sie hatte eine schwer aussehende schwarze Tasche bei sich und humpelte, vielleicht wegen des Gewichts.

»Wow, es stimmt«, sagte Clarissa. »Du arbeitest tatsächlich hier.«

»Ja, zumindest im Moment«, sagte Diana und warf einen Blick nach hinten zu Mo, um zu sehen, ob er in Hörweite war.

»Was musst du machen?«

»Alles Mögliche. Tagsüber Putzfrau, nachts Sicherheitsdienst.«

»Ist irgendwie ironisch, oder?«

»Kann sein«, sagte Diana, trat nach draußen und schloss die Tür hinter sich. »Was hast du da drin?«

Clarissa setzte die Tasche ab. »Das ist all der Scheiß, den ich nicht verkaufen konnte. Ich hab's geholt, bevor es mein Dad findet. Ich dachte, du willst es vielleicht haben.«

»Du hast es hierhergebracht, zu meinem neuen Job?«

»Wohin sonst? In die Schule? Zu deiner Oma?« Ein kalter Windstoß wehte Clarissa die Haare ins Gesicht. »Die wäre glatt umgefallen.«

Da hatte Clarissa recht. »Warum hast du es nicht irgendwo weggeschmissen?«

»Schien mir Verschwendung zu sein«, sagte Clarissa. »Aber okay, dann werfe ich es in den Müll.«

Diana sah zu, wie Clarissa die Tasche hob, zum Müllcontainer am Rande des Parkplatzes ging und sie dort ausleerte. Sie hatte Clarissa nicht auf die Probe stellen wollen, doch nun war alles weg.

»Ist dann wohl das Ende einer Ära«, sagte Clarissa und stand unschlüssig dort auf dem Parkplatz.

»Wie geht es dir?«, fragte Diana. Sie hatten sich seit dem Mittagessen erst ein Mal wieder gesprochen, und beide hatten sich entschuldigt und es so einigermaßen wieder ausgebügelt. Trotzdem änderte es nichts an der Tatsache, dass sie sich verändert hatten, als wäre etwas verbrannt. Und sie würden sich weiter verändern, weil sie selbst es so wollten.

»Ich gehe nach Oberlin«, sagte Clarissa und lehnte sich gegen den Wagen ihrer Mutter.

»Oh, cool.« Oberlin war nicht gerade in der Nähe, doch es war näher als alle Orte, an denen Clarissa sich beworben hatte, und schon deshalb überraschend.

Clarissa strich sich das windzerzauste Haar aus dem Gesicht. »Ich werde dich vermissen. Tu ich jetzt schon irgendwie.«

»Ja.« Beinahe sagte Diana, dass sie sie auch vermissen würde, doch weil sie zurückgelassen wurde, weil sie es nicht aushielt, noch einen weiteren Menschen zu vermissen, wollte sie dieses kleine Ungleichgewicht noch einen Moment in der Schwebe halten.

»Ach, übrigens, sucht dein Boss noch Leute?«

»Nein.« Zumindest soweit Diana wusste.

»Ich dachte, ich frag mal. Scheint cool zu sein«, sagte Clarissa. »Stell dir vor, wir beide zusammen in einer Brauerei? O mein Gott.«

»Es ist nur ein Job«, sagte Diana und ging Richtung Tür. »Ich sollte wieder reingehen.«

»Hey.« Clarissa holte tief Luft. »Ishaq hat mit mir Schluss gemacht.«

»Shit. Wirklich?« Diana hatte das Gefühl, es wäre aus Höflichkeit angebracht, überrascht zu tun. »Das tut mir leid. Was ist passiert?«

Clarissa guckte gereizt. »Er findet, ich kiffe zu viel. Was für ein scheiß Witz. Ich kenne Leute, die kiffen viel mehr als ich.«

Diana nickte. Clarissa kannte vermutlich solche Leute.

»Aber mit dir ist alles okay?«, fragte Diana.

»Ja, alles gut. Ich heul dir später was vor.«

»Okay.«

»Hey«, sagte Clarissa und hielt einen Joint hoch. »Was dagegen, wenn ich den hier anzünde? Meine Mom will nicht, dass es in ihrem Wagen nach Gras riecht.«

Wieso nur, hätte Diana gern geantwortet, doch diesen

winzigen Gefallen wollte sie Clarissa nicht verwehren. »Okay. Aber mach's unauffällig.«

Clarissa entfachte bereits ihr Feuerzeug und legte eine Hand um die empfindliche Flamme.

Am kommenden Montag nahm Diana den Akku-Schlagbohrer von Pauls Vater, das eine Werkzeug aus diesem speziellen Garagenraub, das Clarissa noch nicht verkauft hatte, und gab ihn Paul vor der Schule.

»Das habe ich neben den Müllcontainern hinter der Brauerei gefunden. Ich habe den Namen Jeffrey auf dem Koffer gelesen und mich gefragt, ob er wohl deinem Vater gehört.«

»Himmel, nein«, sagte Paul lachend, »der gehört meinem Bruder Doug. Als er nach Zürich gezogen ist, hat er all sein Werkzeug zurückgelassen. Er ist der Schreiner in der Familie.«

»Nicht dein Dad?«

Paul lachte. »Mein Dad kann das eine Ende eines Bohrers nicht vom anderen unterscheiden. Letztes Jahr hat er versucht, die Säge zu benutzen, und sich dabei beinahe verletzt.«

»Witzig.«

Paul legte das Werkzeug in seinen Spind. »Ich wette, er hat noch nicht mal gemerkt, dass es fehlt. Wie zum Teufel es wohl dort hingekommen ist?«

»Wer weiß«, sagte Diana.

Mehrmals pro Woche fuhr Diana nun mit dem Mountainbike, das ihr Mo Akbar geliehen hatte, die vier Meilen zur Arbeit und zurück. Frank Schabert hatte ihr den sich wichtig anhörenden Titel der »Kellermeisterin« verliehen, doch sie war meistens nicht mehr als eine gekrönte Hausmeisterin, die Kästen durch die Gegend schleppte, Wischmopps und Besen vor sich herschob und den lieben langen Tag dicke weiße Säcke voll Malz stemmte. Frank sprach nicht viel mit ihr, genauso wie seine humorlose Frau Anna, doch die beiden jungen Typen Mo und Matt waren freundlich und verrichteten Seite an Seite mit ihr die Drecksarbeit, anstatt sie herumzukommandieren. Inzwischen kam sie wesentlich häufiger erschöpft nach Hause, doch es war eine erfüllende physische Erschöpfung, das Ergebnis produktiver Arbeit. Und was noch besser war: Sie verdiente Geld.

Am Abend des Abschlussballs schnallte sie sich gerade auf dem Beifahrersitz von Pauls Wagen an, als sie merkte, wie er sie anstarrte, und diesmal fühlte es sich anders an. Sie hatte sich Mühe gegeben mit ihrem Make-up, ihren Nägeln und ihrem Haar, klar, aber so besonders war es nun auch wieder nicht. Von Clarissa hatte sie sich ein weißes, ärmelloses Kleid ausgeliehen, das am wenigsten tief ausgeschnittene, das ihr passte.

»Verdammt«, sagte er, »siehst du gut aus.«

»Danke«, sagte sie, doch er küsste sie, bevor sie das Kompliment zurückgeben konnte.

Nach dem Kuss starrte er ihren Körper immer noch an. »Entschuldige, aber du siehst in diesem Kleid wirklich heiß aus.«

War es zu freizügig? Vielleicht sollte sie so etwas nicht in der Öffentlichkeit tragen. Hätte sie doch nur einen Schal oder eine Jacke mitgenommen. »Danke, es gehört Clarissa.«

»Dann muss ich mich schriftlich bei ihr bedanken«, sagte er und fuhr sie vom Parkplatz und in Richtung Schule.

Clarissa sollte recht behalten; der Abschlussball wurde total überbewertet. Sie hatte vergessen, dass sie mit den meisten ihrer Mitschüler nichts gemeinsam hatte, und dass sie alle so aufgedonnert waren, machte es nicht besser. Es war ganz nett, Ishaq wiederzusehen, der glücklich wirkte und dass mit einer der schüchternen Musterschülerinnen tanzte, die Diana aus dem Country Club kannte, doch im Großen und Ganzen war es nur eine lautere, bizarre Version ihrer Highschool, und sie konnte es kaum abwarten, wieder zu gehen. Der erinnerungswürdige Teil des Abends kam hinterher, als sie, Paul, Astra und James sich in Astras Keller zurückzogen.

Astras Eltern waren übers Wochenende verreist, sie wusste nicht mal genau, wohin. Obwohl Paul nicht trank und keiner von ihnen Drogen nahm, hatten sie das Gefühl, sie sollten irgendetwas tun, und während Astra oben herumkramte, um bei ihren Eltern Alkohol zu finden, wurde James mutig.

»Hey, Diana, ich weiß was«, sagte er und zog seine Schuhe wieder an, »lass uns ein paar Flaschen Bier aus deiner Brauerei holen.«

Dieser Gedanke war ihr noch nie zuvor gekommen. Und es wäre kein Problem. Sie hatte die Schlüssel.

»Nein«, sagte sie.

»Aber ihr habt doch da ein ganzes Lager voller Flaschen. Das merken die nicht mal.«

Nach Paul war James der intelligenteste Mensch, den Diana je kennengelernt hatte. Er würde zweifellos irgendwann ein berühmter Technik-Nerd-Millionär werden, da hatte Clarissa recht. Und dann würden alle sagen, dass sie ihn von früher kannten. Es war schon was, mit Menschen wie diesen befreundet zu sein. Und er hatte sie akzeptiert. Er war so freundlich gewesen. Vielleicht schuldete sie ihm etwas. Wenigstens diesen kleinen Gefallen.

»Nein«, sagte Diana. »Auf keinen Fall.«

»Bitte! Sie vertrauen dir, das sieht man doch.«

Sie war sich da nicht so sicher. Selbst nach ein paar Monaten gewöhnte sich Diana gerade erst an den Job. Erst vor zwei Wochen hatte Anna sie noch giftig angesehen. Und wenn es etwas gab, mit dem sie sich für immer ihren Namen und möglicherweise auch ihr Leben ruinieren könnte, dann war das, Frank ein zweites Mal zu bestehlen.

»Wir brauchen es doch gar nicht. Astra holt oben gerade was von ihren Eltern.«

»Die haben bestimmt gar nichts da. Bitte.«

Noch bevor Diana sie kennengelernt hatte, waren diese Menschen schon ewig Freunde gewesen. Sie hatten eine Menge Scheiß zusammen durchgemacht. Sie saßen gemeinsam im Auto, als Astra einen Unfall mit Totalschaden hatte. Sie hatten James mit einem Blinddarmdurchbruch ins Krankenhaus gebracht. Paul und James hatten gesehen, wie ein alter Mann im Park beim Wasserfall gestorben war. Sie waren Verbündete. Und trotzdem hatten sie sie aufgenommen. Sie war eine von ihnen.

»James, nein. Nein.«

»Sei nicht so ein Loser. Nun komm schon.«

Gott sei Dank war es Paul irgendwann leid. »Alter, du hörst besser auf sie.«

»Himmel«, sagte James. »Welchen Sinn hat es dann, eine Freundin zu haben, die in einer Brauerei arbeitet?«

Diana zuckte die Achseln. »Ich habe es noch nicht mal selbst probiert.«

Sogar Paul war überrascht. »Du arbeitest in einer Brauerei und hast noch nie ihr Bier probiert?«

»Das gehört nicht zu meinem Job.«

»Is nicht war!«, platzte James heraus. »Noch nicht mal aus Versehen?«

Sie schüttelte den Kopf.

»So'n Scheiß«, sagte James und begrub geschlagen die Streitaxt. »Also, das ist echt der blödeste Job aller Zeiten. So einen Kack könntest du doch überall machen.«

Bevor Diana antworten konnte, tauchte Astra an der Treppe auf und hielt eine fast volle Flasche mit einer grünen Flüssigkeit sowie vier Gläser in der Hand.

»Tut mir leid. Das ist alles, was ich auftreiben konnte.«

»Endlich, Rettung naht!«, rief James.

»Was ist das?«, fragte Diana.

»Keine Ahnung, noch nie gehört«, sagte Astra und las vom Etikett ab. »Midori. Melonenlikör.«

»Midori!«, wiederholte James. »An diese Nacht werden wir immer zurückdenken!«

Stunden später, während James und Astra das obere Badezimmer mit einem Schwall heißer grüner Kotze überzogen, hatten ein nüchterner Paul und eine leicht beschwipste Diana das erste Mal Sex. Es passierte auf dem braunen Sofa in Astras Keller, während oben wiederholt die Toilettenspülung gezogen wurde und aus den Lautsprechern von Astras

Laptop Radiohead erklang. Sie waren schon vorher dicht dran gewesen – er hatte sogar schon zweimal das Kondom aus seinem Portemonnaie geholt –, doch sie hatten es nie getan. Sie wollte warten. *Auf was?*, hatte er sie damals gefragt, und sie war sich noch nicht sicher gewesen, aber sie schuldete ihm ja auch keine Erklärung.

An jenem Abend fühlte sie sich endlich wie ein anderer Mensch, einer, der nichts Dummes tat, egal, wer es vorschlug, jemand, der auf sich vertrauen konnte. Das war die Version ihrer selbst, auf die sie gewartet hatte. Und die war jetzt bereit.

Nachdem sie den ganzen Sommer über Vollzeit in der Brauerei gearbeitet hatte, war sie etwas deprimiert, für das Abschlussjahr wieder in die Schule zu gehen. Als Pauls Familie im Juli zwei Wochen in Kalifornien im Urlaub gewesen war, um sich Colleges anzusehen, hatte sie sogar noch mehr gearbeitet. Doch als das unausweichliche, spektakuläre und weit entfernte Ziel ihres Freundes Form annahm, konnte sie sich nur noch mit Mühe auf ihre Arbeit konzentrieren.

»Haben Sie irgendeinen Rat für mich, was meine Zukunft angeht?«, fragte Diana Frank Schabert eines Herbstabends beim Abschließen.

»Schreib Dankeskarten«, sagte Frank. »Dankeskarten sind das Schmierfett im Getriebe der Gesellschaft.«

Diana hatte nie zuvor Dankeskarten gekauft. Sie hoffte, dass eine Postkarte ausreichte, wenn es mal so weit war. Im Minnesota-Besucherzentrum an der Grenze zu Wisconsin gab es kostenlose Retro-Postkarten.

»Okay, danke«, sagte Diana.

»Oh, und eine Sache noch«, sagte Frank. »Gib mir Bescheid, wenn du aufs College gehst.«

Paul wollte sich zum vorgezogenen Zulassungsverfahren in Stanford anmelden, und Diana sollte sich ihm anschließen. Inzwischen hatte Diana so viel Zeit mit ihm und den anderen Nerds verbracht, dass ihr ein Studium nicht mehr vollkommen außer Reichweite schien. Es war möglich. Ihre Noten waren nicht die besten, doch in den Tests war sie weiterhin gut – ihre SAT-Punktzahl die beste der Schule. Jeder glaubte, dass sie Stipendien und Ausbildungsförderung erhalten würde, und inzwischen kannte sie Menschen, die ihr den Zugang dazu ermöglichen würden. Ironischerweise war ihr Notendurchschnitt zu niedrig, um wie Paul zu den National-Merit-Finalisten zu gehören, doch alle sagten, dass ein Semifinalist auch beeindruckend sei. Bestimmt würde sie weiterhin arbeiten und das Geld nach Hause zu ihrer Oma schicken können. Egal, wo sie war, sie würde etwas unternehmen.

Bert Jeffrey half ihr mit dem Formular für die staatliche Studienbeihilfe, und Paul und Diana reichten ihre Bewerbungen am selben Tag ein, am 28. Oktober. Danach feierten sie bei Dunn Brothers, jeder mit seinem eigenen geeisten Mokka. Paul bestand darauf. Ohne mit ihm um ihren Anteil streiten zu müssen, nippte sie gemächlich an dieser süßen, kalten Belohnung.

Diana wusste noch nicht mal, was sie als Hauptfach nehmen sollte. Sie dachte darüber nach, während sie den weißen Deckenventilator in Pauls Zimmer anstarrte. Sie überlegte, während sie in der Brauerei Fässer saubermachte. Mo Akbar schlug schließlich Chemie, Biologie oder Elektroingenieurwesen vor. »Und dann komm sofort wieder zurück nach Minnesota«, sagte er. »Wir brauchen dich. Viel mehr als die drüben an der Küste.«

Diana schickte Bert eine Dankes-Postkarte, weil er ihr bei den Formularen geholfen hatte. Vorne drauf waren eine Landkarte des Bundesstaates und ein Glasaugenbarsch. Bert Jeffrey hängte sie an den Kühlschrank, und nun sah Diana sie jedes Mal, wenn sie dort war.

Seit Diana den PSAT gemacht hatte, schien für alle unweigerlich festzustehen, dass sie Nicollet Falls verlassen müsste, um erfolgreich zu sein. Ihre Arbeit in der Brauerei war hart, feucht, und es stank, doch sie würde sie vermissen. Sie würde Mo, Frank und Matt vermissen und klar, selbst Franks Frau Anna, obwohl Anna sie immer noch nicht leiden konnte.

Mo und Frank hatten Spitznamen füreinander – Mos war »Cool Pants« und Franks lautete »TV's Frank« –, und niemand anderes durfte sie so nennen. Einmal heuerte Frank einen Pantomimen an, damit er Mo eine Stunde lang folgte und alle seine Bewegungen nachahmte. Ein anderes Mal gab Mo einem Collegestudenten den Auftrag, ein Ölbild von Franks Abschlussfoto von der Highschool anzufertigen. Einmal ließ Mo eine wirklich überzeugende Internetseite von Matt bauen, auf der es eine fingierte Rezension von Pete »Flavor Dave« Michaels gab, dem umstrittensten und am schwersten zufriedenzustellenden Bierkritiker, der

Franks neuestem Bier null von hundert Punkten gab. Bei der Nummer tickte Frank völlig aus.

Keiner der Männer machte dem anderen je ein Kompliment, und ganz eindeutig beglückwünschte nie einer den anderen zu seinen Brauerfolgen. Diana hatte mit alledem nichts zu tun. Kein Spitzname, keine üblen Scherze. Und selbst, nachdem sie sieben Monate dabei war, ließen sie Diana weder an das Bier noch an die Ausrüstung, mit der es hergestellt wurde, außer, um sie zu reinigen, was Diana ununterbrochen tat.

»Und, schon von der Küstenelite gehört?«, fragte Frank, während Diana den Maischebottich saubermachte.

Pauls Antwort kam zuerst. Es gibt nichts Vergleichbares zu dem Moment, kurz bevor jemand die Entscheidung seines Wunsch-Colleges erfährt. Diana war dabei, als Paul die E-Mail öffnete. Als ihre Augen auf die Formulierung »große Freude« fiel, wusste Diana, dass er es geschafft hatte. Sie sprang in seine Arme und tanzte mit ihm im Zimmer herum. Er würde weit weg, an eine renommierte Universität gehen. Er würde gehen. Er war fort.

Am nächsten Tag erhielt Diana ihre Benachrichtigung. Sie war allein, im Bett. Sie konnte nichts von »großer Freude« oder Ähnliches erkennen. Sie las den Brief trotzdem und suchte das unpersönliche Bedauern nach etwas Positivem ab.

Als sie zur Arbeit gehen wollte, sah sie Marvin Gardens mit einer Gießkanne vor der Haustür. »Die füll ich mit Schnee«, sagte Marvin, obwohl Diana gar nicht gefragt hatte. »Die füll ich mit Schnee und gieße meine

Pflanzen mit hundert Prozent natürlichem Schmelzwasser.«

Manchmal sah sie Menschen wie Marvin an und wünschte sich, nie etwas anders gewollt zu haben als das, was sie sowieso bekommen hätte. Doch heute Morgen im Bett hatte sie etwas gewollt, das nicht in ihrer Hand lag, und nun stand sie da. Wenn sie im letzten Jahr eine Sache übers College gelernt hatte, dann die, dass es ein Ort für drastische Veränderungen war, einer der wenigen auf der Welt. Sie wusste noch nicht, wer sie einmal sein wollte, doch sie spürte, dass sie diese Veränderung brauchte, mehr als die Ausbildung, mehr als alles andere.

Edith tat ihr Bestes, um sie aufzumuntern. »Mit denen stimmt was nicht, wenn die dich nicht wollen«, sagte sie und strich Butter auf eine dicke Scheibe selbstgebackenes Brot.

»Mit denen stimmt alles«, sagte Diana. »Meine Noten sind nicht gut genug.« Sie blickte aus dem Wohnzimmerfenster auf den Highway, der durch das schmutzige Glas wie unter einer grauen Glasur lag. »Ich hatte nie eine Chance.«

Den Rest des Tages versuchte sie irgendwie durchzustehen. Alles in Nicollet Falls sah in ihren Augen auf einmal heruntergewirtschaftet und kaputt aus. Als wären gleichzeitig fünfzig Straßenlaternen ausgegangen und ein Dutzend Quadratkilometer Asphalt aufgerissen.

Am Abend über Zwiebelringen bei Culver's erzählte sie Paul von Stanford.

Ihn schien die Ablehnung wesentlich mehr mitzunehmen als sie selbst. Sie hätte nicht gedacht, dass sie weinen würde, bis sie die Tränen in seinen Augen sah.

Pauls Noten waren viel besser gewesen und das über einen längeren Zeitraum. Er hatte sich außerdem mächtig ins Zeug gelegt, was außerschulische Aktivitäten anging. Er wollte Amerikanistik studieren und hatte deshalb letzten Sommer als Produktionsassistent bei Werbefilmen gearbeitet und dazu noch ehrenamtlich bei der Minnesota Historical Society. Außerdem war er für seine Leistungen im Fußballteam ausgezeichnet worden. Diana konnte nichts dergleichen vorweisen. Sie war Hausmeisterin, Sicherheitsdienst und Mädchen für alles in einer Brauerei, was sie allerdings nirgendwo erwähnt hatte, ganz abgesehen von den Umständen, die dazu geführt hatten. Sie wollte nicht aus Mitleid an einem College angenommen werden.

Der gute alte Londard Shultz erinnerte Diana daran, dass es nicht zu spät sei, es bei ein paar anderen Schulen zu versuchen, und dass sie immer noch drei ungenutzte Gutscheine für Bewerbungsgebühren hatte. Aber Stanford war die einzige Hochschule, an der sie sich bewerben wollte. Es war dort, wo Paul sein würde.

»Ich werde in der Brauerei arbeiten, Geld sparen und mich nächstes Jahr noch mal bewerben«, erklärte sie Paul. So hätten sie zumindest drei gemeinsame Jahre in Stanford. In der Zwischenzeit würde sie ihre Bewerbung aufpolieren. Vieles ließ sich innerhalb eines Jahres nicht ändern, doch ein paar Dinge schon.

»Ich muss etwas Beeindruckendes tun«, sagte sie. »Aber keine Ahnung, was.«

»Warum fragst du nicht Frank?«, sagte Paul. »Vielleicht kann er helfen.«

»Was soll ich ihn fragen?«, entgegnete sie. Und dann wusste sie es.

»Ich muss ein Bier brauen«, erklärte Diana Frank am nächsten Tag.

»Das ist das Dümmste, was ich je aus deinem Mund gehört habe«, sagte Frank. Er füllte gerade den Kühlschrank in seinem Büro auf und sah sie noch nicht einmal an. »Warum solltest du ein Bier brauen?«

Und Diana erklärte ihrem Boss, dass sie in Stanford nicht angenommen worden war und es in erster Linie darum ging, die Leute dort in der nächsten Runde zu beeindrucken. Damit sie und Paul zusammen sein konnten.

»Okay. Und was habe ich davon? Warum sollte ich dich meinen Hopfen, Malz, Hefe und die ganze Ausrüstung benutzen lassen, um etwas zu brauen, das ich noch nicht mal meinem Hund anbieten würde?«

»Weil ich glaube, dass ich ein ziemlich anständiges Bier hinbekommen würde.« In diesem Umfeld war das mehr als arrogant. Sie konnte gar nicht glauben, dass sie das gerade gesagt hatte.

»Cool Pants!«, rief Frank, und Mo kam nach oben gekraxelt. »Das Gör hier behauptet, sie könne ein anständiges Bier brauen, wenn sie unsere Zutaten und unsere Ausrüstung benutzt.«

»Jetzt willst du also Brauerin werden und keine Hausmeisterin mehr sein«, sagte Mo, zog seine Handschuhe aus und warf sie Diana zu.

Diana versuchte, selbstbewusst zu wirken, und stellte sich aufrecht hin. Sie wusste, dass sie dann größer war als die beiden Männer. »Jep«, sagte sie.

»Na ja, ich will kein Spielverderber sein, aber es ist ein und dasselbe. Der einzige Unterschied ist, dass ein Brauer zwischendurch auch mal ein Bier macht.«

Frank runzelte die Stirn. »Was für ein Bier schwebt dir denn vor? Komm schon, beeindrucke mich.«

»Eines, das ich selbst trinken würde«, sagte Diana, zufrieden mit der Antwort.

»Das reicht nicht. Du weißt einen Scheißdreck über Bier.«

»Okay. Und wie kann ich's lernen?«

»Lass es mich so sagen«, Mo grinste, »ich beneide dich.«

Als Diana am nächsten Tag zur Arbeit kam, hatte Frank eine Papiertüte vor die Tür seines Büros gestellt, auf die er mit einem schwarzen Marker AUSBILDUNG DIANA geschrieben hatte. In der Tüte waren drei Flaschen und eine Dose.

Auf der Flasche Pliny the Elder stand HEUTE, auf der Bell's Hopslam stand MORGEN, auf der strahlend silbrigen Dose von The Alchemist's Heady Topper stand ÜBERMORGEN, und auf der Flasche Dogfish Head's 90 Minute IPA stand FIND'S RAUS, DU BIRNE.

Die vier Biere sollten Diana zeigen, was ein Indian Pale Ale sein konnte, doch sie waren schlicht unfassbar für sie. Jedes davon überrollte ihren ungebildeten Gaumen; sie zu trinken, war, als würde man einen Boxwettkampf verlieren, um ein besserer Boxer zu werden. Was auch immer sie zustande bringen würde, durfte man auf diesem Planeten nicht ebenfalls Bier nennen. Zum Schluss war sie vollkommen verunsichert.

»Ein kleiner Vorgeschmack, was möglich ist«, sagte Frank.

»Du hast gesagt, die Schwester deiner Großmutter würde für Blotz arbeiten«, sagte Mo. »Was hältst du von dem Zeug?«

Selbst bevor ihr Opa Diana im Alter von zwölf Jahren eine Flasche davon angeboten hatte, war Diana von ihren Eltern eingebleut worden, dass Blotz Premium Lager, Blotz Special Light, Blotz Ice, Blotz Draft, Blotz Dark, Blotz Ultra Dark und Blotz Urban Malt das schlimmste je in Flaschen abgefüllte Zeug seit Menschengedenken waren, wobei sie mit giftigen Bemerkungen nicht gespart hatten. Doch es war billig, und man bekam es überall, weshalb es für Teenager oft der erste Berührungspunkt mit Alkohol war. James zum Beispiel trug in der Schule sogar Blotz-T-Shirts und behauptete, es wäre keine Ironie.

Erst, als sie häufig mit Clarissa abhing, sah Diana, was Blotz wirklich bedeutete: Parkplatzprügeleien, gescheiterte Grillabende, Kotzhaufen am Straßenrand, sexueller Missbrauch, überflüssige Kraftprotzereien mit ernsthaften Verletzungen und herbe, dröhnende Kater. Sie lernte schnell, dass Blotz auf einer Party nichts Gutes verhieß; obwohl es so wenig Alkohol hatte und kaum nach etwas schmeckte, machte es peinliche, harmlose Besoffene plötzlich aggressiv. Allein im Sommer vor ihrem Abschlussjahr hatte Diana beobachtet, wie Blotz Menschen entweder noch zurückhaltender oder noch penetranter machte und sie in beiden Fällen zu tragischen öffentlichen Auftritten brachte. Aus schüchternen Jungfrauen wurden kopflose Sexhungrige, die sich von ihren Partnern die Kotze aus dem Schamhaar spülen ließen. Kurz gesagt, noch bevor sie wählen durfte, war Blotz-Bier für sie eine Geißel, Ursache von bedauerlichen Zwischenfällen, die einen ein Leben lang verfolgten, Zeichen ignoranter Geschmacklosigkeit und ein bitterer Test für Trinker mit wenig Erfahrung oder Geld.

»Um ehrlich zu sein, bin ich nicht sonderlich scharf drauf«, sagte Diana.

»Gut. Gib uns ein paar Tage, und wir werden dich umschulen, was unser Vaterland angeht.«

In den kommenden Wochen gab Frank ihr eine Reihe weiterer Biere, diesmal keine IPAs und nur aus Brauereien des Mittleren Westens. Zum ersten Mal probierte sie New Glarus, Surly, Three Floyds und Founders. Zusammen mit den Indian Pale Ales verwischten sie für immer, was sie einst für Bier und trinkbar gehalten hatte.

»Ich dachte, ich würde Bier nicht mögen«, gab sie zu.

»Na, dann besteht ja noch Hoffnung«, sagte Frank.

In der letzten Unterrichtsrunde ließ Frank sie mit zwei Sixpacks nach Hause gehen, mit mindestens einer Flasche von jeder Biersorte, die Heartlander derzeit herstellte oder auf Lager hatte: Akbar American Ale, 213 Pale Ale, Shore Leave Porter, Honey Badger Hefeweizen, Minneapolis Woman Blonde Ale und Frank's Mistake Triple IPA. Sie hatte bisher immer nur in der Brauerei getrunken, und ihr war gar nicht wohl dabei, mit Bier im Kofferraum zu fahren. Ganz zu schweigen davon, was ihre Großmutter wohl sagen würde.

Edith stand in der Küche und quetschte ein Päckchen Horsey Sauce auf einen Truthahn-Wrap von Arby's. Ihr Blick fiel auf das Bier in Dianas Hand.

»Ach, du meine Güte«, sagte sie.

»Es sind Hausaufgaben«, sagte Diana, während sie ihre Winterjacke in den Schrank hängte. »Sie wollen, dass ich ihre Produkte kennenlerne.«

»Oh, die sind von dort, wo du arbeitest?« Auf dem erschöpften Gesicht ihrer Großmutter machte sich Erleichterung breit. »Ich verstehe nicht, warum du das trinken sollst, wenn du nur die Hausmeisterin bist.«

»Na ja, ich braue jetzt Bier«, sagte sie.

»Dazu dürfen sie dich doch nicht zwingen. Du bist erst siebzehn.« Edith stützte sich auf dem Küchentresen ab, als würde sie sonst umfallen. »Das dürfen sie nicht von dir verlangen!«

»Sie verlangen das nicht von mir, Grandma. Ich will es. Ich versuche, mein eigenes Bier zu brauen, um ein neues zu erfinden.«

»Oh.« Edith schien darüber nachzudenken. »Nun, dann ist das wohl sehr nett von ihnen.«

»Danke«, sagte Diana.

»Aber lass dich nicht von ihnen herumschubsen, weil du jung bist und ein Mädchen. Sie sollten dich besser genau das Bier machen lassen, das du willst.«

Eine solche Reaktion hätte Diana von ihrer Großmutter nicht erwartet. Bevor Stanley gestorben war, schien Edith einfach alles im Leben bereitwillig zu akzeptieren. Die Verluste, die sie erlitten hatte, hatten diese strahlende Großzügigkeit etwas gedämpft, doch in unerwarteten Augenblicken leuchtete sie immer noch auf.

»Du solltest uns mal besuchen«, sagte Diana und stellte das Bier in den Kühlschrank, in dem seit dem Tod ihres Großvaters kein Bier mehr gestanden hatte. Ihr fiel auf, dass sie gerade das erste Mal »uns« gesagt hatte, wenn sie von Heartlander sprach, und das fühlte sich ein bisschen unheimlich an.

Frank bestellte Diana am frühen Sonntagmorgen in die Brauerei. Niemand sonst war da. Diana kannte die Ausrüstung bereits, doch Frank ging alles noch einmal mit ihr durch und blieb dann an einem kleinen Blichmann Boilermaker stehen, der gut fünfzig Liter fasste.

»Mit dem hier habe ich angefangen«, sagte Frank. »Also wirst du es auch.«

Frank zufolge sollte das erste Bier, das ein junger Brauer macht, direkt in den Ausguss wandern.

Das zweite Bier, das er oder sie braut, kann in ein Pint-Glas gegossen werden, man darf daran riechen und vielleicht einmal probieren. Dann sollte es weggeschüttet werden, genau wie die erste Charge.

Dasselbe galt für das dritte Bier. Vom vierten sollte der arme Tropf, der es gebraut hat, ein Glas trinken. Doch unter keinen Umständen sollte er es mit jemandem teilen, den er mag.

Frank Schabert sagte, dass ein Brauer dreizehn Mal ein Bier herstellen sollte, bevor er darüber nachdenken könnte, es in eine Flasche oder Dose abzufüllen. Mo Akbar meinte, dass Frank da vielleicht ein wenig übertreibe, wenn man bedachte, wie lange ein Bier von der Gerste bis zur Flasche brauchte. Doch Frank sagte, dass es mal fünfzehn gewesen seien, aber er würde langsam alt, und die Zeit liefe ihm davon.

Alle Brauer, die Frank ausbildete, fingen mit Indian Pale Ale an. Der Hopfen überdeckt die offenkundigen Fehler, sagte er. Ein Anfänger-IPA ist wie ein Heavy-Metal-Riff: eindeutig, nicht elegant, aber gutmütig. Ein richtiges IPA ist wie ein Trompetensolo von Miles Davis. Kompliziert und einfach. Es folgt den Regeln und bricht sie. Leicht zu imitieren, aber unmöglich, es perfekt nachzuahmen. Eine Mischung einfacher Dinge. Luft. Wasser. Zeit. Hitze. Ob man nun eine Trompete nimmt oder Malz, Hopfen und Hefe.

Als Paul sich auf den Weg nach Kalifornien machte, hatte Diana elf Mal ein Bier gebraut, dass sie CoMa IPA nannte. Jedes Mal schüttete sie es in das große Loch im Fußboden. Langsam war sie diese Routine satt. Versuch Nummer elf schmeckte ihr schon verdammt gut. Blumiger Duft, so süß wie die typischen IPAs des Mittleren Westens, aber mit einer bitteren Note im Abgang. Andere Leute verkauften schlechteres Bier und waren stolz darauf.

Frank wollte von Bier Nr. 11 nichts wissen. Genau wie Mo. Matt Duncan, der seit drei Jahren bei Heartlander arbeitete und nie selbst Bier gebraut hatte, roch zumindest mal daran.

»Du könntest da etwas auf der Spur sein«, sagte Matt. Vermutlich war er nur neidisch, dass er schon länger dort arbeitete als sie, aber noch nie hatte Bier brauen dürfen.

Diana bewarb sich diesmal nur über das reguläre Zulassungsverfahren, also hatte sie noch ein paar Monate bis zum magischen IPA Nr. 13 und um es irgendwie der Welt bekannt zu machen – mehr als genug Zeit, aber es schien doch nicht ausreichend zu sein.

Franks Lieblingsbier bei Heartlander war das 213 Pale Ale. Von Zeit zu Zeit arrangierte irgendein rotnasiger Bier-Snob eine Brauereibesichtigung und fragte ihn, ob es was mit Los Angeles zu tun hatte.

»Nein, zum Teufel«, erklärte Frank dann. »Ich mag mein Bier zu sehr, als dass ich es nach einer blödsinnigen Postleitzahl benennen würde. Es war die zweihundertunddreizehnte Charge Bier, die ich gebraut habe. So lange hat es gedauert, etwas zu machen, das ich jeden Tag trinke. Es hat Silbermedaillen gewonnen. Und Goldmedaillen. Es passt eigentlich zu nichts, außer zu sich selbst. Trinken Sie es als Ihr erstes oder zweites Bier, aber nie als drittes. Jeder Schluck sollte mindestens drei Sekunden in Ihrem Mund sein, oder Sie verschwenden Ihre Zeit. Wenn Sie in der nördlichen Hemisphäre sind und aus einer Flasche trinken, drehen Sie das Etikett nach Süden. Servieren Sie es mit einer Temperatur von neun Grad Celsius. Teilen Sie es mit Freunden. Und hören Sie auf, so blöd zu schauen. Prost.«

Sie schrieben mit einem Marker auf die Tanks, was gerade darin gebraut wurde, und eines Tages fragte Frank Diana, warum sie ihrem Bier einen so blöden Namen gegeben hatte.

»CoMa … Ich hoffe bei Gott, dass du kein Cobalt-Sulfat zur Schaumbildung benutzt hast. Dann bringe ich dich um.«

Sie hatte keine Ahnung, worauf er anspielte. »Nein, es ist für meine Eltern, Colleen und Mark.«

»Oh«, sagte er. »Das ist so niedlich, man möchte kotzen. Du willst sie wirklich ehren, indem du ein Bier braust, das du über ein Dutzend Mal wegkippst?«

»Wenn es sein muss«, sagte sie und machte sich wieder an die Arbeit.

Paul schrieb ihr jeden Tag SMS oder E-Mails. Für Nicollet Falls war seine Familie recht wohlhabend, doch Stanford war eine andere Welt. In seiner ersten Woche hatte er Kommilitonen kennengelernt, die ihren eigenen Porsche besaßen, und welche mit berühmten Namen. Allein auf seinem Flur gab es Studierende aus Malaysia, Japan, China, Frankreich und Kenia. Er war außerdem das erste Mal in einem Unterricht, in dem die Mehrheit der Studierenden schwarz war. Wenn man aus Nicollet Falls kam, musste einen das umhauen.

Und was gab es Neues von ihr?

Sie versuchte immer noch, ein anständiges Bier zu brauen, schrieb sie.

IPA Nr. 12 war ein Rückschritt. Es war extrem süß im Abgang, und die Aprikosen- und Pfirsichnoten des Citra-Hopfens waren zu penetrant. Sie wollte, dass der Citra-Hopfen nur eine flüsternde Andeutung war und nicht das Gespräch dominierte. Mo sagte, dass in jedem IPA mit mehreren Sorten Hopfen sie wie alte Freunde sein sollten, die gegenseitig ihre Sätze beendeten. Kein Hopfen sollte beides haben, die Begrüßung und das letzte Wort. Das wollte sie eines Abends Paul am Telefon wiedergeben und unterbrach sich erschrocken nach ungefähr zehn Minuten Monolog.

»Rede ich zu viel über Bier?«, fragte sie.

»Das ist das, was du gerade tust«, sagte er. »Und du tust es, damit wir hier zusammen sein können. Es wäre traurig, wenn du nicht darüber sprichst.«

Er hatte recht. Das war es, was sie tat. Es war alles, was sie tat.

»So, du bist also bereit, das beste Bier deines bisherigen Lebens zu brauen?«, fragte Mo, nachdem sie Nr. 12 in den Abfluss gegossen hatten und anfingen, die Anlage zu reinigen.

IPA Nr. 13 würde das erste sein, das sie Frank einschenkte. Es würde das sein, das sie an Bars und Läden auslieferte, damit sie Stanford vor dem 3. Januar erzählen konnte, dass sie ein Bier auf dem Markt hatte. Mit etwas Glück wäre es das Bier, das ihr in der Welt einen Namen als Brauerin und Mälzerin machte.

An einem Abend Mitte November schenkte sie Frank ein Glas ein. Es hatte eine stabile Schaumkrone, was in erster Linie am karamellisierten Malz lag, nahm sie an. Auf jeden Fall sah es sehr schön aus. Wie auf einem Werbefoto.

»Kein übles Aroma«, sagte Frank. »Erinnert mich an eine Mandarine, unten in der Weihnachtssocke. Du hast vier Sorten Hopfen dafür verschwendet, nicht wahr? Citra, Columbus, Simcoe und Centennial, stimmt's?« Er roch wieder daran. »Aber es ist der Malzanteil, der mir Sorgen bereitet. Wie viel Crystal? Fünf Prozent?«

»Sechs«, sagte Diana.

»Na, dann schmeckt es im Abgang wie ein Midwestern IPA.«

Diana sah zu, wie Frank das Glas an die Lippen hob und das Bier im Mund behielt. Frank schluckte, holte tief Luft und setzte das Glas ab.

Diana suchte in seinem Gesicht nach einer Antwort.

»Es ist noch nicht so weit«, sagte Frank und stand auf. »Das kannst du besser.«

Aber das hier war das Beste, was sie zustande brachte. Dies war das Beste, was sie je gebraut hatte. Und sie hatte keine Zeit, es noch besser zu machen.

»Das stimmt nicht«, sagte Diana. »Das hier ist das beste Bier, das ich brauen kann.«

»Das glaube ich dir«, sagte Frank. »Aber es ist nicht das beste Bier, das du brauen *könntest*. Ich kann ja förmlich schmecken, was du dir alles überlegt hast. Aber das will ich nicht. Ich zeige dir, was ich schmecken will.«

Frank griff sich das noch fast volle Bierglas, und keine Sekunde später stand Diana da, durchweicht von ihrem eigenen Bier. »Arschloch!«, brüllte sie.

»Da!«, sagte Frank. »Das ist es, was ich da drin haben will. Genau das.«

Frank entließ Diana aus seinem Büro, und sie saß da, klatschnass, an einem Montag im November, neben dem dicken grauen Maischebottich und schätzte, dass sie vielleicht bis Weihnachten fertig sein könnte, wenn sie jetzt gleich anfinge. Vielleicht. Doch jetzt gleich wollte sie kein neues Bier anfangen. Sie tat es trotzdem.

Für ihr IPA Nr. 14 probierte Diana etwas vollkommen anderes. Sie fügte ein viertes Getreide hinzu in der Hoffnung auf ein stärkeres Malz-Rückgrat, senkte den Anteil an karamellisiertem Malz auf vier Prozent, um das Bier weniger süß zu machen, und beschränkte sich auf drei Hopfensorten, Citra, Simcoe und Columbus.

Als Paul in den Weihnachtsferien nach Hause kam, war es fast fertig. Sie lieh sich Ediths Eagle Talon, um ihn vom Flughafen abzuholen.

Sie küssten sich mehrere Minuten lang. Irgendwann fiel ihnen der Flughafen-Polizist auf, der wohl darauf wartete, dass sie fertig waren, bevor er sie aus dem eingeschränkten Halteverbot gestikulierte.

»Wo willst du hin?«, fragte Diana. Paul hatte sich einen Bart stehen lassen, und sein Körper fühlte sich unter ihrer Berührung etwas fremd an, doch er lächelte.

»Ist mir egal«, sagte er. »Wie wäre es mit Arby's?«

Bis zum Herbst ihres Abschlussjahres hatte sie Paul nicht erzählt, dass ihre Großmutter bei Arby's arbeitete. Seitdem bestand Paul darauf, dort hinzugehen. Er wartete in der Schlange und brüllte *Hi, Edith!* wie ein Superfan, der beim Konzert in der ersten Reihe steht und seinem Lieblingssänger etwas zuruft. Er schien Diana zu lieben, er sagte auch, dass er Diana liebte, doch es waren Augenblicke wie diese, in denen ihr bewusst wurde, dass sie ihn auch liebte.

Zwei Tage später war Nr. 14 fertig. Sie war überrascht, als Paul, der keinen Alkohol trank, es probieren wollte. Nach Feierabend fuhr sie mit ihm in die Brauerei und schenkte ihm im kühlen weißen Licht des Kellers am Zwickelhahn eine Probe ein.

»Sag mir, was du denkst«, bat sie und roch die Pampelmuse, Kiefer, Hibiskus, Waldboden und Aprikose. Paul setzte das Glas an die Lippen.

»O mein Gott«, sagte Paul. »Das hast du gemacht?«

Sie nickte.

»Erzähl's nicht meinen Eltern, aber ich habe im letzten Semester eine Menge Bier getrunken. Aber das hier, das ist phantastisch.«

»Es schmeckt dir.« Sie glaubte ihm noch nicht ganz.

»Diana, es ist unglaublich.«

Da musste sie ihn einfach küssen, und wenn es in der Brauerei nicht so kalt gewesen wäre, hätten sie an Ort und Stelle Sex gehabt.

Dieses Bier durfte jeder bei Heartlander probieren. Mo fand es super. Der eifersüchtige Matt fand es super. Vielleicht war er überhaupt nicht eifersüchtig. Selbst Anna behauptete, dass sie es mochte. Frank sagte, er würde es zum Mittagessen probieren. Dann, nach dem Mittag. Im Anschluss war er lange am Telefon.

Nachmittags um 15:39 Uhr nahm sich Frank schließlich die Zeit, Dianas Indian Pale Ale Nr. 14 zu probieren. Diana stellte ein Glas auf den Tisch ihres Chefs, und Frank hielt es gegen das Licht, roch daran und nahm schließlich einen Schluck.

»Du bist schon dichter dran«, sagte er. »Und jetzt brau dieses Bier dreizehn Mal.«

Es fühlte sich an, als würde Dianas Herz durch die Rippen schießen und in den vereisten Mississippi River klatschen. Sie starrte in Franks ungerührtes Gesicht.

»Aber es ist doch gut, oder?«

»Ja, es ist gut. Aber ist dieses Zwei-Plus-Bier das Beste, was du brauen kannst?«

»Kann sein«, sagte Diana. »Ich weiß es nicht.«

»Du weißt es nicht? Warum würdest du es denn dann in Flaschen abfüllen?« Frank schob das fast volle Glas IPA Nr. 14 in Dianas Richtung. »Kipp es weg, und geh wieder an die Arbeit.«

Diana lief ziellos auf und ab, während Mo an seinem Schreibtisch saß und kleine Rollen mit Etiketten auspackte.

»Ich muss dieses Bier abfüllen«, sagte Diana. »Mir läuft die Zeit davon. Ich muss es tun.«

»Wir haben den 19. Dezember«, sagte Mo. »Wie willst du es jetzt in die Läden bringen, geschweige denn Fremde dazu bringen, es tatsächlich zu trinken? Und Kritiker wie Flavor Dave werden es sicher auch nicht so schnell bewerten.«

»Das spielt keine Rolle. Ich muss nur sagen können, dass es existiert. Dass es existiert und dass Menschen es kaufen können und dass ich es gemacht habe.«

»Willst du aufs College, oder willst du Brauerin werden? Für eine Brauerin bist du schon ziemlich okay.«

»Ich weiß nicht«, sagte Diana, weil sie sich diese Frage noch nie gestellt hatte.

»Und was wolltest du, bevor du hier angefangen hast?«

»Das spielt keine Rolle«, sagte sie. »Ich habe nur versucht zu überleben.«

An jenem Abend erklärte sie Paul, dass sie sich in diesem Jahr nicht in Stanford bewerben könne, weil sie unmöglich rechtzeitig ein Bier herausbringen könne, um überhaupt irgendetwas vorzuweisen.

»In sechs Monaten«, sagte sie, »werde ich dieses Rezept aus dem Effeff können, es auf den Markt bringen, und dann habe ich noch weitere sechs Monate, in denen die Leute mein Bier kaufen und trinken, vielleicht bewerten und darüber schreiben. Das brauche ich. Was meinst du?«

Paul lag auf dem Bett und starrte die Decke an. »Weißt du, was ich glaube? Ich glaube, du bist für sie eine billige Arbeitskraft, und sie wollen dich einfach nur halten.«

Diana setzte sich auf, gegenüber von Pauls *City-of-God*-Poster, einem Bild, das Diana aus allen Blickwinkeln schimmern gesehen hatte und das jetzt langweilig und flach aussah.

»Ich glaube nicht, dass das stimmt, ich denke, sie versuchen, mich besser zu machen.«

»Dann frag sie nach einer Gehaltserhöhung, und schau, was sie sagen. Du darfst dich von ihnen nicht ausbeuten lassen.«

»Okay«, sagte Diana und fürchtete sich bereits vor den Konsequenzen.

Frank Schabert sah Dianas Anstellung aus einer vollkommen anderen Perspektive. »Ich habe dich für wer weiß wie viel Geld Malz, Hopfen, Hefe und Wasser benutzen lassen. Ich habe dir eine Ausrüstung überlassen, mit der ich eigentlich Bier brauen sollte, das ich tatsächlich an Leute verkaufe. All das hast du kostenlos, uneingeschränkt und auf unbestimmte Zeit bekommen. Wer benutzt hier wen, du Idiot?«

»Ich verstehe, was du meinst«, sagte Diana.

»Aber was die Gehaltserhöhung angeht. Du hast als Angestellte und als Mensch gewisse Fortschritte gemacht, und soweit ich weiß, hast du immer noch nichts gestohlen. Ich gebe dir ab Januar elf Dollar die Stunde. Wie ist das? Und ich erhöhe weiter, wenn du jemals etwas brauen solltest, das sich verkaufen lässt. Außer, du haust ab aufs College und lässt uns sitzen.«

»Ich werde mich diesen Monat nicht in Stanford bewerben«, sagte Diana. »Ich werde noch ein Jahr warten.«

Frank nickte. »Dann geh zurück an die Arbeit.«

Diana war sich nicht sicher, ob sie noch besser werden konnte. Die Ausrüstung nicht sauber genug zu halten zum Beispiel, war ein einfach zu vermeidender Fehler. Sie bezweifelte, dass sie viel dabei lernen würde, den Prozess zu wiederholen, aber damit lag sie ganz offensichtlich daneben. IPA Nr. 15 war gegenüber Nr. 14 ein Schritt nach oben, Nr. 16 und Nr. 17 waren nicht schlechter, und Nr. 18 war gegenüber Nr. 17 womöglich einen ganzen Treppenabschnitt besser. Es war Anfang April, und vielleicht, weil nach über einer Woche das erste Mal wieder die Sonne schien, fühlte Diana sich bei Nr. 18 das erste Mal leer. Die Arbeit, die Messungen und der Zeitablauf waren für sie zu einem Automatismus geworden. Sie bewegte nicht länger Wasser, Malz, Hopfen und Hefe von einem Ort zum anderen. Sie bewegten sich von selbst.

»Eins Minus«, sagte Frank. »Ich kenne ein paar Brauereien, die das sogar abfüllen würden. Aber ich will kein Eins-Minus-Bier abfüllen, und du solltest das auch nicht.«

Selbst Mo schien beeindruckt zu sein. »Hey«, sagte er zu ihrem Boss, »ich denke, wir sollten ein CoMa-IPA-Etikett entwerfen.« Das war etwas, das sie wegen der behördlichen Genehmigung Monate vorher tun mussten.

»Nur, wenn Matt Duncan überhaupt nichts anderes Sinnvolles mehr zu tun hat«, sagte Frank. »Und nur, wenn du absolut sicher wegen des Namens bist.«

Am Memorial Day, kurz nachdem Diana ihr IPA Nr. 20 das erste Mal probiert hatte, fuhren sie und Mo nach Burnsville, um sich einen gebrauchten VW Golf anzusehen, der später Dianas erstes eigenes Auto werden sollte.

»Diese Heckklappe ist super«, sagte Mo während des Fahrens. »Diese kleinen Wagen haben echt verblüffend viel Stauraum.«

Dianas Handy klingelte. Sie dachte immer noch jedes Mal, es wäre das Telefon von jemand anderem.

Es war Paul. Sie hatten eine Weile nichts voneinander gehört, vielleicht drei Tage.

»Was gibt's, Babe?«, fragte Diana.

»Hi«, sagte er. Seine Stimme klang ernst. »Hast du gerade Zeit zum Reden?«

»Ja, ich denk, schon«, sagte sie und warf Mo, der das Radio leiser drehte, einen kurzen Seitenblick zu.

»Ich muss dir was sagen.«

Mo konnte ruhig mitbekommen, dass Paul gerade mit ihr Schluss gemacht hatte. Er war inzwischen sowieso Dianas bester Kumpel, nachdem der Rest ihrer Freunde auf verschiedene Colleges entschwunden war. Doch weinen wäre zu weit gegangen, obwohl ihr danach war. Nein, Diana schaffte es mehr oder weniger, sich zusammenzureißen, sosehr es jemandem möglich war, dessen erste große Liebe ihr gerade gesagt hatte, dass er den Sommer über in Kalifornien bliebe und es vielleicht das Beste sei, wenn sie sich für eine Weile trennen würden.

Erst als sie auflegte, wurde ihr klar, dass sie sich gar nicht für eine Weile trennen wollte, und dass Paul ihr das antat, nach all den Jahren, in denen sie für sie beide gearbeitet hatte, fühlte sich an wie eine Heugabel mitten im Herzen.

Mo hatte einen weisen und anständigen Rat für sie. »Schreib ihm heute Abend eine E-Mail«, sagte er. »Dann warte drei Tage. Und wenn du sie immer noch abschicken willst, schick sie ab. Aber heute Abend, da schreib was auf, schreib's dir von der Seele.«

»Ich will ihn aber jetzt anrufen«, sagte Diana.

Mo packte ihren Arm. »Nein. Sonst werfe ich dein Handy aus dem Fenster. Lass ihn in Ruhe.«

Die Welt draußen kippte weg. Alles, woran sie vorbeifuhren, wirkte zu grell und bewegte sich stotternd, als wäre sie betrunken, aber nicht aufgedreht oder fröhlich. Sie wurde wütend wegen einer Werbetafel für einen ortsansässigen Zahnarzt und wegen des gigantischen, künstlichen Lächelns der Familie mit den künstlich weißen Zähnen.

»Also, meine Frau arbeitet mit ein paar süßen Praktikanten zusammen«, sagte Mo. »Wenn du so weit bist.«

Diana konnte ihn noch nicht einmal ansehen. »Nein. Ganz sicher nicht.«

»Okay. Aber, weißt du, wie das alte Sprichwort lautet, um über jemanden hinwegzukommen?«

»Nein, wie?«

»Kauf dir einen gebrauchten vw Golf.«

Als sie schließlich angekommen waren, war Diana so gar nicht nach Verhandeln. Wie es aussah, hatte der Typ seit Wochen den Rasen nicht gemäht, und in seinem Garten standen diverse Wagen in verschiedenen Stadien des Verfalls. Noch nie hatte sie so viel Geld für etwas ausgegeben. Doch sie wollte einen Wagen kaufen, der in anständigem Zustand war und den sie sich leisten konnte.

Diana fragte sich, ob man ihr ansah, dass sie auf der Hinfahrt gerade die erste Liebe ihres Lebens verloren hatte. Oder ob es für ihn ein Geschäft war wie jedes andere mit einer jungen Frau, die nichts von Autos verstand oder von sonst irgendwas.

»Willst du ein Bier?«, fragte er, nachdem er ihr die Schlüssel gegeben hatte.

»Was hast du denn?«, fragte sie. Sie wollte keines, doch sie musste es wissen.

»Ist für jeden was dabei«, sagte er und öffnete den Kühlschrank, der mit Blotz, Miller, Lite, PBR und Corona gefüllt war.

Inzwischen beurteilte Diana andere nach dem Bier, das sie tranken. Sie fühlte sich wie ein Vollpfosten, diesem Kerl beinahe dreitausend Dollar zu geben, wenn er sie für so etwas ausgab.

»Ich bin nicht alt genug«, sagte Diana. »War nur neugierig.«

Drei Blocks weiter hielt sie am Straßenrand. Sie konnte

nichts mehr sehen, nur noch Pauls Gesicht, und ihr Kopf quoll über vor Worten. Sie hatte sich endlich ein eigenes Auto gekauft, das nur ihr allein gehörte, mit ihrem eigenen, ehrlich verdienten Geld, und nun konnte sie es noch nicht mal fahren. Sie konnte nur dasitzen und weinen.

Ohne den Traum, irgendwann gemeinsam mit Paul nach Stanford zu gehen, fühlte sich die Rückkehr in die Brauerei wie eine Niederlage an.

»Hey, Diana«, sagte Mo und warf ihr ein in Plastik verpacktes marineblaues Bündel zu. »Hier ist eine Gratisjacke. Du trägst doch M, oder?«

Gratiskleidung konnte Diana immer gebrauchen, besonders eine Jacke. Diese hatte natürlich das Heartlander-Logo vorne und hinten aufgestickt. Sie konnte ihre Arbeit bereits in ihrer Kleidung riechen, putzte sie von den Schuhsohlen ab und sah sie im Kofferraum ihres Wagens. Wer immer sie einmal gewesen war, war vereinnahmt worden.

Als sie beim letzten Mal ihr gesamtes Bier wegkippte, wurde es ihr plötzlich klar. Der Name zu Ehren ihrer Eltern verlor langsam seine Bedeutung. Sie würde ihn aufbewahren und benutzen, wenn sie besser in dem war, was sie tat. Dann sagte sie Mo, sie würde ihr Bier umbenennen in »Brutal Chaos IPA«.

»Ach, Kopf hoch«, sagte Mo. »Aber irgendwie gefällt es mir.«

»Was bringt das denn eigentlich, was Frank da macht?«, fragte Diana.

»Was das eigentlich bringt?«, wiederholte Mo. »Ich denke, er versucht einfach nur, das verdammt beste Bier der

Welt zu brauen. Seit fünfundzwanzig Jahren ist er da dran, Mann. Er hat schon Craft IPAs gebraut, bevor der Begriff überhaupt existierte.«

»Nein, ich meine, was mich angeht. Hat er dich auch so in die Mangel genommen?«

»Scheiße, ja«, sagte Mo. »Als Kristin und ich hergezogen sind, kam ich aus einer Destillerie. Ich hatte meinen Kellermeister gemacht und zu Hause alle möglichen Biere gebraut, und trotzdem musste ich den ganzen Müll noch mal machen. Als du hergekommen bist, hattest du vorher quasi noch nie ein Bier getrunken. Und jetzt schau dich an.«

»Ich weiß nicht, wie viel länger ich das hier noch durchhalte.«

»Doch, das schaffst du.«

Wie Diana schon geahnt hatte, war Brutal Chaos IPA Nr. 20 selbst mit dem weniger sentimentalen Beinamen nicht gut genug für Frank. Genauso wenig wie Nr. 21, Nr. 22 oder Nr. 23. IPA Nr. 24 war gerade fertig, als die Bäume begannen, ihre Blätter abzuwerfen, und Mo nicht mehr in Shorts zur Arbeit kam. Soweit sie wusste, hatte sie nichts anders gemacht als sonst. Vielleicht war es eine halbe Prise mehr von dem einen und eine halbe Prise weniger von dem anderen, doch für Diana war es dasselbe verdammte Bier, und sie bezweifelte, dass sie bei ihrem Wissensstand mit diesen Zutaten und dieser Ausrüstung noch ausdrucksstärker werden konnte. Wie jede Kreation eines Künstlers eine Erweiterung seiner selbst ist, so war ihr Bier eine bessere Version von Diana. Was sie einmal gewesen war, spielte keine Rolle mehr. Dieses Bier war ihr Blut, Herz und Geist, außerhalb ihres Körpers, und in dieser Stunde, an diesem Tag, fast perfekt.

»Das ist ziemlich gut«, sagte Frank. »Das kann ich wahrscheinlich verkaufen.«

Diana war sicher, dass sie ihren Boss missverstanden hatte, und bat ihn, das zu wiederholen.

»Ich sagte, du bist fertig«, sagte Frank. »Und jetzt bedank dich, bevor ich meine Meinung ändere.«

»Danke«, sagte Diana. Sie hatte Tränen in den Augen. Ihr erster Gedanke war, es Paul erzählen zu können. Vielleicht würde sie das, in einer E-Mail. Aber das war's dann auch. Ihr Herz war erfüllt. Es würde da draußen ein Bier von ihr geben, und sei es nur im Südosten Minnesotas. Brutal Chaos IPA würde existieren, zwischen all den anderen Bieren auf diesem Planeten.

Frank runzelte die Stirn. »Aber ich bin ja bloß ein Kerl mit einer Meinung. Die Leute, um die du dir wirklich Gedanken machen musst, sitzen jetzt gerade auf einem Barhocker und bestellen etwas, das sie schon kennen. Aber, jep, wir könnten versuchen, ihnen dieses Zeug hier vorzusetzen.«

»Ich glaub's nicht«, sagte Diana.

»Ich auch nicht, aber das hier ist ein Bier, das du vor acht Monaten noch nicht hättest brauen können. In diesem hier steckt etwas vom Leben. Nicht viel, aber genug.«

Frank hatte eigentlich vorgesehen, dass Diana eine Trockenübung auf der großen Anlage machte, bevor sie die Charge ansetzten, die sie verkaufen würden, doch Diana erledigte es in einem Rutsch. Jetzt käme ihr Bier mitten in der Footballsaison. Perfektes IPA-Wetter.

Bei Heartlander war es Tradition, dass jeder Brauer und

jede Brauerin sein oder ihr Bier selbst abfüllte, und für die Freiwilligen gab es kostenlos zu essen und zu trinken, und sie machten eine kleine Party daraus.

Die Menschen, die zum Abfüllen, Etikettieren und Verpacken kamen, waren Grandma Edith, Mo Akbar, Matt Duncan, der gute alte Londard Shultz, Ann und Will aus dem Coffeeshop, ein paar Typen aus der Aktenvernichter-Firma gegenüber plus Onkel Eugene, der ursprünglich nicht ohne Bezahlung arbeiten wollte, dann aber wegen des Freibiers seine Meinung änderte, sowie Clarissa, die den ganzen Weg von Ohio hochgefahren kam, nur um dabei zu sein. Seit Clarissa gegangen war, hatten sie sich nur selten gesehen, und eine Weile nahm Diana an, sie hätten sich einfach auseinandergelebt. Doch sie lächelte unwillkürlich, als ihre alte beste Freundin durch die Tür kam.

Clarissa liebte Oberlin, und sie hatte sich an diesem Ort in so vieler Hinsicht entfaltet, dass Diana wünschte, sie wäre Zeugin des Wandels gewesen: pinkfarbenes Haar und eine Tätowierung am Handgelenk – VIRGINIA DARE, der Name ihrer rein weiblichen Dance-Punk-Band.

»Alter!« Sie boxte Diana im Spaß gegen den Arm. »Also, was für Bier hast du für uns? Gibt's was von dem 213 Pale Ale?«

Gott, war es schön, sie wiederzusehen. »Alles, was du willst, Babe«, sagte Diana.

Selbst mit einem Bauch voll Freibier riss sich Clarissa an diesem Abend für Diana den Arsch auf. Alle taten das, selbst Eugene. Es war wunderbar und auch ein bisschen unheimlich, weil es wie eine kleine Familie war.

Am nächsten Morgen fragte Frank den Vertreter der Vertriebsgesellschaft, ob Diana ihn begleiten könne, wenn er ihr Bier den Bar- und Restaurantbesitzern vorstellte. Also fuhr sie die nächsten paar Tage mit einem gutaussehenden Typen namens Andy Nakagawa in seinem blauen vw Golf zu Kneipen und Restaurants, während dort kein Betrieb war, den Kofferraum voller Kisten, Kästen, Thekenaufstellern und Werbematerial. Andy hatte sich beim Rasieren geschnitten und trug einen Blazer, der ihm vermutlich eine Nummer zu groß war, hatte schönes Haar und hörte während der Fahrt Hörbücher.

»Das ist toll, eine Brauerin dabeizuhaben«, sagte Andy. Diana wusste nicht, ob er das wirklich so meinte.

»Ich habe genau den gleichen Wagen wie du«, sagte sie mit glockenheller Stimme.

»Oh, cool«, meinte Andy. »Für so ein kleines Auto hat es ganz schön Stauraum, oder?«

»Ja, sieht aus, als bräuchtest du den auch.« Wie ein Trottel. Was quatschte sie da? Das war doch offensichtlich. Deswegen hatte er ja diesen verdammten Wagen.

»Jep.« Er blickte hinter sich in den vollen Kofferraum und seufzte. »Das ist mein Leben, eine Ladung Alkohol durch die Gegend kutschieren. Wer hätte das gedacht. Elf Jahre Violinunterricht, alles für die Katz.«

Sie lachte, wollte aber lieber das Thema wechseln. Dann bemerkte sie eine Plastikflasche in seinem Getränkehalter mit einem ihr unbekannten Etikett. »Was ist das?«

»Oh, nur Tee.«

»Wo hast du den her?«

»United Noodles«, sagte er, als wäre das offensichtlich.

»Wo ist das?«

Er schien gleichzeitig empört und amüsiert zu sein. »Du warst noch nie bei United Noodles?«

»Nein«, sagte sie. »Wo ist das, in Minneapolis?«

»Jep, ich wünschte, es wäre näher.«

Klar, deswegen hatte sie noch nie davon gehört. »Da bin ich selten.«

So ungefähr einmal im Jahr, aber das behielt sie für sich.

»Es ist toll. Meine Oma liebt den Laden. Sie bekommt dort ihre japanischen Zutaten.«

»Deine Oma ist aus Japan?«

»Ja, sie ist Amerikanerin, aber sie wurde in Kyoto geboren«, sagte er.

»Das ist cool«, sagte sie und meinte es. »Vielleicht sollte ich da mal hingehen.«

Er warf ihr einen kurzen Blick zu und schürzte die Lippen. »Ich weiß nicht so recht. Ihr Weißen habt einen recht faden Geschmack. Ich mag die Ramen dort so, wie sie ist. Wenn du anfängst, dort zu essen, bringst du alles durcheinander.«

»Das stimmt vermutlich«, sagte Diana. »Aber ich esse gerne scharf.«

Er schien ein bisschen beeindruckt zu sein. »Oh, echt? Was ist dein Lieblingsgewürz?«

»Butter«, sagte sie.

Er lachte so sehr, dass der Wagen fast in den Gegenverkehr geriet. »Alter!«, rief er. Sie mochte es, dass er sie, ohne nachzudenken, so nannte.

»Genau genommen, stimmt das gar nicht. Mein Lieblingsgewürz ist eine Mischung aus Saaz und Willamette.«

»Sag's nicht, ich weiß, was das ist«, sagte Andy lächelnd. »Okay, sag's mir.«

»Hopfen.«

»Natürlich.« Er nickte. »Na, da wird es ja heute nicht langweilig.«

Weniger langweilig vielleicht, doch Diana fand die Arbeit anstrengend. In jeder Bar, die sie betraten, das gleiche Spiel. »Wir haben bereits drei IPA vom Fass.« – »In dieser Bar läuft IPA nicht.« – »Wir verkaufen nur IPA von (hier multinationalen Konzern einfügen), weil wir einen Vertrag mit denen haben.« – »Die Sorte kennen wir nicht, wir wollen die andere Sorte, die unsere Kunden mögen.« Es reichte eindeutig nicht, ein großartiges neues IPA von einer bekannten Craft-Beer-Brauerei zu haben.

Nach einem Halt in Nicollet Falls fuhren sie an der Elks Lodge vorbei, in der Dianas Großvater oft gewesen war.

»Wenn die mein Bier verkaufen würden, das wäre toll«, sagte Diana.

»Wäre es nicht«, sagte Andy. »Da gibt's nicht viele Craft-Beer-Trinker.«

»Hast du es je versucht?«

»Vielleicht mach ich's an dem Tag, an dem ich die Vertretung für Blotz bekomme.«

Nachdem ein weiterer Laden das IPA abgelehnt hatte, gab Andy zu, dass sie es vielleicht ganz falsch angingen.

»Lass uns was versuchen. Nicht zu glauben, dass mir das jetzt erst einfällt. Wie lautet deine Story? Was ist die Geschichte dieses Bieres? Ich wette, das ist interessant.«

»Also, es hat wohl damit begonnen, dass –«

»Nicht jetzt«, unterbrach Andy. »Warte, bis wir drinnen sind. Die wird gut, das merk ich schon.«

Fünfzehn Minuten, nachdem sie in einer Bar in Woodbury durch die Tür gekommen waren, hatte Diana die Geschichte von Brutal Chaos Nr. 24 zu Ende erzählt.

»Wart mal ne Sekunde«, der Barmanager schüttelte den Kopf, »du hast dieses Bier schon vierundzwanzig Mal gebraut? Und du bist neunzehn?«

Andy knallte seinen Kopf auf die Bar. »O mein Gott. Wie gut, dass die Läden alle noch nicht offen haben. Ich dachte, du wärst älter als ich. Ich dachte, du wärst mindestens fünfundzwanzig.«

Diana nahm es als Kompliment. »Ich werde in zwei Monaten zwanzig.«

»Also, kommen wir mal zur Sache«, sagte der Barmanager. »Schenkt mir ein Glas ein.«

Über die nächsten zwei Tage nahm jeder Laden, in dem Diana ihre Geschichte erzählte, das Bier in sein Getränkeangebot, und am Ende waren es neun Bars, zwei Restaurants und ein Spirituosengeschäft in Familienbesitz. Es war, als hätte sie einen Zauberstab. Die Leute waren fasziniert, sei es, dass Frank eine Jugendliche erwischte, die etwas aus seiner Garage klaute und sie zur Brauerin machte, oder die Neunzehnjährige, die ein extrem gutes Midwest IPA braute, oder wie viel Arbeit Diana hineingesteckt hatte, während sie gleichzeitig ihre Großmutter unterstützte.

»Kopf und Herz«, sagte Andy und schaute dann auf einen Karton in seinem Kofferraum, auf dem EXXXTASY *New York*

Zimt-Wodka stand. »Hey, können wir einen halben Tag lang die Leute anlügen und sagen, du hättest das auch gemacht? Ich kriege keine einzige Flasche von diesem Scheiß unter.«

Diana zeigte im Vorbeifahren auf die Elks Lodge. »Können wir kurz anhalten?«

»Nein. Das ist Zeitverschwendung. Du könntest es ihnen schenken, und sie würden es nicht verkaufen.«

»Gib mir nur ein Sixpack. Bitte.«

Andy schüttelte den Kopf. »Da gehst du allein rein«, sagte er.

Fünfundzwanzig Minuten später kam sie mit leeren Händen wieder heraus.

»Ich werde nicht mal fragen«, sagte er, ohne von seinem Handy aufzusehen.

»Mach den Kofferraum auf«, sagte Diana. »Sie wollen zwei Kisten.«

Andy starrte sie an, als wäre sie von den Toten auferstanden.

»Oh. Und deine Visitenkarte.«

Später lud er sie in ein Restaurant namens The Barbary Fig in St. Paul ein, und obwohl sie von den Speisen beeindruckt war – es war das erste Mal, dass sie eine Hühnchen-Tajine aß –, schien er mit den Gedanken ganz woanders zu sein. Er kam immer noch nicht über die Elks Lodge hinweg, selbst, als sie wieder auf dem Weg nach draußen waren.

»Du bist eine Zauberin«, sagte er schon mindestens zum dritten Mal. »Ich werde dich überallhin mitnehmen.«

Sie hätte nichts dagegen, mehr Zeit mit ihm zu verbringen. Er sah nicht nur gut aus, sondern stellte sich auch als intelligent, witzig und ein bisschen zynisch heraus. Er ging voraus, um einer Mutter die Tür zu öffnen, die ein Neugeborenes trug.

»Danke«, sagte die Frau lächelnd.

Als sie draußen waren, warf er einen Blick zurück. »Gott, irgendwann will ich auch so eins«, sagte er.

Wer zum Teufel war dieser Kerl?

Sie musste sich sehr zusammenreißen, damit ihr Gehirn kein Feuerwerk an Spekulationen und Phantasien zündete. Sie hatte es nie jemandem erzählt, doch sie wünschte sich eine Familie. Und noch dazu aus dem blödesten und augenfälligsten Grund. Um die zu ersetzen, die sie verloren hatte.

Jetzt noch nicht, Himmel, nein, und auch nicht demnächst, aber irgendwann auf jeden Fall. Andy hatte sie dazu gebracht, wieder daran zu denken, in aller Öffentlichkeit, mit einer Geste und einem Satz, einem furchteinflößenden, manipulativen, interessanten und wunderschönen Satz.

»Eines Tages«, sagte sie leise.

»Wo habe ich geparkt?«, sagte er, sah sich um und versuchte, ihr nicht ins Gesicht zu sehen. Er schien zu bemerken, dass er etwas in ihr ausgelöst hatte, oder zumindest wollte sie das glauben.

»Ich könnte noch einen Kaffee vertragen«, sagte sie.

»Kaffee«, wiederholte er. »Ich kenne da einen Laden.«

Er wandte sich nach links, und sie ging an seiner Seite weiter.

Einen Tag später, als Diana gerade ein Fass ausspülte, kam

Frank aus dem Büro nach unten, setzte sich auf einen Klappstuhl und starrte sie an.

»Wie zum Teufel hast du dein IPA in die Elks Lodge bekommen?«

Diana ging hinüber zum Wasserhahn, drehte ihn ab und nickte, als sie den Schlauch aufwickelte. »Ich habe ihnen einfach von dir erzählt und wie wir uns kennengelernt haben und wie du mich dazu gebracht hast, so hart zu arbeiten, und wie oft ich dieses Bier gebraut habe und wie viele Jahre ich daran gearbeitet habe. Eigentlich nur das.«

Frank blickte Diana an und lächelte. »Darum habe ich es getan, weißt du.«

»Was getan?«

»Oh, dein Bier war schon vor über einem Jahr so weit. Wir hätten Nr. 14 locker abfüllen und verkaufen können.«

Es hatte in Dianas Leben noch nicht viele Momente gegeben, in denen die Wut in ihr aufgebraust war. Als sie nun daran dachte, was sie verloren hatte, was es sie gekostet hatte, was unwiederbringlich war, war es zu viel. Ihr Kopf schlug so hart auf dem Betonboden auf, dass bei dem Geräusch wahrscheinlich allen die Zähne weh taten.

Als Diana wieder zu sich kam, lag sie auf dem schwarzen Ledersofa im Büro, und ihr Kopf fühlte sich an, als wäre er gespalten. Sie sah Mo über sich stehen. Jemand reichte ihr einen Eisbeutel.

»Hey, Elkhorn«, sagte Mo, »du bist hart im Nehmen.«

Diana schloss die Augen gegen das Licht. »Elkhorn?«

»Das ist dein offizieller Brauerei-Spitzname. Elkhorn. Die Frau, die überall die Elk Lodge bezwungen hat.«

Dianas Schädel tat zu sehr weh, um das zu würdigen. »Wo ist Frank?«

»Er ist hier«, sagte Mo und trat zur Seite.

»Tut mir leid«, sagte Frank. »Vielleicht hätte ich dich erst bitten sollen, dich zu setzen.«

Diana hielt sich den Eisbeutel an die Schläfe und schloss die Augen. »Warum?«, sagte sie laut. »Warum hast du das getan?«

»Es hat doch funktioniert, oder?«

»Was meinst du damit, es hat funktioniert?«

»Deine Story. Der Markt für Craft Beer ist langsam übersättigt. Das hast du an deinem ersten Tag mit Andy gesehen. Er mag dich übrigens.«

»Oh«, sagte Diana.

»Wenn man eine neue Marke einführt, geht es nur darum, eine persönliche Beziehung zu den Kunden aufzubauen, damit sie ihren Gästen deine Story erzählen können. Und du hast jetzt eine phantastische Story. Ich hätte dich auch noch weitermachen lassen, aber ich wollte, dass du da rausgehst, bevor du zwanzig wirst. Die Leute fahren voll auf diese Teenager-Brauereimeister-Nummer ab. Die Zeitungen von St. Paul und Minneapolis wollen beide einen Artikel über dich herausbringen, weißt du. Das ist großartige Publicity für die Marke.«

Diana setzte sich auf, die Hand über einem pochenden Auge. Sie holte tief Luft. »Du hast mich benutzt.«

Frank schien zu lächeln. »Himmel, du und dein Verfolgungswahn. Wer hat hier wen benutzt, Kleine? Du hast jetzt ein Leben. Du hast eine Karriere. Ich wollte, dass du es dir verdienst, und das hast du. Ich habe bisher nur zwei

Menschen gesagt, dass ich sie liebe, und das sind meine Frau und meine Mom, aber du wärst Nummer drei.«

Diana starrte auf den orangefarbenen Fleck an der abgehängten Decke. »Also durfte ich mir für deine gottverdammte Marke den Arsch aufreißen.«

»Du bist doch besser geworden, oder? Du kannst das Bier jetzt mit verbundenen Augen brauen. Als du das Rezept an die große Anlage anpassen musstest, hast du es in einem Rutsch geschafft. Das war nicht ich. Und ich habe dich auch nicht besser gemacht. Ich habe dich nicht angetrieben. Und ich bin nicht dort draußen und erzähle deine Geschichte und schaffe es mit deinem Craft IPA auf die Getränkeliste von Bars, in denen man bisher noch nicht mal wusste, wie man Craft IPA schreibt. Das bist alles du, Kleine. Jetzt liegt es an dir. Und ich hoffe, du weißt das zu würdigen. Denn du bist neunzehn und kurz davor, verdammt großartig in etwas zu sein. Das kann weniger als ein Prozent der Bevölkerung von sich sagen.«

»Aber ich bin erschöpft«, sagte Diana.

»Dann nimm dir morgen frei«, sagte Frank. »Du siehst scheiße aus.«

Eine Woche später brachte Andy Nakagawa schließlich den Mut auf, Diana zu fragen, ob sie mit ihm ausgehen würde. Er suchte ein Restaurant namens The Point in der Nähe von Hastings aus, weil er wusste, dass sie Dianas Bier servierten. Allein aus diesem Grund hätte sie ihn küssen können. Es war das erste Mal, dass sie den Namen Brutal Chaos IPA gedruckt auf einer Getränkekarte sah. Sie nahmen fünf Dollar pro Flasche.

Andy bestellte eins. Er sah gut aus in seinem Hemd, und als er sie ansah, bemerkte sie, dass er ständig lächelte, als könne er gar nicht anders.

Die Kellnerin kam an ihren Tisch und stellte zuerst Dianas Wasser ab, dann ein gekühltes Bierglas vor Andy und öffnete die Flasche.

»Hier ist das Brutal Chaos«, sagte sie und schenkte es bewusst schräg gegen den Rand von Andys Glas ein. »Ich liebe dieses IPA. Haben Sie es schon mal getrunken?«

»Nein«, log Andy und lächelte Diana an. »Noch nie davon gehört.«

»Haben Sie eine Minute?«, fragte die Kellnerin. »Es hat 'ne richtig gute Geschichte.«

Der Ort deines Lebens
Edith, 2016

Es mochte merkwürdig klingen, doch Edith hatte nicht damit gerechnet, siebenundsiebzig Jahre alt zu werden. Kein vernünftiger Mensch in ihrer Familie hätte das. Von ihren Eltern, Großeltern und Urgroßeltern hatte es nur eine, ihre Großmutter Doris, überhaupt bis siebzig geschafft. Als Kind machte es sie ein wenig traurig, wenn andere erzählten, wie sie von ihren Großeltern verwöhnt wurden. In ihrer eigenen Familie kamen alte Leute so oft vor wie Kirschen in einer Dose billigem Fruchtcocktail. Also bemühte sie sich, das schnell näher rückende Ende ihres Lebens einfach zu akzeptieren, und Humor half dabei. *Gott muss unsere Familie lieben,* erzählte sie den Leuten immer, *so viel ist mal klar. Er kann es ja kaum erwarten.*

Edith hatte keinen Grund zur Annahme, dass ihr Schicksal ein anderes sein würde. Wozu hätte sie also für ihr Alter vorsorgen sollen? Sicher, es gab Sozialhilfe und Medicare, auch wenn sie darüber nichts Genaues wusste, aber bei keiner ihrer Arbeitsstellen hatte sie in die Rente einzahlen können. Keiner ihrer Kollegen konnte es sich je leisten, für die Rente zu sparen, und wenn doch, waren sie nicht derart taktlos, darüber zu reden. Und nun feierte Edith 2016 ihren siebenundsiebzigsten Geburtstag, und sie war nicht nur am Leben, sondern sie arbeitete an jedem Tag, an dem man sie ließ.

Sie vermutete, dass ihre Eltern und Großeltern stolz auf sie gewesen wären. Keiner von ihnen wäre je in Rente gegangen, hätten sie so lange gelebt. Vielleicht hätten sie es ein bisschen langsamer angehen lassen. Doch selbst als ihr Vater krank geworden war, hätte er nie gesagt: »Ich möchte einfach nur nichts tun«, und soweit sie wusste, hatte er das auch nie.

Zugegebenermaßen konnte man es auch nicht vergleichen. Ihre Eltern und Großeltern hatten Kornfelder, Kuhmist, den metallischen Geschmack des Leitungswassers auf dem Land; Edith hatte Personalrabatt, Kunden, die sich beschwerten, und das gedimmte Licht beim Schlussverkauf. Alles hatte Vor- und Nachteile. Da ihre Eltern nie etwas anderes gemacht hatten und es anscheinend auch nicht wollten, wurden sie ihrer Arbeit auch nie müde. Doch Edith schon, auch wenn sie sich nicht über Arby's oder Kohl's beschweren würde.

Dann, einen Monat, bevor Diana und Andy heirateten, wurde sie bei Kohl's entlassen. Die Chefs waren nett und versicherten, es hätte nichts mit ihr zu tun. Es sei eher so, dass sich das Geschäft ins Internet verlagerte. Die Leute müssten eine Jacke oder ein Paar Hosen nicht mehr anprobieren, bevor sie sie kauften. Es sei nichts Persönliches.

Doch sie würden sie vermissen. Da war sie sich sicher. Edith entdeckte jeden abgelaufenen Gutschein (und ließ es dann doch durchgehen, wenn ihr Boss gerade nicht hinsah), sie war ein echter Ninja gegenüber denjenigen geworden, die etwas zurückgeben wollten, was sie woanders gekauft hatten, oder es mit einer falschen Quittung versuchten. Edith überraschte es jedes Mal wieder, wie mühsam und würdelos jemand Kohl's um 18,95 Dollar erleichtern wollte, doch sie hatte immer Mitgefühl. Es hatte in ihrem eigenen Leben reichlich Gelegenheiten gegeben, in denen zusätzliche 18,95 Dollar einen Unterschied ausgemacht hätten.

Jetzt zum Beispiel, da sie als siebenundsiebzigjährige Frau mal wieder auf Jobsuche war.

»Mach dir keine Sorgen«, sagte Dianas liebenswerter Verlobter am Abend beim Essen. »Vielleicht ist es für dich an der Zeit, kürzerzutreten und dich auszuruhen. Ein bisschen auf dich zu achten.«

Edith hätte es besser wissen müssen, aber es überraschte sie dennoch, dass Andy selbst nach fünf Jahren mit ihrer Enkelin, in denen er mindestens einmal pro Woche zum Abendessen vorbeikam, sie noch immer nicht kannte. Sie hatte gar nicht vor, auf sich zu achten. Sie hatte nicht vor, in ihren Bemühungen nachzulassen, solange es Menschen gab, um die sie sich kümmern musste. Und seit ihre Schwester vor fast fünfundsiebzig Jahren geboren worden war, wurde sie immer von irgendjemandem gebraucht. Das hatte sich erst geändert, seit Diana im letzten Jahr ausgezogen war und ihr Sohn Eugene einigermaßen allein klarkam. Und wenn überhaupt, dann vermisste sie es.

Erst, wenn sie nicht mehr da war, würden die Leute merken, was sie an ihr gehabt hatten – und das würde vermutlich ihre einzige Belohnung sein. Sie würde es niemals zugeben, aber manchmal hatte sie sich mit der Tagträumerei getröstet, wie Menschen über ihrem Sarg weinten und sagten, *Sie hat so hart gearbeitet, nur damit andere es besser haben, und niemand hat das je zu schätzen gewusst.*

»Wir wissen sehr zu schätzen, was du alles für uns tust«, sagte Andy. »Und jetzt werden wir dir helfen. Also, mach dir keine Sorgen wegen eines neuen Jobs. Entspann dich einfach.«

Wie lieb von ihnen. Doch sich zu entspannen, war für Edith genauso wenig eine Option, wie noch einmal so jung und klug zu sein.

Diana legte einen verschlossenen Umschlag auf den Tisch. An ihrer behutsamen Art erkannte Edith, dass er Geld enthielt. »Du hast so viele Jahre für mich gesorgt.«

So eine Dummheit! Auch wenn Diana sich schon vor der Ehe mit Andy eine Wohnung teilte, konnte sie unmöglich so viel sparen, dass sie Geld zu verschenken hatte. Edith war so klug, es einfach zu übergehen. »Wir haben noch gar nicht darüber gesprochen, was für eine Torte ihr für eure Hochzeit haben möchtet«, sagte sie stattdessen.

Diana runzelte die Stirn. »Doch. Haben wir. Wir möchten keine Torte. Wir möchten Pie.«

Oh, und obendrein wollten sie Pies auf ihrer Feier statt einer Hochzeitstorte, was nett von ihnen war, aber einfach lächerlich.

»Red keinen Unsinn«, sagte Edith. »Die Leute lieben Hochzeitstorten.«

»Es ist uns egal, was andere Leute mögen. Wir wollen deinen Pie.«

Schön und gut, doch das verstieß gegen alle Regeln. Es

war unfassbar, dass ausgerechnet sie, die selbst auch lieber Pie aß, jetzt für eine Torte plädieren musste. Aus lauter Höflichkeit wechselte sie das Thema.

»Findet die Hochzeit drinnen oder draußen statt?«

»Beides. Die Zeremonie findet draußen statt, die Feier drinnen.«

Richtig, irgendein Park am Fluss, unten zwischen Rosemount und Hastings. Sie würde die Gäste daran erinnern müssen, Mückenspray mitzubringen. »Was für eine Band habt ihr?«

»Wir haben keine Band. Wir benutzen die Playlist auf Andys Smartphone.«

»Gut, da spart ihr Geld«, sagte Edith. Genügsamkeit in Ehren, aber das erschien ihr dann doch ein wenig extrem. »Aber spielt deine Cousine Clarissa nicht in einer Band?«

»Du würdest Clarissas Musik nicht mögen, Grandma. Glaub mir. Und davon abgesehen, sind sie auseinandergegangen, als sie auf die Uni ist.«

Edith hatte versucht, sich die ganze Sache vorzustellen, aber es gelang ihr nicht. Die Eheschließung fand noch nicht mal in einer Kirche statt, und derjenige, der sie traute, war auch kein richtiger Pfarrer. Doch sie hatten nicht um Geld oder Ratschläge gebeten, also hatten sie auch ihr Genörgel nicht verdient. Selbst wenn die Sache mit der Torte lächerlich war.

»Zumindest ist klar, was es zu trinken gibt.«

»Ja, Sarah Allison wird hinter der Bar stehen«, sagte Diana.

Edith hatte dieses Sarah-Allison-Mädchen ein paarmal getroffen; als Heartlander vor ein paar Jahren einen Teil seiner Brauerei in einen Schankraum umwandelte, hatten Frank und Anna sie angestellt. Für Ediths Geschmack hatte sie ein paar Tätowierungen zu viel, aber ansonsten war sie sehr nett.

»Ach, das ist schön, dass Freunde aus der Brauerei euch aushelfen.«

»Ja, schwierig ist nur, sich zu entscheiden. Frank gibt uns nur zwei Sorten kostenlos.«

»Abgesehen von dem, das du gebraut hast?«

»Einschließlich dessen. Mit gehören diese Biere nicht. Sie gehören Frank.«

Seit langem machte sie sich das erste Mal wieder Sorgen um die Zukunft ihrer Enkelin. Sie machte sich Sorgen, mit was Frank davonkam und was er hinter der großzügigen Fassade wohl versteckte. Aber sie wollte, dass die Menschen glücklich waren, also sagte sie nichts mehr.

Edith mochte keine großen Menschenmengen, aber Hochzeiten waren etwas anderes, weil es in diesem Fall nur Menschen waren, die man kannte oder kennen sollte. Es war eine der wenigen Gelegenheiten, an denen man entfernte Verwandte wiedersah, also verwirrte es sie, dass Diana und Andy nur ungefähr vierzig Leute einluden – die meisten davon Freunde – und nur sechs davon bei der eigentlichen Trauung dabei sein sollten. Aber Edith durfte auch jemanden einladen, also lud sie Lucy Koski Sarrazin ein, obwohl sie nicht an der Trauung teilnehmen würde.

»Oh, das macht nichts«, sagte Lucy, als sie ein wenig verfrüht eintraf. In der Schule damals war sie eines dieser hübschen Mädchen gewesen und sogar noch bis zur Highschool mit Helen befreundet. Klein und zart war sie jetzt nicht mehr, doch sie verhielt sich, als hätte sie genau den Körper, den sie haben sollte, wie es die meisten Männer taten. Außerdem schien sie stets zu wissen, was zu tun war. Und so kam Sarah Allison auch direkt auf Lucy zu und fragte, wo sie drinnen die Bar aufbauen sollte.

»Überall, nur nicht direkt in der Sonne«, sagte Lucy, ohne zu zögern, und linste in das längliche Holzgebäude, in dem die Feier stattfinden sollte.

»Danke«, sagte Sarah Allison. Die junge Frau trug etwas Ärmelloses, so dass man alle Tätowierungen auf beiden Armen sah. Edith blickte vielsagend zu Lucy hinüber. Lucy seufzte und schüttelte den Kopf, während sie der jungen Frau hinterhersah. »Also, wo ist mein Platz während dieser privaten Zeremonie?«

»Ich befürchte, du sollst hier drin warten«, sagte Edith. »Das tut mir so leid.«

»Ah, diese Kinder heutzutage. Bei meinen Enkelkindern mache ich einfach, was ich will, und wenn sie sauer werden, tue ich so, als würde ich langsam vergesslich.«

»Wie bei mir«, sagte Edith, was zwar nicht stimmte, aber liebenswürdig zu sein, war oft einfach wichtiger. »Sie wollten nur Pies für ihre Hochzeit, und das habe ich getan, ich habe Pies gebacken. Aber ich habe auch eine Hochzeitstorte gebacken.«

»Das wird ihnen eine Lehre sein«, sagte Lucy. »Kein Wunder, dass du so müde aussiehst. Was für einen Kuchen?«

»Roter Biskuit mit weißer Glasur.«

»Oh, den mag ich.« Lucy nickte. »Das ist doch der, den Julia Roberts in diesem einen Film hatte.«

»Magnolien aus Stahl«, sagte Edith. Es war einer der Gründe, warum sie diese Torte ausgewählt hatte; ihr war wieder eingefallen, dass Diana und Stanley sich diesen Film ein paarmal angesehen hatten und wie sehr Diana ihn gemocht hatte.

Als sie an diesem Morgen aufwachte, spürte sie die Abwesenheit der Menschen, die an diesem Tag fehlten, vor allem Stanleys. Als sie ihre Enkelin beobachtete, wie sie in ihrem schimmernden weißen Kleid über den Rasen ging, konnte sie fast sehen, wie er an Dianas Hand zog und sie nach vorne zum Altar führte, damit sie den »langweiligen Teil« endlich hinter sich hatten und so schnell wie möglich zusammen ein Bier trinken konnten.

Was Edith betraf, war die Hochzeit ein Erfolg. Innerhalb von Minuten war die gesamte Hochzeitstorte weg – jemand nannte sie »überwältigend«, doch sie hatten vermutlich noch nie eine solche Torte gegessen –, und es war nur ein Stück Pie übriggeblieben. Clarissa Johnson und ein anderes junges Mädchen, diese Astra aus Dianas Highschool, tranken zu viel und machten sich lächerlich, ob ihnen das nun klar war oder nicht. Dann hielt Frank Schabert eine weitschweifige Rede, in der er nicht nur erwähnte, dass er das Bier lieferte, sondern auch behauptete, er hätte den Ort für die Feier gefunden, was Edith ein wenig arrogant fand. Aber vielleicht spielte es auch keine Rolle. Das Paar war glücklich, und Andys Familie, die Nakagawas, waren außerordentlich reizend und freundlich. Nur die neunzig Jahre alte Großmutter Chiyo war ihr nicht geheuer, und als sie sich auch noch auf Anhieb gut mit Lucy verstand, drohte aus Ediths Sicht Ärger. Gemeinsam kommentierten die beiden die Kleidung und die Tischmanieren anderer Gäste, dem Edith zwar inhaltlich zustimmte, trotzdem fand sie es unhöflich.

»Wie kommt es, dass die Braut kein Bier trinkt?«, fragte Chiyo irgendwann. »Sie hat es doch gebraut.«

»Vielleicht will sie allen anderen den Vortritt lassen«, sagte Edith. Das wäre höflich, und Diana war wohlerzogen.

»Vielleicht hat sie es vergiftet«, sagte Chiyo und schaute in ihr Glas. »Wir werden alle sterben.«

»Vielleicht ist sie schwanger«, sagte Lucy achselzuckend.

Edith saß plötzlich senkrecht in ihrem Stuhl, als wäre sie eine von Gottes eigener Hand gelenkte Marionette. Es war direkt vor ihrer Nase gewesen, all die sonntäglichen Abendessen, bei denen Andy in letzter Zeit Bier getrunken hatte und Diana nicht, und es war Edith nie in den Sinn gekommen. Nicht mal gewundert hatte sie sich.

Bevor das Tanzen anfing, zog Edith ihre Enkelin beiseite und fragte sie so direkt, wie es ihr möglich war.

»Wir versuchen es«, sagte Diana. Sie wirkte eher besorgt als glücklich. »Mal schauen. Ich hatte bereits zwei Fehlgeburten. Darum haben wir es niemandem erzählt.«

Sie war mit den Genen ihrer Großmutter geschlagen.

»Diesmal wird es was«, sagte Edith und hoffte, dass sie recht hatte.

Edith sah dem Paar zu, wie sie zu ihrer Telefonmusik tanzten, zu einem netten Lied, in dem die Sängerin »Crazy in Love« ist und hoffte, gleich angerufen zu werden, und alle waren so glücklich. Genau dort und an diesem Tag entschied Edith, dass sie ein Teil des Lebens dieses neuen Kindes sein wollte, solange sie konnte, egal, wie hart sie dafür arbeiten musste. Sie würde einen neuen Job finden, und diesmal musste es etwas sein, wo sie wirklich gebraucht wurde, etwas, das sie nicht so auslaugte. Davon würde sie sich nicht abbringen lassen, selbst, wenn es bedeutete, geduldig zu sein und eine Weile Schwierigkeiten mit den Rechnungen zu haben. Angesichts der Zeit, die ihr noch blieb, jagte ihr das deutlich weniger Angst ein, als nach der Arbeit so müde und unglücklich nach Hause zu kommen, dass sie keine anständige Großmutter mehr sein konnte, wenn sie die Erste in der gesamten Familiengeschichte war, die das erlebte.

Das erste Mal, dass Edith von Autumn Pines hörte, war bei Marvin Gardens, direkt nach der Hochzeit. Edith hatte sich breitschlagen lassen, zur Feier des Tages noch ein Glas Lilac zu trinken, und sie stellte ihr Weinglas versehentlich auf einer glänzenden lavendelfarbenen Broschüre ab – *Begleitetes Wohnen für reife Erwachsene seit 1983* – anstatt auf dem Untersetzer.

»Hoppla«, sagte sie, als sie es bemerkte.

»Die kannst du ruhig ruinieren«, sagte Marvin und zeigte mit zittriger Hand auf eine Reihe von Flyern auf seinem glänzenden Sofatisch aus Walnussholz. »Da will meine Tochter mich reinstecken.«

Ein kurzer Blick, und Edith wusste, was los war. Die Namen auf dem Hochglanzbroschüren lauteten Cherry Orchard Meadows und The Residence at Augsburg Circle, mit Bildern von gepflegten Senioren, die lachten wie die

Teenagermodels in der Dr.-Pepper-Werbung. Die Wohnanlagen selbst wirkten unangenehm makellos – wie Golfplätze mit schicken Hotels in der Mitte –, und keiner schien dort irgendetwas Sinnvolles zu tun.

Deshalb erregte der Flyer ganz zuunterst Ediths Aufmerksamkeit. Es war eine einfache, doppelseitige Karte, ohne krampfhaft fröhliche Fotos, sondern einfach nur schlichter pfirsichfarbener Karton, auf dem in dunkelblauer Schrift stand: *Autumn Pines: Der Ort Ihres Lebens.*

»Das ist das ganz Billige«, sagte Marvin und wedelte in Richtung des Flyers, als wäre er eine Fliege über seiner Mayonnaise. »Was soll das überhaupt bedeuten ›Ort Ihres Lebens‹?«

»Ich weiß nicht«, sagte Edith. »Aber irgendwas gefällt mir daran.« Im Kleingedruckten stand, dass Autumn Pines überall im Mittleren Westen Seniorenresidenzen unterhielt. Es gab sogar eine nur fünf Minuten Fahrt entfernt.

Marvin fing an, auf der Fernbedienung herumzudrücken. »Oh, *Jeopardy* läuft«, sagte er. »Meine Enkelin kennt die Antworten schon, bevor Alex Trebek mit der Frage fertig ist.«

Edith nickte nur und konnte sich kaum von der Broschüre lösen. »Meinst du, die servieren an Orten wie Autumn Pines guten Kuchen?«

»Darüber mag ich noch nicht mal nachdenken«, sagte Marvin und brüllte dem Fernseher dann »James Buchanan« entgegen.

»War es James Buchanan?«, fragte Edith und sah ein paar Sekunden später auf.

Marvin schüttelte den Kopf. »Aber irgendwann mal wird er es sein.«

»Kann ich die hier haben?«, fragte Edith und steckte die Broschüre von Autumn Pines bereits in ihre Handtasche.

Wie sich herausstellte, war Autumn Pines viel angenehmer, als sie erwartet hatte. Es lag draußen im ruhigen grünen Umland, zwischen einem Baseballfeld und einem geschlossenen Teppichgroßhändler; nirgendwo war eine Kiefer zu sehen. Doch Ediths Meinung nach waren Kiefern sowieso nur als Windschutz zu gebrauchen. Vielleicht hatte es hier mal welche gegeben, und man hatte sie gefällt, um Autumn Pines zu bauen, was eine gute Entscheidung gewesen war. Das Gebäude war einigermaßen in Schuss. Im überdachten Eingang von Autumn Pines – ein nettes Detail – saß eine alte Dame in einem pinkfarbenen Bademantel in einem Rollstuhl, der direkt vor den Schiebetüren geparkt war, und niemand schob sie weg oder kommandierte sie herum. Edith gefiel die Vorstellung, dass ein Mensch hier ohne weiteres im Weg stehen konnte, wann immer ihm danach war.

Die Lobby roch herrlich nach St. Anthony-Waterside – Babypuder und gekochte grüne Bohnen. Auf dem Teppich war ein Fleck in Form von Illinois und am Empfangstresen niemand zu sehen. Sie waren wohl unterbesetzt, und Edith spürte ein Kribbeln. Sie trug ihren Namen in das Besucherregister ein und betrat selbstbewusst einen der Flure. Es gab alles, was es brauchte, oder hatte es mal gegeben. Eine Kapelle. Eine Bibliothek. Einen Friseur, der geschlossen zu sein schien, aber vielleicht war das nicht von Dauer. Ha! Das hätte Stanley gefallen.

Auf der Suche nach dem Verwaltungsbüro kam ihr eine

müde junge Frau mit einem großen schwarzen, auf den Unterarm tätowierten Kreuz entgegen, die einen Rollstuhl schob und sie offen ansah.

»Entschuldigen Sie bitte, an wen muss ich mich wegen eines Jobs hier wenden?«, fragte Edith.

Die Frau lachte ein wenig. »Sie wollen *hier* arbeiten? Wow.«

»Ja, ich habe vierzig Jahre Erfahrung in der Pflegeheim-Küche. Im St. Anthony-Waterside, oben in New Stockholm.« Sie dachte, sie sollte etwas präziser sein, nur für den Fall. Letztendlich hatte es ja in all diesen Zeitungen gestanden.

»Oh«, sagte die Frau, aber Klick machte es bei ihr nicht. »Also, Pegs Büro ist da runter, am Ende des Flurs. Dann wünsch ich wohl mal viel Glück.«

Peg, die Leiterin von Autumn Pines, lächelte nicht viel, trug eine dicke Schicht Make-up, aber redete erfreulicherweise nicht groß um den heißen Brei herum. Sie behauptete, sie würden derzeit niemanden einstellen, nicht in der Küche und auch nirgendwo sonst, also bot Edith an, ein paar Tage die Woche ehrenamtlich zu arbeiten, um einen Fuß in die Tür zu kriegen und als Erste zu erfahren, wenn eine Stelle frei würde. »Gut«, sagte Peg, »einige Leute brauchen Hilfe, um zu den Mahlzeiten in den Speisesaal zu kommen und wieder zurück«, und ermunterte Edith, einen kurzen Rundgang durch die Gemeinschaftsräume zu machen.

Mit jeder Minute, die Edith sich im Pflegeheim aufhielt, und mit jedem freundlichen Gesicht, in das sie blickte, hatte sie mehr das Gefühl, hier arbeiten zu müssen. Sicher, für die meisten Leute wäre es nicht der schönste Ort der Welt, doch es bestand kein Zweifel, dass Autumn Pines eine Menge Hilfe und speziell die ihre gebrauchen konnte.

Am nächsten Tag bei Arby's, während einer ihrer Pausen draußen bei den Müllcontainern, fragte Betsy Nielsen – ihre Lieblingskollegin und die einzige andere Frau über fünfundsechzig –, ob Edith auf eine »Mädchentour« nach Door County mitkäme, ihre Freundin Linda sei auch mit dabei.

»Das würde ich wahnsinnig gern«, sagte Edith und neigte den Kopf zur Seite, um Betsys Zigarettenrauch auszuweichen. »Aber wer kann sich das schon leisten?«

»Ach, genieß doch mal ein bisschen das Leben. Es gibt da haufenweise billige Motels«, sagte Betsy. »Wenn wir uns zu dritt ein Zimmer teilen, sind das für jeden nur zwanzig Mäuse. Außerdem hast du doch gerade einen neuen Job angenommen, oder?«

»Es ist ein Ehrenamt. Zumindest, bis ein bezahlter Job frei wird.«

Betsy spuckte fast ihre Zigarette auf den Asphalt. »Du arbeitest da ohne Bezahlung?«

»Mir gefällt die Arbeit«, sagte sie, denn sie war ziemlich sicher, dass es so sein würde.

An diesem Abend kamen Diana und Andy zum Essen. Sie würden am nächsten Tag auf Hochzeitsreise in die Black Hills fahren, und Edith hatte darauf bestanden, sich von ihnen zu verabschieden. Da sie jetzt für eine werdende Mutter kochte, machte sie eine Vier-Käse-Lasagne, dämpfte etwas Brokkoli und schenkte Diana ein extragroßes Glas Milch ein. Schwangere Frauen brauchen eine Menge echte Milchprodukte, egal, was diese veganen Morrisseys einem eintrichtern wollten.

Sie waren fast fertig, als Ediths Ehrenamt herauskam.

»Was? Nein!«, rief Diana und ließ die Gabel fallen.

Auf Andys Gesicht lag der Ausdruck eines besorgten Elternteils. »Dieses alte Heim, nördlich der Stadt, am Baseballfeld?«

»Grandma, dort ist es schrecklich!«

Edith war verblüfft, das aus dem Mund eines Mädchens zu hören, das damit aufgewachsen war, Altersheime zu besuchen, und von einer Mutter erzogen worden war, für die das auch zutraf. »Nun, das ist ja nicht die Schuld der Menschen, die dort leben.«

»Du wirst da mit einem Pie nicht alles in Ordnung bringen.« Das Handy in ihrer schmutzigen Jutetasche klingelte, und sie runzelte die Stirn. »Tut mir leid, ich gehe da besser mal dran.«

»Di«, sagte Andy und sah sie missbilligend an. »Wir essen gerade zu Abend.«

Diana war bereits mit ihrem kleinen roten Handy aufgestanden. Selbst wenn sie sich davon bei allem unterbrechen ließ, verschwendete sie wenigstens kein Geld für eines dieser schicken Smartphones und blieb bei dem, das ihr Vater ihr geschenkt hatte.

»Ist die Firma«, sagte sie und ging aus Anstand in den Flur.

Edith füllte Dianas Milchglas auf und wandte sich dabei an Andy. »Kennst du jemanden, der in Autumn Pines lebt?«

Andy schüttelte den Kopf. »Nein, wir kennen nur jemanden, der dort mal gearbeitet hat. Sie sagte, es sei ein echter Drecksladen. Entschuldige den Ausdruck.«

Edith winkte ab. Andy war ein netter junger Mann, hatte jedoch eine tragische Familiengeschichte, ähnlich der von Diana – sein Vater war bei einem schrecklichen Unfall gestorben, als Andy noch ein kleines Kind war –, und wie Diana trug er eine verhärtete Trauer in sich, die ihn sensibel für Ungerechtigkeiten machte. Außerdem war er enttäuscht darüber, dass sie noch keine eigenen Kinder hatten, und vielleicht fluchte er aus diesem Grund mehr als früher.

Edith konnte hören, wie Diana im Flur jemanden anschrie, doch die Worte *Was?* und *Wann?* waren die einzigen, die sie verstand.

»Ist alles in Ordnung?«, rief Edith.

Diana kam in die Küche, eine Hand über dem Mund.

Andy sprach den Namen seiner Frau aus, als wäre es eine Seifenblase an seinen Fingerspitzen.

Sie starrte ihn an, die Augen voller Tränen. »Es ist Frank.«

Während Andy sie alle ins Krankenhaus fuhr, erzählte Diana, dass Anna und Mo Frank blutend am Fuße der Treppe in der Brauerei gefunden hatten, er noch am Leben war, aber nicht reagierte, und sie daher nicht wüssten, was ihm zugestoßen war.

Andy ließ Diana am Eingang aussteigen, damit sie hoch zu Franks Zimmer rennen konnte, während er und Edith den Wagen parkten.

»Es ist nett von dir, dass du mitgekommen bist«, sagte

er, als die lange weiße Schranke sich hob und sie auf den Parkplatz ließ.

Was hätte sie sonst tun sollen? »Sie ist alles, was ich habe«, sagte Edith.

Am Abend erzählte Diana ihr, dass Frank einen ziemlich schlimmen Schlaganfall gehabt hätte. Er konnte seine gesamte rechte Körperseite nicht bewegen, konnte nicht sprechen und nicht auf Menschen reagieren, die mit ihm sprachen. Sie wussten nicht, ob er das je wieder könnte, und wenn, wie lange es dauern würde.

»Ruh dich ein bisschen aus, bevor du morgen bei deinem neuen Job anfängst«, sagte Diana.

»Und du solltest dich auch ausruhen, bevor ihr morgen auf Hochzeitsreise geht«, entgegnete Edith.

»Wir werden sehen.«

»Die Brauerei läuft dir nicht weg«, sagte Edith, dessen war sie sich sicher.

Am nächsten Tag, eine halbe Stunde vor dem Frühstück, traf Edith im Autumn Pines ein, und als sie über den kleinen Besucherparkplatz ging, hörte sie die Stimme eines Mannes *hallo* rufen, der gleich darauf in einem Arbeitsoverall und einer Kappe der Vietnam Veterans auf sie zuschlenderte. Er war gerade dabei, einen Gartenschlauch aufzuwickeln.

»Ich bin Bernie Berglund«, sagte er und streckte ihr eine Hand zum Gruß entgegen. »Ich bin auf dem Gelände hier der Hausmeister und Handwerker.«

Sie mochte ihn auf Anhieb; vielleicht war es die Kopfbedeckung – sie hatte ein tiefsitzendes Vertrauen in alte Männer, die diese Kappen trugen –, vielleicht war es der sanfte, vertraute schwedische Akzent, und vielleicht war es seine Haltung, die sie an den Sheriff einer Pionierstadt im Wilden Westen erinnerte.

Sie schüttelte ihm kurz die Hand und stellte sich vor.

»Na, dann mal herein mit Ihnen. Wir können ein paar meiner Freunde zum Frühstück abholen.«

Er brachte sie direkt zu Zimmer Nr. 206. An der Tür hing ein handgeschriebenes Schild, auf dem »Willkommen zurück, Shotty!« stand.

»Shotty, dein Fahrer ist da!«, rief Bernie, klopfte und öffnete dann selbst, als sich das Schloss gedreht hatte. Im Flur eines kleinen, dämmrigen Apartments saß ein bleicher kleiner Mann im Rollstuhl, der ein Minnesota-Twins-T-Shirt trug.

»Shotty Vecchio, das hier ist Edith. Wie heißen Sie mit Nachnamen, Edith?«

»Magnusson.«

Bernie hob eine Augenbraue. »Schwedisch?«

Es war nur ein angeheirateter Name, doch sie wollte, dass er ihr gewogen blieb, also nickte sie Shotty nur höflich zu. »Freut mich, Sie kennenzulernen.«

Shotty schielte zu Bernie hoch. »Sie ist ja noch älter als ich.«

Bernie lachte. »In der Not schmeckt jedes Brot, Shotty.«

Shotty rollte sich zurück, als würde er den Rückzug antreten. Edith hatte schon mit Männern wie ihm zu tun gehabt und würde seinen Trotzanfall einfach abwarten. Stattdessen hob er etwas vom Boden auf, kämpfte sich nach vorn und hielt ihr eine knallorangefarbene Vase hin.

»Wollen Sie eine Vase kaufen? Zehn Dollar. Geschäft des Jahrhunderts.«

»Ach komm, das ist hier doch kein Antiquitätenhandel«, sagte Bernie und stellte die Vase weg. »Willst du nun Frühstück oder nicht?«

»Wahrscheinlich schon«, sagte Shotty geknickt. »Da vergeht wenigstens die Zeit.«

Im Speisesaal lernte Edith noch mehr Angestellte kennen; mehrheitlich junge Pflegehelferinnen, die höflich zu ihr waren, aber nicht gerade interessiert. Edith nahm an, dass sie sich die Mühe erst machen würden, wenn sie ein bisschen länger dort war. Sowie sie um die Ecke war, ging das Geschnatter los.

Sie entschied, zwei Pies zu backen und sie zur Abendschicht mitzubringen. Es war erst der erste Tag, aber er hatte schon das berauschende Gefühl von Routine.

Leider sollte Diana recht behalten.

Am nächsten Tag brachte Edith gerade einen Apfel-Pie und einen Blaubeer-Pie in die Küche, als Peg sie auf dem Flur einholte und ihr auf die Schulter tippte.

»Wo gehen Sie damit hin?«, fragte Peg, eher verwirrt als erfreut.

»In die Küche«, sagte Edith. »Ich dachte, man könnte sie zum Dessert servieren.« Sie gab acht, nicht anmaßend zu sein.

»Unser Vertrag gestattet es nicht, dass Speisen von außerhalb in der Cafeteria serviert werden«, sagte Peg. »Ist eine Frage der Haftung. Unsere Angestellten dürfen sie nicht servieren und noch nicht mal anfassen. In den Zimmern der Bewohner ist das etwas anderes.«

»Ich wollte sie nur mit allen teilen«, sagte Edith.

»Dann versuchen Sie Ihr Glück und gehen von Tür zu Tür«, sagte Peg, bereits im Weggehen. »Es duftet herrlich.«

Edith hatte nicht die Zeit, um ihren Kuchen stückchenweise zu kredenzen, also gab sie Bernie den Apfel-Pie und Shotty den Blaubeer-Pie und sagte ihnen, sie sollten Leute zu sich einladen und sie teilen.

Direkt nach dem Mittagessen rief Edith im Büro von Heartlander an.

Anna Schabert ging ans Telefon, was gleichzeitig überraschend und erleichternd war.

»Ist Diana da?«, fragte Edith.

»Nein«, sagte Anna. »Sie ist im Urlaub. Darf ich fragen, wer Sie sind?«

»Ach, niemand Wichtiges«, sagte Edith, lächelte und legte auf.

Als die beiden nach ihrer Rückkehr zwei Wochen später zum Abendessen kamen, erwartete sie, dass Diana und Andy glücklich wären oder zumindest entspannt. Stattdessen sahen sie aus, als hätte Gott ihnen das Herz gebrochen.

»Wie war der Urlaub?«, fragte Edith und bemerkte dann ihre Gesichter. »Ist etwas passiert? Ist mit dem Wagen alles in Ordnung?« Das hätte Stanley gefragt.

»Wir haben es verloren«, sagte Diana.

»Was verloren?«, fragte Edith, doch dann wusste sie Bescheid.

Am nächsten Morgen saß Edith in einem hübschen blumengemusterten Lehnstuhl in der Lobby, während Bernie Berglund einen Meter entfernt den Trinkbrunnen reparierte.

»Ich weiß nicht«, sagte Bernie gerade. »Ich glaube nicht an Schicksal, aber ich glaube, dass bestimmte Menschen auf eine gewisse Weise einfach festsitzen. Als wären sie als Linkshänder geboren und egal, wie sehr sie es probieren, Rechtshänder zu sein, sie bleiben immer noch Linkshänder.«

»Ich bete jeden Abend für sie«, sagte Edith.

»Vielleicht ist das ein schlechtes Beispiel. Ich bin Linkshänder, und ich bin gern Linkshänder. Waren Sie schon mal in einem Linkshänder-Laden? Ich glaube, die gibt es gar nicht mehr.«

»Wegen des Internets«, sagte Edith.

»Wie auch immer«, sagte Bernie und rieb sich den Nacken. »Ich weiß nicht, warum schlechte Menschen wie Ihre Schwester bekommen, was immer sie wollen, und gute Menschen wie Diana nicht. Aber deswegen stehe ich jeden Morgen auf. Um den guten Menschen zu helfen.«

»Ich auch«, sagte Edith. »Und ich habe nicht gesagt, meine Schwester wäre schlecht. Damit würde ich es mir zu einfach machen. Ich weiß, dass sie im Kern immer noch gut ist. Sie tut nur, was sie für das Beste hält, und ich bin da anderer Meinung.«

»Menschen ändern sich.«

»Mag sein.« Edith stand unvermittelt auf. »Trotzdem danke fürs Zuhören.«

Bernie sah ihr nach, als sie fortging. »Wo gehen Sie hin?«

»Ich hatte gerade eine Idee«, sagte sie. »Ich werde etwas tun, was ich eine ganze Weile nicht getan habe.«

Wenn Edith so niedergeschlagen war wie jetzt, hatte das Backen eines Pies sie schon immer aufgeheitert. So, wie Leute über Yoga sprachen, über Bergsteigen oder Musik, verlor sie sich darin und berührte eine andere Saite. Es war ihre Kirche fern der Kirche. Es würde keine Probleme lösen, aber sie und hoffentlich ein paar andere Menschen würden ihre Probleme für eine Weile vergessen. Und das war doch schon was.

Sie stockte bei Cub Foods ihre Vorräte auf, holte das letzte Einmachglas Rhabarber von Lucy heraus und das gute Schmalz von McDonald's Meat oben in Clear Lake. Sie spürte das trockene Mehl zwischen den Fingern und dachte darüber nach, eine Uroma zu werden. Sie dachte darüber nach, wie ein Baum im Winter über seine Blätter nachdachte. Sie rollte diese Gedanken mit dem Teig aus und drückte sie in seinen Rand. Draußen ging die Sonne unter, und sie langte nicht nach dem Lichtschalter. Der Pie buk in der Dunkelheit, und sie saß in ihrer stillen Küche und wartete. Darin war sie gut. Sie war siebenundsiebzig Jahre alt, und sie hatte alle Zeit der Welt.

Kinder
Diana, 2016

Auf den Tag genau ein Jahr nach ihrer Hochzeit erzählte Diana Andy, dass sie wieder schwanger war. Sie wusste es schon eine Weile, doch sie hatte auf diesen Tag gewartet. Nicht nur, weil er eine Bedeutung hatte, sondern auch, weil jeder andere Tag, der bis dahin verging, ein weiterer Tag war, an dem ihre Tochter – diesmal war es ein Mädchen, das spürte sie – immer noch in ihr war. Ein weiterer Tag, an dem sie eine werdende Mutter war und nicht nur eine weitere Frau in ihren Zwanzigern.

Als sie es Edith erzählten, behauptete ihre Großmutter, es sei wegen eines verdammten Pies, aber das war natürlich Quatsch. Schließlich war es fast ein Jahr her, dass Edith diesen magischen Pie gemacht hatte, und das Baby war vor ungefähr drei Monaten gezeugt worden. Edith gefiel der Gedanke, in dieser Sache eine gewisse Rolle gespielt zu haben, und Diana ließ sie in dem Glauben.

»Was wirst du diesmal tun, um dich zu schonen?«, fragte Edith sie beim Abendessen.

»Nichts«, sagte Diana, was der Wahrheit entsprach. Anders als bei den letzten drei Malen, als sie sich wegen ihrer Ernährung, wegen Schlaf, Sport und Vitaminen verrückt gemacht hatte, würde sie diesmal einfach ihr Leben leben, essen, was sie immer aß, und sechs lange Tage die Woche in der Brauerei arbeiten, die ohne Frank ein seltsamer Ort geworden war, an dem es viel zu tun gab. Er war noch am Leben, doch er hatte sich nicht erholt, und im vergangenen Jahr hatte Anna Schabert die Brauerei ohne zusätzliches Personal und mit der Leidenschaft und Großzügigkeit eines abwesenden Grundbesitzers geleitet. Bei der zusätzlichen Arbeit und dem Stress vergaß Diana sogar manchmal, dass sie schwanger war. So konnte das nicht weitergehen, und deshalb war der Anruf, den sie an jenem Abend während des Essens erhielt, auch keine so große Überraschung.

»Es geht um Anna«, sagte Mo.

»Ist sie tot?«, fragte Diana.

»Nein«, sagte Mo. »Sie hat gerade die Brauerei verkauft.«

Es traf sie dennoch wie ein Schock. Dianas Finger kribbelten. Ihr wurde schlecht. All die Arbeit, dachte sie. Mein ganzes Leben. Ihre Schläfen pochten.

»Bist du noch dran?«

»Ja«, war alles, was sie sagen konnte.

»Sie hat uns alle für morgen in die Brauerei bestellt, um neun.«

»Okay«, sagte sie und legte auf.

Diana dachte, dass sie im Flur außer Hörweite gewesen wäre, doch bezüglich bestimmter Worte hatte Edith Luchsohren. »Wer ist gestorben?«, fragte ihre Großmutter, als Diana zum Tisch zurückkehrte.

»Heartlander«, sagte Diana.

»Wie geht es dir damit?«, fragte Andy sie auf dem Nachhauseweg. Es war kaum zu übersehen, welchen Tribut die letzten Jahre von ihm gefordert hatten: Sein Haar hatte graue Sprenkel, und unter seinen Augen lagen Tränensäcke. Er war immer noch derselbe süße Typ, aber er wünschte sich so sehr, Vater zu werden, dass die Hoffnung an ihm zehrte wie an einem Hemd, das immer wieder gewaschen wurde.

»Ich weiß nicht«, sagte sie, und sie hätte es wirklich nicht sagen können. »Wir wissen noch nicht mal, wer die Brauerei gekauft hat oder was passieren wird. Also hat es vermutlich keinen Sinn, sich jetzt schon Sorgen zu machen.« Tief im Inneren war sie natürlich trotzdem besorgt und fühlte sich schrecklich verloren, doch diese Hoffnungslosigkeit durfte sich nicht in ihr breitmachen, nicht jetzt.

»Wie läuft's denn so?« Das war das Äußerste, was er bezüglich des Babys fragen durfte. Sie hatten schon seit langem aufgehört, dieses Wort auszusprechen.

»Nichts Neues«, sagte Diana. »Ich denke, sie wird es heil überstehen.«

»Tu das«, flüsterte er und berührte ihren Bauch.

Am nächsten Morgen saß Diana müde zwischen Mo Akbar und Sarah auf einem kalten Metallstuhl im Schankraum. Niemand wusste, ob sie ihre Jobs Ende der Woche oder nächsten Monat verlieren oder einfach für einen neuen Chef arbeiten würden. Sie warteten darauf, dass Anna ihr verdammtes Telefonat beendete. Alle saßen still da, nur Sarah rieb mit einem weißen Lappen an einem Fleck an der Bar herum.

»Hör auf damit, das hat keinen Sinn«, sagte Mo zu Sarah.

Sarah rieb weiter, jetzt ein wenig fester.

»Hör auf«, sagte Mo wieder, und Diana machte sich schon Sorgen, dass er gleich anfangen würde zu brüllen, als sich über ihnen die Tür des Brauereibüros öffnete und das Klackern von Annas Absätzen sie die Stufen hinunter begleitete.

Im Gegensatz zu Annas förmlicher Kleidung und Haltung hatte der Rest der betont locker gekleideten Brauereimitarbeiter immer wie Kinder gewirkt, und heute schien es genau darum zu gehen. Anna sparte sich jegliche Schmeicheleien wie *Ich weiß, ihr habt alle so hart gearbeitet,* es wäre sowieso nur Zeitverschwendung gewesen. Sie erklärte ihnen geradeheraus, dass sie die Brauerei an ein Private-Equity-Unternehmen namens Tennessine Partners verkauft hatte. Sie wollten lediglich Heartlanders Rezepte und den Markennamen. Sie hatten kein Interesse daran, die Angestellten zu übernehmen, noch nicht mal an der Brauerei und den Anlagen. All das Bier, das Diana bei Heartlander entwickelt, perfektioniert und gebraut hatte, durfte sie rein rechtlich nie wieder herstellen. Es fühlte sich entsetzlich und grausam an, doch es war nicht unfair. Was sie in diesem Gebäude gebraut hatte, hatte ihr nie gehört. Es gehörte Frank. Und seine Frau konnte es nun verkaufen, also tat sie es.

Mo brüllte, das sei doch alles Schwachsinn.

»Warum?«, fragte Anna. »Ich will keine Brauerei führen. Es war Franks Traum, und ich habe ihm dreißig Jahre lang dabei geholfen. Jetzt brauche ich das Geld, um mich um Frank zu kümmern, und, ganz ehrlich, jetzt bin ich auch einmal dran, das zu tun, wozu ich Lust habe.«

»Was wird aus uns?«, fragte Sarah Allison. Bisher war sie so still gewesen wie ein grüner Himmel kurz vor einem mächtigen Gewitter; man spürte es, wenn man neben ihr saß. Sie war die alleinerziehende Mutter eines Kindes mit gesundheitlichen Problemen, und für sie war es nicht nur so, als würde man sie aus einer Familie verstoßen, sondern aus einer Familie, die ihren Lebensunterhalt bezahlte, mit dem Rettungsring aller dazugehörigen Sozialleistungen. Nicht viele Brauereien hatten nach so vielen Jahren immer noch ihre erste Schankwirtin. Frank war immer gut darin gewesen, seine Mitarbeiter zu halten.

»Dazu wollte ich gerade kommen«, sagte Anna. »Wenn der Verkauf abgeschlossen ist, bekommt jeder von euch eine Abfindung von einhunderttausend Dollar.« Nachdem sie das gesagt hatte, schwieg sie kurz und sah sie alle an, als erwarte sie eine Runde Applaus.

So schnell konnte diese Gruppe junger Männer und Frauen eine solche Ankündigung allerdings nicht verdauen. Diana war sich ziemlich sicher, dass von ihnen bisher nie jemand einen sechsstelligen Betrag auf dem Konto gehabt hatte. Diese Summe auf einem Haufen war abstrakt und überwältigend und lenkte sie davon ab, weiter nachzufragen. Auch das war vermutlich Annas Absicht gewesen.

»Wenn ihr keine weiteren Fragen habt, bekommt ihr euren Abfindungsscheck Ende des Monats, und euer letzter Gehaltsscheck bis einschließlich heute kommt dann nächste Woche«, sagte Anna in ihre verwirrten Gesichter, während sie zwei Schritte auf die Treppe zutrat. »Wenn ihr etwas Zeit braucht, um euch zu verabschieden, ist mir das recht. Lasst bitte nur euren Schlüssel im Trinkgeld-Glas zurück, bevor ihr geht.« Sie sah alle noch einmal an. »Ich weiß, dass Frank mit jedem Einzelnen von euch gern zusammengearbeitet hat. Ihr wart wie seine Kinder für ihn, und ich wünsche euch alles Gute.«

Mo hob die Hand und senkte sie dann wieder, als Anna ihn ansah. Er nickte in Richtung der Brauerei. »Wie viel ist die Anlage wert?«

Anna lächelte zum ersten Mal. »Mehr als hunderttausend.«

»Dachte ich mir.« Er nickte, und alle sahen Anna hinterher, als sie die Stufen hinaufging und die Bürotür hinter sich schloss.

Diana blickte ihre Kollegen an, dieselben vier, die seit Jahren zusammenarbeiteten, und alle erwiderten ihren Blick, als wüssten sie nicht, ob sie sich gegenseitig in den Arm nehmen oder das Gebäude auf ihrem Weg hinaus kaputtschlagen sollten. Ihr ging es genauso, sie war unfähig, sich zu rühren. Jetzt, ganz am Schluss, waren die Tatsachen bei ihr angekommen und hatten ihr einen Schlag in die Magengrube versetzt. Die Heartlander Brauerei gab es nicht mehr.

Dieser Ort war für sie nicht nur ein Arbeitsplatz, es war eine Schmiede, die sie zu etwas mit nur einer einzigen Funktion geformt hatte, und sie hatte nie auch nur darüber nachgedacht, irgendwo anders zu arbeiten. Dieser Ort und sie waren eins geworden. Es war ihr in den Schoß gefallen, und sie hatte es geliebt, auf dieselbe wunderbare, endlose Art, wie ihr Großvater Stanley dreißig Jahre lang seinen Truck gefahren hatte. Wie jemand das einfach wegnehmen und verkaufen konnte, stand stellvertretend für alles, was in diesem Land schieflief.

Sie sah zu, wie ihre Freunde sich in den Arm nahmen, Umarmungen wie von Menschen, die erwarteten, sich eine Weile nicht mehr zu sehen.

»Hey«, rief Diana. »Was, wenn wir unser Geld zusammenlegen? Vierhunderttausend Dollar. Das sollte vermutlich reichen, um alles zu kaufen.«

Alle drei blickten sie an, und ihre Augen leuchteten einen kurzen Moment auf.

»Klingt ganz gut in der Theorie«, sagte Mo achselzuckend.

Diana konnte es nicht fassen. »Du hast es doch gerade selbst versucht, Mo. Wir könnten alle unsere Jobs behalten.«

»Könnten wir eben nicht«, sagte Mo. »Selbst wenn wir uns alle zusammentun. Wir brauchen neue Genehmigungen, Lizenzen, Markennamen, Versicherungen und alles, bevor wir auch nur eine Flasche Bier verkaufen können.«

»Das weiß ich. Na und?«

»Du weißt aber nicht, wie lange das dauert, ich schon. Im besten Fall sind es mehrere Monate ohne Einkommen, also müssen wir uns sowieso alle neue Jobs suchen.«

»Ich könnte mein Studiendarlehen zurückzahlen«, sagte Matt Duncan gedankenverloren. »Hätte ich ehrlich nie gedacht.«

»Ich brauche eine Krankenversicherung«, sagte Sarah. Ihr Sohn hatte einen angeborenen Herzfehler, und sie zahlte seit acht Jahren deftige Arztrechnungen ab.

Mo nickte. »Kristin und ich wollten schon immer ein Haus kaufen.«

»Ich glaub's nicht«, sagte Diana.

»Nun, ich schon«, sagte Matt. »Wir können alle entweder die Hunderttausend nehmen oder sie verspielen. Hört sich für mich nach einer einfachen Entscheidung an.«

»Dann wisch dir die scheiß Tränen aus dem Gesicht«, sagte Diana.

Mo griff nach ihrer Hand, als sie an ihm vorbeiging, und sagte ihren Namen, doch sie schüttelte ihn ab und stürmte Richtung Treppe. Nicht mal umdrehen konnte sie sich, weil sie an ihren Mienen nicht sehen wollte, dass sie sich längst von allem hier verabschiedet hatten.

Anna wirkte überrascht, jedoch nicht verärgert, als Diana ins Büro hereinplatzte. Seit Frank nicht mehr da war, war der kleine Raum unter die Räder gekommen. Klamotten, Papierkram und Kisten stapelten sich auf dem Sofa, jede waagerechte Oberfläche war zugemüllt mit Zetteln, Flyern, ungeöffneter Post und leeren Cola-light-Dosen, der Mülleimer quoll über vor Take-away-Schachteln. Auf dem Boden lag eine weiße Jacke, und Diana stolperte fast über ein Paar Sneaker.

»Für wie viel verkaufst du die Ausrüstung?«, fragte Diana mit heißem Gesicht, die schweißnassen Hände auf der Kante von Annas Schreibtisch. »Wem verkaufst du sie?«

Anna stöhnte wie ein alter Mann, als sie sich setzte. »Um ehrlich zu sein, ich weiß es nicht. Bei den ganzen neuen Brauereien wäre ich wahrscheinlich alles innerhalb einer Woche los. Aber das ist nicht die Frage, die du stellen solltest. Du nimmst das zu persönlich.«

Diana war kurz davor, mit dem Arm die Kaffeetasse,

den Laptop, Stifte und den ganzen Rest des Krempels vom Schreibtisch und gegen die Wand zu fegen, doch irgendein Schutzmechanismus in ihrem Hirn verhinderte einen solchen Ausbruch.

»Wie soll ich es denn sonst nehmen?«

»Was willst du?«, fragte Anna. Diana bemerkte ein winziges Loch in Annas weißer Bluse, am rechten Ellenbogen, als sie sich im Stuhl zurücklehnte.

»Also, wie viel kostet die Ausrüstung?« Bisher hatte sie nie darüber nachgedacht, weil es keinen Grund dazu gab, aber ja, sie wollte diesen Maischebottich und die alten Tanks und Kessel mehr als alles andere auf der Welt.

»Du willst sie wirklich?« Anna schien tatsächlich froh darüber zu sein, doch auf diese angespannte, bedrohliche Weise, die für sie typisch war. »Tja, Frank hatte immer vorgehabt, sie an dich weiterzugeben. Du warst sein Liebling. Er hat es nur nie aufgeschrieben, also habe ich keine rechtliche Verpflichtung dazu.«

Verdammt. Das war's dann wohl.

Eine Sekunde lang fühlte sich Diana wie das verängstigte Mädchen, das gerade in einer fremden Garage geschnappt wurde, doch genau wie damals schaffte sie es, sich zu fangen.

»Gut, dann werde ich irgendwo anders meine eigene Brauerei aufmachen«, sagte sie, ging Richtung Tür und griff nach dem Türknauf.

»Ich habe gehofft, du würdest das sagen.« Obwohl sie ihr den Rücken zugekehrt hatte, merkte Diana, dass Anna keine Witze machte. »Aber warum willst du es nicht mit Franks Ausrüstung hier machen?«

Diana starrte Anna an. Wahrscheinlich hatte die Frau ihres Chefs sie nie sonderlich gemocht, und wenn sie ehrlich war, beruhte das auf Gegenseitigkeit. »Du hast doch gerade gesagt, du willst sie mir nicht geben.«

»Das stimmt, geben werde ich sie dir nicht. Aber verkaufen, für die Hälfte deiner Abfindung. Das erspart uns beiden die Umstände.«

»Was?«, fragte Diana, als würde eine Wiederholung es weniger rätselhaft machen.

»Ich sagte, ich würde sie dir verkaufen. Und nur dir.«

Als Diana nicht antwortete, redete Anna weiter. »Ich habe vorher nur versucht, dich einzuschüchtern. Das Zeug zu verkaufen, würde mich den letzten Nerv kosten. Jeder junge Brauer kauft sich doch eine neue Ausrüstung. Alles hier ist alt und passgenau für dieses Gebäude.«

»Okay«, sagte Diana. Die Flut an neuen Informationen machte sie benommen. Was die Ausrüstung anging, hatte Anna wahrscheinlich recht. Das war etwas, das ihr Verstand begreifen konnte. Aber es gab noch eine Menge mehr zu bedenken. »Was ist mit dem Gebäude?«

»Kein Problem. Susan Fishback ist meine Immobilienmaklerin und die beste in der Stadt. Sie wird exzellente Konditionen für dich aushandeln. Vermutlich wirst du sogar erst etwas zahlen müssen, wenn du so weit bist und der Laden läuft. Die Genehmigungen und Lizenzen brauchen ja auch eine Weile. Du brauchst natürlich deine eigenen, klar.«

Diana setzte sich. »Warum ich und nicht Mo? Er ist schon viel länger hier. Er weiß alles.«

»Du hast Initiative gezeigt«, sagte Anna. »Du bist nicht

in mein Büro gekommen und warst der Meinung, du würdest die Ausrüstung verdienen. Beinahe wärst du hier rausgestürmt und hättest es allein durchgezogen. Und Mo sitzt unten und bläst Trübsal.«

»Aber er verdient es.«

»Er verdient gar nichts. Keiner von denen tut das. Gleich werden sie alle nach Hause gehen, froh, dass sie ein bisschen Geld haben, und in ein oder zwei Monaten machen sie irgendwo anders denselben blöden Job.«

Das stimmte, hätte Diana beinahe gesagt, aber diese Genugtuung wollte sie Anna nicht lassen. Sie wollte etwas über die Jahre sagen, die sie alle investiert hatten, doch Anna sprach zuerst.

»Frank würde sich für dich freuen. Er wollte immer beweisen, dass du falschliegst, weißt du.«

»Inwiefern?« Sie hatte keine Ahnung, worüber Anna redete.

»Als du ihm gesagt hast, dass man nicht von ganz unten anfangen kann, hart arbeiten und dann erfolgreich werden.«

»Nein«, sagte Diana. »Genau genommen, hat er gezeigt, dass ich recht hatte. Es lag nicht nur daran, dass ich hart gearbeitet habe.«

»Aber, das hast du auch«, sagte Anna. Sie schien fast wütend zu sein. »Du hast immer noch dasselbe pathologische Arbeitsethos wie Frank, als ich ihn kennenlernte. Im ersten Jahr ist er beinahe draufgegangen, weil er alles allein machen wollte. Mach nicht denselben Fehler.«

Diana nickte. Das da unten waren ihre Freunde, und sie machte sich Gedanken darüber, ob sie sauer auf sie sein würden. Vorhin hätte sie sie erwürgen können, doch sie liebte diese Menschen immer noch und konnte sich nicht vorstellen, ohne sie hier zu arbeiten. Andererseits würde ihr keiner von ihnen helfen. Sie hatten mehr als deutlich gemacht, dass sie nicht herumsitzen und Däumchen drehen und darauf warten konnten, dass sie ihre eigene Brauerei eröffnete. Ihre eigene Brauerei. Gütiger Himmel, ihre eigene Brauerei.

Sie setzte sich auf den schwarzen Ledersessel vor Annas Schreibtisch.

Anna verzog keine Miene. »Also, was denkst du?«

»Sag mir, was ich machen muss«, antwortete Diana.

Andy freute sich riesig für sie. Bei ihm ging es nicht annähernd so schnell voran – er war vermutlich immer noch ein paar Jahre davon entfernt, zum Gebietsleiter befördert zu werden –, doch er lag mit Diana wegen solcher Dinge nicht im Wettstreit.

»Du hast wirklich Glück«, erklärte Andy ihr an diesem Abend im Bett. »Bei den meisten Brauereien, die ich kenne, kam der Gründer entweder aus reichem Hause, oder er hatte Investoren. Aber du hast dir deinen Weg in eine Brauerei erarbeitet. Das ist so selten.«

Sie liebte ihn dafür, dass er nicht sagte, sie hätte gerade eine Brauerei geschenkt bekommen. Einige Leute würden das sicherlich behaupten. Aber er kannte sie gut genug, er wusste, was sie geleistet hatte und wozu sie fähig war.

»Danke«, sagte sie. »Gott, ich wünschte, du könntest deinen Job kündigen und mir helfen. Aber vermutlich muss einer von uns Geld verdienen.«

Er sah aus, als wolle er fragen, *Glaubst du, du bekommst*

das hin, obwohl du schwanger bist?, doch er ließ es klugerweise bleiben. Sie antwortete ihm trotzdem.

»Ich kann nicht anders.«

»Und ich bin stolz auf dich«, sagte er und küsste sie.

Bevor sie ein Glas ihres eigenen Bieres ausschenken konnte oder auch nur einen Sack Malz bestellen, musste sie durch den langen, geisttötenden Sumpf der Bürokratie waten. Unter anderem musste sie eine Brewer's Notice beim Tax and Trade Bureau stellen, um eine Steuernummer zu erhalten, bevor sie überhaupt eine Lizenz zum Alkoholausschank beantragen konnte. Sie brauchte eine Geschäfts- und Spirituosen-Haftpflichtversicherung. Sie musste ein Geschäftskonto einrichten und brauchte einen Firmennamen. Und, wie Anna ungerührt anmerkte, musste sie noch billige, zuverlässige Arbeitskräfte finden. Sie hatte bereits eine alte Freundin im Sinn.

Wie Anna vorhergesagt hatte, arbeiteten alle ihre früheren Kollegen innerhalb eines Monats in anderen Brauereien. Matt nahm einen Job oben in Duluth an, also würde sie ihn nicht mehr oft sehen. Mo war am nächsten; er hatte es zum Braumeister bei Alter Ego geschafft, einer neuen Brauerei direkt hinter der Staatsgrenze in River Falls, Wisconsin. Innerhalb weniger Monate machte er seinem neuen Arbeitgeber bereits einen Namen, indem er ein mit Habanero-Chilis aromatisiertes Triple-IPA namens The Runny Nose Warrior braute.

Frank hätte Mo oder sonst wen nie ein 12,9-prozentiges Bier brauen lassen, das so frech brannte und einen dann aus den Socken haute, wenn man es doch schaffte auszutrinken, doch die College-Kids in Wisconsin liebten es, und Diana musste einfach eines Nachmittags rüberfahren und Mo gratulieren.

Die Räumlichkeiten der Alter-Ego-Brauerei waren aufdringlich modern mit Altholz, Vintage-Glühbirnen, hohen Decken, freiliegenden Rohren. All der Scheiß sah großartig aus und Mo mittendrin. Es schien, als würde er seit Jahren dort arbeiten; er trug ein bereits verblichenes Firmen-T-Shirt, nannte die Leute beim Spitznamen und protzte bescheiden damit, dass sein erstes Ale vom Fass noch Luft nach oben hätte. Das Bier war nicht pasteurisiert, und auch das hätte Frank ihm nie durchgehen lassen. Jetzt hatte Mo die Freiheit zu tun, was immer er wollte, und wie ein Kind hatte er beschlossen, alle Ostereier auf einmal zu essen. Bis Ende des Jahres habe er ein Dutzend neuer Biere draußen, sagte er, und während es nett war, ihn wieder lächeln zu sehen – ganz ehrlich, das war es –, bedauerte sie ihren Besuch. Wenn sie ihre eigene Brauerei schon eröffnet hätte, würde sie ihm jetzt vielleicht nicht das Lächeln aus dem Gesicht würgen oder anfangen wollen zu weinen.

In den letzten vier Monaten hatte Diana keinen verdammten Handschlag getan, zumindest, was die Welt der Biertrinker betraf. Sicher, sie hatte ein Geschäftskonto eröffnet, ein Darlehen aufgenommen, einen Leasingvertrag unterzeichnet und den wenig originellen Markennamen Artemis Brewery angemeldet. Wie eine Göttin fühlte sie sich jedoch ganz und gar nicht. Man sah ihr die Schwangerschaft inzwischen deutlich an, und die ganze Sache wurde unerbittlich lästiger.

Sie hatte es bisher noch nie so weit geschafft, und selbst wenn Andy und sie jeden Tag freudig aufgeregt waren, schien jeder Tag auch eine neue Demütigung für sie bereitzuhalten. Das Schlimmste war, dass sie noch nicht mal mit anderen darüber reden konnte, wenn die sie ansahen, als sei sie völlig bekloppt.

»Aber du bist wunderschön«, insistierte Sarah Allison eines Nachmittags über einem Mittagessen im Pizza Hut. »Du strahlst.«

»Jep, das ist die Akne«, entgegnete Diana. »Als ich das letzte Mal so viele Pickel hatte, war ich fünfzehn. Ich kann nicht schlafen, kotze ständig, habe Verstopfung, und letztens beim Arbeiten habe ich mir in die Hose gepinkelt, einfach so.«

»Ich war gern schwanger«, sagte Sarah. Sie war nicht annähernd so düster oder zynisch, wie ihre Tattoos und das gefärbte Haar vielleicht vermuten ließen. Genau das brauchte Diana gerade. Es war ein Jammer, dass Astra in Chicago war und Clarissa jetzt in New York. Sie war dankbar – möglicherweise war sie die dankbarste schwangere Frau der Welt –, aber Diana fand, dass man dankbar sein und sich elend fühlen konnte, und niemand schien ihr da zuzustimmen.

»Ich werde es mögen, wenn es vorbei ist«, sagte Diana, sah, wie die Pizza gebracht wurde, und wollte sie plötzlich ganz für sich allein.

Ihre Kellnerin, die jünger war als sie und die sorglose Ausstrahlung eines Menschen hatte, der nur arbeitet, um mehr Taschengeld zu haben, konnte nicht an sich halten. »So etwas sollten Sie nicht sagen«, platzte sie heraus. »Eine Schwangerschaft ist ein Wunder.«

»Die Pizza ist ein Wunder«, sagte Diana. »Die Schwangerschaft kann mich mal.«

Obwohl sie mit jedem Tag unruhiger und unbarmherzig schwangerer wurde, ging Diana immer noch jeden Morgen um sieben Uhr in die Brauerei. Sie wollte nicht, dass Sarah sich verpflichtet fühlte, doch Sarah behauptete, dass sie noch nie geholfen hatte, Bier zu brauen, und neugierig sei. Diana hatte bereits das Malz, die Hefe und den Hopfen im Lager inspiziert und hatte eine Saisonbier-Hefe gefunden, die Frank nie benutzt hatte. Um die Mittagszeit kam Sarah herüber, setzte ihren Sohn mit einem iPad in den Schankraum, und sie gingen an die Arbeit.

Es würde nicht vor Ende des Sommers fertig werden, was normalerweise der Zeitpunkt war, an dem Saisonbiere auf den Markt kamen, aber was machte das schon, es war ja sowieso nur für sie.

Zum ersten Mal seit einer Ewigkeit machte Bierbrauen wieder einen Mordsspaß. Es war so aufregend, wie die Hefe der Würze zu Leibe rückte, dass sie anfingen zu lachen. Über Hefe! Es ist wirklich ein Ereignis, das man mal erlebt haben muss, und dabei viel preiswerter als eine Reise nach Paris.

»Nachdem wir es in den Reifetank umgefüllt haben, will ich es mindestens einen Monat ruhen lassen«, sagte Diana, als sie schließlich erschöpft und dreckig aufhörten. Es fühlte sich an wie ein Wunder, wieder Bier zu brauen, und noch dazu mit einer anderen Frau.

»Cool«, sagte Sarah und nickte. »Dann musst du mir welches zuschicken.«

Diana lachte. »Warum? Du kannst doch einfach rüberkommen. Dann können wir eine weitere Charge ansetzen.«

»Ich ziehe nach Columbus, um mich um meine Mutter zu kümmern«, sagte Sarah. »Nächste Woche.«

»Was?« Das konnte nicht sein. »Columbus, Ohio?«

»Ja«, sagte Sarah und nickte wieder. »Sie ist im dritten Stadium, und hier hält mich nichts mehr.«

Diana war nach Weinen zumute. »Doch, denn wenn ich nächstes Jahr aufmache, möchte ich dich für meinen Schankraum. Und du wirst Braulehrling. Wäre das nicht wunderbar?«

»Ja, hört sich gut an«, sagte Sarah, und da wusste Diana, dass Sarah nie mehr zurückkehren würde und dies der Abschied war.

Zwei Monate später ließ sie ihren Mann und seine Freunde das gesamte Saisonbier trinken, solange sie ehrlich den Geschmack bewerteten. Sie selbst probierte noch nicht mal einen Tropfen, und das nicht nur, weil sie schwanger war.

Sie hatte auch das erste Mal seit einer Weile Malz geschrotet, also brachte sie den Treber mit nach Hause und machte allen möglichen Hipsterkram daraus – Waffeln, Brötchen, Pizzateig, Kekse und Brezeln –, in erster Linie, um Geld zu sparen. Sie hatte bei Sarah Allison vor Jahren mitbekommen, dass es teuer war, ein Baby zu haben, selbst wenn sie glücklicherweise eine Krankenversicherung hatte. Als ob das Erwachsensein nicht schon teuer genug war.

»Die hier solltest du im Schankraum verkaufen«, sagte Andy eines Abends, als er ein Spiel der Minnesota Wild guckte und dabei Brezeln aß. Das war tatsächlich eine hervorragende Idee.

Zu Heartlanders Zeiten hatten sie immer nur zwei Snacks im Angebot. Das eine war Franks (eine Plastikdose mit Erdnussbutter-Brezel-Nuggets von CostCo) und das andere war Annas (eine Packung N.W. Gratz' vegane, gentech- und glutenfreie 72-prozentige Rohschokoladenriegel). Ihre Brezeln waren noch besser; bequem und preiswert wie Franks Auswahl mit dem Foodie-Faktor von Annas.

Im Herzen wusste Diana es bereits, trotzdem wollte sie das Geschlecht ihres Kindes nicht wissen. Dann, bei ihrer letzten Ultraschalluntersuchung, sagte jemand in einem Nebensatz, *Da ist sie. Sie sieht gut aus.* Es war Wirklichkeit. Diana und Andy würden eine Tochter bekommen.

Den errechneten Termin am 14. Januar kannte sie schon lange, doch plötzlich war es keine abstrakte Zahl mehr, und sie wusste sofort, warum sie sich auch das nicht hatte sagen lassen wollen. Jede Minute ertrug sie die nicht eben angenehmen Herausforderungen, die dieses winzige Wesen ihr aufzwang, weil es existieren und leben wollte. Doch daran hatte sie sich gewöhnt. Wovor sie sich jedoch mehr als vor allem anderen fürchtete, war, vergessen zu haben, wie man die Liebe eines Menschen erwiderte, eine Liebe, die hilflos war, grenzenlos und leuchtend, und sie war sich so sicher, dass sie etwas falsch machen und diesen Menschen verhunzen und mit ihm die Löcher ihres eigenen perforierten Lebens zukleistern würde. Das Kind in ihr war zäh, ein Kämpfer, anders als die anderen, doch wenn es eine Vorstellung hätte, was es hier erwartete, würde es für immer weiter auf der Blase seiner Mutter schlafen, gähnen und mit den Füßen den nachgiebigen Horizont testen.

Sie hatte gelesen, dass die vierundzwanzigste Woche der frühestmögliche Zeitpunkt war, an dem man mit Hilfe der modernen Medizin ein gesundes Baby zur Welt bringen konnte. Damals fühlte es sich zum ersten Mal an, als hätte sie eine Grenze überschritten, als passierte es wirklich. Sie wünschte sich schon so lange und so sehr ein Baby, und nun, wo ihre Tochter bald in ihr angespanntes, unsicheres Leben kommen würde, hatte sie solche Angst.

Bleib, wo du bist, Baby, wenn du glücklich werden willst. Bleib zum Teufel, wo du bist.

Später im Wagen, als Andy sie nach Hause fuhr, lächelnd und mit Freudentränen über die Neuigkeit, eine Tochter zu bekommen, starrte sie durch die Windschutzscheibe, hinaus auf die gelben Blätter, die Hand auf dem Bauch, und stellte sich, zurückhaltend und unbehaglich, das Unmögliche vor.

»Woran denkst du gerade?«, fragte er.

Sie wollte es ihm nicht sagen, noch nicht. »Können wir dieses Wochenende irgendwo hinfahren?«, fragte sie ihn stattdessen. »Nach Gooseberry Falls, bevor es zu kalt wird?«

»Was?«, fragte er, abgelenkt von seinen zweifellos freundlicheren Gedanken. »Tut mir leid, ich bin gerade ein bisschen neben der Spur«, sagte er, wischte sich die Augen und warf einen kurzen Blick auf ihren Bauch. »Ich hab's heute erst so richtig begriffen, dass es wirklich wahr ist.«

»Jep.« Sie nickte und rieb ihren Bauch. »Sie hat's echt nicht leicht, oder?«

Zu ihrer Überraschung lachte er. »Die halbe Portion täte gut daran, Treber zu mögen.«

Diana liebte es, morgens ganz allein in der Brauerei zu sein, doch Anna hatte recht gehabt, sie konnte das unmöglich noch länger so durchziehen. Besonders jetzt, wo sie das zusätzliche Gewicht spürte, während sie Schläuche zog und den Wischmopp schob, ihr Kopf und Körper in dem kalten Raum brannten und sie so oft pinkeln musste, dass sie einfach einen Eimer in die Mitte des Sudhauses stellte. Und während sie in den Schlund ihrer stillen Brauerei starrte, das einzige Geräusch der Urinstrahl, der in den orangefarbenen Plastikeimer traf, wusste sie, dass es allerhöchste Zeit war, sich verdammt noch mal Hilfe zu holen.

Mo war nett gewesen und über E-Mail in Kontakt mit ihr geblieben – vermutlich hatte er noch nicht mal bemerkt, dass sie ihm in den sozialen Medien nicht mehr folgte –, und als sie erwähnte, dass sie nach preiswerter Hilfe suchte, bot er sofort an zu kommen, wann immer er konnte, was er auch wirklich tat. Sie versuchte, ihn für seine Zeit zu bezahlen, doch er nahm nichts an; er hatte sogar sein eigenes Mittagessen dabei.

Für die sanfte Markteinführung im Januar wollte sie etwas Einfaches brauen, ein 100-prozentiges Citra IPA, und einen Fachmann wie ihn zur Seite zu haben, war großartig. Sie hoffte, dass sie um die Entbindung herum ihre Anlage an ein paar selbständige Brauer vermieten konnte, und wollte sich die große Eröffnungsparty für später aufheben, wenn sie wieder arbeiten konnte, vermutlich im Februar.

Sie hätte ihre alten Highschool-Freunde James, Astra und Paul gut gebrauchen können, wenn sie verfügbar wären, was sie nicht waren. Astra lebte immer noch bei ihrer Großmutter in Chicago, schlug sich als freie Journalistin durch und steckte viel zu tief in Unischulden, um für einen Job umzuziehen, bei dem sie nicht viel mehr verdiente. James programmierte Videospiele in Venice Beach und hatte sich der Burning-Man-Truppe angeschlossen. Paul und seine Frau gründeten gerade eine gemeinnützige Organisation, um den Schulkindern von Detroit zu helfen. Sie alle fanden toll, was Diana da machte, doch keiner von ihnen würde nach Minnesota zurückkehren, um einen unterbezahlten Knochenjob in einer Brauerei anzunehmen. Als die alleinige Eigentümerin der Artemis Brewery, deren Name auf all den Papieren stand, war sie zu paranoid, als dass sie jemand Fremdes in die Firma holen würde. Und einen Versuch hatte sie noch.

Diana telefonierte nicht gern, doch bei Clarissa machte sie immer eine Ausnahme, selbst wenn sie nur noch ein paarmal im Jahr miteinander sprachen. Trotzdem war sie nervös.

»Yo, Alter!«, brüllte Clarissa.

Sie schaffte es, dass Diana in weniger als zwanzig Minuten lachte, weinte und wieder lachte. Aber auch so dauerte es fast eine Stunde, bis Diana den Mut aufbrachte zu fragen.

»Alter, das würde ich liebend gern«, sagte Clarissa. »Aber ich wohne hier gerade so was von günstig zur Untermiete in Red Hook. Die Wohnung hat ihr eigenes Badezimmer und eine richtige Küche, mit einem Backofen und so. Das ist der absolute Jackpot. Da kann ich nicht weg.«

Diana, die in ihrem Leben noch nie weiter östlich als Eau Claire, Wisconsin, gekommen war, stellte sich ein Leben vor, bei dem so etwas ein »Jackpot« war, wusste aber, dass der großzügige Wohnungsmarkt im Mittleren Westen damit nicht vergleichbar war. Clarissa hatte gerade ihr Studium mit einem MFA abgeschlossen und wollte vorerst in New York bleiben. Sie machte die Öffentlichkeitsarbeit und Social Media für eine Kaffeefirma, was ihr jede Menge freie Zeit zum Schreiben ließ. Doch obwohl das alles schlüssig war, war Diana trotzdem todunglücklich.

Einen Monat später saßen Diana und Andy bei Ediths traditionellem Weihnachtsessen mit glasiertem Schinken, Kartoffelgratin, gekochten Möhrenmedaillons und grünrotem Jell-O-Salat. Dieses Menü hatte noch nie zu Dianas Lieblingsessen gehört, doch diesmal langte sie kräftig zu. Der Geburtstermin war über drei Wochen entfernt, doch sie fühlte sich, als könne sie jederzeit platzen und Fruchtwasser über die lächelnden Rentiere auf der Weihnachtstischdecke spritzen. Natürlich behielt sie das für sich, und in diesem Jahr gab es sowieso noch andere Themen als das Wetter, die Straßen und ihre bevorstehende Mutterschaft.

Beim Nachtisch versuchte Andy, Edith immer noch zu erklären, warum er Diana nicht beim Vertrieb ihrer neuen Biere helfen konnte, obwohl er mit den besten Craft-Beer-Vertretern arbeitete.

»Ich will damit nur sagen, dass es im Moment keine gute

Idee ist«, sagte er. »Sie würde Geld bezahlen, ohne viel Nutzen davon zu haben.«

»Kannst du nicht wenigstens ein gutes Wort einlegen?«, fragte Edith. »Spielt es denn keine Rolle, dass sie die Neunzehnjährige mit einem neuen Bier war, über die alle berichtet haben?«

»Doch, das ist nicht unwichtig«, sagte Andy. »Aber es ist fast zehn Jahre her. Kein Barkeeper wird ihr deswegen einen Zapfhahn freimachen. Es ist ja nicht so, dass wir ihr Bier nicht nehmen würden, das schon, aber sie müsste uns eben dafür bezahlen. Weil wir ihre Marke aufbauen würden.«

Diana, die das alles bereits kannte, wollte es nicht schon wieder hören. »Ich gehe jetzt auf die Toilette. Bitte wechselt das Thema, bis ich wieder da bin.«

Als sie aufbrechen wollten, bat Diana, Andy möge Ediths Geschenke – eine Kindersteppdecke, ein besticktes Lätzchen, einen Kindersitz und eine merkwürdige knallorange Vase – hinunter zum Auto bringen, sie würde zum Parkplatz nachkommen.

»Grandma«, sagte Diana. »Mein erstes Bier ist fast fertig. Und ich bräuchte vielleicht eine Weile deine Hilfe in der Brauerei.«

Sie hatte schon seit Wochen darüber nachgedacht und hätte am liebsten gar nicht gefragt, doch gingen ihr die Menschen aus, denen sie vertraute.

Die Idee schien Edith weder zu schockieren noch zu missfallen, was schon mal eine Erleichterung war. Sie ließ sich einfach auf das Sofa plumpsen. »Oh? Um was zu tun?«, fragte sie und machte es sich bequem.

»So ziemlich alles, denke ich.«

»Du meinst, Bier brauen?« Edith lachte in sich hinein. »Au Backe. Dabei mag ich Bier noch nicht mal.«

»Das meiste ist Saubermachen und Papierkram, und den erledige ich.«

»Hast du nicht schon Mo, der dir hilft?«

»Er hat woanders einen Vollzeitjob als Braumeister. Und sie zahlen ihm mehr, als ich es je könnte. Er kann höchstens zweimal im Monat kommen. Ehrlich, Grandma, du wärst eine riesige Hilfe. Für jemanden in deinem Alter bist du top in Form. Ich meine, du arbeitest fast jeden Tag im Pflegeheim.«

»Ja, und das macht mir Spaß«, sagte Edith. »Und ich habe noch den Job bei Arby's.«

»Ich weiß«, sagte Diana. »Und das bei mir wäre auch ein Job. Ich würde dich bezahlen. Keine Riesensummen, aber auf lange Sicht mehr als Arby's.«

»Aber ich habe dort Freunde. Die kann ich nicht einfach im Stich lassen.«

Soweit Diana wusste, hatte Edith dort nur eine Freundin namens Betsy. Keine ›Freunde‹, Mehrzahl, doch am Weihnachtsabend schien es gemein, darauf hinzuweisen.

»Na ja, denk drüber nach, Grandma.«

»Habe ich schon«, sagte Edith.

»Dann denk eben noch ein bisschen weiter nach«, sagte Diana, umarmte ihre Großmutter und wünschte ihr eine gute Nacht.

Himmel, murmelte Diana leise, als sie im Halbdunkel durch den Eingang des Gebäudes ging, das mal ihr Zuhause gewesen war. Sie konnte nicht umhin zu bemerken, wie unaufgeräumt und dreckig es aussah; wer immer für die Sauberkeit zuständig war, hatte es nicht rechtzeitig vor den Feiertagen erledigt.

»Jetzt ist es offiziell«, erzählte sie Andy, nachdem sie sich in sein kleines Auto gequetscht hatte. »Niemand will bei mir arbeiten.«

»Warum eröffnest du die Brauerei dann jetzt schon?«, fragte er. »Warum wartest du nicht ein paar Monate bis nach der Geburt?«

Sie war erschöpft und frustriert und wollte ihn nicht daran erinnern, dass die Mietzahlungen ab Januar fällig waren. Auch nicht, dass sie bereits Geld für die Zutaten zu einem halben Dutzend verschiedener Biere ausgegeben und mit Mos Hilfe vier davon angesetzt hatte. Eines davon wäre in einer Woche fertig zum Abfüllen.

»Zu spät«, sagte sie nur.

»Vielleicht ist es sogar am besten, dass du mit Menschen arbeitest, die du noch nicht kennst«, sagte er und schaltete den Warnblinker ab. »Du wirst die richtigen Leute noch finden.«

Sie blickte an ihm vorbei auf den stillen Parkplatz und wollte schon widersprechen, nur damit ihre Wünsche noch ein wenig länger ums Überleben kämpften, doch weil Weihnachten war, schwieg sie auf dem kurzen Weg nach Hause.

Es war die erste Januarwoche, zwei Tage vor der geplanten Eröffnung, und sie hängte gerade ein Fass an die frisch gesäuberte Zapfanlage, als sich die Tür zum Schankraum öffnete. Im Türrahmen stand eine Frau mittleren Alters mit vier Kindern, und sie standen einen Augenblick schweigend da und sahen sich um. Sie hatte noch keine Kunden erwartet, schon gar keine Kinder, und auf der Musikanlage des Schankraumes lief ein Mix aus Lizzo-Songs, die einige Eltern sicher unpassend finden würden. Aber sie konnte ja schlecht nach oben ins Büro laufen und die Musik abschalten.

Diana winkte. »Kann ich Ihnen helfen?«

»Ich habe kürzlich über diese Brauerei in der Zeitung gelesen«, sagte die Frau. »Haben Sie schon geöffnet?«

Wenn sie den ganzen Artikel im *Nicollet Falls Viking* gelesen hätte, wüsste diese Frau die Antwort. Aber aus den Zapfhähnen kam Bier, und Diana hatte seit acht Monaten kein Geld eingenommen, also sei's drum.

»Klar, kommen Sie rein.«

In anderen Brauereien wie Surly's war man sehr familienfreundlich. Besonders viel gab es bei ihr noch nicht für Kinder, aber sie könnte ja zumindest ausdrücklich erklären, sie seien willkommen. Die Überschrift des kürzlich erschienenen Artikels lautete schließlich »Ortsansässige Braumeisterin eröffnet familienfreundliche Brauerei«. Und hier waren sie nun als ihre ersten Kunden, sechs oder sieben Jahre alt, fröhlich, aufgeregt, aber anscheinend artig.

»Wow«, sagte die Frau und versuchte, nicht auf Dianas Bauch zu starren. »Wann ist Ihr Termin?«

»In ungefähr anderthalb Wochen«, sagte Diana.

»Sie müssen so aufgeregt sein«, sagte die Frau. »Ihr Erstes?«

Diana nickte und sah, wie einer der kleinen Jungs mit lilafarbener Vikings-Jacke sie ungeniert ansah, auf diese intensive, nervtötende Art, mit der nur Kinder davonkommen.

»Glückwunsch«, sagte die Frau und wandte sich an den Jungen. »Winston, kannst du dich bitte zu deinen Freunden setzen?«

»Die hat 'nen Braten in der Röhre«, sagte Winston.

»Winston, das gehört sich nicht.«

»Wenn's doch stimmt«, sagte Winston und zog ab.

»Was für ein Tag«, stöhnte die Frau und warf Diana einen Blick zu, der sagte, *Anderer Leute Kinder, stimmt's?* »Ein Blue Moon für mich und vier kleine Root Beer für die Kinder«, sagte die Frau.

Mit dieser Bestellung gab es diverse Probleme, also begann sie mit dem einfachsten. »Wir haben kein Root Beer vom Fass«, sagte Diana und hielt eine Flasche Tree Fort hoch. Gottlob war die Bestellung gestern geliefert worden. »Aber wir haben dieses.«

»Können Sie zwei davon gleichmäßig auf vier Gläser aufteilen?«

»Kein Problem«, sagte Diana. »Und es tut mir leid, aber wir führen kein Blue Moon. Wir brauen unser eigenes Bier. Im Moment haben wir ein 100-prozentiges Citra IPA. Möchten Sie es probieren?«

»Oh, die mag ich nicht«, sagte die Frau.

»Also, es ist keine dieser Hopfen-Bomben, die es oft gibt. Dieses IPA ist ein Single Hop mit Zitrusnoten und nicht so bitter.«

Das schien nicht bei ihr angekommen zu sein. »Haben Sie etwas Ähnliches wie Blue Moon?«

Hatte Diana nicht und würde sie vermutlich nie haben.

Wenn diese Frau Hefeweizen oder Belgisches Weißbier mochte, dann kam höchstens das 50-prozentige Weizen Gose in Frage, das Diana brauen wollte. Sie musste nur zurück in die Brauerei gehen und damit anfangen. »In ein paar Wochen habe ich ein Gose fertig. Sie sollten Ende des Monats wiederkommen. Möchten Sie in der Zwischenzeit auch ein Root Beer?«

»Nein. Ich hatte einen Scheißtag und will nur einen Drink. Haben Sie irgendetwas, irgendetwas anderes außer einem IPA?«

Es gab noch ein Shore Leave Porter im Bürokühlschrank, nur eines. Es war das letzte, das jemals gebraut worden war. Sie hatte es aufbewahrt, so, wie manche Kinder ihre Halloween-Süßigkeiten aufbewahren, doch jetzt gab es Wichtigeres als Erinnerungen. »Möchten Sie ein Porter? Ich habe noch eine Flasche da.«

»Solange es kein IPA ist, probiere ich es«, sagte die Frau.

»Nur, damit Sie es wissen, es ist nicht wie ein Belgisches Weißbier. Es ist dunkel mit Schokoladen- und Kaffeearomen.«

Die Frau nickte und zeigte auf das große Glas selbstgebackener Treber-Brezelsticks, die in der Ecke auf einem Holzfass standen. »Kosten die Brezeln etwas?«

»Nein, nehmen Sie ruhig«, sagte Diana. »Ich bin gleich mit dem Porter zurück.«

Sie setzte sich im Büro einen Augenblick auf ihren alten Eames-Stuhl, eine Replik, und starrte auf die letzte Flasche Shore Leave Porter, das erste Porter, das sie in ihrem Leben probiert hatte, und immer noch ihr liebstes. Sie wusste noch, wie sie es ins Fass gefüllt hatte, nur eine kleine Charge, mit der sie den Rest schwarzen Malzes aufgebraucht hatten. Frank würde genau jetzt mehr davon brauen, wenn er hier wäre. Frank wäre stinksauer, wenn seine Brauerei im Winter kein Porter vom Fass hätte. Sie war nicht sicher, ob sie sich davon trennen konnte, und es ging ihr nicht nur um den Inhalt. Das Etikett war wunderschön. Matt Duncan hatte damit sein Meisterstück hingelegt. Dieses Schiff, das sich um die ganze Flasche schlängelte, war die »Edmund Fitzgerald«, und Sarah hatte denen, die richtig rieten, immer ein kleines Glas Porter gratis gegeben. Diese letzte Flasche war das Ende einer Ära.

Genau da kam Diana in den Sinn, dass der Tod keine abgeschlossene Sache war. Der Tod, den alle sehen können, ist nur der Anfang, und der Rest dauert so lange, wie er dauern muss, Stück für Stück, ganz im Verborgenen, ohne Warnung, Zeitplan oder Bestätigung. Das letzte Trocknertuch aus der letzten Schachtel, die sie je gekauft hatten. Das Mindesthaltbarkeitsdatum auf einer Tüte ihrer Lieblingschips. Und der Kuli, den sie einst gehalten hatte und der nun keine Tinte mehr hatte. Sie fragte sich, wer sonst einen ausgetrockneten Kuli, abgelaufene Kartoffelchips, einen leeren orangefarbenen Karton und eine alte Flasche Bier besaß. Sie fragte sich, wer den Mut hatte, diese Dinge loszulassen, ohne nachzudenken und ohne eine Zeremonie.

»Hier ist Ihr Porter«, sagte sie zu der Frau und öffnete die Flasche, deren Kronkorken von der Bar sprang und aus dem Sichtfeld klapperte. Erst da merkte sie, dass das Brezelglas umgefallen war, und der gesamte Inhalt auf dem Boden verstreut lag.

»Ach ja, sorry«, sagte die Frau.

In die Stille hinein sang Lizzo aus den Lautsprechern *das Miststück,* wie ein Kommentar. Die Frau zuckte zusammen und warf einen Blick zurück zu den Kindern, schwieg jedoch.

»Kein Problem, ich fege das schnell zusammen«, sagte Diana. Es waren ihre einzigen Brezelsticks gewesen, von den Kindern auf dem Betonboden zertreten, fort, alles fort. Ein Wunder, dass das Glas nur einen Sprung hatte und nicht zerbrochen war. Sie ermahnte sich, fröhlich zu bleiben, denn immerhin schuldete ihr diese Frau jetzt einen fetten Batzen Trinkgeld.

Eines der Kinder begann, um einen der Bio-Schokoriegel zu betteln. Diana hatte sie ganz vergessen, sie waren noch von Anna, vom letzten Februar. War Bio-Schokolade nach elf Monaten noch gut? Zu spät, um das jetzt zu googeln.

»Und einen von diesen«, sagte die Frau und hielt den Schokoriegel hoch. »Könnten Sie den bitte in vier Teile schneiden und uns an den Tisch bringen? Aber bitte vier gleich große Teile.«

»Ich gebe mir Mühe«, sagte Diana und lächelte.

»Danke«, sagte die Frau, als sie ihre Kreditkarte auf den Tresen legte. »Versuchen Sie es möglichst exakt zu teilen, ja?« Als hätte sie das nicht schon beim ersten Mal kapiert.

Diana beschloss, ihr ein wenig zu schmeicheln. »Sie sind eine gute Mutter«, sagte sie.

»Ha! Das könnte sein, aber keines dieser Kinder ist meins. Ich bin bloß ihre Nanny.«

Auch gut. Wurde man dafür nicht bezahlt? »Na, Sie machen das toll.«

Diana sah, wie sie das Feld fürs Trinkgeld auf der Kreditkartenquittung durchstrich. Und sie legte auch nichts in das bereitstehende Glas. Vielleicht gab sie etwas, wenn Diana die Schokolade gebracht hatte.

Die Frau ließ ihr fast volles Porter an der Bar stehen.

»Schmeckt es Ihnen nicht?«

Die Frau schüttelte den Kopf. »Es ist kein Blue Moon.«

Diana ging über das Schlachtfeld voller Brezelkrümel und setzte vier sorgfältig geteilte Stücke Schokolade jeweils auf einer Serviette vor die Kinder.

»Kann ich noch etwas für Sie tun?«

»Danke, ich denke, das ist alles«, sagte die Frau und wandte ihre Aufmerksamkeit den Kindern zu. Winston prahlte, er hätte das größte Stück.

Diana blieb stehen. Sie starrte die Frau einfach an, ruhig und geduldig.

Schließlich blickte die Frau auf, sah Diana und öffnete überrascht den Mund. »Oh, ein Trinkgeld! Natürlich. Tut mir leid. Ich habe überhaupt kein Bargeld bei mir. Kann ich es Ihnen nächstes Mal geben?«

Sie hätte sicher besser damit umgehen können. Es lag noch nicht mal an dieser Antwort, dass Diana überkochte, denn die Frau schien es ehrlich zu bedauern. Es könnten Dianas inzwischen pochende Kopfschmerzen gewesen sein oder dass sie seit zehn Minuten dringend auf die Toilette musste. Es könnte die Servicearbeit gewesen sein, die Diana hasste und bei der sie sich dennoch so viel Mühe gegeben hatte, um ein Trinkgeld wirklich zu verdienen, anstatt es nur zu erwarten, und doch versagt hatte. Es könnte die aufreizende Respektlosigkeit dieser fordernden kleinen Bratzen gewesen sein, die Verwüstung, die sie angerichtet hatten, und Dianas aufkeimende Angst, dass ihr Schankraum über die Zeit zu einem dreckigen Spielplatz verkäme. Doch sie hätte nie gedacht, dass sie mal »Fick dich« zu ihrer ersten Kundin sagen würde.

Nachdem sie hinausgestürmt waren, hängte sie das Schild GESCHLOSSEN ins Fenster und sperrte den Schankraum ab. Sie hatte für heute genug von irgendwelchen Kunden. Genug. Nachdem sie die Hälfte des Porters getrunken hatte, rief sie Mo an. Sie wollte wissen, wann er rüberkommen könnte, um ein Gose anzusetzen.

Der Tag war allerdings kein völliger Verlust; als sie unter dem Tisch wischte, fand sie eine Vikings-Mütze, die vermutlich diesem kleinen Arschloch Winston gehört hatte.

Sie legte die ruhigste Musik auf, die sie hatte, den Soundtrack von *Suspended,* von Lucinda Chua, und stellte sie auf Wiederholung. Es gab ihr das Gefühl, als bewege sie sich durch Honig.

Eine halbe Stunde später, nachdem sie die Brezeln und den Rest des Drecks aufgefegt hatte, den die Kinder hinterlassen hatten, kam der Anruf. Sie hatte darauf gewartet, und doch war sie überrascht.

»Entschuldigen Sie«, sagte eine ernste Männerstimme. »Ich rufe im Namen unserer Nanny, Olivia Ying, an. Sie war heute Ihre Kundin.«

»Ja, ich weiß«, sagte Diana. »Ich habe mich entschuldigt

und ihr das Geld zurückerstattet. Außerdem entschuldige ich mich bei Ihnen und Ihrer Familie.«

Das war offensichtlich nicht genug. Der Mann hatte sich auf eine Tirade eingestellt, und die würde er loslassen, ob es Diana bereits leidtat oder nicht. »Sie wissen gar nicht, wen Sie da beleidigt haben, Sie kleine Barschlampe«, sagte der Mann. »Unsere Nanny hat einen Pulitzer-Preis. Sie war in den Neunzigern an einer mit Preisen überhäuften Zeitung beteiligt. Vielleicht haben Sie die Passage in der Bibel vergessen. Hebräer 13, Vers 2.«

Wow, wie schade für die Nanny, dachte Diana. »Okay, dann werde ich mich noch einmal bei ihr entschuldigen«, sagte Diana. »Aber Sie müssen sich bei mir entschuldigen, weil Sie mich eine Barschlampe genannt haben. Ich bin Brauereibesitzerin und Brauereimeisterin.«

»Wir werden allen erzählen, dass man in Ihre Brauerei nicht mit Kindern gehen kann«, sagte der Mann. »Wie Sie reden! Und das vor Minderjährigen! Und die unmögliche Musik! Sie bekommen von uns allen nur einen Stern auf Yelp.«

Es klingelte an der Eingangstür. Mo, der seinen Schlüssel abgegeben hatte, musste schon da sein.

»Hey, einen Moment bitte, Sir«, sagte sie, das Telefon zwischen Schulter und Ohr geklemmt, während sie, so schnell sie konnte, zur Tür ging.

Die Zehen ihres rechten Fußes stießen gegen etwas Hartes. Einen Sack Malz. Was macht der hier, dachte sie und spürte, wie sie sich einen schrecklichen Augenblick lang in der Luft befand, bevor ihr rechtes Knie das volle, heftige Gewicht ihres Sturzes auffing und nur eine Sekunde später ein unvorstellbarer, unbeschreiblicher Schmerz ihr Bein und dann ihr Gehirn durchfuhr und so laut aus ihrem Mund herausplatzte, dass die Gläser in fünfzehn Metern Entfernung noch wackelten.

Sie spürte Feuchtigkeit zwischen ihren Beinen, das wusste sie noch. Ihre Arme waren instinktiv um ihren Bauch geschlungen, auch das wusste sie noch.

Das schwarze, schnurlose Telefon lag einen halben Meter entfernt, und sie konnte die Stimme eines Mannes hören, der *hallo?* sagte und *Alles in Ordnung mit Ihnen?*

»Bleib, wo du bist, Baby«, flüsterte sie. »Bleib, wo du bist.«

Das Bier des 21. Jahrhunderts
Helen, 2001

Ferien machten Helen traurig. Besonders die fünfstündige Fahrt in den Norden, zu ihrer wunderschönen Hütte am See. Inzwischen fürchtete sie insbesondere die letzte Stunde davon, durch die Handvoll kleiner Städte und den üppigen, wilden Wald und die sauberste Luft der Welt.

Sie hatte diese Gelegenheiten einst geliebt, jeden vierten Juli und jedes Labour-Day-Wochenende, seit sie die Hütte Ende der Siebziger gekauft hatten. Bis 1999, als Orval das Boot abgestoßen hatte – ihm zufolge »ein Loch im Wasser, in das man Geld wirft« –, waren sie oft raus aufs Wasser gefahren, doch sie vermisste es weniger, auf dem See zu sein, als die reine Freude, zum See zu gelangen.

Doch jetzt, im Sommer 2001, war die einst so besänftigende Fahrt endgültig zu einer entmutigenden Tour durch erodierte Kleinstädte geworden. Im einstigen Blotz-Territorium, in dem sie noch 1983 einunddreißig Blotz-Werbungen gezählt hatte, sah sie ihr orange-weißes Logo jedes Jahr in weniger und weniger Fenstern von Bars und Angelläden – beim letzten Mal waren es nur noch sechs. Als die Bar, die ihrer Hütte am nächsten lag, Blotz von der Karte genommen hatte, fuhr Helen zurück zum See, wo sie eine halbe Stunde im Wagen saß und wie ein Tourist auf das ruhige abendliche Gewässer starrte.

»Da bist du ja«, rief Orval und kam mit einer Angel, aber ohne Fische vom Steg herauf. »Sieht aus, als gäbe es heute Abend Steaks. Ohne Boot ist es wirklich schwieriger.«

»Danke, dass du es versucht hast«, sagte sie.

Und sie wusste, dass sie das letzte Mal hier übernachten würde.

Sie hatten die Warnsignale gesehen. Wenn man nicht ganz oben mitspielte oder zu den neu entstehenden Craft-Beer-Brauereien gehörte, war der Beginn des einundzwanzigsten Jahrhunderts für jede Lager-Brauerei eine harte Zeit. Helen und Orval hatten ihr Bestes gegeben, um sich über Wasser zu halten, hatten ihre Anlage in Galesburg verkauft, die neuesten Angestellten entlassen und Produktionslinien geschlossen. Sie hatten außerdem mit neuen Slogans experimentiert, vom pragmatischen (»Blotz, das beste Bier zum besten Preis«) bis kess (»Blotz: Gut genug für den, der's trinkt«), doch keiner davon war je wieder so gut angekommen wie damals ihr erster.

Noch vor zehn Jahren, als die anderen großen Midwest-Brauereien der zwei Nachbarstaaten alle schnell expandierten oder zur Expansion einer anderen beitrugen, war es Orvals und Jocs Strategie gewesen, ihr Geld gut anzulegen, zu fressen, anstatt gefressen zu werden. So hatten sie das Portfolio von Blotz erweitert. Ende der Neunziger kauften sie fast ein Dutzend regionale Brauereien, einschließlich der bekannten Kramlinger's Brewing Co. in Spring Green, Wisconsin, Pond & Beyer Brewery in Perry, Iowa, und

Chamberlain's Gold Cup Lager in Petoskey, Michigan. Die Midwest-Lager-Giganten Pabst und Stroh's jedes Mal zu überbieten geschah in der festen Überzeugung, dass jede Brauerei der Blotz-Familie weiter gedieh. Zum ersten Mal seit den frühen Siebzigern hatten sie Schulden. Sie begannen daraufhin, ihre Anlagen an kleinere Brauereien oder selbständige Brauer zu vermieten, doch Helen wusste, dass sie sich weiterentwickeln mussten, um am Leben zu bleiben. Das letzte Mal, als sie eine derartige Bilanz ihrer Firma vor sich gehabt hatte, waren sie gerade eben noch davongekommen, indem sie Dinge getan hatten, die nur wenige andere taten. Helen hoffte, dass sie noch einmal den Mumm dazu hatte und die Weisheit, diese Gelegenheit zu erkennen.

Einer der Brauer, die im Sommer 2001 eine Blotz-Anlage mieteten, stellte darauf eine obskure Biersorte namens IPA her. Orvals Beschreibung zufolge ein brutales, einfaches, gaumenbeißendes Ale.

Als Orval Flaschen davon in seinem Büro herumreichen ließ, entschied Helen, für ein wenig Heiterkeit zu sorgen, bevor sie anfingen. Joe trug einen schwarzen Anzug und eine Krawatte, was ungewöhnlich für ihn war, und Helen wusste, dass er einen Witz vertragen konnte.

»Joe, arbeitest du jetzt als Chauffeur?« Helen lächelte. »Ich muss nächste Woche zum Flughafen.«

Er grinste kurz und mutig. »Ich war heute Morgen auf einer Beerdigung. Meine Cousine Carole.«

»Oh«, sagte Helen. Jetzt fühlte sie sich schrecklich. »Das tut mir so leid.«

Während alle anderen ihm ihr Beileid ausdrückten, hatte

Helen das Gefühl, sie hätte ihren blöden Kommentar noch nicht wettgemacht. »Sie war älter, oder? Du hattest es erwartet?«

Joe schüttelte den Kopf. »Nein, sie war einundvierzig. Ist auf der Kellertreppe ausgerutscht und hat sich den Kopf aufgeschlagen. Ist einfach unglücklich aufgekommen.«

Eine ganze Weile sagte niemand etwas, nicht mal Helen.

Joe klatschte leise in die Hände. »Nun, lasst uns über Bier reden.«

»Ja, bitte«, sagte Orval, als er allen außer Joe eine Flasche gegeben hatte. »Das ist dieses neue Indian Pale Ale. Ist das nur ein Trend oder eine winzige Subkultur, oder ist es das neue Blue Moon?«, fragte er und blickte nacheinander Helen, Joe und Agatha an. »Sollen wir etwas verkaufen und ein Angebot machen?«

Alle tranken gleichzeitig einen Schluck und starrten sich danach an. Sie waren zu spät in den Belgischen Weizenbiermarkt eingestiegen – ihre Kopie von Blue Moon, »Pale Sun«, war kein Erfolg gewesen –, und nun hatten alle Angst, sich wieder zu irren.

»Puh«, sagte Helen und probierte noch einmal. Es hatte etwas Vertrautes.

»Also, ich persönlich begreif's nicht«, sagte Orval und stellte seine Flasche wie einen Richterhammer ab. »Ich kann mir nicht vorstellen, das hier bei einem Football- oder Baseballspiel zu trinken oder beim Picknick.«

»Ich finde es nicht übel«, sagte Agatha.

»Aber das heißt nicht, dass wir es nicht machen sollten. Ich konnte mit dem Light Beer auch nichts anfangen, der Rest ist Geschichte.«

»Wie sieht denn der Markt dafür aus?«, fragte Joe.

»Bier-Snobs«, sagte Agatha. Mit siebenundvierzig war sie die Jüngste im Raum; sie sollte es wissen. Als Qualitätsmanagerin würde sie auch wissen, ob das, was sie gerade probierten, unsauber gebraut oder irgendein Zugeständnis war, und sie kannte die Sorte gut genug, um sagen zu können: »Und es soll so schmecken. So mögen die Leute es.«

»Ich kann gar nicht glauben, dass es überhaupt so etwas wie Bier-Snobs gibt«, sagte Orval. »Entweder man mag Bier oder nicht!«

Helen sah besorgt aus. »Sind Miller oder Budweiser an so was dran?«

Agatha schüttelte den Kopf. »Nein. Anheuser-Busch besitzt allerdings fünfundzwanzig Prozent von Redhook. Ich denke, dass sich dieser Trend fortsetzen wird, die großen Mischkonzerne kaufen Ale-Brauereien und lassen sie weiter ihr Ding machen, aber jetzt mit einem breiteren Vertriebsnetz. Ungefähr so wie das, was Miller mit Leinie's gemacht hat.«

»Was ist mit Schell's?« Die älteste Familienbrauerei des Bundesstaates und die zweitälteste Brauerei des Landes braute schon seit langem Craft Beer und hatte das beliebte Pete's Wicked Ale unter Vertrag.

»Es sieht nicht so aus, als würde Schell's sein eigenes IPA brauen.«

»Lasst Schell's in Ruhe«, verkündete Orval. »Sie haben das Blotz-Gebiet immer respektiert, und mein Grandpa hat immer ihres respektiert.«

»Orval, wir haben nicht mehr 1915.« Helen runzelte die

Stirn. »Himmel, mit einem deutschen Namen wie unserem sollten wir Bockbier brauen, so wie sie.«

»Das ist ihr Ding, Helen.« Orval wandte sich an die anderen. »Aber angenommen, wir würden dieses IPA-Zeug machen. Wie könnten wir es verpacken?«

Joe lächelte auf die eifrige Art, wie er es immer tat, wenn er etwas Sinnvolles beitragen wollte. »So wie Coors mit seinem Killian's Red.«

Orval guckte überrascht. »Die gehören Coors?«

Agatha nickte. »Ja, und wir könnten ebenfalls einen existierenden Namen kaufen oder uns einfach einen neuen ausdenken, und niemand wüsste, dass wir es sind.«

Helen probierte wieder einen Schluck Bier, und erneut löste es ein unangenehmes, unsicheres Gefühl aus. »Ich möchte kein Bier verkaufen, das ich nicht selbst trinke.«

»Hier geht es nicht um deine persönlichen Präferenzen«, sagte Orval. »Joe hier hat in seinem ganzen Leben nie einen einzigen Tropfen getrunken und ist seit über dreißig Jahren bei uns.«

»Joe braut es nicht.«

Agatha klappte ihr Notizbuch zu. »Ich vermute, das war's dann wohl.«

Als Joe das Büro verließ, sagte Helen ihm noch einmal, wie leid es ihr täte. »Vor langer Zeit hatte ich mal Sinn für Humor«, sagte sie. »Den habe ich vermutlich verloren.«

»Wenn ich heutzutage eine große Brauerei besitzen würde, hätte ich meinen Sinn für Humor auch verloren«, sagte Joe, als er auf den Korridor abbog, ohne sich noch einmal umzudrehen.

Helen hätte diese Unterhaltung sicher vergessen gehabt, wenn am nächsten Morgen nicht etwas Erschreckendes passiert wäre.

Als sie unter der Dusche nach dem Shampoo griff, rutschte sie in ihrer freistehenden Badewanne aus, taumelte, griff nach dem weißen Duschvorhang, riss ihn irgendwie von der Wand, mit Vorhangstange und allem, und fiel patschnass und vollkommen verheddert hinaus auf die Fliesen.

Sie blinzelte. Ihre Stirn pochte. Ihr rechter Arm und ihre rechte Hüfte taten weh, doch sie konnte sich bewegen. Nichts fühlte sich gebrochen an. Orval riss die Tür auf und sah seine Frau auf dem Boden liegen, während der Duschkopf zischte und dampfte.

»O mein Gott«, sagte er und fiel dann auf die Knie. Wie durch ein Wunder war mit ihr alles in Ordnung. Doch erst, als sie das langsam begriff, bekam sie richtig Angst.

Sie fuhren trotzdem zu Helens Arzt, der bestätigte, dass sie zum Glück nur ein paar blaue Flecken hatte. Dr. Dille fragte, was den Sturz verursacht haben könnte, doch Helen sagte nichts von einer Botschaft Gottes oder einer Strafe – das war etwas, das ihre Mutter oder Edith laut geäußert hätten –, doch sie dachte es dennoch.

»Ich glaube, ich brauche einfach eine von diesen blöden Gummimatten«, sagte sie stattdessen.

Als sie irgendwann später in der Brauerei ankamen, waren alle anderen bereits da. In all dieser Zeit waren sie nie zusammen zu spät zur Arbeit gekommen, hatten die Blotz

Brewery nie so erlebt, dieses unmittelbare Gefühl einer Firma, die ohne sie lief, vollkommen ohne sie. Bevor sie in ihr Büro ging, blieb sie an einem anderen stehen.

»Agatha«, sagte Helen und trat ein, ohne anzuklopfen, »hast du mal eine Minute?«

Agatha telefonierte gerade, aber sagte, sie würde gleich zurückrufen, und bat ihre Chefin dann ins Büro.

Helen setzte sich auf einen der teuren ergonomischen Stühle, die sie vor zehn Jahren für alle bestellt hatte außer für sich. Der überraschende Komfort lenkte sie kurz ab, ihr Körper war an den alten ledernen Chefsessel gewöhnt, den sie 1976 gekauft hatte.

»Orval und ich haben uns heute auf dem Weg hierher unterhalten«, sagte Helen. »Wir möchten, dass du die Firma übernimmst, wenn wir in Rente gehen. Oder falls uns etwas zustößt.«

Agatha verzog das Gesicht. »Du bist doch kaum älter als ich – was, sechsundfünfzig?«

»So in der Richtung.« Agatha war eine von drei Angestellten, die Helens Alter kannten.

»Und du wirst nicht in Rente gehen. Du bist der einzige Mensch, den ich kenne, der nicht gern verreist oder Urlaub macht. Du hast keine Kinder oder Enkelkinder. Du magst kein Golf. Was du neben deinem Ehemann liebst, ist, Bier zu brauen. Du würdest dich zu Tode langweilen.«

Agatha war immer sehr direkt, das mochte Helen an ihr und bestätigte ihre Entscheidung. »Wenn etwas passieren sollte, muss Blotz in guten Händen sein.«

»Also, ich fühle mich geehrt«, sagte Agatha. »Aber warum nicht Joe Foxworth?«

»Joe ist in unserem Alter. Er wird wahrscheinlich deutlich vor Orval und mir in Rente gehen. Plus, er trinkt noch nicht mal Bier. Du kennst die Firma in- und auswendig. Du kennst das Geschäft und die Produktion. Blotz geht an dich. Da hast du gar nicht mitzureden.«

»Ist mit dir alles in Ordnung, Helen?«

»Ja«, sagte Helen und erhob sich. »Ich habe nur Angst.« Sie blickte auf ein gerahmtes Bild eines Sonnenuntergangs in den South Dakota Badlands an Agathas Wand, ein wunderschönes, einsames Orange und eine blaue Landschaft, die schon vor Millionen von Jahren so ausgesehen hatte und auch in Millionen von Jahren noch so aussehen würde.

Agatha nickte. »Ich weiß.«

An diesem Abend fuhr Orval sie nach Hause, nordwärts durch die sanften Hügel im Dämmerlicht, als er plötzlich das Radio leiser drehte und zu reden begann.

»Was ist mit Edith?«, fragte er.

»Was soll mit ihr sein?«

»Wie wäre es, ihr die Brauerei zu hinterlassen?«

»Nein«, sagte Helen, ohne nachzudenken.

»Ich weiß, dass sie älter ist als wir. Aber sie hat Kinder und ein Enkelkind. Vielleicht ihnen.«

Helen machte der Verkehr ungewöhnlich nervös. Seit über vierzig Jahren fuhren sie zwischen riesigen Lastwagen und ungeduldigen Pendlern diese enge Straße entlang, ohne groß darüber nachzudenken. Heute Abend erschien ihr jedes Paar Scheinwerfer wie eine Verdammnis.

»Nein«, sagte Helen wieder. »Was würde Edith denn damit machen? Der Punkt ist doch, die Brauerei zu erhalten, und nicht, dass jemand sie gegen die Wand fährt oder zu Geld macht.«

Orval zuckte die Achseln. »Wir sind ihr etwas schuldig.«

Die blauen Flecken von ihrem morgendlichen Sturz schmerzten dumpf, als sie sich gegen die Wagentür lehnte. »Was genau schulden wir ihr? Es war die Entscheidung meines Dads.«

»Wir wollten es. Wir haben es geplant.«

»Natürlich haben wir das, aber wir haben es auch verdient, weil wir uns um ihn gekümmert haben.«

»Aber was für eine Familie gibt alles einem Geschwisterteil, und der andere bekommt gar nichts?«

Jetzt hat er damit ein moralisches Problem? »Ich sag's dir: unsere.«

»Hast du in letzter Zeit mal von ihr gehört?«

»Natürlich nicht.«

»Du weißt, was du tun könntest.« *Du könntest ihr einfach einen Scheck ausstellen,* hatte Orval vor langer Zeit einmal vorgeschlagen. *Wir haben das Geld.*

»Ich habe mir für Edith etwas überlegt«, sagte Helen. Was nicht stimmte, zumindest noch nicht.

Sie brachte es nicht über sich, einer Schwester, die über drei Jahrzehnte nicht mit ihr gesprochen hatte, einfach so zwanzigtausend Dollar zu geben. Mit jedem Jahr wurde es zehnmal schwerer, und die Ausreden, warum sie ihr Versprechen nie eingelöst hatte, erschienen zehnmal einleuchtender. Es war Edith gewesen, die den Kontakt zwischen ihnen abgebrochen hatte, nicht Helen. Und in der Zwischenzeit hatte Edith zwei Generationen von Nachkommen großgezogen, die Helen sicher hassten, ohne sie überhaupt zu kennen. Edith war vermutlich inzwischen so wütend, dass sie die Zwanzigtausend nur aus Boshaftigkeit weggeben würde.

»Nun, das würde ich gern hören«, sagte Orval. »In all dieser Zeit hast du immer nur getan, was gut für Helen war. Du hast nicht ein Mal an deine Schwester gedacht.«

Sie hatte dauernd an Edith gedacht. Sie wusste nur nicht, was sie machen sollte. Und auf wessen Seite stand er eigentlich?

»Ich kann ihr nicht einfach nur Geld geben«, sagte Helen. »Es braucht inzwischen mehr als nur das.«

»Wenn du tatsächlich einen Plan hast, dann setz ihn jetzt um, wo wir beide noch am Leben sind.«

»Nun, die Brauerei wird sie nicht bekommen, so viel steht fest.«

Er schien ein wenig traurig zu sein. »Willst du nicht, dass sie in der Familie bleibt?«

Um ehrlich zu sein, war sie auch ein wenig traurig. »Ich möchte sie am Laufen halten. Solange wir noch dafür sorgen können.«

»In Ordnung«, sagte Orval und seufzte.

Fünfzehn Jahre vergingen, und nach dieser Zeit war Blotz nicht mehr eine von acht Brauereien in Minnesota, sondern eine von über hundert. Und auch nur knapp eine der acht größten. Blotz hatte alle Akquisitionen verkauft, hatte alle seine Mitarbeiter bis auf die wichtigsten entlassen und hatte nur noch ein Werk, seinen Heimatstandort in Point Douglas. Die Schuldfrage hatten sie schon vor langer Zeit untereinander verhandelt.

»Es ist ein einziger Horror«, stöhnte Joe während eines Meetings. Seine gebleichten Zähne und das silberne Haar schimmerten unter den Lampen. »Tod durch tausend Hopfen.«

Das wusste sie selbst. Ihr neuester Plan zur Rettung war, dasselbe alte Bier in die nostalgischen Flaschen und Dosen von früher abzufüllen. Doch das reichte nicht.

»Wir haben immer noch loyale Kunden«, erinnerte Helen ihn.

»Jep, und jedes Jahr sterben davon mehr und mehr. Und diese Kids von heute wollen Hopfen. Haufenweise Hopfen. Letztens habe ich ein IPA mit fünf verschiedenen Sorten gesehen. Fünf. Alle auf der Flasche aufgelistet.«

»Hört sich cool an«, sagte Agatha.

»Helen, was für Hopfen benutzen wir?«, fragte Joe. »Vielleicht können wir auch damit anfangen, es aufs Etikett zu drucken.«

Sie schüttelte den Kopf. »Es ist eine Eigenentwicklung.«

Orval sah seine Frau auch nach all den Jahren noch an wie ein kleines Kind die Geschenke unter dem Weihnachtsbaum. »Ich wette, du könntest das beste IPA der Welt brauen.«

Was sollte sie dazu sagen? »Nun, vermutlich könnte ich es versuchen.«

»Blotz kann kein Craft IPA auf den Markt bringen«, sagte Agatha. »Das hätten wir vielleicht damals, 2001, unter einem anderen Namen gekonnt. Heute würde jeder sofort wissen, dass wir es sind, und das wäre eine Katastrophe. Unsere Kunden würden es nicht kaufen, und die Craft-Beer-Community würde es auch nicht anrühren. Wir müssen eins übernehmen, das am Markt bereits Glaubwürdigkeit besitzt.«

Agatha hatte sicher recht, dachte Helen. Es gab immer noch kein Budweiser IPA oder ein Coors IPA, doch diese Brauereien hatte inzwischen jede Menge Craft-Marken in ihrem Portfolio.

»Ist das der einzige Weg, um zu überleben?«, fragte Helen in den Raum hinein.

Keiner sagte etwas. Die Lage hatte sich seit langem stetig verschlechtert, doch die Vorstellung, dass die Blotz Brewery pleiteging, erschien absurd. Sie waren eine Institution in Minnesota.

»Ich denke, schon«, sagte Agatha.

»Sicher können wir eine verdammte Craft-Brauerei kaufen«, sagte Joe. »Aber mit welchem Geld?«

»Lasst mich das herausfinden«, sagte Helen.

Am nächsten Morgen stand Orval in der Küche und schälte mit einem japanischen Santoku-Messer eine Apfelsine, vermutlich war der Schäler in der Geschirrspülmaschine.

»Ich hatte gerade eine gute Idee«, sagte er.

Sie sah, wie das Messer langsam eine Spirale schnitt, seine langen, bleichen Finger nur eine Kronkorkenbreite entfernt. »Nein, hattest du nicht. Leg das weg.«

Sie war eine Sekunde zu spät. Als sie die Hand nach dem Messer ausstreckte, spritzte Blut auf ihre geöffnete Handfläche, und einen Augenblick lang war das alles, was sie wahrnahm.

Als sie ihn in die Notaufnahme fuhr, hielt er den provisorisch bandagierten Finger hoch. Mit seiner unverletzten Hand tippte er ihr auf die Schulter und fragte: »Willst du meine gute Idee denn jetzt hören?«

Sie warf ihm einen Blick zu. Er hatte Blutspritzer auf der Kleidung, hoch bis zum Kragen. Es war eins seiner guten Hemden, maßgeschneidert von Heimie's Haberdashery, und es erinnerte sie an eine Zeit, in der sie Geld hatten, mehr Geld, als sie ausgeben konnten.

»Ich höre«, sagte sie.

»Also, wir können uns keine bekannte und erfolgreiche Craft-Brauerei kaufen«, sagte er. »Also lass uns eine finden, die auf dem Weg nach oben ist oder nach unten, und ihnen helfen.«

»Von mir aus«, sagte Helen. Sie versuchte gerade, an einer Kreuzung links abzubiegen, an der es keine Ampel für Linksabbieger gab, und war nicht in der Stimmung für eine derartige Unterhaltung. »Halt nur deine Hand hoch. Wir sind gleich da.«

Für jemanden, dessen Mittelfinger genäht werden musste, hatte Orval ziemlich gute Laune. Er entschuldigte sich dafür, dass er dem Arzt den Stinkefinger zeigte, und der lachte höflich, als hätte er so etwas noch nie gehört.

Auf der Fahrt nach Hause, nachdem sie in einem Drugstore Mullverband gekauft hatten, zeigte er im Vorbeifahren auf ein Schild. »Hey. Lass uns anhalten und zu Dairy Queen gehen.«

»Doch nicht vor dem Mittagessen«, sagte Helen, überlegte es sich dann anders und bog auf den Parkplatz ein.

Er bestellte einen großen Heath Blizzard. Sie nahm nur ein paar Löffel von seinem. Sie saßen draußen an einem der Tische, unter einem roten Schirm, und er kommentierte die vorbeifahrenden Wagen, ob er schon einen davon gefahren hatte oder ob er nichts dagegen hätte, einen von denen zu besitzen.

Er brachte die Brauerei nicht mehr zur Sprache, außer, als er beim Anschnallen sagte, es würde schon alles in Ordnung kommen.

Da es ein Samstag war, machte er ein langes Nachmittagsschläfchen, und nachdem sie sich etwas zu essen vom Chinesen geholt hatten, sahen sie sich zusammen einen Film an, den sie noch nicht kannten. *Lost in Translation* schien ihm zu gefallen, er lachte die ganze Szene über, in der Bill Murray die Whiskey-Werbung drehte, doch noch bevor der Film zu Ende war, schlief er auf dem abgenutzten Ledersofa ein. Sie entschied, ihn einfach schlafen zu lassen, doch am nächsten Morgen, als sie aufstand, lag er immer noch da und atmete nicht mehr.

Helen hatte immer Erklärungen für alles gehabt, anderen Leuten gegenüber und am meisten gegenüber sich selbst. Doch hierfür fehlten ihr die Worte.

Er sei quasi direkt aus dem Krankenhaus gekommen, erklärte sie den Rettungssanitätern. Ein Doktor hatte ihn untersucht, und es war alles in Ordnung gewesen. Zerebrales Aneurysma, vermutete eine Rettungssanitäterin, und am Ende hatte sie recht. Niemand hatte es ahnen können, und niemand hätte etwas dagegen tun können. Mit einer unsichtbaren Explosion ging ihr Leben, wie sie es kannte, in Flammen auf und ließ nur die Kulissen und Requisiten zurück.

Als sie das erste Mal allein im Haus war, saß sie nur auf dem Küchenfußboden, weinte noch nicht mal, saß bloß da und versuchte zu begreifen, was passiert war. Sie hatten keine Vorkehrungen für diesen Fall getroffen. Das Gespräch, das sie 2001 nach ihrem Sturz im Bad geführt hatten, war das einzige Mal gewesen, dass sie beide überhaupt zugegeben hatten, sterblich zu sein.

Es war schwer, vernünftige Entscheidungen zu treffen, wenn man unter Schock stand und alles grell und bedeutungsvoll erschien. Sie brauchte Stunden für die einfachsten Dinge, wie die Spülmaschine auszuräumen, als ihr bewusst wurde, dass Orvals letzte Teller, Schalen, Löffel, Gabeln und dieses Messer dort drin waren. Sie bat um einen offenen Sarg, und als der Bestatter den Verband von Orvals Mittelfinger abnehmen wollte, sagte sie, das käme nicht in Frage, denn er würde sie an ihren letzten gemeinsamen Tag erinnern.

In ihrer Trauer und Verwirrung war sie sicher, einige wichtige Leute versehentlich nicht zur Beerdigung eingeladen zu haben. Sie hatte ihrer Schwester eine Einladung geschrieben, wusste jedoch nicht mehr, ob sie sie abgeschickt hatte oder ob sie überhaupt die richtige Adresse hatte. Edith war jedenfalls nicht da. In der ersten Reihe neben Helen saßen Agatha, Joe und ein paar von Orvals Cousins. Sie hätte nichts dagegen gehabt, Edith zu sehen, nur damit sie zu ihr gehen und sagen konnte, *Ich weiß.*

Helen wusste, dass ihre Schwester außer ihrem Mann noch ein erwachsenes Kind verloren hatte. Bisher hatte sie keine Vorstellung gehabt, wie Edith sich gefühlt haben mochte. Doch zumindest war Edith nicht allein, dachte sie jetzt. Edith hatte immer noch einen Sohn und eine Enkelin. Helen hatte Helen.

Einen Tag nach der Beerdigung brachte Agatha ihr eine Schweinelende. Die arme Frau hatte kaum ihre Jacke ausgezogen, als Helen versehentlich herausplatzte: »Du bist der einzige Mensch, den ich noch habe.«

»Das stimmt nicht«, sagte Agatha, als sie sich ohne aufzublicken an die Kücheninsel setzte. »Viele Menschen würden gern für dich da sein. Du musst es nur zulassen.«

»Viele Leute wollen nur mein Geld«, sagte Helen und öffnete einen 1990er Château Latour aus dem Keller. Es gab keine bessere Zeit als die verdammte Gegenwart. »Willst du was davon?«

Agatha schüttelte den Kopf. »Du solltest dir eine Weile freinehmen und dich ausruhen.«

»Das ist unmöglich«, sagte Helen und dachte zurück an ihren Vater, nachdem ihre Mutter gestorben war. Das wären seine Worte gewesen. »Das Beste für mich ist, morgen wieder zur Arbeit zu gehen.«

»Bist du sicher?«, fragte Agatha. Warum war sie so bestürzt?

»Weißt du, was ich möchte? Weißt du, was wirklich helfen würde?«

»Sag's mir«, sagte Agatha und lehnte sich vor, als würde sie vom Küchenhocker springen und es sofort erledigen.

»Ich möchte, dass du mir hilfst, eine Craft-Brauerei zu finden. Eine, die zu klein ist, um bei irgendwem schon auf dem Radar zu sein. Eine billige, auf dem Weg nach oben.«

Agatha sah sie an, als wolle sie etwas sagen, doch schloss sie dann den Mund. »Okay«, sagte sie schließlich und stützte sich mit den Ellenbogen auf dem Küchentresen ab. »Aber gib dem Ganzen etwas Zeit.«

Irgendwann sollte Agatha in der Tat eine passende finden, und beides, die Brauerei und die Umstände, würden Helen überraschen, doch niemand, der gerettet werden muss, bekommt den Retter seiner Wahl. Sie bekommen normalerweise nur den, der gerade in der Nähe ist, und eines Tages gäbe es einen, der viel näher ist als der ganze Rest, der die Hand ausstreckte, bereit für sie.

Vier Großmütter

Edith, 2018

Zwanzig Minuten, nachdem Frances Colleen Nakagawa mit zweitausendsechshundert Gramm auf die Welt gekommen war, traf Edith im Krankenhaus ein. Da war sie, eine Urenkelin, lebendig und atmend und doch so unvorstellbar und seltsam wie der Himmel. Diana hielt den winzigen Menschen an ihre Brust gedrückt und weinte leise.

»Ist mit dem Baby alles in Ordnung?«, flüsterte Edith Andy zu, dem man ansah, dass er auch geweint hatte.

»Ja«, sagte Andy. »Es geht ihr gut. Wir haben nur viel durchgemacht.«

Die Krankenschwester sah Edith an. »Sie sollten sich ausruhen. Sie hatten beide einen harten Tag. Kommen Sie doch morgen wieder.«

»Wird ihr Knie operiert?«, fragte Edith.

»Die Frage kann ich Ihnen nicht beantworten«, sagte die Schwester. »Wenn ja, dann sicher nicht sehr bald.«

Die Nachricht von Dianas Unfall hatte sie bis ins Mark erschüttert. Sie hatte Mo angerufen, der so freundlich gewesen war, Edith zu fahren. Als sie über die kalte, dunstige Garagenrampe zu seinem rostigen Pick-up gingen, sprach er aus, was sie dachte.

»Tja, ihre Brauerei macht sie in zwei Tagen nun sicherlich nicht auf«, sagte er, schloss auf und öffnete ihr die Tür. »Vielleicht sogar eine ganze Weile nicht.«

Edith fragte sich, ob es Dianas neue Brauerei dann gar nicht geben sollte, ob dies Gottes Weg war, zu sagen, *Hör auf, Bier zu brauen, Diana*. Dann fragte sie sich, warum Gott so etwas überhaupt sagen würde.

Es war ganz offensichtlich Dianas Bestimmung, weil es ihr solche Kraft und ein Ziel gegeben hatte. Vielleicht hatte es Edith nicht immer gefallen, dass ihre Enkelin Bier braute, doch ihr war das Herz aufgegangen, als dieses stille, traurige Mädchen sich mit eiserner Disziplin in eine dickköpfige und bemerkenswerte junge Frau verwandelt hatte, die nun unvorstellbarerweise ihre eigene Brauerei hatte. Niemand, ob nun unsterblich oder nicht, sollte sich so viel Freude und Hingabe entgegenstellen. Edith kletterte in den Pick-up und starrte geradeaus. Zu dem, was sie gleich sagen würde, gab es keine Alternative. »Bringen Sie mich hin.«

»Wohin?«, fragte er und drehte mit verwirrter Miene den Schlüssel im Zündschloss.

»In die Brauerei«, sagte sie. »Dann werde ich das wohl machen müssen.«

Er blickte beim Ausparken hinter sich. »Was machen müssen?«

»Wenn sie jemanden braucht, der die Brauerei führt, dann werde ich, wie's aussieht, wohl eine Brauerei führen.«

Mo bremste mitten auf dem Parkplatz und starrte sie an. Er sah aus, als wollte er lachen. »Was?«

»Na ja, wer denn sonst?«, fragte sie und starrte zurück,

bis er aufhörte zu lächeln. »Aber jemand muss mir zeigen, wie das geht.«

Vor diesem Abend war Edith nur zweimal bei Heartlander gewesen. Nun, als sie durch den stillen Schankraum ins Sudhaus ging, sah sie einen kalten, einschüchternden Zoo von Metallrobotern. Sie sah unglaublich schwere weiße Säcke und Tafeln mit Worten und Nummern, die sie nicht verstand. Sie sah Paletten nicht etikettierter brauner Flaschen, mit Plastikfolie umwickelt. Sie stellte sich vor, mit all diesen Dingen allein hier zu sein.

»Sie müssen das hier nicht machen«, sagte Mo.

»Jemand muss es tun«, entgegnete Edith. »Also, wo ist in dem Ganzen denn überhaupt das Bier?«

»Im Schankraum ist bereits ein Single Hop Citra IPA, und in den Reifetanks sind noch ein paar andere«, sagte Mo und führte sie zu einem, auf dem das Wort VULCAN auf der Seite stand. »Als sie den Unfall hatte, wollte sie gerade ein Gose brauen. Das landet dann irgendwann im Vulcan. Im Alderaan, da unten, ist ein Kölsch, das bereits fünfzehn Tage reift. Oh, und im Arrakis dort drüben ist ein weiteres IPA aus 100 % lokalem Cascade-Hopfen, das wir dieses Wochenende abfüllen können. Haben Sie schon mal ein IPA probiert?«

Edith schüttelte den Kopf. »Nein, noch nie.«

»Dem können wir abhelfen«, sagte Mo und geleitete sie zu dem gigantischen Koh-I-Noor-Kühlschrank, wo er eine Flasche mit dem Etikett *Alter Ego Brewing Co.* und *Three Amokas IPA* herauszog und den Kronkorken mit seinem Schlüsselring öffnete. »Probieren Sie das hier. Das ist eins von meinen.«

Sie hielt die Flasche an die Lippen und legte leicht den Kopf in den Nacken. Es schmeckte, wie Dreck schmecken würde, wenn man ihn auf dem Grill verbrennt. »Nee«, sagte sie und gab ihm die Flasche zurück.

»Es schmeckt Ihnen nicht«, sagte Mo mit finsterem Blick. »*The Growler* hat es gerade das beste IPA des Jahres genannt.«

»Ist nichts für mich«, sagte Edith.

»Ich will ganz ehrlich sein«, sagte Mo, wischte die Flaschenöffnung mit seinem Hemdsärmel ab und nahm einen Schluck. »Ich weiß nicht, ob Sie die Richtige für diesen Job sind.«

»Warum nicht? Ich brauche doch nicht zu trinken, um es zu brauen. Ich habe früher täglich fünfundzwanzig Pies gebacken, fünf Tage die Woche, und nie auch nur einen davon gegessen.« Edith sah sich um. Im Grunde waren all diese einschüchternden Anlagen nur eine größere und etwas andere Version dessen, in dem sie ihr ganzes Leben gearbeitet hatte. »Eigentlich ist das hier auch bloß eine große Küche und Bier nur ein längeres Rezept.«

»Das ist ein bisschen vereinfacht«, seufzte Mo. »Sie wissen vielleicht, wie guter Pie schmeckt, aber sicher nicht, wie ein gutes IPA schmecken muss.«

»Ich kenne Menschen, die das wissen, wenn Sie gerade nicht in der Nähe sind. Ich habe nicht vor, das alles hier allein zu machen.« Sie blickte kurz zurück auf die Reifetanks. »Und es ist ja nicht so, als müssten wir ein Bier neu erfinden.«

»Nein, wie ich schon sagte, liegt der komplizierte Teil bei dem Kölsch und dem Cascade schon hinter uns. Wenn sie fertig zum Abfüllen sind, können Diana oder ich Ihnen übers Telefon dabei helfen. Wobei mir einfällt«, sagte Mo und führte sie zurück in den Schankraum, wo er einige Lampen anknipste und sie hinter eine lange Holztheke führte. »Das hier ist der Ort, an dem sie gerade wirklich Hilfe braucht. Bis sie einen eigenen Vertrieb hat, ist dies der einzige Ort, an dem Geld reinkommt.«

»Das denke ich mir«, sagte Edith, blickte auf die leeren Tische, die wie jene auf einem Rastplatz aussahen, und fürchtete sich ein wenig davor, wie anders ein Schankraum im Vergleich zu Arby's und einem Speisesaal im Pflegeheim sein würde, oder sogar zu Tippi's Café.

»Während der Öffnungszeiten sollten Sie am besten immer zwei Leute im Schankraum haben, an Wochenenden besser noch mehr«, sagte Mo und kreiste zwei verschiedene Tage auf dem Kalender hinter der Bar ein. »Rufen Sie mich an, wenn das Kölsch und das IPA fertig sind, an diesen Tagen hier. Bis Diana wieder da ist und mehr Bier braut, werden Sie nur diese drei Sorten anbieten können.«

Edith war erleichtert, dass es nicht schwerer war als das. Sie hatte sich schon Sorgen gemacht, jeden Tag bis zu den Knien in einem Bierbottich stehen zu müssen – was sie natürlich tun würde, wenn es denn sein musste –, aber nun sah es so aus, als müsse sie nur die Barkeeperin geben, bis ihre Enkelin wieder auf den Beinen war. »Wollte Diana Essen servieren?«

»Sie hatte hier irgendwo noch Brezeln. Vermutlich sind sie oben im Büro. Und es gibt immer noch diese Schokolade von Anna«, sagte er und zeigte auf eine Schachtel kleiner, in braunes Papier verpackter Quadrate.

»Das können wir besser. Wo ist die Küche?«

»Es ist eine Auslieferungsbrauerei. Sie darf aus rechtlichen Gründen hier kein Essen zubereiten, um es zu verkaufen.«

»Das ist aber schade.« Edith musste sich innerlich ermahnen, dass das nicht der Grund war, weswegen sie hier war.

»Sie können Speisen liefern lassen oder Foodtrucks auf den Parkplatz stellen, wenn Sie wollen, aber lassen Sie uns nichts überstürzen«, sagte Mo. »Das Wichtigste ist, alles sauber zu halten. Ich hab's Diana schon gesagt, als sie damals angefangen hat, man ist im Grunde nur ein Hausmeister, der ab und an mal Bier braut.«

»Gott sei Dank.« Das klang immer besser und besser. »Wie früh können wir uns morgen hier treffen?«

»Ihre Arbeitseinstellung hätte Frank gefallen«, sagte Mo und wirkte ein wenig traurig. »Wie wäre es mit sieben? Wenn das nicht zu früh ist? Ich muss um zehn bei meinem eigentlichen Job sein.«

»Es kann gar nicht früh genug sein.« Wollte er sie veräppeln? Sie sah zu, wie Mo die Lampen ausschaltete. »Danke für Ihre Hilfe.«

»Na ja, ich wünschte, ich könnte mehr tun«, sagte er. Sie wusste, dass er einen Vollzeitjob und eine junge Familie hatte, und sie war froh, dass er sich überhaupt die Zeit nahm. »Ich hoffe, ich darf Sie anrufen, wenn ich Fragen habe.«

»Sicher, aber Sie sollten zuerst Diana anrufen.« Er starrte auf die Tür zum Schankraum, als erwarte er, dass sie sich plötzlich öffnen würde. »Glauben Sie mir, sie kommt so schnell durch diese Tür, wie sie kann.«

Edith sah sich in dem kühlen, stillen, höhlenartigen Raum um. Sie fühlte sich wie eine Astronautin auf einem fernen Mond. »Und Sie waren nicht böse, als sie diese Brauerei übernommen hat?«

»Ich kann gar nicht böse sein«, sagte er und lachte reumütig, als er mit ihr zur Tür ging. »Ich meine, ich hätte sie genommen, wenn man sie mir übergeben hätte, aber ich schätze, ich wollte es einfach nicht genug.«

Während er die Tür abschloss, nahm sie allen Mut zusammen, um eine sehr wichtige Frage zu stellen. »Kann ich morgen ein paar Freunde mitbringen?«

»Ja, natürlich«, sagte Mo und gab ihr einen schweren Schlüsselring aus Edelstahl in der Größe eines Donuts, an dem ein halbes Dutzend farbiger Schlüssel hing. »Mit dem roten kommen Sie rein. Und, klar, bringen Sie mit, wen immer Sie wollen. Kann gar nicht schräger werden als einige der Typen, die wir über die Jahre hier hatten.«

»Das werden wir ja sehen«, sagte Edith und folgte ihm nach draußen auf den Parkplatz, wo sie übte, die Türen zu verschließen, und rüttelte dann noch einmal fest am Knauf, nur zur Sicherheit.

Sie wusste bereits genau, wen sie fragen würde. Es würden sicher nicht alle zusagen, weil es ums Saubermachen ging und der Job wahrscheinlich nur gering oder mit Verzögerung bezahlt wurde. Sie zählte darauf, dass sie Zeit übrig hatten und gern für ein paar Wochen einer Mutter mit einem Neugeborenen zu Hilfe kämen.

Nach all den Jahren in Nicollet Falls hatte Edith inzwischen einen zuverlässigen, festen Kreis von befreundeten Großmüttern, und drei davon sagten ihre Hilfe zu. Die eine war ihre beste Freundin bei Arby's, Betsy Nielsen, die 1971 nach Nicollet Falls gezogen war, seither in dreizehn verschiedenen Restaurants und Cafés gearbeitet hatte und inzwischen vermutlich so ziemlich jedem in der Stadt schon mal was zu essen gebracht und nach ihm geputzt hatte. Betsys beste Freundin war eine pensionierte Krankenschwester namens Linda Arquillos, die Edith auch aus der Quilt-Gruppe mittwochmorgens in der Kirche kannte. Und schließlich war da noch Lucy Koski Sarrazin, die nun ganz in der Nähe in Hopkins lebte. Seit sie damals, nach Stanleys Beerdigung, Lucy den Schmortopf zurückgebracht hatte, waren sie in Kontakt geblieben.

Eigentlich hatte nur Betsy behauptet, sie möge Bier. Doch als sich Mo Akbar am Donnerstagmorgen mit ihnen traf, um ihnen zu zeigen, wie man alles bediente, sie Schritt für Schritt durch den Brauprozess führte und Zettel mit Erklärungen neben einige der ungewöhnlichsten Maschinen klebte, war Edith sich sicher, dass jede von ihnen tun könnte, was Diana verlangte. Sie mussten nur genau achtgeben.

»Das wird sich schon machen lassen«, sagte Lucy, die den Großteil ihres Lebens in einer Molkerei gearbeitet hatte und an Stahltanks gewöhnt war, genauso daran, zu ungewöhnlichen Uhrzeiten, in Hitze oder Kälte und mit peinlicher Sauberkeit zu arbeiten.

Linda Arquillos meinte, das sähe alles nach einer Menge Spaß aus. Als regelmäßige Teilnehmerin der Mittwochs-

Quilt-Gruppe, Mitglied des Nicollet-Falls-Memorial-Day-Parade-Komitees und Organisatorin zweier Bücherklubs war sie die kontaktfreudigste von allen und freute sich schon darauf, hinter der Bar zu arbeiten und Leute kennenzulernen.

Betsy Nielsen schließlich war nicht nur eine begeisterte Biertrinkerin, sie war auch die beste Köchin der Gruppe, was schon etwas heißen wollte, denn zusammengenommen kamen diese vier Frauen auf fast zweihundertfünfzig Jahre professionelle und häusliche Kocherfahrung. Sie alle glaubten Edith nicht nur, dass Bier bloß ein weiteres Rezept war, sondern für sie war es der Nimbus des Brauens, der sie verführte.

»Ich kann gar nicht glauben, dass ich das tun darf«, sagte Betsy, als sie sich einem der Reifetanks näherte mit der Ehrfurcht und Aufregung eines kleinen Kindes, das seine geliebte Cartoonfigur kennenlernt.

»Diana wird Ihren Enthusiasmus zu schätzen wissen«, teilte Mo ihnen mit. »Um ehrlich zu sein, ist sie noch immer von den Socken, dass Sie alle ihr helfen wollen.«

Das war eines der Dinge, das viele Leute nicht verstanden – warum sie das hier tun würden. Doch warum nicht? Sie waren zwischen siebenundsechzig (Betsy) und neunundsiebzig (Edith), also waren sie gar nicht *so* alt, sie waren gesund und fit und hatten noch mindestens fünfzehn bis zwanzig Jahre vor sich, vielleicht sogar mehr. Und, am wichtigsten: Sie hatten sich dazu entschieden. Was sollten sie denn auch sonst tun?

»Edith, ich habe eine praktische Frage«, sagte Betsy. Wie

Edith arbeitete sie immer noch bei Arby's und musste ihre Schichten dort umstellen, doch das würde sie nicht davon abhalten, in die Brauerei zu kommen. »Wie viele eigene Biere können wir brauen?«

»Jetzt mach mal halblang«, sagte Lucy und verschränkte die Arme. »Soweit ich weiß, war davon nie die Rede. Ich denke, wir sollten alles so lassen, wie es ist.«

»Aber sie hat doch gesagt, wir könnten unser eigenes Bier brauen, oder?«, fragte Betsy.

Edith versuchte, sich daran zu erinnern, was genau Diana gesagt hatte und wie sie das jetzt am besten erklärte. Eine ihrer Freundinnen war extra deswegen hier, weil sie Bier liebte und ihr eigenes brauen wollte, und die andere wäre wahrscheinlich aus der Sache raus, sowie es kompliziert würde.

»Sie hat gesagt, ›tut nur, wobei ihr euch wohlfühlt‹«, verkündete Edith.

Ihr selbst war keineswegs wohl bei der Vorstellung, ein eigenes Bier zu machen, und sie war ganz auf Lucys Seite. Aber es war Dianas Brauerei, nicht ihre.

Ein paar Stunden später im Krankenhaus versuchte Edith, das Thema Bierbrauen bei ihrer erschöpften Enkelin anzusprechen, die möglicherweise nicht klar denken konnte.

»Diana«, sagte Edith und wollte Blickkontakt herstellen. »Wir haben gesehen, dass du Bierzutaten und Rezepte hast, die du noch nicht benutzt hast.«

»Ach ja«, sagte Diana. »Es gibt viele Biere, die ich noch brauen will. Ich will ein Gose brauen. Ich muss hier raus und damit anfangen.«

Edith beugte sich dichter zum Ohr ihrer Enkelin. »Was ich damit sagen will, ist, dass wir es mit Mos Hilfe für dich brauen könnten.«

»Wirklich? Wow.« Diana schien vollkommen neben sich zu stehen und dennoch entzückt zu sein. Beides passte nicht zu ihr.

»Würde es helfen, wenn wir mehr Bier brauten?«

»Ja, wow.« Diana lächelte und schlief ein.

»Das hört sich für mich nach einem Ja an«, sagte Betsy am nächsten Morgen.

Oh Mann, jetzt geht's los, dachte Edith.

»Eins nach dem anderen«, sagte sie und ging zum Whiteboard im Büro, auf das sie AUFGABEN schrieb. »Der Schankraum öffnet heute Abend, und vorher müssen wir noch ein paar Aufgaben verteilen.«

Darin waren sie alte Profis, und anders als einige der jungen Leute, mit denen sie über die Jahre zusammengearbeitet hatten, machten sie jeden Job gern. Eine kleine Meinungsverschiedenheit gab es, wer die Märtyrerin für die Toiletten sein würde.

»Was ist mit dem Bierbrauen?«, fragte Linda. »Das hört sich nach Spaß an, also, wo Diana doch gesagt hat, es sei okay.«

Betsy musste sie beschwatzt haben. Jetzt wollten zwei von Ediths Freundinnen Bier brauen. Und Diana hatte tatsächlich angedeutet, dass es in Ordnung sei. Sogar eine große Hilfe.

»Dazu kommen wir als Letztes.«

Am Ende wurde jeder Frau die Verantwortung für ein Bier zugeteilt, das sich derzeit auf dem Produktionsplan befand – die beiden IPAs, das Kölsch und das Gose –, und fairerweise gab sie allen die Möglichkeit, auch ein eigenes Bier zu brauen, wenn sie das wollten.

Edith war nicht nur überrascht, dass alle ja sagten, sondern auch darüber, was sie auswählten:

1. Linda Arquillos wählte ein Chocolate Stout. Sie hatte es schon mal getrunken, sagte sie, und es sei das einzige Bier, das sie mochte, weil es gut zu einem Donut passte.
2. Lucy Koski Sarrazin, die eigentlich überhaupt kein Bier brauen wollte, änderte ihre Meinung und entschied sich für ein »Leichtbier«. Kann ja nicht so schwer sein, erklärte sie.
3. Betsy Nielsen hatte nach langem Überlegen noch ein Ale mit Erdbeeren oder Rhabarber – wie ein Pie in der Flasche, sagte sie – oder ein Pflaumen-Saison auf ihrer Liste und entschied dann, sich das Saison für den Sommer aufzuheben und stattdessen mit dem stärkeren Ale anzufangen, da sie eine Tonne eingemachte und gefrorene Erdbeeren zu Hause hatte.
4. Edith gefiel Betsys Idee mit dem Pie in der Flasche, aber sie zu klauen, wäre unhöflich. Sie hatte noch nicht mal gewusst, dass man Früchte oder Schokolade ins Bier tun konnte. Das machte den verflixten Kram deutlich interessanter. Wenn sie mit Freundinnen zu einem schicken Mittagessen

ins Panera gingen, entschied sie sich auch immer als Letzte, damit sie mehr Zeit hatte. Genau so würde sie es auch jetzt machen.

Und Zeit brauchte sie auch. Nie hätte sie gedacht, dass sie je selbst ein Bier herstellen würde. An diesem unappetitlichen Zeug hatten nur Männer ihren Spaß, und das durfte gern auch so bleiben. Ihre Schwester Helen war das einzige Mädchen gewesen, das sich je dafür interessiert hatte. Einmal hatte sie Helen und die Sarrazin-Jungs dabei erwischt, wie sie Bier aus dem Kühlschrank klauten, da war Helen ungefähr fünfzehn gewesen. Ediths erster Impuls war natürlich, zu den Erwachsenen zu rennen. Sie brachte ihre mutigere, intelligentere und hübschere Schwester gerne in Schwierigkeiten. Doch an jenem Tag tat Edith gar nichts. Sie starrte nur durch die Fliegengittertür hinter Helen her, die sich mit den Jungs zu einem Abenteuer aufmachte. Weil Edith älter war, vertraute man ihr wie einem Elternteil. Doch sie war immer noch eines der Kinder oder wollte es in diesem Moment zumindest gern sein.

Sie tat nichts, selbst als Petunia Sarrazin zehn Minuten später den Kühlschrank öffnete, wegen der fehlenden Flaschen knurrte und laut fragte, wer sie genommen hatte.

Edith war nicht überrascht, als ihre Mutter sie in jenem Herbst anrief und ihr erzählte, was Helen sich zum Geburtstag wünschte.

»Den Nerv zu haben«, sagte sie. »Kannst du das glauben?«

Ohne weiteres, dachte Edith, doch sie beschwichtigte ihre Mutter, indem sie es als »lächerlich« abtat.

»Eher skandalös«, gab ihre Mutter zurück. »Stell dir vor, was man über uns sagen würde, wenn wir unserer sechzehnjährigen Tochter Bier kaufen würden.«

»Dann tu es nicht«, entgegnete Edith.

An Helens Geburtstag waren Edith und Stanley zu Kaffee und Kuchen, Abendessen und Übernachtung auf der Farm, doch Helen weigerte sich, aus ihrem Zimmer zu kommen.

»Meinetwegen kann sie die ganze Woche da drinbleiben«, sagte ihre Mutter. »Ihr Geburtstagsgeschenk ist, dass sie keine neue Fensterscheibe bezahlen muss.«

Nach dem Abendessen erzählte Edith ihren Eltern, sie würde noch eine Weile draußen herumlaufen, weil sie die Farm vermisste, und das tat sie auch tatsächlich, doch nach ihrem Spaziergang holte sie einen Metalleimer aus dem Kofferraum ihres Wagens und rannte damit zur Garage.

Sie war nachmittags losgefahren, um Bier zu kaufen, doch da sie nicht wusste, welches gut war oder welches ihrer Schwester schmeckte, hatte sie eine Flasche von jeder Sorte gekauft. Es war das erste Mal überhaupt, dass sie Alkohol kaufte, seit sie einundzwanzig war, und die ganze Sache machte sie nervös. Doch jetzt stellte sie den Eimer mit dem Bier neben das alte Sofa, verborgen im abendlichen Dämmerlicht.

»Dad?«, sagte Edith und gab ihm einen gefalteten gelben Zettel. »Kannst du den unter Helens Tür durchschieben?«

Er schien sich über die Bitte zu freuen. »Klar, vielleicht kommt sie dann raus.«

Nachdem alle ins Bett gegangen waren, blieb Edith wach und wartete auf das Geräusch von Helens Schritten auf der Treppe. Am nächsten Morgen früh aufzustehen und das Wasser und die Aspirin hinzustellen war Stanleys Idee gewesen.

Eine Woche später erzählte Helen am Telefon von der Geburtstagsüberraschung ihres Vaters, und Edith ließ sie in dem Glauben.

»Dad versteht mich«, sagte Helen zufrieden. »Er kann es Mom nicht sagen, er kann es noch nicht mal mir sagen, aber er versteht mich.«

Damals war Edith zufrieden, denn der Glaube an ihren Vater machte Helen glücklicher und selbstbewusster in einem Alter, in dem ihr das guttat. Es stärkte ihr Vertrauen in ihn, und im Gegenzug vertraute auch er ihr mehr.

Jahre später rief Kenny Sarrazin aus heiterem Himmel bei Edith an und fragte, ob Helen fürs College wirklich Bier brauen sollte – als könnte Edith das wissen –, und sie log ihn an und sagte ja. Sie fügte sogar hinzu, dass auf dem Macalester nur die klügsten Chemiestudenten eine solche Aufgabe erhielten, was ihn zufriedenstellte.

Sie wollte sehen, was Helen in sich hatte. Das wollten alle, besonders ihre Mutter. Doch nur Edith war schon vor einer Weile draufgekommen, was *Helen* wirklich wollte. Sie war keine alberne Partymaus, die versuchte, sich Alkohol zu beschaffen, um sich mit ihren Freunden zu besaufen. Sie hatte das Glück, schon in jungen Jahren herauszufinden, was sie liebte, und war kühn genug zu glauben, sie könne davon leben.

Nun, zum ersten Mal seit ihrer Kindheit würden sie

Konkurrentinnen sein. Helen hatte stets gewonnen und gewann, wenn es um Bier ging, seit Jahrzehnten, doch wenn sie jetzt gegeneinander antreten würden, wäre ihre Mutter nicht mehr da, um für Fairness zu sorgen.

Was ihre Mutter wohl denken würde, fragte sich Edith, wenn sie ihre älteste Tochter an diesem verschneiten Abend sehen könnte, wie sie die Tür zu einem Brauerei-Schankraum öffnete, das Schild an der Tür herumdrehte, so dass GEÖFFNET zu lesen war, und verkündete: »Okay, ich vermute mal, hier gibt's jetzt Bier!«

Ungefähr ein Dutzend dick eingepackte Gestalten standen draußen beieinander, meist Männer, und sie schienen ein wenig überrascht zu sein, als sie sich drinnen umsahen und Betsy und Linda erblickten, zwei nette Omas, die Bier ausschenkten.

»Wo ist die Braumeisterin?«, fragte ein großer Kerl mit einem hier und da ergrauten Bart.

»Sie hat gerade ein Baby bekommen«, sagte Edith und schätzte, sie könne die Knieverletzung weglassen, aber das hier nicht: »Ich bin die Oma.«

»Oh Mann!«, sagte der große Typ, als sie seine Jacke nahm und sie an den Messinghaken neben der Tür hängte. »Na, dann herzlichen Glückwunsch.«

Er und sein Kumpel, der sogar noch größer war, durchquerten den Raum Richtung Bier mit dem fieberhaften Gesichtsausdruck von Kindern, die ihren Schlitten bei Neuschnee einen Hügel hochzogen. Selbst die inoffizielle Eröffnung einer kleinen Brauerei lockte die wahren Enthusiasten hinter dem Ofen hervor.

Edith half Linda und Betsy hinter der Bar – Lucy wollte immer noch nichts mit dem Service zu tun haben – und schenkte Dianas 100 % Citra IPA für die ersten zahlenden Kunden der Artemis Brewery aus. Viele von ihnen waren Männer, die offensichtlich viel mehr von IPAs und Citra-Hopfen verstanden als sie und ihr Wissen überaus bereitwillig teilten. Manchmal war es sogar interessant.

Trotz des Artikels im *Nicollet Falls Viking* und reichlich Mundpropaganda im Pflegeheim, bei Arby's und in Lindas Bibelgruppe kamen am ersten Abend nicht sehr viele Leute, aber das hatte möglicherweise mit dem Wetter zu tun. Sie nahmen 316 Dollar ein, kalkulierte Lucy, da sie einundsechzig Biere zu unterschiedlichen Preisen ausgeschenkt hatten, doch nahmen lediglich 55 Dollar an Trinkgeld ein, und das nur, weil der große Typ ihnen einen Zehner ins Glas getan hatte.

Als er seine Jacke anzog, winkte er ihnen zu. »Gratulieren Sie der Braumeisterin herzlich von Jake und Eric aus der Nicollet Falls Elks Lodge.«

Es konnten nicht die Schmerzmittel gewesen sein, denn man gab ihr nichts Stärkeres als Aspirin, doch Diana schienen die Biervorhaben der Großmütter zu amüsieren. Vielleicht war sie froh, dass ihre Brauerei immer noch geöffnet war, und es kümmerte sie nicht, wie. Möglicherweise hatte die Mutterschaft auch all diese Sorgen weggespült. Vielleicht war sie in die Welt verliebt oder einfach unendlich müde.

»Lasst nur bitte die Finger von den IPAs und dem Kölsch«, bat sie Edith, während ihre Tochter neben ihr schlief, die Windel bis unter die Achseln, eine kleine gelbe Strickmütze auf dem Kopf. »Und wie bezahlt ihr für die Extrazutaten?«

»Wir haben zusammengelegt. Und ein bisschen Hilfe von Lou bekommen, Lindas Mann«, sagte Edith. Lou war ein pensionierter Feuerwehrhauptmann mit einer netten Rente, der ihnen mit Freuden etwas Geld geliehen hatte. »Bisher kommen wir gut klar«, sagte Edith. »Lucys Idee war, von allem erst mal nur kleine Mengen zu machen, um zu sehen, was sich verkauft.«

»Limitierte Abfüllung«, sagte Diana, den Kopf auf dem Kissen, die Augen geschlossen, als empfange sie außerirdische Botschaften. »Nennt es eine limitierte Abfüllung. Und das Stout und das Ale könnt ihr eine Saisonabfüllung nennen. Was war das andere noch?«

»Lucy möchte ein Light Beer brauen.«

Dianas Augen klappten auf. »O nein, bitte nicht. Ich habe sowieso keine Lager-Hefe, und wenn ihr welche bestellt, würde ich sie nie benutzen. Sag ihr, sie soll das Wyeast 1968 nehmen und ein Session Ale brauen. Das ist das höchste der Gefühle. Und sie soll es ein Session Ale nennen, nicht Leichtbier. Bitte.«

»Verstanden«, sagte Edith und schrieb es auf einen Block gelber Haftnotizen in Form einer Ente. Die mochte sie besonders, doch es gab sie nicht überall. »Noch was?«

»Ja«, sagte Diana mit überfordertem, aber entspanntem Gesichtsausdruck. »Ich muss noch Etiketten herstellen und sie zur Genehmigung ans TTB schicken. Das kann eine Weile dauern. Es wäre großartig, wenn du einen Designer finden würdest, am liebsten eine Frau.« Das war ein weiteres Detail, das Edith nie in den Sinn gekommen wäre. Wie ein einzelner Mensch den Überblick behalten und erfolgreich eine Brauerei führen konnte, war ihr ein Rätsel.

»Lass mich einfach wissen, wenn ich bei noch irgendetwas helfen kann«, sagte Edith. »Bislang läuft in der Brauerei alles prima.«

Es stellte sich heraus, dass ein Gose ein ziemlich interessantes Bier ist. Es ist ein herb-saures, trübes Weizenbier, dem Koriander und Salz zugesetzt werden. Wer wusste, dass es so etwas überhaupt gibt? Es hat außerdem wenig Alkohol, ist nicht bitter und schmeckt ziemlich anständig, wenn man während des Siedens und einer zweiten Gärung Früchte hinzufügt. Mo brachte eines mit, das in seiner Brauerei hergestellt wurde, und alle außer Lucy schienen es zu mögen.

Als sie sich von Dianas Bieren ihr »Patenbier« aussuchten, hatte Betsy ihre Wahl zuerst getroffen. Ihre Begründung für das Gose war simpel: »Diana möchte, dass wir die IPAs und das Kölsch in Ruhe lassen«, sagte Betsy. Sie überließ Edith auch die Erdbeer-Rhabarber-Ale-Idee, in erster Linie deshalb, weil sie all ihre Erdbeeren für das Gose verbraucht hatte.

Es würde noch Wochen dauern, bevor selbst der ambitionierteste Gärtner Rhabarber zu verkaufen hatte, den Edith für ihr Bier benutzen konnte. Da Lindas Chocolate Stout auch nicht fertig war und Lucy Probleme mit ihrem Session Ale hatte, war das erste fertige Grandma-Bier die Kreation einer Frau, die ihr Leben lang als Zimmermädchen, Flugzeug-Putzfrau, Tellerwäscherin, im Restaurant am Grill oder als Küchenkraft und als Schichtleiterin in einem Fast-Food-Laden gearbeitet hatte.

Mo hatte »sieben- oder achtmal« ein Gose gebraut und wusste, wie es schmecken sollte. Also waren alle überrascht, als er unglücklich wirkte, da er Betsy durch jeden Schritt begleitet hatte.

»Es ist ein bisschen süß«, sagte er nach dem ersten Schluck. »Sie haben die Lactos nicht zugegeben, oder?«

Edith wusste inzwischen, dass »Lactos« eine Art Bakterien waren. Mit so etwas wollte sie nichts zu tun haben und würde sie ganz sicher nicht in ihr Bier kippen. Betsy war offensichtlich derselben Meinung.

»Ich mag es nicht so sauer, ich mag es süßer«, sagte Betsy.

»Dann hätten Sie etwas anderes brauen sollen als ein Gose. Sie werden eine Menge verärgerter Kunden haben.«

»Hatten Sie uns nicht gesagt, dass es kein gutes oder schlechtes Bier gibt? Dass den Leuten einfach schmeckt, was ihnen schmeckt?«

»Das hätte ich niemals gesagt.« Mo schüttelte den Kopf. »Da draußen gibt es einen ganzen Ozean an schlechtem Bier, glauben Sie mir.«

»Nun, jemand hat es gesagt«, entgegnete Betsy. »Dann war ich das wohl selbst.«

Diana war überhaupt nicht begeistert davon, was die Großmütter aus ihrem Gose gemacht hatten. »Wer zum Teufel braut denn als Erstes ein Erdbeer-Gose?«, fragte sie und hätte gebrüllt, wenn kein Baby im Zimmer gewesen wäre.

Andy saß mit ihrer Tochter auf dem Boden neben dem Sofa, auf dem Diana ruhte, und zum Glück lachte er und nahm damit etwas von der Spannung, die in der Luft lag. Er traf sich gar nicht mehr mit seinen Freunden, sondern war bei jeder Gelegenheit zu Hause, kümmerte sich um Diana und war vernarrt in ihre Tochter. Er trug Francie herum, als wäre sie aus Glas, und rannte zu ihr, wann immer sie einen Pieps von sich gab. Edith fand das süß, wenn auch ein bisschen sehr besorgt. Nicht, dass sie ihnen ihre Wachsamkeit verübelte.

»Das ist nicht witzig«, erklärte Diana.

»Ich sag dir, wer«, erwiderte Andy. »Jemand, der die Gefriertruhe im Keller voller gefrorener Erdbeeren hat. Und alle nötigen Zutaten. Und eine professionelle Brauanlage. Das hast du davon, wenn du eine Oma auf eine Brauerei loslässt.«

Edith nickte. »Wenn eine von uns das kann, dann Betsy.«

»Ich hatte das Gose nicht mal erwähnt, weil ich sicher war, dass niemand es anrühren würde«, sagte Diana. »Was ist denn überhaupt mit dieser Betsy los? Macht sie Base-Jumping oder Microdosing?«

Edith hatte noch nie von diesen Dingen gehört. »Sie schaut gern *Storage Wars*.«

Andy lachte wieder. »Es ist für eine neue Brauerei eigentlich keine schlechte Idee, mit etwas zu beginnen, das niemand anderes macht. Wolltest du nicht deshalb ein Gose brauen?«

»Stimmt«, sagte Diana. »Aber ein Erdbeer-Gose? Das ist absurd. Ich hoffe, dass sie den Weizen nicht auf den Boden geschüttet hat, wo er alles verklebt.«

»Mo war da, um ihr zu helfen«, sagte Edith. »Er sagte, sie habe die Lactos nicht benutzt, was immer das ist.«

Diana seufzte. »Milchsäurebakterien. Es bedeutet, dass ihr Gose nicht säuerlich sein wird, wie ein Gose sein sollte.«

»Ach, das wird niemanden stören«, sagte Edith.

Andy lachte noch einmal. Diana guckte empört.

»Grandma, den Leuten, die Gose mögen, wird das absolut nicht egal sein. Es ist so, als stünde Rhabarber-Pie auf der Karte, und man bekäme stattdessen Blaubeer-Pie. Verstehst du?«

Edith hatte nicht gewusst, dass es so ernst war. Jetzt fühlte sie sich doch ein wenig schlecht. Die große, offizielle Eröffnung war in vier Tagen, und das Erdbeerbier würde in einem Zapfhahn neben Dianas anderen Bieren sein. »Wir werden sehen. Aber mach dir keine Gedanken, wenn du Freitag nicht kommen kannst.«

»Und wenn ich auf meinen Ellenbogen hinkrieche«, sagte Diana.

Am Freitagmorgen um neun Uhr kam Diana mit Andy in die Brauerei, in einem Rollstuhl, ihr Baby im Tragetuch. Sie beaufsichtigte Edith und Betsy bei der Reinigung des Reifetanks und plauderte mit Linda und Lucy, während sie den Schankraum wischten und öffneten. Den Rest der Zeit hing sie an ihrem Handy und dem Laptop, reichte das Baby herum und delegierte eine Galaxie von Partydetails. Für dieses besondere Ereignis hatte Diana Pressemitteilungen per E-Mail versandt, Einladungen verschickt, für die Kinder alkoholfreie Getränke bestellt und hatte Andy Snacks aus Treber backen lassen. Außerdem hatte sie mehrere Sixpacks gefrorene Heggie's Pizza gekauft, die Linda zu Hause in ihrem Ofen aufbuk und eine nach der anderen rüberbrachte, während die nächsten im Ofen waren. Am Ende war das der teuerste Teil der ganzen Party.

Einige Leute hatten Diana geraten, mehr auf die Pauke zu hauen, denn eine große Eröffnung gab es nur einmal. Sie solle eine Live-Band engagieren, Foodtrucks bestellen, T-Shirts drucken lassen und Freibier und Gutscheine verlosen. Doch Diana verwarf kurzerhand all diese Vorschläge, weil sie das Budget sprengen würden. Edith und die anderen Ladys schätzten so viel Sparsamkeit.

So billig, wie diese verflixte Party war, hätte auch gleich jeder etwas zu essen mitbringen können, dachte Edith. Die Großmütter steuerten bereits hausgemachte Salate, Chips und Dips bei. Es gab sogar zwei Sieben-Schichten-Taco-Dips, weil nicht jeder Oliven mochte.

Edith war nicht sicher, ob tatsächlich mehr Leute kommen würden als zu ihrer inoffiziellen Eröffnung, selbst bei all dem Rummel. Die ersten Kunden waren drei Männer und eine Frau, etwa Anfang dreißig, alle trugen Jacke, Sweatshirt und Jeans, und sie schienen normale, freundliche Leute zu sein.

Wenn es sie irritierte, dass alle Brauereimitarbeiter bei ihrem Eintreffen gleichzeitig in den Schankraum geschossen kamen, ließen sie es sich nicht anmerken. Immerhin stand das erste Grandma-Bier gleich auf dem Prüfstand, und niemand konnte so tun, als sei ihm das egal.

Sie bestellten jeder ein IPA, aber Linda schenkte bereits Gose in Probiergläser. »Möchten Sie gern zuerst unser neues Erdbeer-Gose probieren?«, fragte sie und stellte die Gläser auf die Theke.

»Nein, danke«, sagte einer der Männer, ein fleischiger blonder Kerl in einer Tarnjacke. »Ich bleib bei meinem IPA.«

»Es ist eine limitierte Abfüllung«, sagte Linda.

»Saisonale Abfüllung«, rief Betsy quer durch den Saal.

Linda nickte. »Saisonale limitierte Abfüllung.«

Die anderen drei nippten zumindest an ihren Gläsern. »Zu süß«, sagte die Frau. Nur einer trank sein Probierglas aus, der größte und dickste von ihnen. Dann nahm er auch die anderen beiden und trank sie innerhalb von Sekunden aus.

»Wie finden Sie's?«, fragte Linda.

»Nicht schlecht«, sagte der dicke Mann.

»Er mochte es«, flüsterte Betsy und schaute Diana an. »Er mochte es.«

»Einer«, sagte Diana zu ihr. »Einer von vier.«

»Na, das ist doch was«, sagte Edith. »Besser als keiner.«

Am frühen Nachmittag hatte Diana Lucys Session Ale getestet. Doch als sie das Gesicht verzog, wusste Edith sofort, dass es durchgefallen war. Zum ersten Mal begriff Edith, was für eine Wissenschaft Brauen wirklich war, egal, wie viel sie zu wissen meinten oder wie schnell sie lernten.

»Wo liegt das Problem?«, fragte Lucy und stemmte die Hände in die Hüften.

»Gekochter Mais«, sagte Diana, nahm das Glas von der Nase und hielt es Edith und Lucy hin. »Riecht mal dran.«

»Das kann nicht sein«, sagte Lucy. »Ich habe gar keinen Mais benutzt.«

»Das ist Dimethylsulfid«, sagte Diana. »Wie schnell hast du die Würze nach dem Sieden abgekühlt?«

»Ich musste meine Tochter von der Arbeit bei Rocky Rococo abholen und ein paar Erledigungen machen«, sagte sie. »Ich dachte, es würde einfach von selbst abkühlen.«

»Also, wie lange?«

»Vielleicht drei oder vier Stunden. Aber als ich wieder zurück war, habe ich es sofort auf einundzwanzig Grad gekühlt.«

»Na, das ist dann wohl die Erklärung«, sagte Diana und rieb sich die Stirn. »Wir müssen es wegkippen.«

Lucy drückte ihr Kreuz durch und verschränkte die Arme wie eine Frau, die sich für eine Auseinandersetzung wappnet. »Ach, und warum?«

»Ein schreckliches Gefühl, ich weiß.« Doch Diana lachte fast. »Wenn Frank hier wäre, hätte er dieses Bier noch nicht mal zur Kenntnis genommen, vom Daranriechen ganz zu schweigen. Er hat über die Jahre so viele von meinen Bieren weggekippt, das könnt ihr euch gar nicht vorstellen.«

Edith nahm das Bier und roch noch einmal daran. »Kannst du nichts tun, um es wieder in Ordnung zu bringen?«

»Ich nicht, aber Lucy schon«, sagte Diana, nahm Edith das Glas aus der Hand und kippte es in den Ausguss im Boden. »Das nächste Mal, wenn sie es braut.«

Auch Linda kämpfte mit ihrem Chocolate Stout. Obwohl Mo ihr am Anfang geholfen und Diana kontinuierlich Ratschläge gegeben hatte, übertrieb sie es mit den Kakaobohnen. Heraus kam ein Bier, das für ihren Geschmack und vermutlich auch für jeden anderen zu kantig war. Diesmal ließ Linda unter Dianas Anleitung die Bohnen eine Woche in Vanille-Wodka ziehen, bevor sie sie vor der zweiten Gärung dazugab, und dann auch nur halb so viel.

»Letztes Mal hast du es außerdem zu früh abgefüllt. Das ist hier kein Rennen. Richtig wäre, es eine Weile ruhen zu lassen und es frühestens im Mai wieder anzufassen.«

»Das macht keinen Spaß. Ich will es jetzt haben«, sagte Linda. »Ich weiß nicht, wie viel Zeit mir auf diesem Planeten noch bleibt.«

»Noch ein Grund mehr, ein wirklich gutes Bier daraus zu machen«, sagte Diana.

Diana schien beeindruckt, wie ernsthaft die Großmütter bei der Sache waren und wie hoch ihre Bereitschaft war, aus ihren Fehlern zu lernen. Wie Edith auch hatten sie alle noch andere Verpflichtungen, ob es nun Jobs, Familie, Ehrenämter, Kirchengruppen waren oder eine Kombination davon, doch selbst, nachdem Diana wieder zurück war, kam keine von ihnen weniger häufig oder gab Aufgaben ab.

Für jemanden, der behauptete, kein Bier zu mögen, arbeitete Lucy Koski Sarrazin unglaublich hart daran, eine bessere Brauerin zu werden. Anfang März, nachdem sie ihr erstes Session Ale in den Sand gesetzt hatte, erhielt sie von Diana die Erlaubnis, fast simultan zwei weitere Versuche zu starten. In dieser Woche blieb sie abends lange und machte sauber, nur mit Mr. T., ihrem Spitz, der ihr Gesellschaft leistete. Anfang April war sie nach Diana die Zweiteffektivste im Läutern (die Vorderwürze vom Treber zu trennen) und im Anschwänzen (nach und nach heißes Wasser zum Treber zu geben, um nach dem Läutern die letzten Reste der Würze auszuspülen).

»Ich habe schon lange nicht mehr so hart gearbeitet«, sagte Lucy eines Abends zu Edith, als sie den Boden wischten und alles in Richtung eines Abflusses schoben. »Fühlt sich gut an.«

Edith nickte. »Muss aber nicht jeden Abend sein.«

»Bloß nicht«, sagte Lucy. »Davon hatte ich genug.«

»Hast du die Molkerei je vermisst?«

Lucy hörte auf zu wischen und stand da, als blicke sie auf das Mount Rushmore Memorial und versuche, sich an die Namen der beiden Präsidenten in der Mitte zu erinnern. »Kühen ist es egal, ob du Geburtstag hast«, sagte sie dann und fing wieder an zu wischen.

Der 11. Mai war der erste Tag, an dem die Artemis Brewery drei Grandma-Biere vom Fass anbieten konnte – Lindas neues, weniger bitteres Stout, Betsys Gose und Lucys »Light Ale« (der Name war ein Kompromiss mit Diana). Diana hatte inzwischen ihre beiden Single-Hop-IPAs verkauft und sie durch ein alkoholstarkes Imperial Brown Ale und ein trübes New England IPA ersetzt, um für etwas Abwechslung zu sorgen. Es war Lucys Idee, wie man sie am besten verkaufte, ohne zu aufdringlich zu werden.

»Für einen Dollar geben wir den Kunden ein Schnapsglas von jedem«, sagte Lucy und legte selbst ausgedruckte Zettel auf die Theke. »Hier können sie wählen, welches sie am besten finden, und wenn sie wollen, erklären, warum.«

Die Frauen sahen einander an. »Ich hatte nicht vor, mit meinem Bier an einem Wettbewerb teilzunehmen«, sagte Betsy.

»Ist ja keiner«, sagte Lucy. »Aber wenn wir damit Geld verdienen wollen, müssen wir wissen, welche Biere die Leute mögen.«

Betsy gab zu, dass sie den Leuten immer noch ihr Gose empfahl, weil es eben eine ungewöhnliche Sorte war und einen Anschub gebrauchen konnte.

Einem bestimmten Kunden, der eines Tages allein in der Mittagszeit hereinkam, konnte sie allerdings nichts empfehlen. Es war ein dicker Kerl in einem Sweatshirt, bedruckt mit einem NASCAR-Fahrer, und seine Kleidung hatte Flecken wie bei einem Mechaniker oder jemandem, der auf dem Schrottplatz arbeitete.

Diana sah den Mann und sagte zu Betsy: »Ich kenne diesen Kerl.« Sie schnappte sich ihre Krücken und hoppelte auf ihn zu, als er sich der Bar näherte. Das allein war merkwürdig, weil Diana nie hatte am Ausschank arbeiten wollen, solange die Großmütter da wären.

»Wir können uns um ihn kümmern«, sagte Edith zu Dianas Rücken. Warum war sie so in Eile? Diana hatte erst vor drei Wochen ihre Knie-OP gehabt und sollte sich noch schonen. »Der Boden da draußen ist nass!«, rief Edith. Diana winkte ab.

»Was für Bier habt'n ihr hier?«, fragte der Mann.

»Stehen Sie auf dem Parkplatz?«, fragte Diana. »Direkt hier draußen?«

»Ja«, grunzte der Typ.

»Dann kostet das acht Dollar Parkgebühr. Plus zwei Dollar Bearbeitungsgebühr.«

Der Kerl sah sich um. »Ich habe kein Schild gesehen.«

»So lauten die Regeln. Kommen Sie, wir sind hier nicht auf dem Basar. Zehn Dollar.«

So etwas zu sagen, passte nicht zu Diana. Ein Seitenblick

auf ihre Freundinnen, und Edith wusste, dass sich alle wunderten, was zum Henker hier gerade vor sich ging – außerdem hatten sie noch nie Parkgebühren verlangt.

»Scheiße«, sagte der dicke Kerl und legte einen Zehndollarschein auf den Tresen. »Okay, und was jetzt, ist das Bier umsonst?«

»Möchten Sie das Imperial Brown probieren? Es hat den höchsten Alkoholgehalt.«

»Ich weiß nicht, ich bin in meiner Mittagspause hier.«

»Es ist kostenlos, wenn Sie es in acht Sekunden austrinken.«

Alle Großmütter im Schankraum warfen sich wieder Blicke zu. Niemand hatte eine Vorstellung, wo das alles hinführen sollte. Diana schien sich total auf diesen Kerl einzuschießen, und die anderen konnten nichts tun, als sich fernzuhalten und zuzusehen.

Der Kerl gab sich größte Mühe, das Bier hinunterzustürzen, und vielleicht war er nahe dran, aber das Glas war immer noch an seinem Mund, als Diana »Stopp« sagte.

»Ich habe es ausgetrunken«, sagte er.

»Beinahe. Sie lagen eine Sekunde drüber«, sagte Diana. »Das sind dann vierundzwanzig Dollar, plus zwei Dollar Glasreinigung.«

»Sechsundzwanzig Dollar für ein Bier?«

»Das sind die Regeln«, sagte Diana und zeigte auf eine Kamera an der Wand. »Ich habe Ihre Zustimmung auf Band. Aber wenn Sie noch zwei in sechzehn Sekunden trinken können, bekommen Sie alle Biere kostenlos, und ich gebe Ihnen die Parkgebühr zurück.«

»Scheiße«, sagte der Mann und schüttelte den Kopf.

»Ein Mann wie Sie kann das nicht? Sie waren doch schon so nah dran. Na los.«

Der Mann schüttelte den Kopf.

»Seien Sie doch nicht so ein Feigling.«

»Okay«, sagte der Mann und holte tief Luft. »Scheiß drauf.«

Inzwischen schauten alle, die an diesem Tag im Schankraum arbeiteten, wie gebannt zu. Der dicke Kerl bemerkte es und trank das erste Bier in ungefähr acht Sekunden aus, doch es handelte sich um knapp einen Dreiviertelliter starkes Imperial Ale, und beim zweiten war er noch nicht mal annähernd dran. Er merkte es selbst und trank das Bier dennoch aus.

»Alles klar. Das sind dann siebenundfünfzig Dollar.«

»Schwachsinn«, sagte er und wandte sich zum Gehen. »Ihr könnt mich mal.«

»Sir, das ist Diebstahl, und ich werde Sie anzeigen«, sagte sie. »Ich habe Sie auf Band, Brad.«

Als er seinen Namen hörte, fuhr der Mann herum, kam zurück, knallte drei Zwanziger hin, trat gegen die Theke, stürmte aus der Bar und riss dabei die Türen fast aus den Angeln.

»Betsy«, sagte Diana, »renn raus, und notier dir die Automarke, Farbe und Nummernschild, und dann ruf bei der Polizei an, und melde einen betrunkenen Fahrer. Ich möchte nicht, dass er irgendwen verletzt.«

Niemand hatte Diana je so ernst und konzentriert gesehen. Betsy tat wie befohlen, und als sie weg war, breitete sich ein nervöses Frösteln im Raum aus.

»Was war das denn?«, fragte Edith.

»Er und ich haben eine Geschichte«, sagte Diana und steckte sein Geld in die Tasche, nicht in die Kasse.

»Weißt du noch, als dein Toyota abgeschleppt wurde?«

»Kann sein«, sagte Edith, obwohl sie sich nicht mehr erinnerte.

»Nun, ich schon.«

Am Nachmittag dieses Tages erhielten sie endlich die TTB-Genehmigungen für ihre Bieretiketten. Abgesehen von den gesetzlich vorgeschriebenen Angaben, waren nur das Artemis-Logo und der Name des Bieres auf dem Etikett. Edith gefiel es. Neben den Bieren, die Diana gebraut hatte, enthielt die Produktpalette von Artemis jetzt Grandma Betsy's Strawberry Gose, Grandma Linda's Chocolate Stout und Grandma Lucy's Light Ale.

Und obwohl Edith ihren Rhabarber noch nicht mal gekauft hatte, vom Brauen des Bieres ganz abgesehen, hatten sie auch schon ein Etikett für Grandma Edith's Rhubarb Pie-In-A-Bottle Ale gemacht. Sie hätte nie gedacht, dass sie ihren Namen mal auf einer Flasche Bier sehen würde. Doch da stand er, und sie musste lächeln.

Zum ersten Mal würde sie etwas nur für sich tun, und sie hatte keinen verflixten Gedanken daran verschwendet, wer es noch mögen könnte. Sie würde nie jemandem erzählen, wie wunderbar sich das anfühlte.

Sie klebte das Etikett auf eine leere Flasche und brachte es zur Abendschicht mit ins Autumn Pines. Bernie Berglund war am meisten beeindruckt. »Jesus, ein Pie in der Flasche«, sagte er. »Die brauen das wirklich.«

»*Ich* braue das«, sagte sie, nahm die Flasche zurück und wickelte sie in ein Geschirrtuch, bevor sie sie wieder in die Tasche steckte. »Aber ich habe keine Ahnung, wie es wird. Also freu dich nicht zu früh.«

»Ich freue mich nicht, ich bin eher der Grain-Belt-Typ«, sagte er. »Aber ich habe noch nie jemanden gekannt, der Bier gebraut hat. Zumindest keines, das man im Laden kaufen kann.«

»Das wird vorher noch eine Menge Arbeit«, sagte Edith, fast, um sich selbst zu ermahnen.

»Oh, sicher.« Er nickte. »Dann werden wir dich hier nicht mehr so oft sehen?«

Edith wusste, was Bernie mit dieser Frage meinte. Autumn Pines entließ schon seit einiger Zeit seine Vollzeitkräfte und ersetzte sie durch Teilzeitkräfte, und einschließlich Bernie gab es nur noch sechs vollbeschäftigte Mitarbeiter. Edith konnte sich die neuen Namen gar nicht mehr alle merken. Inzwischen arbeitete sie länger im Autumn Pines als viele Festangestellte. Bernie hatte trotzdem nichts zu befürchten. Sie kannte die meisten der Bewohner persönlich und war ein fester Bestandteil ihres Lebens. Sie konnte nicht einfach so gehen.

»Oh, da ist ja wieder die Lager Queen«, sagte Shotty Vecchio gern, seit er das erste Mal von ihrem neuen Job gehört hatte. Obwohl sie nie ein Lager gebraut hatte und es auch nicht vorhatte, ließ sie ihn reden. »Na los, das Abendessen wartet auf keinen. Vielleicht sind wir ja diesmal nicht die Letzten.«

Sie wusste, dass sie beim Rollstuhlschieben nicht sehr schnell war, doch er brauchte sie auch nicht ständig daran zu erinnern. »Sei höflich, Shotty, dann bringe ich dir vielleicht die Tage mal ein Bier mit.«

»Warum musstest du das sagen?«, fragte er. »Jetzt freue ich mich noch auf dich.«

Ein cleverer Konter von einem cleveren Mann, dachte sie, doch auf ihrer Fahrt nach Hause hörte sie die Traurigkeit darin, die Traurigkeit einer Welt, in der die Menschen, die für ihn sorgten, ausgetauscht wurden wie Baseballkarten, die Gefahr der Zuneigung in einer Welt der Abhängigkeit und die Müdigkeit, sich auf irgendetwas zu freuen.

Diana hatte sie gewarnt, dass die erste Abfüllung für eine frischgebackene Brauerei wirklich bedeutete: Bring alle mit, die du kennst.

Sie hatten Glück, und es kamen über dreißig Leute, alte Freunde wie Chesley Sarrazin, Dianas Highschool-Direktor Londard Shultz, Lindas pensionierter Feuerwehr-Ehemann Lou, einige neue Gesichter wie Bernie Berglund und selbst Ediths frühere Kollegin Maureen O'Brien, die ein paar raffinierte Desserts mitbrachte – ihr neuer Boss war irgendwo ein berühmter Küchenchef gewesen.

Ediths Sohn Eugene hatte bereits mehrfach ausgeholfen, als es buchstäblich ums Anpacken ging. Er war der Erste, der eintraf, und als sie ihn mit Gummistiefeln und Arbeitshandschuhen ankommen sah, war Edith ganz gerührt. Noch beeindruckender war, dass er nicht um Geld bat und keine einzige Flasche Bier mitnahm, selbst, nachdem Diana alle aufgefordert hatte zuzugreifen.

»Es sind inzwischen ein Monat und acht Tage«, erzählte er Edith.

»Hier«, sagte sie und versuchte, ihm einen Zwanziger zuzustecken.

»Du hast genug getan, Mom«, sagte er und blickte nur einmal auf den Schein, bevor er mit den Händen in den Jackentaschen wegging.

Drinnen stieß Edith auf Diana, die oben am Rand der Sudpfanne stand und Betsy beim Kochen einer IPA-Würze beaufsichtigte. Dabei hatte sie sich noch gar nicht wieder ganz erholt.

»Wenn du es bitterer haben willst, gib den Hopfen zehn bis fünfzehn Minuten vor Ende hinein«, sagte Diana gerade. »Wenn du Aroma willst, dann warte bis fast ganz am Ende.« Als sie ihre Großmutter bemerkte, nickte sie ihr zu. »Du kannst nach Hause gehen, Grandma. Wir haben das hier im Griff.«

Edith sah eine Weile zu, weil sie das Gleiche über kurz oder lang auch machen müsste. Das Kochen sterilisierte die Flüssigkeit, also müsste sie frische Früchte, Säfte oder unpasteurisiertes Fruchtpüree zu diesem Zeitpunkt hinzufügen. Überhaupt kein Problem. Merkwürdig war nur, dass in den Bierbüchern in der Bibliothek nie alte Frauen in Overalls, Arbeitsschuhen und mit Schutzbrille neben gigantischen Stahltanks abgebildet waren. Vielleicht würde irgendwann jemand kommen und ein Foto von Betsy machen, wie sie da oben über der Sudpfanne stand wie eine Küchenchefin, die gerade für tausend Kinder Suppe kochte.

»Grandma«, sagte Diana wieder. »Was ist los?«

»Wir wollten ja bald ein paar mehr Leute an Bord holen.«

»Ja«, sagte Diana. »Und?«

»Na ja, wenn unser Budget es zulässt, sollten wir für den Versand und die Warenannahme Eugene anstellen.«

»Oh, warum das?« Diana hatte nie viel für ihren Onkel übrig gehabt, und man konnte es ihr nicht verübeln. Vielleicht hatte Edith ihm als Mutter immer zu schnell verziehen, und ihre Milde hatte die Familie viel Geld gekostet. Doch hätten andere Mütter anderer Söhne nicht auch immer versucht, den Fall zu bremsen?

»Weil ich heute versucht habe, ihm Geld zu geben, und er es nicht angenommen hat.«

»Okay«, sagte Diana. »Wir werden sehen.«

Ohne es Edith zu sagen, stellte Diana ihn drei Tage später ein. An jenem Morgen war er einfach da, in einem T-Shirt und Jeans, und schlitzte eine Palette Flaschen mit einem Cutter auf, und als er seine Mutter sah, nickte er nur und arbeitete weiter.

Am kommenden Montag hatte sie einen schlechten Tag bei Arby's. Unhöfliche Kunden, viel Geklecker und verdreckte Toiletten. Vielleicht irrte sie sich, aber seit sie in der Brauerei arbeitete, schien es bei Arby's immer schlimmer zu werden. Sie wusste noch nicht, ob Diana ihr mehr zahlen konnte oder sie mehr Stunden arbeiten könnte, doch das war Edith egal, es würde schon klappen. Es musste klappen.

»Tut mir leid, aber ich würde gern kündigen«, erklärte sie Betsy, die inzwischen ihre Vorgesetzte war. »Ich werde um mehr Stunden in der Brauerei bitten.«

Zuerst guckte Betsy verwirrt, doch dann grinste sie.

»Verdammt, ich auch«, sagte sie und riss ihr Namensschild und den Mützenschirm herunter, als stünden sie in Flammen.

Seit ihrem Umzug nach Nicollet Falls war Edith nur ein einziges Mal in einer Bar gewesen, und das nur versehentlich, weil sie sich auf der Suche nach einem Blumenladen verlaufen hatte. Und sie hätte sich nie vorstellen können, dass sie einmal nachmittags, unter der Woche, höchstpersönlich fünf Bars und Spirituosenläden besuchen würde, um in jedem über Bier zu sprechen, und genau wissen würde, wovon sie redete. Eigenvertrieb nannte man das.

Der erste Laden, den sie mit Diana besuchte, war einer dieser fensterlosen Saloons direkt am Highway, am schäbigen Rand der Stadt. Edith hielt nicht viel davon.

»Ach, ich bitte dich, Grandma«, sagte Diana. »Diese Bar hat schon mein erstes Bier verkauft. Die Besitzerin ist eine Freundin.«

Obwohl es noch vor zwölf war, war die Bar nicht leer, was Edith noch mehr befremdete. Drinnen roch es nach Zigarettenrauch und feuchtem Teppich, und der junge Mann hinter der Theke war glatzköpfig und sah unfreundlich aus. Edith wollte gerade vorschlagen, dass sie im Wagen warten könnte, als eine Frau mittleren Alters in Sportkleidung aus dem Nichts auftauchte und Diana umarmte.

»Hey!«, sagte die Frau. »Lange nicht gesehen.«

Diana stellte sie Linda und Edith vor: »Shasta, wie das Erfrischungsgetränk.«

Dann nickte Diana in Richtung des Barkeepers.

»Wer ist der Neue?«

Shasta warf ihm einen kurzen Blick zu. »Oh, das ist Fuzzy. Er ist mein neuer hauseigener Bier-Snob, damit wir nicht von der Landkarte verschwinden. Willst du ein paar Biere probieren, Fuzzy? Das hier ist meine Lieblingsbrauerin.«

»Scheint so«, sagte Fuzzy achselzuckend.

Sie stellten alle Biere auf die Bar, die beiden Grandma-Biere, Dianas IPAs und das Kölsch. Shasta nahm zuerst eines der Grandma-Biere. »Grandma Linda's Chocolate Stout?«

»Ich wollte Ihnen genau das empfehlen«, sagte Linda.

»Sie sind Grandma Linda?«, fragte Shasta und starrte auf das Etikett. »Sie haben das gemacht?«

»Na ja, beim ersten Mal hat es nicht geklappt, das hier war mein zweiter Versuch.«

»Also ist das nicht nur ein Name.« Shasta sah sich die Flaschen an. »Das haben tatsächlich Großmütter gebraut?«

»Ja, haben wir«, sagte Linda.

Diana nickte. »Sie haben es in kurzer Zeit weit gebracht.«

»Nee, das kann nicht sein«, sagte Shasta und sah Diana immer noch an. »Du hast sie gebraut und benutzt diese Omas nur, um sie zu vermarkten. Gute Idee, das muss ich dir lassen.«

Edith warf Linda einen kurzen Blick zu. »Warum erzählst du ihr nicht, wie du es gemacht hast?«

Linda räusperte sich. »Fangen wir bei den Maischezutaten an: achtzig Prozent zweireihiges Barley Malz, sechseinhalb Prozent geröstetes Chocolate Malz, dreieinhalb Prozent Chrystal Malz –«

»Verdammt«, unterbrach Fuzzy. »Das meinen Sie ernst.«

»Junger Mann«, sagte Edith und sprach lauter, damit nicht nur Shasta und der Barkeeper es hören konnten, sondern auch die anderen Kunden. »Das ist das beste Stout, was ich in meinem Leben getrunken habe.« Edith fügte nicht hinzu, dass es auch das erste und einzige Stout war.

»Wenn Sie so weit sind, fahre ich fort«, sagte Linda, ohne zu lächeln.

Dianas alter vw verließ den Parkplatz ein ganzes Stück leichter, und Edith musste zugeben, dass es einfacher zu sein schien, als erwartet.

»Ich kenne den Laden schon lange, und sie sind uns wohlgesonnen«, sagte Diana und steuerte den Wagen zurück auf den Highway.

»Betsy wird enttäuscht sein«, sagte Linda. »Shasta hat kein Erdbeer-Gose bestellt.«

»Die Bar hat nicht die Kundschaft für fruchtige Biere. Aber wir versuchen es in Läden, die Brunch servieren oder eine Terrasse haben.«

»Na, das hoffe ich«, sagte Edith. »Es täte mir leid um Betsy.«

Bei der Fahrt durch mindestens zwei der fünf Countys in der Metropolregion kamen sie durch unzählige Viertel und Vorstädte, vorbei an unzähligen kleinen Bars, an Spirituosenläden in trostlosen Ladenzeilen und bunten Restaurants, die Getränkespezialitäten anboten. Edith war nie bewusst gewesen, wo im Umkreis von zwanzig Meilen überall Alkohol verkauft wurde. Doch viele dieser Läden wurden von ihrer Enkelin, ihrer Expertin und Anführerin, verworfen.

»Das nicht«, sagte Diana, als Edith auf ein hübsches Hotel zeigte. »Arbeitet nur mit den großen Marken zusammen.«

»Nee«, entgegnete Diana, als Edith nach einem Spirituosenladen fragte, der an einen Supermarkt angeschlossen war. »In deren Regal können wir uns nicht durchsetzen. Das Personal hat außerdem keine Ahnung und wird uns nicht empfehlen.«

»Das da sieht cool aus«, sagte Linda und zeigte auf eine Sportbar mit einem Minnesota Wild Banner im Fenster.

Diana schüttelte den Kopf. »Sie haben früher mein IPA verkauft, aber sie reinigen ihre Zapfanlage nur einmal im Monat, und da sind wir raus.«

Trotzdem schaute sie sehnsüchtig hinüber, als sie vorbeifuhr. »Ich habe gehört, dass sie seit gestern wieder Heartlander vom Fass haben.«

»Ich glaube, den neuen Besitzern ist das egal«, sagte Linda. »Was meinst du?«

Diana fuhr einfach weiter.

Nachdem sie ihr Bier ungefähr einen Monat auf dem Markt hatten, ihr Name bekannt war und sie ein Gefühl dafür bekamen, was sich verkaufte, schlug Diana vor, es in einer berüchtigten Bierbar namens The Happy Pig in St. Paul zu versuchen. Es war einer dieser Läden mit über vierzig Bieren vom Fass und einer Tafel über der Theke, wo sie alle aufgelistet waren. Es gab außerdem eine kleinere Tafel in Augenhöhe mit der Angabe, wann ihre Anlage das letzte Mal gereinigt worden war, und zwar gestern.

Hinter der Bar standen ein paar gelangweilt aussehende bärtige Typen, und einer von ihnen, der leicht ergraute, mit den Fältchen um die Augen, lächelte, als er Diana sah und sagte, sie solle an den großen Tisch gehen, er käme nach. Gus Jimenez leitete diese Bar seit zwanzig Jahren.

Anders als alle vor ihm war Gus völlig unbeeindruckt von der Tatsache, dass zwei Drittel der Biere von Großmüttern gebraut worden waren. Vielleicht hatte Diana es ihm vorher schon erzählt. Etwas anderes überraschte ihn viel mehr. »Keine deiner Omas hat ein Pale Ale oder ein IPA gebraut«, sagte er, nachdem er alle ihre Biere kommentarlos probiert hatte.

Edith zeigte auf die Tafel, wo mindestens ein Dutzend aufgelistet waren. »Sieht aus, als hätten Sie schon ziemlich viele.«

»Ein weiteres gutes können wir immer gebrauchen.«

»Wir brauen das Bier, das wir selbst gern trinken.«

Der Mann nahm eine von Betsys Flaschen. »Dieses sogenannte Gose war das einzige Grandma-Bier, das ich mochte.«

Diana und Linda blinzelten bei Gus' Eingeständnis. Aber Edith blieb ungerührt.

Gus redete unterdessen weiter und nahm gar nicht wahr, was er in den Frauen ausgelöst hatte. »Hör zu, Diana, was du geschafft hast, ist beeindruckend. Du hast komplette Outsider genommen und ihnen in ein paar Monaten beigebracht, wie man professionell Bier braut. Sie scheinen noch nicht genau zu wissen, was sie da eigentlich tun, aber sie sind voll dabei. Das finde ich toll. Allein mit dieser Story verkaufst du schon. Aber komm in sechs Monaten wieder, oder in einem Jahr oder in ein paar Jahren oder wie lange sie auch immer brauchen, um ein Bier zu brauen, das tatsächlich richtig, richtig gut ist.«

Auf so etwas hatte Edith die ganze Zeit gewartet. In den letzten paar Wochen waren die Leute überrascht von ihrem Bier gewesen, hatten geschwärmt, hatten sie gönnerhaft behandelt, während sie gleichzeitig kistenweise Bier gekauft hatten, doch niemand war ehrlich gewesen.

»Das machen wir gern«, sagte Edith.

Linda wollte davon jedoch nichts wissen. »Tut mir leid, Gus, aber ich muss Ihnen sagen, dass das Erdbeer-Gose das erste Bier überhaupt war, das eine von uns gebraut hat.«

»Wissen Sie, als Gose ist es ein Reinfall, aber ich liebe es«, sagte Gus. »Das ist so schräg, damit kann ich tatsächlich arbeiten.«

»Die meisten Leute finden es zu süß«, sagte Diana. »Du bist tatsächlich erst unser zweiter Kunde dafür.«

»Klar«, sagte Gus. »Aber ich habe auf meiner Liste sonst nichts in diesem Profil. Süß zu mögen ist nicht cool, ich weiß schon. Aber ich bin ein Mensch, und manchmal mag ich Süßes, und das hier ist genau nach meinem Geschmack. Egal, wie viel du übrig hast, ich nehme alles.«

»Wow«, sagte Linda. »Wir haben nicht viel gebraut. Es sind nur noch drei Corny Kegs da.«

Er nickte. »Um es hier zu verkaufen, muss ich es aber anders nennen. Die Leute, die ein echtes Gose trinken wollen, werden es hassen. Wie wär's also mit ›Grandma Betsy's Erdbeer-Ale‹?«

Alle sahen Diana an.

»Perfekt«, sagte sie.

Zum Abendessen waren sie wieder in Nicollet Falls und fuhren direkt in die Brauerei, um die nicht verkauften Biere abzuladen. Linda und Diana gingen nach Hause, doch Edith wollte noch nicht allein sein. Betsy war im Schankraum und redete mit einer sympathischen Frau mittleren Alters. Ihre Kleidung und die Schuhe sahen brandneu und teuer aus.

»Das ist Agatha«, sagte Betsy. »Ich habe sie gerade von jeder Sorte probieren lassen, und sie hat mir aufgezählt, was drin ist, ohne dass ich nur einen Ton gesagt hätte.«

»Sie haben einen ziemlich guten Start hingelegt«, sagte Agatha und hob ihr Glas. »Aber Sie haben noch einen weiten Weg vor sich.«

»Das wissen wir«, sagte Edith. »Ich nehme nicht an, dass Sie irgendwelche guten Ratschläge für uns haben.«

»Genau genommen, hat sie die«, sagte Betsy.

Edith setzte sich und sah dieser Frau in die Augen. Sie schien gebildet zu sein, intelligent, voller Selbstvertrauen, und, abgesehen von ihrer schicken Kleidung und dem barschen Tonfall, nicht unfreundlich. »Haben Sie schon vorher in der Branche gearbeitet?«

Betsy lächelte. »Und du glaubst gar nicht, wo.«

Es war so früh am Morgen, dass das Licht am Himmel nur ein Klecks Orange war, und als Edith in der Brauerei angekommen war, summte noch immer die automatische Außenbeleuchtung. Ihre Windschutzscheibe war von papierartigen Insekten bedeckt, und sie sah, dass sie sich auch an jeder Lampe der Parkplatzbeleuchtung sammelten, in wirren Kreisen umherflogen und sich in Haufen auf die Glühbirnen setzten.

Eugene war sogar schon früher da als sie, und sie war froh darüber, denn er und der Rest der Crew hatten an diesem Morgen alle Hände voll zu tun, um die Vans für die Fahrt zum Upper Mississippi Beer Festival zu beladen. Es war ihr erstes Festival, und selbst wenn sie nur einen Platz bekommen hatten, weil eine andere Brauerei in letzter Minute absagen musste, gab es allen das Gefühl, etwas erreicht zu haben. Diana erklärte ihnen, dass man auf Festivals nur wenige neue Kunden gewann, weil alle schon zu betrunken waren, doch es würde helfen, Artemis neben andere Brauereien auf die Landkarte zu setzen, und es hörte sich nach Spaß an. Sie würden noch zwei weitere regionale Bier-Festivals mitnehmen, niemand wollte es ruhig angehen lassen. Und alle Großmütter kamen mit.

»Eintagsfliegen«, sagte ihr Sohn, als wüsste sie das nicht, und dann sah sie ihm hinterher, wie er in einem glänzend weißen Van mit dem Artemis-Logo auf der Seite verschwand, einem der vielen Dinge, bei deren Anschaffung Agatha Johnson geholfen hatte.

Edith musste zugeben, dass sie eine der zwei Stimmen gewesen war, die dagegen gewesen waren, Agatha an Bord zu holen. Die andere war die verlässliche alte Lucy gewesen, doch Diana erinnerte alle daran, dass die Artemis Brewery keine Demokratie war. Sie allein fällte alle wichtigen Entscheidungen, und ihre Entscheidung lautete, Agathas Angebot anzunehmen, kostenlos ihr Wissen zur Verfügung zu stellen, das sie in dreißig Jahren Arbeit bei einer der großen Brauereien erworben hatte. Dass diese Brauerei Blotz gewesen war, spielte für Diana keine Rolle mehr.

Ja, Edith war öffentlich gegen Agatha gewesen, doch im Lauf der Zeit hatte sie allen gegenüber ihren Irrtum zugegeben. Agatha hatte nicht nur die Qualitätskontrolle und Betriebsführung sofort und immens verbessert, sondern lieh der Artemis Brewery auch eine Menge Geld, so viel Geld, dass Edith es gar nicht aussprechen mochte. Selbst wenn Diana sagte, dass sie bereits auf dem besten Weg seien, allen bald ein konkurrenzfähiges Gehalt zu zahlen, mehr Leute einzustellen und ihre Inneneinrichtung zu verschönern, ermöglichte Agathas Geld ihnen, diese Pläne sofort umzusetzen. Sie stellten Eugene in Vollzeit an, und als Autumn Pines Bernie Berglund durch eine Teilzeitkraft ersetzte, schnappte ihn sich die Brauerei, damit er sich um das Gebäude und die Wartung der Ausrüstung kümmerte. In derselben Woche stellte Diana auf Londards Empfehlung hin zwei Oberstufenschüler der Highschool namens Sammy und Mia als »Kellermeister« an, um Eugene bei den schweren Arbeiten zu helfen. Edith hörte, dass beide akademisches Potential hatten und aus ärmlichen Verhältnissen stammten, aber mit dem Gesetz in Konflikt geraten waren.

»There but for the grace of Frank go I«, sagte Diana, als sie sie anstellte, was Edith übertrieben fand. Doch sie fragte nicht, womit die beiden sich in Schwierigkeiten gebracht hatten, und nachdem sie die jungen Leute arbeiten gesehen hatte, dachte sie auch nie wieder darüber nach.

Keine vier Wochen später putzte Edith gerade zufällig das Büro, als Diana die beiden zu sich rief. Mia und Sammy wussten nicht, warum ihre Chefin sie sehen wollte, und es war herzerweichend, die beiden hereinkommen zu sehen wie ängstliche Soldaten vor dem Feind. Sie standen da, Sammy mit seinen pickeligen Wangen und der frischen Jeans und Mia mit ihrem gefärbten Haar und den dicken Brillengläsern, reglose Mienen in Erwartung schlechter Nachrichten.

»Lasst mich nach eurem Highschool-Abschluss wissen, ob ihr bei mir in die Lehre gehen und Braumeister werden wollt«, sagte sie.

Die Kids warfen einander kurze Blicke zu, als hätten sie nicht richtig gehört.

»Es ist keine Bedingung«, sagte Diana und lächelte über ihre überraschte Erleichterung. »Ihr könnt auch einfach so hier weiterarbeiten, ohne eine Ausbildung zu machen. Dann werdet ihr mich lieber mögen, das kann ich versprechen.«

»Kann ich immer noch aufs College gehen? Wenn es hier in der Nähe ist?«, fragte Mia.

Das hatte Diana nicht bedacht. »Warum nicht? Das wird eine Menge Arbeit, aber die Entscheidung liegt bei euch.«

»Ich auch«, sagte Sammy.

»Wow. Dann seid ihr also beide dabei«, erwiderte Diana. »Na, dann wüsste ich gern, ob ihr beim Festival helfen könntet.«

Beide sagten begeistert zu, selbst wenn das bedeutete, dass sie bei Eugene im Wagen mitfahren und seine Musik hören mussten.

Die Pilot-Charge von Grandma Edith's Rhabarber-Pie in der Flasche war erst drei Tage zuvor abgefüllt worden, und eine weitere Charge befand sich im Reifetank. Wie sich herausstellte, war dieses Ale eine knifflige Angelegenheit, und Agatha war mit ihrem unglaublichen Wissen über Enzyme, geschmackliche Fehltöne, Phenol und Ester während der gesamten Produktion eine unersetzliche Hilfe gewesen. Sie wusste, wann ein Bier nicht funktionierte und wie genau man den Fehler korrigierte, sogar noch präziser als Diana.

Als die ersten Kegs mit Agathas Fingerabdrücken darauf zu Gus ins Happy Pig gebracht wurden, war er überrascht, wie schnell und substantiell sich ihr Bier verbessert hatte.

»Was habt ihr gemacht?«, fragte Gus. »Ich will es wirklich gern wissen. Ihr seid aus der zweiten Liga direkt an die Spitze der Oberliga aufgestiegen. So funktioniert das nicht. Kommt schon …«

»Nun …«, begann Diana, und obwohl sich die Pause in die Länge zog, redeten weder Linda noch Edith dazwischen. »Ich bin besser darin geworden, Verantwortung zu delegieren.«

»Das bist du«, sagte Edith. »Viel besser.«

»Agatha«, platzte Linda heraus wie ein Kind, das seine Schwester verpetzt.

»Und wir haben eine Qualitätsmanagerin dazugeholt«, sagte Diana und versuchte, sich nicht beirren zu lassen. »Agatha Johnson, früher bei Blotz.«

»*Sie* ist zu uns gekommen«, fügte Edith an. »Ist einfach eines Tages hereinspaziert und hat gefragt, wie sie helfen kann.«

Gus lehnte sich auf seinem Stuhl zurück. »Soso. Jemand

verlässt einen sechsstelligen Job bei einer kommerziellen Jauchefabrik, nur um bei Artemis Peanuts zu verdienen.«

»Kostenlos«, sagte Linda. »Sie will kein Gehalt.«

Gus schüttelte den Kopf. »Das ist das, was Versicherungssachverständige ein Naturereignis nennen.«

»Na ja, sie liebt Bier«, sagte Edith.

»Das muss sie, wenn sie bei Blotz weg ist. Kommt mir aber trotzdem seltsam vor. Wie auch immer, es hat funktioniert«, sagte Gus. »Und alles, was ihr in Kegs habt, kommt in meine Zapfanlage. Gibt's demnächst noch mehr von dem Erdbeer-Zeug? Das will ich für den Sommer.«

»Was hast du gerade gesagt?«, fragte Diana, denn Edith brachte kein Wort heraus.

»Was immer ihr habt«, sagte Gus. »Ich nehme alles.«

Seit sie im Pig gelistet waren und nachdem sie ihren Schankraum modernisiert und neu eingerichtet hatten, war in der Brauerei verdammt viel mehr los. Ende Juni hatten sie bereits Besucher, die von weit her kamen, aus Tampa und Santa Cruz. Sogar ein Paar aus Klagenfurt in Österreich, das in Minnesota auf der Durchreise war. Als sie einen Zeitungsartikel mit einem Bild von Edith, Diana und Francie sahen, mussten sie sich diese Brauerei einfach ansehen, die von »drei Generationen an Frauen und einem Team an Großmüttern« geführt wurde.

Edith war seit Jahrzehnten nicht mehr auf irgendeinem Festival gewesen. Eine Stunde, bevor sich die Tore öffneten, waren für ihren Geschmack bereits zu viele Menschen dort, ungefähr dreimal so viele Männer wie Frauen. Fast alle waren freundlich, doch es gab kaum jemanden in ihrem Alter. Gleich zu Anfang entschied sie, dass sie die ganze Zeit an ihrem Stand bleiben würde.

»Willst du dich nicht ein bisschen umsehen und das Bier der anderen probieren?«, fragte Betsy.

»Warum sollte ich das tun?«, fragte Edith. »Mir schmeckt unseres.«

Nachdem sie die Besucher hereingelassen hatten, kam Edith kaum noch dazu, sich mal hinzusetzen. Alle – Männer, Frauen, alte Leute, junge Leute – wollten die Großmütter kennenlernen, die Bier gebraut hatten. Jemand gab ihr einen Edding, und sie signierte Flaschen, bis ihr die Hand weh tat. Unzählige Leute baten sie um ein gemeinsames Selfie. Ein paar Leute meinten, dass die Grandma-Biere nicht zu ihren Favoriten zählten oder dass es ein »witziger Gag« sei oder dass das »Bier ganz okay ist für einen Haufen alter Omas«, doch Edith ermahnte sich, dass sie vor sechs Monaten im Leben nicht gedacht hätte, eines Tages auf einem Festival Bier auszuschenken, das sie selbst gebraut hatte. Sie wurde demnächst achtzig, und nun sieh sie sich einer an. Ihr Name stand hinter ihr auf einem großen Banner.

Um die Mittagszeit kam Andy mit Francie. Man sollte nie die Werbewirkung eines Babys unterschätzen. Die Leute sahen eine junge Familie, die gemeinsam Bier verkaufte, und rannten quasi über die Wiese, um ihnen ihr Geld zu geben. Francie war nicht das einzige Baby oder kleine Kind dort, aber unter all den Großmüttern gab sie ihrem Zelt die Atmosphäre eines Familienpicknicks.

Nach zwei Stunden wurde Francie von der Sonne, der Hitze und dem nicht abreißenden Strom hingerissener Fremder maulig und müde und legte schließlich einen lautstarken, tränenreichen Wutausbruch hin.

»Sie hat gut durchgehalten«, sagte Betsy voller Respekt.

»Und wir hatten einen guten Lauf«, stimmte Linda zu.

»Ich versuche, später mit ihr wiederzukommen«, sagte Andy, als er sein schreiendes Kind auf den Arm nahm. »Bis dann.«

Edith sah ihnen hinterher, bis sie in der Menge verschwanden.

Um vier Uhr nachmittags tauchte Agatha auf, obwohl sie sich einen Tag hatte freinehmen sollen, doch Diana umarmte sie, und niemand verhielt sich, als wäre es ungewöhnlich und unwillkommen, also tat Edith das auch nicht.

»Das hier konnte ich mir nicht entgehen lassen«, sagte Agatha zu allen, und eine Minute später schenkte sie bereits Bierproben aus.

Linda und Betsy besuchten die anderen Stände und hatten den Spaß ihres Lebens. Sie kamen mit ein paar Imperial Stouts von Central Waters Brewing in Wisconsin zurück und schwärmten davon wie Teenager, bis Diana ihnen schließlich sagte, sie sollten entweder helfen oder aus dem Weg gehen und Platz für die Kunden machen.

»Bier ist so gut!«, sagte Betsy und setzte sich auf eine Kühlbox. »Ich brauche eine Pause.«

Als die Sonne unterging, schlossen sich die Tore, die Besucher wurden rausgescheucht, und Eugene fuhr die jungen Kellermeister nach Hause. Einige der Zelte blieben offen, und man tauschte unter generator- und solarbetriebenen Lampen Bier mit Brauereikollegen. Die Eintagsfliegen waren weiter südlich sogar noch schlimmer als oben in Nicollet Falls, sammelten sich unter den Lampen in wiegenden kupferfarbenen Schleiern, und ihre Körper bildeten kleine braune Verwehungen um die Generatoren. Edith und Lucy, die beide auf Farmen aufgewachsen waren und mit Dingen zu tun gehabt hatten, die deutlich ekelhafter gewesen waren, machte das nichts aus, doch Diana drängte alle, einzupacken und zurück in die Brauerei zu fahren, als die zarten, harmlosen Insekten ihr ins Gesicht flogen und durch ihr Haar krochen.

Edith, Agatha und Betsy saßen auf den Kühlboxen und sahen den anderen beim Arbeiten zu, während Lucy und Linda das restliche Bier ausschenkten. Betsy nippte gerade an der letzten Flasche von Lindas Chocolate Stout, als sie etwas Ungewöhnliches sagte.

»So will ich sterben«, sagte sie und starrte geradeaus, auf die Zelte, die gerade abgebaut wurden.

»Ich auch«, sagte Linda. »Ich möchte in einem Pool mit meinem eigenen Bier gefunden werden.«

Agatha lächelte. »Darüber habe ich noch nie nachgedacht«, sagte sie. »Aber, ich auch.«

»Ganz klar, es muss ein Stout sein«, sagte Linda. »Sieht aus, als müsste ich noch mehr brauen.«

Betsy lachte. »Ich möchte gern in einem Triple IPA ertrinken.«

»Ich sage es ja nur ungern«, meinte Agatha, »aber für mich bitte ein Pool Adjunct Lager.«

»Ihr seid ja verrückt«, sagte Lucy. »Ich kann euch alle gut leiden und so, aber ich will zu Hause sterben, im Bett, umgeben von meinen Kindern und Enkelkindern.«

»Loser«, sagte Betsy.

»Das hört sich irgendwie langweilig an«, sagte Linda.

»Na ja«, meinte Lucy, »ich schaffe eure Leichen jedenfalls nicht raus und mache dann sauber.«

Als sie sich auf der Fahrt nach Hause einer Brücke über den Fluss näherten, häuften sich die Eintagsfliegen wie in einem braunen pulsierenden Schneesturm, zuckten in Lagen über die Straßenbeleuchtung, und ihre toten Körper lagen in knöchelhohen Verwehungen am Fuße der Pfosten. Edith starrte hinaus auf sich langsam nähernde Wagen, die sich mit verkleisterten Windschutzscheiben durch diesen Nebel schoben.

»Ich mag das«, sagte Betsy.

»Was kann man daran mögen?«, fragte Diana. »Wenn du fahren willst, bitte, gern.«

»Es bedeutet, dass der Fluss sauber ist. Es bedeutet, dass alles so funktioniert, wie es soll.«

Ein Schneepflug fuhr vorbei und schob die weichen Insektenreste in das unsichtbare Wasser unter ihnen und hinterließ auf der gesäuberten Brücke einen weichen, schimmernden Pfad an Innereien und Flügeln.

Als Kind hatte Edith von einer Version des Himmels gehört, in der den kürzlich Verstorbenen von St. Peter die Möglichkeit gegeben wird, auf alle Ewigkeit ihren Lieblingstag zu erleben. Sie fand die Vorstellung reizvoll, obwohl sie damals noch keinen speziellen Tag im Auge hatte. Aber sie wusste, dass irgendwann ein solcher Tag kommen würde. Der Tag, an dem sie und Stanley heirateten, wurde von einem entfernten Cousin ruiniert, der einen Flachmann hineinschmuggelte und einen Streit mit Stanleys Bruder anfing. Die Geburten ihrer Kinder waren Wunder, doch unter gar keinen Umständen wollte sie die stundenlangen Wehen immer und immer wieder erleben.

Manchmal blickte sie liebevoll zurück auf ihre Zeit in New Stockholm, als sie im St. Anthony-Waterside gearbeitet hatte, doch diese Zeit in ihrem Leben war auch angespannt, unangenehm und stressig gewesen, besonders, nachdem ihre Pies berühmt geworden waren.

Wenn sie jetzt einen Tag wählen könnte, wäre es der 26. August 2018, der Tag, an dem ihre zweite Charge Rhubarb-Pie-In-A-Bottle Ale auf der Minnesota State Fair komplett ausverkauft war. Die dritte Charge war bereits in einem Reifetank und würde noch vor dem Labor Day fertig sein, was bedeutete, dass sie noch mehr auf die State Fair bringen konnten, bevor sie zu Ende ging, doch an diesem Tag war auf der ganzen Welt nichts mehr davon übrig.

Davon abgesehen, war es ein typischer Tag gewesen. Um die Mittagszeit warteten Leute draußen darauf, dass der Schankraum öffnete, und ein paar von ihnen begrüßten Edith mit Namen. Im Autumn Pines feierten sie abends Shottys Geburtstag, und nach dem Essen bat er Edith, ihn hinauszufahren, damit er sich das Baseballspiel zwischen den Nicollet Falls Nicks und den Miesville Mudhens aus der Nähe ansehen konnte. Er hatte die Nicks vor langer Zeit mal trainiert, sagte er. Sie wusste nicht, ob das stimmte, denn Shottys Gedächtnis war etwas unzuverlässig, doch es war sein Geburtstag, also fragte sie nicht nach. Während sie den jungen Männern zusahen, die ihre Schläger schwangen, über den Sandplatz sprinteten und über den Rasen flitzten, vergaßen sie vollkommen die Zeit.

Als das Team hintereinander vom Feld ging, kam ein Spieler zu Shotty hinübergelaufen und legte etwas in seine Hand. Es war ein Ball, auf dem jeder vom Team unterschrieben hatte.

Am Abend brachte Andy Pizza in die Brauerei, und er brachte auch Francie mit. Mit acht Monaten sah sie sich schon interessiert um und lächelte, als wäre es alles für sie gebaut.

»Irgendwann gehört das dir«, sagte Andy und streichelte über das weiche Haar seiner Tochter.

»Also, wenn sie das will«, sagte Edith.

Andy lachte in sich hinein. »Ja, ich nehme an, das entscheidet sie dann selbst.«

Edith fand es schön, dass ihre Familie endlich wieder etwas zu vererben hatte. Doch das hatte auch seinen Preis. Andy arbeitete viel, und Diana war natürlich in jeder wachen Minute in der Brauerei, obwohl Edith gar nicht wusste, wo sie sich im Moment gerade aufhielt.

»Lass mich mal ein Foto von euch beiden machen«, sagte Andy und zog sein Handy heraus. »Urgroßmutter und Urenkelin. Davon habe ich noch keines.«

»Ich bin nicht mal sicher, ob überhaupt schon jemand eins gemacht hat«, sagte Edith, was schwer zu glauben war. Obwohl Edith nach einem Arbeitstag schmutzig und derangiert aussah und ihr Haar wie ein Eichhörnchennest wirkte, stimmte sie zu. Es war dann natürlich auch prompt das Foto, das in einer Zeitung landete und es offensichtlich auch bis ins Internet schaffte, was Edith schnurz war, auch wenn es noch so viele Likes bekam.

Abgesehen davon, war dieser Tag allem Anschein nach nichts Besonderes. Es war einfach nur eine weitere Wiege an Stunden, in denen alle, die sie liebte, versorgt waren, ob in der Brauerei oder als Resultat davon. Sie war eine Urgroßmutter, und sie wusste, dass fürs Erste alles gut lief. Wenn es wieder schlimmer werden sollte, so gab es zumindest diese guten Tage, auf die man zurückblicken konnte, und wie selten war es doch, sie auch sofort als solche zu erkennen.

Eines Morgens, in der Woche nach dem Labor Day, kam Clarissa Johnson durch die Tür, fünfzehn Minuten, bevor sie öffneten. Sie trug einen Rucksack und hatte den Glanz und Dreck von jemandem an sich, der seit Tagen auf Reisen war.

»Oh, hallo«, sagte Edith. »Bist du hier, um deine Familie zu besuchen?«

Diese Frau hatte sich dafür entschieden, wegen eines Apartments mit Küche in New York zu leben, und sich geweigert, ihrer schwangeren besten Freundin dabei zu helfen, ein Familienunternehmen aufzubauen. Nicht, dass Edith nach ihrer Meinung gefragt wurde, aber jemand in Dianas Leben hatte dafür fast alles stehen und liegen gelassen und jemand anderes nicht.

»Nö«, sagte Clarissa und schaute dann hoch zum Büro, und Edith hörte, wie sich die Tür öffnete.

»Clarissa!«, rief Diana von oben, humpelte die Stufen hinunter und umarmte ihre Freundin, während Clarissa ständig »Alter« sagte.

»Was zum Teufel machst du hier?«, fragte Diana.

»Ich musste aus der Wohnung raus«, sagte Clarissa. »Aber schreiben kann ich überall. Also ziehe ich wieder her.«

»Echt?« Edith hatte ihre Enkelin lange nicht mehr so aufgeregt gesehen. Sie selbst war weniger begeistert von dieser Clarissa, aber sie freute sich für Diana. »Wie lange bleibst du?«

»Ich weiß nicht. Hast du vielleicht einen Job für mich?«

Am nächsten Tag stellte Diana dem Rest der Mitarbeiter Clarissa Johnson als die neue Beauftragte für Social Media und PR vor. Alle sollten mitbekommen, dass Edith genauso klatschte und lächelte wie die anderen. Und sie war wirklich dankbar dafür, dass Leute diese bizarren Jobs übernahmen, die sie nicht wollte.

Ungefähr fünf Monate später, an einem grauen unscheinbaren Wintermorgen, kam Edith mit Agatha und Lucy früh zur Arbeit, um nach dem Abend aufzuräumen und ein paar Kegs mit Lindas neuem Hafer Stout zu füllen. Agatha wollte es zuerst testen, und wenn sie sich nicht so bereitwillig an den Reinigungsaufgaben beteiligen würde, wäre Edith eventuell ein wenig frustriert gewesen, wie Agatha ein Glas am Zwickelhahn füllte, einen Schluck nahm und dann den Rest in der Nähe des Abflusses auf den Boden kippte, aber nie direkt hinein.

»Ich wische es auf«, erbot sich Edith, weil es einfacher

war, als unter all den Tischen im Schankraum zu wischen. »Wo ist Diana?«

»Sie hat mir gerade geschrieben«, sagte Agatha. »Sie ist auf dem Weg hierher und bringt jemanden mit.«

»Prima«, sagte Edith und ging hinüber zur Abstellkammer. »Wir können die Hilfe gebrauchen. Clarissa hält weiß Gott nicht viel von körperlicher Arbeit.«

»Ich weiß nicht, ob es sich um Unterstützung handelt«, sagte Agatha.

»Wird uns jemand kaufen?«, fragte Lucy. Das machte Edith nervös, denn Lucy lag mit ihrem Bauchgefühl meistens richtig. »Ich will nicht, dass uns jemand kauft.«

»Darüber sollten wir uns nicht den Kopf zerbrechen«, sagte Agatha. »Lasst uns wischen gehen.«

Wieder allein, stand Edith einen Moment da, starrte auf den Mopp, als wäre es ein schüchterner Mann, der sie um einen Tanz bat. Ob Lucy nun recht hatte oder nicht, der Boden musste trotzdem gereinigt werden. Edith griff nach dem Mopp, wie sie es ihr ganzes Leben schon getan hatte, doch zum ersten Mal, seit sie in der Brauerei war, fühlte es sich durch das Prickeln der Angst wie Arbeit an.

Letzter Aufruf

Helen, 2019

Manchmal, während ihrer Mittagspause oder nach Feierabend, ging Helen in eine Bar, bestellte ein Club Soda mit einer Scheibe Limette und einer Scheibe Zitrone und wartete ab.

Vielleicht bekam sie jetzt, da sie Mitte siebzig war, noch viel einfacher, was sie wollte. Kaum ein Mann in dieser Art von Etablissement hatte in den letzten Jahren in ihre Richtung geschaut, und genau so sollte es sein. Stattdessen konnte sie diese Männer beobachten, während sie sich hinsetzten und ihr Bier bestellten. Je heftiger sie Helen ignorierten, desto mächtiger wurde sie.

Als sie älter wurde, verbrachte sie mehr und mehr Zeit in dunklen, wenig einladenden Bars. Sie fand Gefallen an ihrer schlichten Getränkekarte, der leisen Countrymusik und dem abgestandenen Rauch, der an den Wänden klebte wie ein Denkmal für die Generation ihrer toten und sterbenden Kunden. Natürlich hatte sie nicht schon immer diese Art Bars bevorzugt, doch auf viele von ihnen traf noch zu, was für den großen Rest nicht mehr galt: Die Zapfhähne waren noch ihre.

Sie versuchte, sich unauffällig zu kleiden, in einem legeren beigefarbenen Hosenanzug mit Bügelfalte, dazu eine Bluse mit weißem Kragen, etwas, das Marlene Dietrich an einem Sonntagnachmittag auf dem Land getragen hätte. Trotzdem war sie versehentlich eleganter als alle anderen, doch wenn alle anderen damit leben konnten, konnte sie das auch, denn hier würde es keine fünfzehn Minuten dauern, bis ein Mann hereinkam und das Bier bestellte, das Helen erfunden hatte.

Heute Abend sah dieser Mann aus wie der Typ von den Brawny-Küchenrollen, der mit dem Bart, der sexy war, allerdings mit fettigen Haaren, zwanzig Kilo zu viel, einer schmutzigen Carhartt-Jacke, nass vom Regen, und an der rechten Hand fehlte ihm der halbe Daumennagel. Wenn sie ein Bild von ihrem Zielmarkt malen sollte, würde es ungefähr so aussehen. Ein stämmiger, schmuddeliger Mann, der Spaß am Leben hatte, und Helen half ihm dabei.

Ein junger Barkeeper in einem ärmellosen Shirt wechselte das Programm auf dem stumm geschalteten Fernseher, bis die leuchtenden Bilder eines Baseballspiels über die Flaschen flackerten.

»Wie läuft's?«, fragte er den Gast, ohne ihn anzusehen.

»Nicht übel«, erwiderte der Mann. »Bei dir?«

»Oh, nicht übel.«

»Blotz Light«, sagte der Mann.

Seit Jahrzehnten hatte Helen zugesehen, wie Menschen Bier hinunterstürzten, ausspuckten, verkleckerten und sich nass machten. Sie hatte Kubikliter Bier aus Tausenden von Nasen kommen sehen. Wer irgendwann in den letzten fünfzig Jahren in einer dunklen Bar im Südosten Minnesotas oder im Westen Wisconsins ein Bier getrunken hatte, den hatte sie wahrscheinlich dabei beobachtet.

Wann immer sie ein neues Bier einführten, hatte sie die Reaktionen studiert, und wann immer sie am Rezept für ihr Standard-Lager herumfeilten, wollte sie wissen, ob die Leute die feine Veränderung wahrnahmen. Nur eine hatte es je bemerkt, damals 1979, und sie hatte Agatha Johnson an jenem Tag vom Fleck weg engagiert. Wäre irgendwer nach ihr mit diesem Talent gesegnet, würde Helen dasselbe tun, doch in der Zwischenzeit blieb sie die stille Beobachterin.

Der Barkeeper, dessen Augen und überflüssige Gesten immer noch die eines Jungen waren, hatte seinen Gast gehört, führte die Bestellung jedoch nicht aus.

»Bier aus der Gegend kostet heute zwei Mäuse«, sagte er stattdessen und zeigte auf eine LED-Tafel. »Wir haben Bent Paddle, Lift Bridge, Steel Toe, Summit und Artemis.«

Artemis. Helen wusste nicht viel über sie, doch sie waren erst seit ein paar Monaten dabei und schon in einer Bar gelistet, in der es Craft Beer schwer haben sollte. Sie würde jemanden in ihre Brauerei schicken, um sich die Sache näher anzusehen. Helen war außerdem entsetzt, dass ein Laden wie dieser sich überhaupt mit Craft Beer abgab. Dem Museum an staubigen Likörflaschen nach zu urteilen, waren sie seit den Harvey Wallbangers keinem Trend mehr hinterhergerannt.

Der Gast nahm sich Zeit, diese neuen, unverlangten Informationen zu verdauen, so lange, dass Helen den halben Chor von »Gone Country« hören konnte, der aus der Küche herüberschallte. Eine knochige, zart wirkende Frau an der Bar, jünger als Helen, aber nicht jung, äußerte sich mit der kratzigen Stimme einer ehemaligen Raucherin.

»Also, Blotz ist aus der Gegend. Drüben bei Hastings.«

Der Barkeeper lachte. »Nein, ich meinte gutes lokales Bier.«

Helen holte tief Luft. Sie hatte die Biere probiert, die der Barkeeper aufgezählt hatte, und ja, sie hatten alle einen deutlich besseren Geschmack, ein angenehmeres Aroma, ein komplexeres Mundgefühl, klangen länger nach und hatten mehr Hopfencharakter als Blotz. Wenn man das »besser« nannte, nun gut. Aber darum ging es nicht. Zu Bier gehörte viel mehr als die objektiven Qualitätskriterien.

»Ich hab die alle schon für dich ausprobiert, Bob«, sagte die Frau und griff dann nach dem Arm des Barkeepers. »Gib ihm ein Blotz, Fuzzy.« Helen überraschte es nicht, dass sich die beiden kannten. Bob nickte der Frau zu. »Was Louise gesagt hat.«

Fuzzy warf die Hände in die Luft. »Ich hab doch nur auf die Angebote hingewiesen.«

»Blotz ist lokaler als diese ganzen Biere«, verkündete Louise, was bestenfalls eine fragwürdige Behauptung war, doch Helen wusste es zu schätzen. »Wisst ihr, was? Die Lady, die die Firma leitet, die ist zwei Meilen vom Haus meines Vaters aufgewachsen.«

Diese Tatsache schien keinen der Anwesenden sonderlich zu interessieren mit Ausnahme von Helen, die ihren verdammten Mund halten musste. Abgesehen davon, erkannte sie Louise nicht, und es war sinnlos, die Puzzleteile in ihrem Hirn sortieren zu wollen, wenn sie sich noch nicht mal an das Jahr erinnerte, in dem die Sarrazins die Molkerei verkauft hatten.

»Ja, ja«, sagte der Barkeeper. »Und weißt du, wie sie an

das Geld gekommen ist, um die Brauerei wieder zu eröffnen? Sie hat ihre Schwester abgezockt.«

Helen zwang sich zu einer ausdruckslosen Miene, obwohl sie kaum an sich halten konnte. Doch sobald man sie in der Öffentlichkeit erkannte, würde sie wahrscheinlich ständig belästigt werden, womit eines der letzten Dinge im Leben vorbei wäre, das ihr Spaß machte. Sie hatte sich dreißig Jahre lang aus verschiedenen Gründen von Fotografen ferngehalten, jetzt war das der Hauptgrund.

»Sie hat Blotz Special Light erfunden«, sagte Louise und starrte geradeaus auf ihr Spiegelbild hinter der Bar. »Genau genommen alle diese Biere, soweit ich weiß.«

»Der Teil stimmt«, murmelte Helen. Sie konnte nicht anders, es rutschte ihr einfach heraus. Ihre Mutter hatte sie immer ermahnt, Eigenlob würde stinken, aber es musste Ausnahmen geben.

»Niemals«, sagte der Barkeeper, sah Helen an, und alle Augen folgten ihm. »Blotz gab es schon ewig. Mein Großvater hat es immer getrunken. Alle diese Bierrezepte kamen von der eigentlichen Blotz-Familie.«

»Kamen sie nicht«, sagte Helen leise. »Es waren ihre.«

Bob warf dem Barkeeper einen kurzen Blick zu. Der arme Kerl wollte einfach nur ein Bier. Er hatte seinen Schlüsselbund herausgeholt und ließ die Schlüssel durch die Finger gleiten, während er wartete.

»Nee«, sagte der Barkeeper. »Sie hat in diese Familie eingeheiratet und sie übernommen, das ist passiert. Sie hat gar nichts selbst gemacht.«

»Da liegen Sie falsch«, sagte Helen nun in voller Lautstärke. »Komplett falsch.«

Ihre Stimme, eine Stimme, die Fertigungsstraßen und Lkw-Flotten kommandiert hatte, reichte, dass er kapitulierte und zurückwich, bis sein Ellenbogen gegen eine halbleere Flasche Gastro-Chardonnay stieß.

»Was denn«, sagte der Barkeeper und verschränkte vorsorglich die Arme, »waren Sie Helen Blotz' Mitbewohnerin auf dem College, oder was?«

»Falsch geraten«, sagte Helen.

»Also, jetzt wird's interessant«, sagte Louise und drehte sich auf ihrem Hocker um.

»Wer zum Teufel sind Sie dann?«, fragte der Barkeeper mit der hitzigen, giftigen Glut eines Mannes, der bloßgestellt worden war.

Sie hätte einen Barkeeper nicht in seiner eigenen Bar herausfordern dürfen, auch wenn er es verdient hatte, denn nun war eine einfache Meinungsverschiedenheit unnötigerweise eskaliert. Zum ersten Mal seit Jahren war sie der Mittelpunkt einer Bar. Doch wenn ein professioneller Barkeeper, besonders in einer Bar wie dieser, nicht glauben wollte, dass ein Bauernmädchen das beliebteste Bier Minnesotas brauen könnte – zumindest für ein paar Jahre Ende der Siebziger, Anfang der Achtziger –, dann musste sie ihm einfach die Fakten um die Ohren hauen, koste es, was es wolle.

Stattdessen legte Helen einen Zehndollarschein auf die Theke, starrte den Barkeeper an und sagte nur noch einen letzten Satz, während sie sich vom Barhocker erhob.

»Ich bin nur auf der Durchreise«, sagte sie. »Geben Sie dem Mann sein Blotz.«

Als sie durch den Regen zu ihrem Wagen ging und dicke

Tropfen auf ihr Haar und die Jacke klatschten, fühlte sie sich erleichtert. Sie verdiente öffentliche Anerkennung, schon lange, doch der Drang, sie einzufordern, war nichts anderes als Eitelkeit. Seit fünfzig Jahren hatte sie im Stillen Bier serviert – sie bevorzugte diesen Ausdruck gegenüber dem Wort »brauen« –, und so Gott wollte, würde sie es noch weitere fünfzig Jahre tun. Nie war für ihr inneres Gleichgewicht und die Freude an ihrer Arbeit persönliche Bestätigung notwendig gewesen.

Ja, es gab viele Gelegenheiten wie diese, an denen sie Fremden beinahe erzählt hätte, was sie geschafft hatte, doch ihr Vermächtnis bedeutete nicht, die Welt mit Narzissmus zu verwüsten. Sich bedeckt zu halten hatte Vorteile. Es war typisch Mann, seinen Namen ins Geländer der Geschichte zu kratzen, doch Helen hatte gelernt, besser die Treppe zu sein.

Am nächsten Tag stattete Agatha der Artemis Brewery einen Besuch ab und blieb drei Stunden lang dort. Sie schien von der Brauerei ehrlich verzaubert zu sein, wie eine Witwe, die seit Jahren einmal wieder ein schönes Date hatte.

»Es sind fast nur Frauen«, war das Erste, was Agatha erzählte, als sie zu Blotz zurückkehrte. »Die Braumeisterin ist Diana Winter.«

»Von Heartlander?« Helen kannte den Namen. Das Mädchen war vor ein paar Jahren, noch als Teenager, wegen eines IPA bekannt geworden. Helen hatte ihr in einer netten E-Mail gratuliert, doch nie eine Antwort erhalten. Das kam oft vor, wenn junge Leute zu früh erfolgreich sind; es steigt ihnen zu Kopf.

»Du rätst nie, wer dort arbeitet«, sagte Agatha.

Helen hatte recht. Das konnte sie nicht.

Vier Monate und zwei Tage nach dem Zwischenfall in der Bar kam Helen früh nach Hause, parkte ihren Wagen in der Garage und ging den gerissenen Asphalt der Einfahrt hinunter, um die Post zu holen.

Vor langer Zeit hatte sie den *Independent Brewer* abonniert, um nach Brauereien zu suchen, die sie kaufen konnte. Nie hätte sie erwartet, den Namen einer ihrer Verwandten auf dem Titelblatt zu sehen, und schon gar nicht diesen. Doch da stand er, fett gedruckt, in der unteren rechten Ecke: FLAVOR DAVE BESPRICHT »GRANDMA EDITH'S RHUBARB-PIE-IN-A-BOTTLE«!

Helen wusste, dass es keine andere Grandma Edith sein konnte.

Independent Brewer, *20. September 2018*
Im Test: Grandma Edith's Rhubarb-Pie-In-A-Bottle-Ale, Artemis Brewery
Von Pete »Flavor Dave« Michaels

Lasst uns alle einen Schritt von der Kante zurücktreten, Leute.
Lasst uns daran zurückdenken, dass die meisten von uns, die alt genug sind, um zu trinken, in einem Land voller miserabler Lager-Plörren geboren wurden, gebraut von einer Handvoll Firmen. Wer jetzt behauptet, irgendeines dieser wässrigen Ausscheidungen zu lieben, dann ist das nichts weiter als heimtückisches,

nostalgisches Sentiment, oder derjenige ist zu geizig oder zu verbohrt, um etwas Besseres zu trinken. Wie auch immer, wenn deine Leber dich aus Gehässigkeit umbringt, bist du selbst schuld, und ich hoffe, der Gerichtsmediziner ist so clever und nennt deinen Tod einen Selbstmord.

Und weil alles in dieser Welt immer schneller und aus denselben Gründen zu dem wird, was Bier 1975 war, lasst uns einen Moment innehalten. Es ist eine glorreiche Zeit, die wir so vielleicht nie wieder erleben, und während ich diese Zeilen schreibe, scheppert fünf Meter entfernt mein Kühlschrank, in dem sich dreizehn Sorten Bier von einundzwanzig verschiedenen Brauereien drängeln, die ich alle persönlich in weniger als einer Stunde Fahrt erreichen kann, und ich beweine ihren Verlust schon heute.

Wie ihr wisst, kaufe ich den Großteil meiner Biere bei Cragg's Wine & Spirits in Dinkytown, die Hälfte davon Sonderbestellungen von KT, *der intelligentesten und daher mürrischsten Frau im Kundendienst. Gestern Abend drückte mir* KT *ein Sixpack von etwas in die Hand, das sich* GRANDMA EDITH'S RHUBARB-PIE-IN-A-BOTTLE *nennt, und sagte mir, ich solle nach Hause gehen, das Zeug trinken und mein Maul halten. Hilfreicherweise fügte sie hinzu, dass mit mir etwas nicht stimme, wenn ich es nicht möge, denn jeder weiße Hipster, an den sich zu erinnern sie geneigt war, war entweder reingekommen, um es zu kaufen oder um danach zu fragen.*

Die Hipster-Horde liebt ungewöhnliche Geschichten,

und diese hier ist bemerkenswert. Artemis arbeitet in den Räumlichkeiten der alten Heartlander Brauerei in Nicollet Falls, Minnesota, und die Braumeisterin, Diana Winter, ist offensichtlich dieselbe Ex-Heartlander-Angestellte, die ihr erstes IPA *im Alter von neunzehn gebraut hat. Sie macht jetzt ihr eigenes Ding, doch bevor wir es mit irgendeinem kleinen Start-up verwechseln, sollte der Leser im Kopf behalten, dass Winter ein professionelles Brauhaus und Beziehungen besitzt (sich verdient hat?), von denen andere Jung-Braumeister nur träumen. Selbst mit den Heimspiel-Vorteilen ist das meiste, was sie bisher gemacht hat, nicht sonderlich ausgefallen – Single-Hopfen-*IPAS *und so weiter –, doch da oben in Nic Falls passiert gerade ein total verrückter Scheiß, der mit den Mädels auf ihrer Gehaltsliste zu tun hat.*

Ms. Winters Mannschaft besteht aus einem Kader von Frauen über fünfundsechzig, von denen alle zufällig Omas sind und von denen eine offensichtlich Edith ist. Ich hatte meine Zweifel, doch ob ihr's glaubt oder nicht, dieses verdammte Bier hat eine verdammte Oma gebraut. Und das ist noch nicht mal das Beste an der Sache. Das Beste ist, dass es okay ist.

Ja, es ist nur okay.

Und bevor ich euch das erkläre, solltet ihr euch den Scheiß besorgen und so viel davon trinken wie möglich, denn dieses Bier steht für etwas, was in allen Regalen Amerikas inzwischen fast ausgestorben ist.

Dieses Bier ergibt keinen Sinn. Es füllt keine Nische im Markt, begegnet keinem bekannten Kundenwunsch und rennt keinem erkennbaren Trend hinterher. Dieses Bier ist lediglich die ultimative Ausdrucksform seiner Brauerin, der 79-jährigen Edith Magnusson, die quasi keinen Internet-Fußabdruck hat und ungefähr den millionstel Teil der Social-Media-Präsenz meines zweijährigen Nachbarskindes. Man findet höchstens einen Hinweis auf ein Pflegeheim in New Stockholm, wo ihre Pies ein solcher Foodie-Fetisch wurden, dass man freitagabends brutal um eine Reservierung kämpfen musste. Doch Bierbrauen? Fehlanzeige. Bis zu diesem Pie in der Flasche – das musste ja so kommen, auch wenn der ursprüngliche mit an Sicherheit grenzender Wahrscheinlichkeit besser war.

Das Bier hat eine fluffige, zwei Finger breite pinkfarbene Schaumkrone und duftet intensiv nach malzigem Rhabarber. Für die Geschmacksnoten fehlen mir hingegen die Worte, und wonach es schmeckt, ist auch unerheblich. Selbst während die Urkräfte, die aus dem Bier der 1870er das Bier der 1970er brauten, sich im Schatten wieder sammeln, bleibt in dieser speziellen Flasche eine Hoffnung bestehen, da kein Chemiker, kein Marktforscher, kein Algorithmus und keine Vorstandsetage der Welt je ein Bier wie das von Grandma Edith kreieren wird. Dieses Bier hat Makel, es ist wundervoll und seltsam, wie es sich nur jemand ganz Besonderes ausdenken kann. Es ist aufrichtige Menschlichkeit im Getränkeregal bei euch um die Ecke, und es macht aus jedem anderen Bier daneben einen gesichtslosen Massenartikel. Ein Schluck, und ihr werdet wissen, dass es ohne jede Ahnung gebraut wurde, und

doch wusste Edith genau, was sie tat. Sie hat ein Bier gebraut, das sie selbst trinken wollte, weil es dieses Bier nicht gab, und das Ergebnis ist kein Bier, wie ihr es kennt. Es sind das Herz und die Eingeweide, die Ignoranz und die Schönheit und die Träume von Edith Magnusson, und das war's.
Gott schütze es, Gott schütze Amerika.
Bewertung: 100 von 100
Anmerkung der Redaktion: Flavor Dave nimmt sich jetzt ein unbegrenztes Sabbatical.

Helen Blotz setzte sich in ihrer Einfahrt auf den Boden und las Flavor Daves letzte Rezension wieder und wieder. Den Rest der Post hatte der Wind verstreut.

Von Agatha wusste sie, dass Edith ein Bier gebraut hatte. Edith Magnusson hatte ein Bier gebraut, und es hieß Rhabarber-Pie in der Flasche. Hörte sich niedlich und harmlos an, genau wie Edith. Damit, dass es beliebt und von der Kritik gefeiert werden würde, hatte Helen absolut nicht gerechnet. Nicht so. Ihre Schwester, die sie in ihrem Leben nie mehr als einen Schluck Bier hatte trinken sehen, erhielt die einzige 100-von-100-Bewertung, die Flavor Dave je vergeben hatte.

Helen kroch ins Gras und saß im kühlen Schatten ihres neuen kleinen Ranch-Style-Hauses. Ihre neuen Nachbarn konnten sie sehen, doch was spielte das für eine Rolle? Ihre Finger zitterten über dem Smartphone, als sie auf den Namen drückte.

»Agatha?«, sagte Helen. »Bist du gerade beschäftigt?«

Dreißig Minuten später traf Agatha ein, ernst und gelassen.

Helen schenkte ihr ein Glas Mineralwasser ein und plauderte fünfzehn Sekunden, bevor sie ihrem Gast die Bier-Kritik zeigte.

»Ja, wir haben es auch gerade erfahren«, sagte Agatha und warf einen kurzen Blick auf die Zeitschrift. Bei dem *Wir* zuckte Helen kurz zusammen, doch so war es eben jetzt.

»Gott, ich hätte nicht warten sollen«, sagte Helen und schirmte ihre Augen vor dem Licht der untergehenden Sonne draußen vor dem Fenster ab und trat aus ihrem lästigen Strahlen. »Du hast mir geraten, ich solle warten. Jetzt kann ich mir die Brauerei wahrscheinlich gar nicht mehr leisten. Diese Diana scheint ziemlich clever zu sein. Sie weiß, was so etwas wert ist.«

»Das stimmt alles, und es tut mir leid«, sagte Agatha und zeigte auf Helens Hinterteil. »Du hast Gras am Po.«

»Ich weiß«, sagte Helen, fuhr sich mit der Hand kurz übers Hinterteil und bückte sich dann, um die Halme aufzusammeln. »Also bist du immer noch lieber da drüben? Sie können dich nicht mal halb so gut bezahlen.«

»Ich habe nie behauptet, ich sei lieber dort. Und ich bin in Rente. Ich werde von niemandem bezahlt. Ich komme und gehe, wann ich will.«

»Das ist absurd. Du solltest die bestbezahlte Kraft in der Geschichte dieser Brauerei sein.«

Agatha zuckte die Achseln. »Ich habe mein Geld verdient. Jetzt möchte ich etwas zum Spaß machen. Bei Artemis auszuhelfen, macht Spaß.«

»Aber du willst auch kein Geld verlieren«, sagte Helen. Das kleine, öde Haus erinnerte sie schmerzlich daran, wie sie früher einmal gewohnt hatte. Zumindest war Orval das alles erspart geblieben. »Also willst du nicht mit der S.S. Helen Blotz untergehen.«

Helen wollte nicht wieder davon anfangen, dass Agatha eigentlich die Brauerei übernehmen sollte, wenn Helen mal nicht mehr war. Und das könnte sie noch, sollte sich Blotz wie durch ein Wunder bis dahin über Wasser halten. Agatha und sie waren nach wie vor eng befreundet, erklärte Helen den Leuten, sie konnte ihre weise Entscheidung schließlich nachvollziehen. Blotz starb seit Jahren einen langsamen Tod, und anders als bei Artemis konnten sie weder mit Kreativität noch mit Dynamik gegensteuern. Es war unmöglich, ihr das übelzunehmen. Vollkommen unmöglich. Aber es tat so weh.

Agatha nickte. »Du weißt, wie sehr ich dich bewundere, oder? Wo wäre ich denn ohne dich?«

Helen versuchte es, brachte aber keinen Blickkontakt zustande. »Ich weiß«, sagte sie.

»Und ich musste dir über Jahre hinweg zusehen, wie deine Firma den Bach runterging, was das mit dir machte. Das konnte ich nicht mehr ertragen.«

»Ich vermute, bei Artemis hat man mehr Grund zur Freude«, sagte Helen. »Kann eine dieser Omas denn tatsächlich ein Bier brauen, das etwas wert ist?«

»Ja. Eine von ihnen ist tatsächlich vielversprechend.«

»Nicht Edith.«

»Nein, nicht Edith. Aber Edith wird besser werden. Sie hat die richtigen Instinkte. Es ist eine Frau namens Betsy Nielsen.«

»Nie gehört. Hat sie je in einer Brauerei gearbeitet?«

»Nein, ich glaube, sie war die meiste Zeit Zimmermädchen. Und als ich gekommen bin, hat sie nebenbei noch bei Arby's gearbeitet.«

»Ach, du Schande.« Helen schüttelte den Kopf. »Hast du eigentlich diese Vans gekauft, mit ihrem Logo auf der Seite? Ich habe letztens einen gesehen.«

Agatha nickte.

»Von deinem eigenen Geld?«

Agatha wirkte belustigt. »Du willst mir also sagen, was ich mit meinem Geld machen soll. Wenn du einen Rat hast, würde ich den gern hören. Im Ernst.«

So ging das nicht. Agatha hatte ein Händchen für Geld. Sie besaß zwei Häuser und diverse Gewerbeimmobilien. Sie hatte Stipendien aufgelegt, einen für indianische Schüler und einen für alleinerziehende Mütter. Himmel, ihre eigene Tochter war Buchhalterin. Agatha hatte viel verdient und es zu mehr gemacht, als sie meinte, im Leben ausgeben zu können. Helen wusste noch, wie sich das anfühlte.

»Wie haben sie denn den Vertrieb organisiert, bevor du dazugekommen bist?«

»Diana ist in ihrem vw herumgefahren. Bei größeren Lieferungen haben sie sich Bernies Truck ausgeliehen.«

»Bernie?«

»Er war Hausmeister in einem Pflegeheim und arbeitet jetzt in der Brauerei.«

»Meine Güte«, sagte Helen, *»The Island of Misfit Toys.«*

»Vielleicht mag ich es gerade deswegen.«

Helen schlurfte aus der Küche. »Einen Augenblick. Das hat sich nach einem Lastwagen angehört. Die holen ein paar Bilder ab.«

Agatha folgte ihr. »Bilder? Was verkaufst du denn?«

»Nur ein paar Stücke, für die ich keinen Platz mehr habe«, sagte Helen, als sie die Haustür aufzog.

»Und warum gerade jetzt?«

»Habe ich doch gerade gesagt.«

Helen öffnete die Haustür, doch in der Einfahrt war niemand, kein Lastwagen, nichts. Nur ihre Nachbarn von gegenüber saßen auf Klappstühlen in ihrer zur Straße hin offenen Garage und tranken Bier. Selbst mit Brille konnte sie auf die Entfernung die Marke nicht erkennen. Sie mussten bemerkt haben, wie Helen sie anstarrte, und winkten, also war sie höflich und winkte zurück.

»Nein«, sagte Agatha. Helen hatte für einen Moment vergessen, dass ihre Freundin noch da war und hinter ihr in der Tür stand.

»Was meinst du mit ›Nein‹, Agatha?«

»Ich werde es nicht zulassen. Egal, wie viel Zeug du verkaufst oder wie viele Leute du entlässt, oder welche Investoren du dir beschaffst. Du kannst sie nicht kaufen.«

»Ich kann. Was du meinst, ist, dass ich es nicht sollte.«

»Gut, dann meine ich eben das.«

»Irgendwann wird sie jemand kaufen.« Helen lehnte sich an den Türrahmen. »Das garantiere ich dir. Besser ich als irgendeine Private Equity Group. Und wie es aussieht, wird mein Zeitfenster kleiner, schönen Dank auch.«

»Du hörst mir nicht zu. Ich denke nicht, dass sie an dich verkaufen werden oder an irgendwen sonst, zu keinem Preis.«

»Ich weiß, das müssen sie sagen«, seufzte Helen. »Und ich hab's verstanden. Niemandem gefällt die Vorstellung, gekauft zu werden. Aber es ist noch nicht mal ein Kauf. Es ist ein Wiederauffüllen der Kasse. Mehr Geld ist nie eine schlechte Sache.«

Agatha ging Richtung Einfahrt und drehte sich auf dem Rasen zu Helen um.

»Diese Frauen«, sagte Agatha. »Sie sind stolz auf ihre Arbeit und identifizieren sich damit. Zum ersten Mal in ihrem Leben.«

»Und du denkst, das würde ich kaputtmachen? Ich meine, solange es läuft, misch ich mich nicht ein. Ich mache sie nur ein kleines bisschen reicher.«

»Du begreifst es nicht. Das wollen sie gar nicht. Sie haben ihr ganzes Leben lang für Geld gearbeitet. Die Brauerei ist etwas anderes.«

»Ich weiß, und das ist einer der Gründe, warum ich sie haben will.«

»Aber wenn *du* sie kaufst, wirst du damit alles zerstören, wofür sie stehen.«

»Du hast recht, ich begreife das nicht, weil es nicht so ist.«

»Such dir eine andere Brauerei. Es gibt Tausende.«

»Das ist die einzige, die ich will.«

»Aber es ist deine Familie.«

»Ja«, sagte Helen nickend. »Ja, ist es.«

»Ich werde jetzt gehen«, sagte Agatha und drehte sich zu ihrem Wagen um.

»Aber ich würde ihnen helfen.«

»Dafür gibt es andere Wege.« Sie öffnete die Fahrertür ihres Chevy Volt und starrte Helen böse an. »Warum tust du das?«

Helen wusste nicht, wie sie es in Worte fassen sollte. »Weil ich muss.«

»Wenn Blotz nur so überleben kann, dann sollte Blotz vielleicht nicht überleben.«

Als Agatha ihre Autotür zuknallte und die Straße hinunterraste, spürte Helen eine beklemmende Kälte, die sie erst einmal zuvor gespürt hatte. Also tat sie das Einzige, was sie tun konnte. Nichts.

Sie hatte siebenunddreißig Jahre mit Agatha zusammengearbeitet. Andere Leute, alle anderen Leute außer Agatha und Orval, waren eine Knitterfalte in Helens Leben, die sie nie komplett glattbügeln konnte. Seit dem College schien sie Menschen nur zu einem bestimmten Zweck kennenzulernen, und sie wurden nur so lange toleriert, wie sie diesem Zweck dienten. So war das wohl, wenn man eine Chefin ist. Wie konnte sie viele Freunde haben, wenn es so wenige Menschen gab, die ihr ähnelten? Wie konnte sie in einem Gebäude und einer Branche voller Leute, die etwas von ihr wollten, bedeutungsvolle emotionale Bindungen eingehen? Sie wusste nicht, wie oft sie einen Raum betreten hatte, in dem man unter beschämtem Gemurmel und mit errötenden Gesichtern abrupt das Thema wechselte. Diesen Leuten sollte sie sich anvertrauen?

Und jedes Jahr waren die Absolventen frisch vom College oder der Berufsschule ein bisschen weniger überzeugend, wenn sie zum Bewerbungsgespräch kamen. Blotz war ihr Lieblingsbier, dann das Lieblingsbier ihres Vaters, dann des Großvaters. Es war ihr Traum, bei Blotz zu arbeiten, dann war es ihr Traum, in einer Brauerei wie Blotz zu arbeiten, dann ihr Traum, in einer Brauerei zu arbeiten, und dann, schließlich, war es ein Job in der Nähe ihres Wohnortes, und ob die Zusatzleistungen auch Zahnarztbesuche beinhalteten?

Die Männer auf ihrem Level oder nahebei raubten ihr die Kraft. Schon sehr früh hatte sie diverse Branchentreffen seelisch und emotional angeschlagen verlassen, weil man ihr ins Wort fiel, ihr etwas erklärte, sie anwies, Mittagessen oder Kaffee zu holen, womit sie Selbstzweifel in ihr pflanzten und ernteten. In den wenig frequentierten Damentoiletten auf Fachkongressen hörte sie manchmal noch viel Schlimmeres über Frauen aus der Branche, und irgendwann mied Helen diese Veranstaltungen ganz.

Doch das bedeutete auch, dass sie nie Frauen wie Kim Jordan von New Belgium oder Deb Carey von New Glarus Brewery kennengelernt hatte und nie als Anwärterin an einem Treffen der Pink Boots Society teilnahm und abgesehen von Agatha, nie über längere Zeit mit einer Frau aus der Branche zusammengearbeitet hatte, die in ihren Augen wirklich ebenbürtig war. Wie sehr sie sich wünschte, sie könnte jetzt noch einmal ganz von vorn anfangen, anonym und ganz ohne Versteckspiel, eine eifrige Jugendliche unter Zehntausenden von ihnen.

»Hey!«, rief die Stimme einer Frau aus dem Nichts. Helen blickte sich um und sah, dass ihre Nachbarn drüben ihr wieder zuwinkten.

Sie waren jünger, als es aus der Entfernung den Anschein gehabt hatte, etwa zwischen fünfzig und fünfundsechzig. Die Frau strahlte eine vertraute Wärme aus, ihre Höflichkeit wirkte spontan. Der Mann hatte die starre Ruhe eines pensionierten Cops, der sich noch nicht an sein Rentnerdasein gewöhnt hatte. Als sie bei ihnen angekommen war, hatten sie bereits einen weiteren Klappstuhl aufgestellt.

Sie versuchte, nicht auf ihre Kühler zu starren, doch selbst aus fünf Metern Entfernung erkannte sie die Deckel dieser Dosen. Blotz Special Light. Sie spürte, wie ihre Muskeln sich entspannten und ihr Herzschlag ruhiger wurde. Es waren nur zwei Dosen, doch in diesem Moment befand sie sich in Sicherheit, und die Welt war doch kein so schlechter Ort.

»Ich bin Rosa, und das ist Edgar«, sagte die Frau und streckte ihre Hand aus. Helen stellte sich vor, auch nur mit Vornamen, wie sie es sowieso lieber tat. Sie wohnte seit zwei Wochen in ihrem neuen Haus, und dies waren die ersten Nachbarn, die sie kennenlernte.

Ganz anders Rosa und Edgar, wenn man nach dem Krempel in ihrer Garage ging. Hinter dem zerschrammten Mini-Van befanden sich eine verblichene Dart-Scheibe, ein vergilbter Kühlschrank, eine United-States-Marine-Corps-Fahne, eine Plastikkiste für Spielzeug, die jetzt voller Harken und Schaufeln war, Reihen alter Northland-Hockeystöcke aus Holz, die an der Wand befestigt waren, und mehrere gerahmte Fotos von drei jungen Männern, zwei davon in Marine-Corps-Uniformen. Über die Hälfte der Fotos war von einem bestimmten Jungen, also nahm sie an, dass er vielleicht gestorben war.

»Wie läuft's da drüben?«, fragte Rosa. »Sind Sie noch dabei, sich einzuleben?«

Sie hätte gern *Oh, ziemlich gut* und *Ja, ganz prima* geantwortet, und das wäre gegenüber ein paar Fremden auch angemessen gewesen, wenn man eine freundliche Bekanntschaft schließen wollte. Heute jedoch konnte sie das nicht.

»Um ehrlich zu sein, hatte ich schon bessere Tage«, sagte Helen. Es hörte sich trauriger an als beabsichtigt.

Edgar und Rosa warfen sich einen kurzen Blick zu. »Ich nehme an, Sie können ein Bier gebrauchen«, sagte Rosa, stand von ihrem Stuhl auf und ging nach hinten zum Kühlschrank.

Helen sah, wie auf der anderen Straßenseite ein Van in ihrer Einfahrt parkte, und beobachtete, wie die Männer vom Kunstversand ausstiegen und an der Tür klopften, und sie entschied sitzenzubleiben, als Rosa sie fragte, welches Bier sie gern hätte, sie hätten verschiedene zur Auswahl.

Drei Monate später, am Freitag vor Weihnachten, war Helen in ihrem Keller. Sie schob die Kiste mit der Aufschrift TROPHÄEN UND SCHLEIFEN aus dem Weg und kniete vor einer, auf der mit schwarzem Edding SASSICAIA 1998 stand. Orval und sie waren damals verschwenderisch gewesen und hatten eine ganze Kiste für besondere Gelegenheiten gekauft, und bis zu seinem Tod waren sie nur auf zwei besondere Gelegenheiten gekommen.

Nun gaben Rosa und Edgar eine Weihnachtsparty, ihre Jungs waren über die Feiertage nach Hause gekommen, und die ganze Straße war eingeladen. Natürlich war es ein wenig absurd, eine so teure Flasche auf eine Feier in der Nachbarschaft mitzubringen, doch Edgar und Rosa hatten das Zeug zu Thanksgiving geliebt. Dieses Mal würde sie früher herübergehen, damit er diesmal anständig dekantiert wurde. Dann schmeckte er ihnen vielleicht noch besser.

Als sich die Haustür hinter ihr schloss, spürte sie einen eisigen Hauch in der Nase und an den Zähnen. Ihre Einfahrt glitzerte im Licht der Garagenbeleuchtung, und sie konnte die winterliche Straße sehen. Sie hielt die Flasche Wein fest in einer Hand, den Dekanter in der anderen, und ging mit langsamen, vorsichtigen Schritten über das Eis.

»Helen!«, rief Rosa, als sie eintrat. Sich zu freuen, wenn man jemanden sieht, das sei das Netteste, was man für ihn tun könnte. An diese Worte ihrer Mutter musste Helen nun denken und musste unwillkürlich lächeln. Trotzdem waren da eine Menge Leute im Wohnzimmer, die sie nicht kannte; die Thanksgiving-Truppe war viel kleiner gewesen.

»Alle mal herhören«, verkündete Rosa. »Für die, die sie noch nicht kennengelernt haben, das hier ist unsere neue Nachbarin, Helen Calder. Sie bringt den köstlichsten Wein mit.«

Als die Leute sie en masse begrüßten, grinste ein älterer Mann im Raum. Er hatte den Körperbau, die Kleidung und die Gesichtsbehaarung von jemandem, der an einer ihrer Fertigungsstraßen gearbeitet haben könnte, und genau in diesem Augenblick fiel ihr auf, dass sie diese Jungs vermisste. Beim Anblick von jemandem, der ihnen sogar ähnelte, kamen ihr fast die Tränen.

»Bin eher der Bier-Typ«, sagte er.

»Ganz ehrlich? Ich auch«, erwiderte Helen.

Drei Wochen später stand Helen in ihrem teuersten Hosenanzug da und sah zu, wie die Anwälte sich vom Konferenztisch erhoben und hintereinander aus der Tür gingen.

»Wo kann man hier gut essen?«, fragte einer aus Kalifornien.

Helen wollte fast The Point sagen, doch das war seit Jahren geschlossen. Daran hatte sie sich immer noch nicht gewöhnt. Auch Strawberry Fields und The Steamboat Inn drüben in Prescott waren schon lange nicht mehr da.

»Versuchen Sie den Onion Grille«, sagte sie. »Unten in Hastings.« Sie servierten kein Blotz, doch das spielte nun keine Rolle mehr.

Oganesson Brands war eine Firma aus Yorba Linda, Kalifornien. Vor einem Jahr waren sie der fünfzehntgrößte Alkoholanbieter der Welt gewesen, und bis Ende dieses Jahres würden sie durch die Akquisition der Blotz Brewery in Point Douglas, Minnesota, noch mindestens eine Stufe höher klettern.

Ihr Vorstandsvorsitzender war der Enkel eines Immigranten, der die Firma in den 1950er-Jahren gegründet hatte, um Alkoholspezialitäten aus Asien zu importieren. Er war selbst nach Minnesota gekommen, um den Geschäftsabschluss zu beaufsichtigen. In der Welt an fünfzehnter Stelle bedeute Milliarden-Verkäufe, aber es würde ihm nicht reichen. Und obwohl Helen nicht gefragt hatte, erzählte er ihr trotzdem, dass Oganesson bis 2015 unter den Top Ten und bis 2035 unter den Top Five sein wollte.

Zu ihrer Schande konnte Helen sich schon nicht mehr richtig an ihn erinnern. Selbst einen Tag später fühlte sie sich wie ein Kind, das versucht, etwas zu beschreiben, das sich in ihrer Phantasie unter dem Bett befunden hatte. Ein schlanker weißer Mann mit dunklem Teint, der einen italienischen Maßanzug getragen hatte, war alles, was ihr noch einfiel.

»Nennen Sie mich ruhig altmodisch«, sagte er. »Wenn ich zwanzig Dollar ausgebe, muss ich die Verkäuferin nicht kennen. Bei zwanzig Millionen muss ich sie treffen und ihr die Hand schütteln.«

Wie reizend von ihm, dachte Helen. Er streckte die Hand aus, und sie schüttelte sie. Sein Händedruck war genau wie ihrer fest, aber kurz.

»Wo ist Joe Foxworth?«, fragte er lächelnd. »Ich habe mich darauf gefreut, ihn persönlich kennenzulernen.«

»Er ist gegangen.« Joes langjähriger Lebensgefährte Blake war der Chef einer neuen privaten Kreditfirma für Studenten, und Joe hatte letztes Frühjahr gekündigt, um ihn zu unterstützen. »Er ist nicht mehr in der Branche. Er hilft jetzt jungen Leuten, ihre Studentendarlehen unter einen Hut zu bekommen.«

»Studentendarlehen. Nach allem, was ich gehört habe, ist das ein Wachstumsmarkt«, sagte der Mann. »Was ist mit Agatha Johnson?«

»Sie arbeitet für einen kleineren Konkurrenten.« Seit ihrem Streit letzten September hatten sie nichts mehr voneinander gehört, doch Helen würde das wieder richten, nachdem dieser Teil ihres Lebens hinter ihr lag.

»Also waren Sie eine Weile allein.«

»Für eine Weile, ja.« Sie starrte aus dem Fenster auf die Bäume am gegenüberliegenden Flussufer, in Wisconsin. Ein Stockwerk über ihr hatte Orval jeden Morgen dort hinübergestarrt, bevor er anfing zu arbeiten. Helen konnte den Mann noch immer nicht anschauen. Sie sah nur weiter versonnen auf das Croix River Valley. Es war Januar, und alles, was nicht von Schnee bedeckt war, hatte die Farbe von Rost. »Wenn man bedenkt, dass ich diese Firma in den Neunzigern für zweihundert Millionen Dollar hätte verkaufen können. An einen Kollegen.«

»Nun, es hat sich viel verändert«, sagte der Oganesson-Mann. »*Blotz – denn eins ist keins* hörte sich in den Siebzigern super an. Aber *Besonnen trinken mit Blotz* hatte nicht mehr denselben Klang.«

»Vermutlich nicht«, sagte sie.

»Und Sie haben nicht mehr dieses diversifizierte Marken-Portfolio. Genau genommen haben Sie gar kein Marken-Portfolio, wenn ich so sagen darf. Sie haben in den letzten zehn Jahren alles verkauft und keine neuen Akquisitionen getätigt.«

Daran brauchte er sie nicht zu erinnern. Sie konnte sich glücklich schätzen, für den Namen Blotz überhaupt noch etwas zu bekommen, und sogar zwanzig Millionen Dollar. Vielleicht war das ein guter Preis, vielleicht nicht, doch sie würde sich in der Branche nicht umhören. Sie wollte solche Gespräche nicht mehr führen und unter den Antworten nicht mehr leiden und die Niederlage in ihrer eigenen Stimme nicht mehr hören.

»Orval und ich wollten nur, dass die Welt gutes Bier bekommt. Ich kann nichts dafür, wenn die Welt ihre Meinung ändert, wie ein gutes Bier sein sollte.«

»Was ist übrigens aus der Craft-Beer-Brauerei geworden, an der Sie Gerüchten zufolge Interesse gehabt haben?«, fragte er und lehnte sich vor. »Das hätte Sie attraktiver gemacht.«

»Es hat sich etwas geändert.«

»Wie hießen sie noch gleich?« Der Mann holte einen silbernen Kugelschreiber heraus. »Vielleicht schaue ich da mal vorbei.«

Schließlich sah sie ihm doch in die Augen und atmete tief aus.

»Mountain Central Brewery in Fort Pierre, South Dakota«, sagte sie. »Die Eigentümer sind Mike Rother und Page Thorvald. Ihr Flagschiff heißt Prairie Page IPA.«

Was sie gerade gesagt hatte, war so ziemlich alles, was sie über die Mountain Central Brewery wusste, aus einer Anzeige unter einer gewissen Besprechung im *Independent Brewer*. Sie war nie dort gewesen, noch hatte sie je ihr Bier getrunken.

»Jetzt haben wir sie auf dem Radar«, sagte der Mann. »Danke für den Tipp.«

»Erwähnen Sie es nicht«, sagte Helen und erhob sich am Kopfende des Tisches, zum letzten Mal, schaute auf die Risse in den Stühlen, die nie repariert werden würden, und die kaputte Glühbirne im Kronleuchter über ihr, die nie ausgetauscht werden würde.

»Nur so aus Neugier: Was werden Sie jetzt tun?«

»Ehrlich?« Helen war überrascht, dass ihn das überhaupt interessierte. »Ich werde hoch in mein Büro gehen und versuchen, nicht zu weinen.«

»Nein.« Der Mann lachte höflich, als wüsste er nicht, ob sie nur Witze machte. »Mit Ihrem Leben?«

Hatte er nicht schon um genug gebeten und es erhalten?

»Sie werden der Letzte sein, der es erfährt.«

»Melden Sie sich, wenn es eine Brauerei ist.« Er lächelte

und ließ sie in dem langen, stillen Raum allein. Sie hatte gerade ein Preisschild an ihr gesamtes Leben gehängt, und würde sie jetzt darum betteln, alles wieder rückgängig zu machen, würde Oganesson das niemals tun. Es war absolut unstrittig, wer den höheren Vermögenswert erhalten hatte, selbst, wenn Helen sentimental gewesen wäre, und das war sie nicht. Sie hatte die Brauerei verkaufen müssen, solange sie für jemand anderen noch einen Wert hatte und der Nachname ihres Mannes noch etwas war, das zu kaufen sich lohnte.

Für Helen Calder Blotz war das das Ende der Blotz Brewery. Wie Schmidt, Old Style, Shaefer, Schlitz, Hamm's, Rainier, Olympia, Stroh's und viele mehr würde die Marke bestehen bleiben und der Name eines Light Adjunct Lagers sein, das nun ohne die Menschen hergestellt wird, die es einst kreiert hatten, die es zu etwas gemacht hatten, das Familien ernährte. Der Name auf dem Etikett war nur noch eine Erinnerung an das wahre Bier, pathetisch oder nostalgisch, je nachdem, wen man fragte, und auf Jahre hinaus würden Männer und Frauen, die mit der Zeit immer älter würden, es in kleinen Bars irgendwo abseits des Highways trotzdem bestellen. Wenn sie das Wort Blotz aussprachen und sich dabei jung fühlten oder schön oder wieder unverwundbar, dann war es ganz in Ordnung, wenn der Name überlebte. Möglicherweise war die Geschichte von Blotz bereits seit vielen Jahren besser als das Bier.

An jenem Samstag entschied Helen, jemanden zu besuchen, mit dem sie noch nie gesprochen hatte.

Zunächst rief sie Agatha an, seit vielen Monaten das erste Mal, und war überrascht, als sie ans Telefon ging.

»Ich habe das von Blotz gehört«, sagte Agatha. »Wie geht es dir damit?«

»Ganz okay«, sagte Helen, doch sie wollte im Augenblick nicht weiter ins Detail gehen. »Ich muss etwas für jemanden tun«, sagte sie. »Kannst du mir dabei helfen?«

»Direkt wie immer.« Agatha lachte. »Um wen geht es denn?«

Agatha erklärte ihr genau, wann Diana zu Hause sein würde, und gab Helen eine Adresse, die überraschend nah an ihrer eigenen war. Die Fahrt gab ihr nicht genug Zeit, eine aussagekräftige Erklärung vorzubereiten, also beschloss sie, darauf zu verzichten. Sie würde sich die Adresse bestätigen lassen, tun, was sie tun wollte, und wieder verschwinden.

Die Tasche mit den eine Million zwanzigtausend Dollar war recht schwer – vielleicht halb so schwer wie ein Scheffel Gerste –, und sie konnte es kaum abwarten, sie loszuwerden. Als sie die Einfahrt hochging, sah sie einen Autokindersitz auf der Veranda stehen und wappnete sich für den Fall, dass sie das Richtige tat. Das Licht war grell, trotz Bewölkung, und sie war froh, eine Sonnenbrille aufgesetzt zu haben. Sie holte tief Luft und klopfte dreimal an der Fliegengittertür.

Eine junge Frau öffnete. Sie trug einen schlichten schwarzen Pullover und Jeans. Sie war groß und außerordentlich hübsch, doch ihre Miene sagte: *Hören Sie, ich kenne das alles schon, also sagen Sie jetzt besser das Richtige, wer immer Sie sind.*

»Kann ich Ihnen helfen?«, fragte sie und gab ihr Bestes, nicht zu unfreundlich zu klingen.

Ein kleines Mädchen mit Locken in einem grünen Strampler saß auf dem Teppich hinter ihr, quäkte und starrte die Fremde im Türrahmen an.

»Diana Winter?«, sagte Helen.

»Ja?«, entgegnete die Frau. Das kleine Mädchen tapste hinter das Bein ihrer Mutter und umklammerte einen ihrer Unterschenkel.

Beim Blick in das Wohnzimmer dahinter konnte Helen das gerahmte Bild eines Farmhauses erkennen. Sie hatte das Bild vor langer, langer Zeit zuletzt gesehen. Im Haus war das Licht eingeschaltet und aus jedem Fenster blickte ein anderes Familienmitglied. Sie hatte es immer gehasst. Niemand schien es dort noch auszuhalten, gemeinsam in einem Raum zu sein.

Helen wollte sich gerade vorstellen, holte stattdessen Luft und sagte: »Das ist für Sie.« Damit setzte sie die Tasche neben ihren Füßen auf den Boden. Dann drehte sie sich um und ging energischen Schrittes die verschneite Einfahrt zu ihrem Wagen hinunter, der auf der anderen Straßenseite stand.

Sie hörte, wie Diana keuchte. »Warten Sie!«, rief Diana.

Helen konnte hören, wie die junge Frau ihr hinterherrannte. »Warten Sie«, sagte Diana wieder, während Helen ins Auto stieg und die Tür schloss. Helen sah Dianas Gesicht, und hinter ihr das Gesicht des kleinen Mädchens unten an der Fliegengittertür. Beide sahen sie mit offenem Mund an, und Helen konnte die Autoschlüssel in ihrer Tasche nicht finden, während Diana wieder und wieder ans Beifahrerfenster klopfte.

Die beiden Frauen saßen an einem alten Esstisch, nippten jede an einem Tee, den Diana unter höchster Anspannung gebrüht hatte und aßen Treber-Cracker aus einer angeschlagenen weißen Schale. Sie wusste noch, mit wie wenig sie als angehende Brauerin auskommen musste und wie lange es gedauert hatte, bis sie und Orval ihr eigenes angeschlagenes Porzellan ersetzt hatten. Auf dem Kühlschrank stand ein leerer Plastikrührkrug, und ein Werbekalender hing an der Wand, vollgekritzelt mit den codierten Botschaften einer Familie.

Helen warf einen kurzen Blick auf das Geld zu ihren Füßen. Sie wusste, dass Diana über den rätselhaften Betrag verwirrt sein würde, doch Edith würde die Bedeutung verstehen. Es waren zwanzigtausend Dollar, Ediths Hälfte aus dem Verkauf der Farm, mal einundfünfzig, für jedes vergangene Jahr.

Helen hatte Dianas fieberhaften Fragen, wer sie sei, woher das Geld kam und wo sie gewesen sei, alle beantwortet, bevor Diana eine Frage stellte, auf die Helen nicht vorbereitet war.

»Ich weiß nicht, ob ich das jetzt gerade alles verkraften kann«, stammelte Diana, als wäre sie den Tränen nahe oder kurz vor einem Zornausbruch oder beides. »Warum zum Teufel wolltest du einfach eine Tasche Geld auf meiner Türschwelle abstellen und dich aus dem Staub machen?«

Sie blickte diese junge Frau an, sah sich in dem unordentlichen, einfachen Haus um und zu dem leeren Haken an der Tür, wo normalerweise die Jacke des arbeitenden Ehemannes hing.

»Weil ich dir helfen wollte«, sagte Helen. »Wir kennen uns gar nicht, deshalb schien mir das der beste Weg zu sein.«

Diana starrte auf das Bargeld auf ihrem Küchenfußboden, als würde es sich gleich bewegen oder verschwinden.

»Ich kann dir gar nicht sagen, wie sehr auch nur ein Bruchteil dessen in der Vergangenheit mein Leben erleichtert hätte. Und Ediths Leben auch. Ich will nicht undankbar erscheinen, aber weißt du, wie schwer es für uns war, über die Runden zu kommen? Du hast keine Ahnung.«

»Ich kann es mir denken«, sagte Helen und sah sich in der kleinen Küche um, berührte die angeschlagene Schale und bemerkte die abblätternde Tapete.

»Nein, kannst du nicht«, sagte Diana. »Genauso, wie ich mir nicht vorstellen kann, warum ausgerechnet du so etwas tun solltest.«

»Du hast wahrscheinlich eine Menge schrecklicher Sachen über mich gehört.«

»Nicht von Edith. Nur von meinen Eltern.«

Wie interessant, dachte Helen. »Ich habe deine Eltern nicht mal gekannt.«

»Agatha hat mir erzählt, dass du versuchen wirst, meine Brauerei zu kaufen. Sie ist nicht zu verkaufen.«

»Ich weiß. Aber irgendwann wird jemand kommen und nach dir schnappen, irgendwann bald«, sagte Helen. »Jemand viel Größeres.«

»Dann sollen sie es doch versuchen.«

»Beim nächsten Mal wird es schwieriger sein, nein zu

sagen. Viel schwieriger.« Helen sah kurz zu der Kleinen hinüber, die auf dem Boden saß, den Blick an der seichten Geschichte im Fernsehen. Sie hatte ihre Faszination und die kurze Scheu vor dem fremden Gast längst hinter sich gelassen.

»Wirst du auch versuchen, Edith Geld zu geben?«

»Nein, weil sie es nicht annehmen würde.«

»Nein, würde sie nicht.« Diana lachte fast. Ihre Abwehrhaltung schien langsam aufzuweichen. »Hast du deinen Angestellten etwas gegeben?«

»Ja, und das geht nur sie und mich etwas an.«

»Himmel«, murmelte Diana, starrte auf die Tasche und sagte mehr zu sich selbst: »Ich weiß nicht. Was würdest du damit machen?«

»Das ist deine Sache«, sagte Helen und stand auf. »Es gehört dir und ist an keinerlei Bedingungen geknüpft.«

Helen dachte an ihre vernünftigen, praktischen Gründe, warum sie Diana und nicht Edith dieses Geld gegeben hatte. Bedingungen gab es in der Tat keine, aber es gab Erwartungen. Diese junge Frau konnte damit ihr Geschäft ausweiten, und Helen würde immer wissen, dass sie dabei ihre Hand im Spiel gehabt hatte. Sie könnte aus der Ferne mit Stolz auf die Familie blicken, der sie geholfen hatte.

Doch da irrte sie, und das erkannte sie jetzt. In der Sekunde, in der sie zugestimmt hatte, dieses Haus zu betreten, war das Geld nicht mehr ihres gewesen. Was auch immer diese junge Frau damit tun würde, hätte nichts mehr mit Helen zu tun. Vielleicht würde sie die richtigen Entscheidungen treffen, oder kluge Entscheidungen. Doch vielleicht spielte das auch gar keine Rolle.

Sie wollte Diana die Hand geben, und da spürte sie zum ersten Mal Ediths ehrliche Angst um dieses Mädchen und die Hoffnung, die sie in sie setzte. »Ich sollte gehen.«

»Francie?«, rief Diana, konnte jedoch den Bann des Fernsehers nicht brechen. Sie sagte es noch einmal, und schließlich drehte das kleine Mädchen den Kopf. »Komm, wir holen deine Jacke.«

»Gehst du auch?«

»Ja, zur Arbeit. Und ich möchte, dass du mich begleitest. In meinem Wagen.«

»Ist sie dort?«

Diana nickte.

Helen setzte sich wieder an den Küchentisch. »Das kann ich nicht«, sagte sie und blickte zu Diana hoch, die vor ihr stand.

Eine Weile rührte sich keine der beiden Frauen.

Helen starrte durch die Windschutzscheibe, während Diana sie meilenweit bis zu einem abgelegenen, heruntergekommenen Gewerbegebiet am Rande von Nicollet Falls fuhr, vorbei an einem knallgrünen Schild, das in den Schnee gerammt worden war: ARTEMIS BRAUEREI UND SCHANKRAUM. Sie hielten auf einem vereisten, dünn besetzten Parkplatz an der fensterlosen Seite des Gebäudes. Diana stellte den Motor ab.

»Geh rein«, sagte Diana, während sie ihren Sicherheitsgurt löste. Einen Moment lang schaute Helen zu, wie Diana ihre Tochter aus dem Kindersitz holte.

Doch dann sah sie auf das Gebäude. Irgendwo dort drinnen war Edith.

Helen stieg aus und ging hinüber, drehte den kalten Edelstahl-Türknopf und spürte, wie ihr die Hitze und das Licht von drinnen entgegenschlugen.

Lucy und Agatha standen mitten in einem langen Schankraum und wischten zwischen den Tischen den Boden und als Helen eintrat, sagte keine ein Wort. Agatha nickte Helen im Vorübergehen zu. Lucy packte den Stiel ihres Wischmopps, als wäre er eine Fahnenstange, und blickte zu Boden. Noch nie hatte Helen diese Lucy Koski leiden können.

Helen ging an ihnen vorbei. Sie sah sie durch eine Glaswand, die den Schankraum von der Brauerei trennte. Helen blieb im Türrahmen zwischen den Räumen stehen, ihr Blut voller Funken, das Herz ein Knoten in einem Knoten. Edith hatte der Tür den Rücken zugewandt und wischte eine Bierpfütze auf.

Es war nicht zu übersehen, dass Edith gelitten hatte. Sie müsste jetzt fast achtzig sein, und ihr Körper verriet ehrlich die Summe dieser Jahre. Ihre frühere Größe war gebeugt, die Hüften breiter, doch es war immer noch sie. In den starken Armen ihrer Schwester und dem gebeugten Rücken erkannte Helen ihre beiden Eltern wieder, ihre Mutter und ihren geliebten Vater. Dort war ihre Familie, mit grauem Haar und fleckigen Schuhen, den Kopf gesenkt, immer noch bei der Arbeit.

Edith hob den Kopf und drehte sich um.

»Da bist du ja«, sagte sie.

Helen konnte sich nicht bewegen. Sie schaute in diese Augen und konnte nur vermuten, wie Verlust und Freude, wie harte Tage diese Frau in eine Form geschnitzt hatten, die überleben konnte.

Helen hatte einundfünfzig Jahre und eine kurze Autofahrt gehabt, um sich auf diesen Augenblick vorzubereiten und darüber nachzudenken, was sie fühlen und was sie sagen würde. Aber jetzt brachte sie nur ein »Hi« heraus.

»Ich habe mich schon gefragt, wann du kommst«, sagte Edith und hielt ihren Wischmopp fest in der Hand. »Ich wusste von Anfang an, wenn ich diese Brauerei betrete, würdest du es eines Tages auch tun.«

Helen starrte auf das faltige Gesicht dieser vertrauten alten Frau, dieser Fremden, ihrer Schwester, und die eine Sache fiel ihr ein, die sie ihr schon immer sagen wollte.

»Ich weiß«, sagte Helen.

»Was weißt du?«, fragte Edith mit hochgezogenen Augenbrauen.

Sie dachte, sie wüsste. Sie wollte es wissen. Doch Tatsache war, dass sie keine Ahnung hatte. Helen wusste nur eines, und das ganz sicher. »Du kannst eine Pause gebrauchen«, sagte sie und nahm den Wischmopp.

ENDE